CB067349

BIBLIOTECA
JOSÉ GUILHERME
Merquior

Copyright © 2011 Julia Merquior
Copyright da edição brasileira © 2021 É Realizações
Título original: *Foucault*

EDITOR | Edson Manoel de Oliveira Filho
COORDENADOR DA BIBLIOTECA JOSÉ GUILHERME MERQUIOR
João Cezar de Castro Rocha
PRODUÇÃO EDITORIAL, CAPA E PROJETO GRÁFICO
É Realizações Editora
DIAGRAMAÇÃO E ADAPTAÇÃO DE CAPA | Nine Design / Mauricio Nisi
PREPARAÇÃO DE TEXTO | Huendel Viana
REVISÃO | Paulo Mendrone

Reservados todos os direitos desta obra.
Proibida toda e qualquer reprodução desta edição por qualquer meio ou forma, seja ela eletrônica ou mecânica, fotocópia, gravação ou qualquer outro meio de reprodução, sem permissão expressa do editor.

DADOS INTERNACIONAIS DE CATALOGAÇÃO NA PUBLICAÇÃO (CIP)
DE ACORDO COM ISBD

M567f

Merquior, José Guilherme
Foucault: ou o niilismo de cátedra / José Guilherme Merquior ; coordenado por João Cezar de Castro Rocha. - São Paulo, SP : É Realizações, 2021.
440 p. ; 13,5cm x 23,3cm. – (Biblioteca José Guilherme Merquior)

Tradução de: Foucault
Inclui bibliografia, índice e anexo.
ISBN: 978-65-86217-22-3

1. Filosofia. 2. Foucault. 3. Cátedra. I. Rocha, João Cezar de Castro. II. Título. III. Série.

2020-3302
CDD 100
CDU 1

Elaborado por Vagner Rodolfo da Silva - CRB-8/9410
Índice para catálogo sistemático:
1. Filosofia 100
2. Filosofia 1

Os direitos desta edição pertencem a
É Realizações Editora, Livraria e Distribuidora Ltda.
Caixa Postal: 45321 · 04010 970 · São Paulo SP
Telefone: (5511) 5572 5363
e@erealizacoes.com.br · www.erealizacoes.com.br

Este livro foi impresso pela Mundial Gráfica, em janeiro de 2021.
Os tipos usados são da família Sabon LT Std e Industrial736 BT. O papel do miolo é o Pólen Soft 80 g, e o da capa Cartão Duo Design 250 g.

Foucault
ou o niilismo de cátedra

José Guilherme Merquior

Tradução de Donaldson M. Garschagen

Prefácio de Andrea Almeida Campos

Posfácios de
João Cezar de Castro Rocha
Paulo Roberto de Almeida

É Realizações
Editora

Sumário

Prefácio – Crítica como elogio ou Uma *Disputatio* em torno do niilismo de cátedra
    por Andrea Almeida Campos 9

Agradecimentos 25

AOS INCAUTOS

Capítulo I: O historiador do presente 29

Capítulo II: A Grande Internação, ou *du côté de la folie* 43

Capítulo III: Uma arqueologia das ciências humanas 61

Capítulo IV: Da prosa do mundo à morte do homem 73

Capítulo V: A "arqueologia" avaliada 91

Capítulo VI: O arquivo irônico 119

Capítulo VII: Mapeando a sociedade carcerária 133

Capítulo VIII: A "cratologia" de Foucault: sua teoria
    do poder 163

Capítulo IX: Políticas do corpo, técnicas da alma: a história
    da sexualidade segundo Foucault 179

Capítulo X: Retrato do neoanarquista 207

Posfácios
    Uma entrevista e seus traços: a presença de Michel Foucault na obra de José Guilherme Merquior
    por João Cezar de Castro Rocha 234
    José Guilherme Merquior: o esgrimista liberal
    por Paulo Roberto de Almeida 251

Entrevista com Michel Foucault
    por Sergio Paulo Rouanet e José Guilherme Merquior 322

Arquivo José Guilherme Merquior 345

Bibliografia 411
Índice remissivo 421
Índice onomástico 435

FOUCAULT
OU O NIILISMO DE CÁTEDRA

PREFÁCIO

Crítica como elogio ou Uma *Disputatio* em torno do niilismo de cátedra

Andrea Almeida Campos[1]

> *Este é um livro liberal sobre o liberalismo, escrito por alguém que acredita que o liberalismo, se entendido apropriadamente, resiste a qualquer vilificação.*
> – Merquior, na introdução de
> *Liberalism, Old and New*

Já se vão distantes os tempos em que se era possível apreciar as fragorosas *disputationes* escolásticas protagonizadas por Pedro Abelardo e o teólogo São Bernardo de Claraval no século XII.[2] Apreciá-las como se saboreiam as mais finas iguarias, uma vez que nesses embates dialéticos, tal como em todo combate no qual o centro da disputa é a experiência do pensar humano, os vencedores são os que têm amor pelo saber e os seus meandros sempre interrogáveis. Se nunca e jamais teremos o prazer de acompanhar o festejado filósofo Michel Foucault e o intelectual José Guilherme Merquior a digladiarem-se em uma batalha como soldados das ideias e do pensamento, no livro *Michel Foucault: Ou o Niilismo de Cátedra*, Merquior nos promove esse embate e nos presenteia com o palco dessa cena. Nela, José Guilherme Merquior, ao

---

[1] Professora e pesquisadora de Direito da Universidade Católica de Pernambuco, com graduação e mestrado pela UFPE. Máster em Direito pela Universidade Autónoma de Barcelona. Pesquisadora foucauldiana em seu doutoramento em Psicologia pela Universidade Católica de Pernambuco. Autora de dez livros, entre ensaios, contos e poemas.

[2] Sobre os embates entre Pedro Abelardo e Claraval, ver São Bernardo de Claraval, *As Heresias de Pedro Abelardo*. São Paulo, É Realizações, 2017.

tecer de forma robusta e fartamente justificada as suas críticas em torno do fazer filosófico de Michel Foucault, ele mesmo ensaia uma arqueologia da voz de Foucault e a faz reverberar nas páginas de seu libelo, com os prováveis argumentos de defesa foucauldianos. Chamaríamos isso não apenas de uma licença de generosidade entre um pensador e aquele a quem se opõe e critica, mas também a evidência de que o que está em jogo não é uma mera beligerância entre inteligências, potencializada por uma pulsão destrutiva, mas, sim um ávido desejo e amor pelo pensar e, nessa prática, a identificação do lugar do humano: como o ser humano se põe a pensar a si mesmo e a pensar o pensar?

Michel Foucault, cuja obra José Guilherme Merquior critica, elogiando-a e esquadrinhando-a, foi, nas palavras do próprio Merquior, "a figura central da filosofia francesa desde Sartre".[3] Assim como José Guilherme Merquior, precocemente desaparecido, foi tido como sendo "a mais fascinante máquina de pensar do Brasil" pelo ex-ministro Eduardo Portella. Vale lembrar que esse foi o mesmo espírito do elogio feito por Joaquim Nabuco a Rui Barbosa, em sua obra *Minha Formação*, ao afirmar ser Rui Barbosa "hoje a mais poderosa máquina cerebral de nosso país".[4] Portanto, se foi Rui Barbosa a nossa mais potente máquina de pensar na modernidade, Merquior o foi em nossa contemporaneidade. Logo, está o ilustrado Merquior à altura de uma bela *disputatio* com aquele, por ele próprio considerado um dos mais brilhantes dentre os jovens filósofos.

A admiração de José Guilherme Merquior por Michel Foucault é, constantemente, ressaltada em meio à sua crítica, por vezes contundente, por vezes irônica, outras tantas sarcástica, mas sempre, incontornavelmente, embasada em documentos, para a maioria de nós insondáveis, e que oferece, à leitura deste livro, instantes de puro encantamento ao darmo-nos conta da inesgotável

---

[3] Ver, neste livro, p. 30.
[4] Joaquim Nabuco, *Minha Formação*. Ediouro, Rio de Janeiro, 1987, p. 23.

erudição daquele "que leu tudo", segundo a famosa frase atribuída a Raymond Aron.

Mas o veio irônico e sarcástico empregado esporadicamente por Merquior ao longo da tessitura de suas linhas tem muito de uma aparente deliberada escolha por um estilo literário. Ao acusar Michel Foucault e outros de seus contemporâneos de estarem desvestidos de um rigor filosófico e alinhados a uma tradição de *glamour* na qual estava a soberania dos dotes literários do filósofo, denominando essa prática de "lítero-filosofia", Merquior, ao posicionar-se em defesa do rigor filosófico e de uma irrecusável busca pela verdade, aqui, nessa *disputatio*, também faz a sua literatura. E se a sua tinta de ironia não é carregada de melancolia, mas de certa indignação por Foucault não deprimir-se com o "fim do homem", certamente toma para as suas cores as negativas na melhor forma machadiana, inaugurando o seu libelo com uma epígrafe assinada por Foucault *à la* Brás Cubas: "Nunca fui freudiano, nunca fui marxista e nunca fui estruturalista". E se Michel Foucault nessa epígrafe não arremata as suas negativas com o saldo positivo de não ter reproduzido a espécie humana, arremata-a com o desaparecimento do homem em *As Palavras e as Coisas*.

Portanto, a crítica de José Guilherme Merquior à obra de Michel Foucault problematiza, sobretudo, a racionalidade e o rigor, na sua perspectiva, do fazer filosófico, convidando-nos a refletir sobre novos caminhos na filosofia e na história do pensamento. E essa problematização é encetada através de uma obra que é um texto-síntese de tudo aquilo que foi produzido em forma de livro por Michel Foucault. Nesse texto-síntese, Merquior não apenas descreve a obra de Foucault, todos os livros por ele escritos, mas esmiúça-os, esquadrinha-os, elogia-os, aponta o que seriam as suas deficiências, seus pontos falhos e as suas faltas de rigor; e vai além, perscrutando as fontes e as eventuais "razões" de Foucault para assim edificar a sua filosofia.

Começaríamos por tecer considerações em torno do próprio título da obra de Merquior, *Michel Foucault: Ou* o *Niilismo de Cátedra*, ressaltando que o livro foi originalmente escrito em inglês – intitulava-se tão somente *Foucault*. O título assim vertido para as línguas francesa e portuguesa, além de ser uma crítica à filosofia foucauldiana, não deixa de evocar o autor que Foucault mais leu e que inspirou sua obra, já tardiamente por ele confessado: Friedrich Nietzsche. Cabendo-nos lembrar ser o niilismo, em seu sentido negativo, aquele de desvalorização da vida em face de valores superiores, os da metafísica e da transcendência, o da rejeição deste mundo em favor de um outro, e o niilismo reativo, aquele do homem moderno que se coloca no lugar de Deus, matando-o. O niilismo foucauldiano nem sequer seria o niilismo no seu sentido passivo, aquele do adivinho de *Assim Falou Zaratustra* (1885) de Nietzsche. Esse último, o niilismo desesperançoso, aquele que se lastima de que, com a morte de Deus, "o deserto vai crescer", "inútil foi todo o trabalho". O assassinato da metafísica teria alastrado o vazio por toda a parte, e nada mais poderia ser posto em seu lugar. A solução de Nietzsche para esse desespero niilista seria o *amor fati*, a afirmação ética do eterno retorno não como um conceito filosófico, mas como uma ficção a afirmar a potência humana na aceitação incondicional da precariedade da vida e do aqui e agora. Seria essa a afirmação de um niilismo ativo. E nessa afirmação estaria a morte da eternidade e uma nova ética sobre a verdade. Nessa última concepção de niilismo, o niilismo ativo proposto por Nietzsche e o seu adivinho ao morder a cabeça da serpente e decepá-la, estaria a obra e o *modus pensandi* foucauldiano. Mas não na visão de Merquior. Nietzsche é um filósofo alegre, ainda que ria nervosamente. Enquanto Foucault seria o filósofo que chora e, na sua filosofia triste, que rejeita a racionalidade e a ciência, portanto, não podendo sequer ser gaia, nos presenteia com um niilismo que não passa de um irreversível nada.

No decorrer da leitura do texto, é inevitável sermos tocados pela forte impressão que Foucault, por sua personalidade, exercia sobre Merquior. Personalidade por ele interpretada como complexa e quase indefinível. Logo, a crítica feita por Merquior é sempre atravessada por porções de perplexidade e de fascinação em face do objeto sobre o qual se debruça, afinal, "Foucault era um professor polido que adorava escandalizar o *establishment* parisiense",[5] "o mais desabrido polemista",[6] assim como "sua conduta era a de um radicalismo excêntrico, assim como suas obras eram as de um estruturalista rebelde".[7] Enfatiza os seus "dons invulgares de escritor"[8] e as suas "notáveis aptidões retóricas".[9] Merquior, então, propõe-se a um trabalho de Champollion, de um decifrador, afinal, não apenas descreve as obras de Foucault, as critica e desce às suas fontes, aos seus propósitos e aos seus porquês, mas também convoca a si mesmo a decifrar aquilo que nem sequer o próprio Foucault conseguiu fazer em vida, até porque nunca fez questão de ser igual a si mesmo: explicar os desvios e as mudanças em seu pensamento até as suas últimas obras.

Diversamente do método, ou lançando mão de uma palavra mais cara ao próprio Foucault, diversamente do "procedimento" foucauldiano que primava por descontinuidades e pela não linearidade, Merquior faz uma crítica à obra de Foucault em ordem cronológica, desde *A História da Loucura na Idade Clássica* (1961) até a *História da Sexualidade* em seu volume IV, *As Confissões da Carne*, inédito ainda quando da morte de Foucault e da escrita da crítica de Merquior. E nos oferta a todos nós, foucauldianos ou não, "uma análise crítica de seu pensamento – uma ampla caracterização de seu programa filosófico",[10] o que Merquior executa como uma dissecação da obra do filósofo engendrada com a mais fina lâmina.

Inicia, então, essa caracterização do filósofo, que se propôs a ser um historiador do presente, com o seu

---

[5] Ver, neste livro, p. 32-33.
[6] Ver, neste livro, p. 34.
[7] Ver, neste livro, p. 33.
[8] Ver, neste livro, p. 36.
[9] Ver, neste livro, p. 36.
[10] Ver, neste livro, p. 36.

primeiro livro importante, produto de sua tese de doutorado, *História da Loucura na Idade Clássica* (1961). E é a partir dessa caracterização que se inicia o embate entre aquele que reivindica de um historiador, no mínimo, a "apreensão fidedigna do passado"[11] e aquele cuja fidelidade residia em libertar o tempo da eternidade, emancipá-lo de um início, meio e fim, desagrilhoá-lo de um ponto de origem e de sua paresia. Merquior demanda de Foucault que seja o pensador racional e moderno que ele se recusou a ser. Demanda-o sob prejuízo do fracasso de seu projeto histórico-filosófico. O argumento de Merquior é o de que, mesmo que se leve em consideração o desprezo, desde Nietzsche até Foucault, pela história tal como é descrita pelos historiadores, ou seja, mesmo que essa historiografia tradicional seja substituída pela prática de uma história *engagée*, isso "não isenta o historiador de seus deveres empíricos em relação aos dados".[12]

Pois bem, em *História da Loucura*, Merquior aponta um sem-fim de furos e imprecisões, tais como aquela em que Foucault afirma que os hospitais foram, em sua maioria, conversões de antigos leprosários, já que os primeiros hospícios modernos teriam surgido a partir de hospitais e mosteiros medievais; e a de que, ao transformar a loucura em doença mental, teria sido rompido o diálogo entre a loucura e a insânia em virtude de uma "arrogante tirania médica".[13] Merquior ataca essa "sinistra crônica" foucauldiana demonstrando "os dados reais"[14] que dispõe sobre os tratamentos terapêuticos na era do asilo, e denunciando uma eventual fobia antiburguesa de Foucault e o seu esforço em demolir tudo aquilo que tradicionalmente apreendemos como o humanitarismo do Iluminismo. No entanto, para Merquior, tudo não passa de uma argumentação passional. Como um dos exemplos

---

[11] Ver, neste livro, p. 117.
[12] Ver, neste livro, p. 50.
[13] Ver, neste livro, p. 53.
[14] Ver, neste livro, p. 53.

daqueles que testemunharam o modelo asilar de forma positiva, embora de modo algum idílica, Merquior nos apresenta o humanitário Charles Dickens, que teria ficado impressionado "com a atmosfera humana dos pequenos hospitais psiquiátricos dos Estados Unidos".[15]

Ao mesmo tempo, afirma que a história contada por Foucault, em alguma medida, é acurada ao sustentar que a internação psiquiátrica em fins do século XVII e no século XVIII representara um retrocesso. De todo modo, o diagnóstico de Merquior quanto ao fenômeno o faz denunciar o modelo como sendo, injustamente, identificado por Foucault como aquele edificado por uma "sociedade medonha".[16]

Ao discorrer sobre a obra seguinte de Foucault, *O Nascimento da Clínica* (1963), Merquior abranda o rigor de seu olhar racional. Essa trégua dever-se-ia ao fato de que, em *O Nascimento da Clínica*, Foucault toma para si uma empresa sobre um menor arco temporal, depreendendo-se para o leitor que, ao dispor-se a examinar arcos temporais maiores, Foucault perder-se-ia conceitualmente. Aqui, ao debruçar-se sobre antigos tratados médicos, Foucault teria feito "fascinantes interpretações".[17] Nesse texto, Foucault estaria mais apaziguado quanto ao preconceito antimoderno e antiburguês, menos atravessado por paixões e por emoções. Além do que, *O Nascimento da Clínica* seria o texto que teria colocado Foucault mais próximo do estruturalismo. Merquior elogia o seu belo estilo literário, sem deixar de acrescentar que o tom da elegância ensaística não está muito distante da de Canguilhem, o filósofo que teria encomendado esse livro a Foucault. Ou seja, na habilidade literária do escrito de Foucault, longe de uma originalidade, habitaria uma clara "emulação". Mais uma vez, Merquior persevera em criticar a insistência de Foucault "numa exposição não linear

---

[15] Ver, neste livro, p. 55.
[16] Ver, neste livro, p. 55.
[17] Ver, neste livro, p. 57.

da história intelectual".[18] A escolha procedimental de Foucault parece soar a Merquior como um descuido, um desleixo intelectual em descompromisso com as regras do método.

E assim, entre críticas, reservas, apontamentos, siderações e enaltecimentos, Merquior chega à hercúlea tarefa de dissecar a obra monumental de Michel Foucault, *As Palavras e as Coisas* (1966). Obra desde sempre dificílima, sobre a qual os amantes da epistemologia não poucas vezes tomam para si a tarefa de estudá-la por um tempo não menor do que o de toda uma vida. Merquior não se furta de denominá-la como sendo a obra-prima de Foucault, através da qual o filósofo, por meio de uma arqueologia das ciências humanas, tenta oferecer respostas, em uma perspectiva histórica, sobre as fronteiras do modo humano de pensar e de como os ocidentais modernos ordenam os fenômenos. Essa arqueologia, por sua vez, ainda segundo Merquior, "lida com formas de pensamento necessárias, inconscientes e anônimas, a que Foucault chama 'epistemes'".[19] Antes de dar início à análise da obra propriamente dita, Merquior nos informa que, nela, o arco do tempo tomado pelo autor é quase o mesmo que o da *História da Loucura*, como que prenunciando que, ao debruçar-se sobre maiores períodos de tempo, o filósofo claudicaria...

Merquior, então, empreende essa desafiadora análise de *As Palavras e as Coisas* a partir da obra em que o próprio Foucault afirmara ter sido inspirado, um conto borgiano, "El Idioma Analítico de John Wilkins".[20] Ato contínuo, coteja as epistemes foucauldianas com os paradigmas de Thomas Kuhn. Apesar de admitir a grandiosidade da obra, Merquior parece lamentar-se pelo fato de que o saber objetivo para Foucault continuaria a ser

---

[18] Ver, neste livro, p. 59.

[19] Ver, neste livro, p. 63.

[20] Jorge Luis Borges. "El Idioma Analítico de John Wilkins". In: *Obras Completas*, v. II. Buenos Aires, Emecé Editores, 1994, p. 84-87; a referência à "encliopédia chinesa" encontra-se na p. 86.

revelado em seu texto como uma "noção completamente estranha".[21] Critica a história narrada por Foucault sobre as quatro epistemes (pré-clássica, clássica, moderna e contemporânea) por sua constante descontinuidade, pela assistematização dos saberes, pela não apreensão "realista" de objetos estabilizados e pela ausência de sua explicação causal. Ou seja, Merquior critica a obra de Foucault naquilo que Foucault deliberadamente se propôs a romper e a inovar em suas reflexões sobre as configurações do saber, desconsiderando as causas das mudanças epistêmicas e privilegiando a aleatoriedade. No entanto, mesmo em discordância, Merquior empreende uma verdadeira arqueologia dessa arqueologia foucauldiana, indicando a tradição à qual estava alinhado Foucault para o exercício dessa descrição descontínua, arbitrária e cesural. E essa tradição seria a da escola dos epistemólogos Bachelard, Cavaillès e Canguilhem, dirigida à história dos conceitos. Sendo a noção central em Foucault sobre corte epistemológico uma herança direta de Bachelard, Merquior segue brilhantemente a dissecar a *magnum opus* de Foucault em um exercício de admirável erudição hermenêutica, disputando com Foucault o conhecimento sobre antigos autores raros e desconhecidos, observando, afiadamente, que Foucault "volta e meia não estava familiarizado com a rica literatura erudita sobre esses assuntos".[22] Chama-nos a atenção para eventuais desdéns foucauldianos, quais sejam, o desdém pelo anacronismo, pelos hiatos epistêmicos e pelo retorno dos conceitos. No entanto, apesar de robusta crítica ao "fervor cesural" de Foucault, às suas monolíticas e descontínuas epistemes, desconsiderando-se, assim, os fluxos de pensamento transepistêmicos e os seus "desdéns", a grande crítica mesma de Merquior a Foucault nessa obra é a evidenciação do que seria um verdadeiro horror de Foucault pelo sujeito, a sua cruzada anti-humanista com vistas à proclamação da "agourenta" morte

---

[21] Ver, neste livro, p. 66.
[22] Ver, neste livro, p. 75.

do homem. A morte do "odiado sujeito", a sua elisão. No seu ofício de arqueólogo da arqueologia, Merquior nos informa que não foi, no entanto, essa a primeira vez que "o estruturalismo protestou contra o ponto de vista humano do saber",[23] uma vez que Claude Lévi-Strauss já haveria, anteriormente, "proposto a dissolução do homem como meta da ciência social".[24] De todo modo, Merquior deixa consignado que, em *As Palavras e as Coisas*, Foucault nos convida "a despertar dessa 'modorra antropológica', que é o oxigênio do saber moderno".[25]

E é com seus olhos críticos de lince aferrados ao seu moderno rigor que Merquior prossegue na crítica da obra foucauldiana. Adentra o livro *A Arqueologia do Saber* (1969) identificando as suas eventuais pretensões, seus pontos de mutação com as obras anteriores, as autocríticas de Foucault (que não coincidem com os seus pontos falhos) e os seus conceitos-chave. Anuncia o afastamento de Foucault em relação a Bachelard e a sua aceitação integral do pensamento nietzschiano, ainda que de forma implícita. Lastima o fato de Foucault seguir em "sua velha ojeriza contra qualquer tipo de tempo contínuo"[26] e em sua sanha em caricaturar a história das ideias. Em contraposição às "ironias" foucauldianas em face da crítica metodológica à história das ideias, promove Quentin Skinner ao lugar daquele que executou esta tarefa de forma brilhante, submetendo as mitologias dessa história "a um exame rigoroso e irrefutável [...] a milhas de distância da histeria estruturalista antissujeito e da rejeição apriorística das intenções autorais".[27] Merquior segue o seu combate em clara indignação em face daquele que "não demonstra nenhum interesse pelo 'valor racional' da ciência". Como sempre, elogia a prosa de Foucault, qualificando-a de "laboriosa e árdua", mas fulmina as suas

---

[23] Ver, neste livro, p. 85.
[24] Ver, neste livro, p. 85.
[25] Ver, neste livro, p. 84.
[26] Ver, neste livro, p. 121.
[27] Ver, neste livro, p. 125-26.

definições, qualificando-as de tautológicas, integrantes de uma "névoa das indefinições de Foucault".[28] No centro de sua crítica para aquela obra que, conhecidamente, revolucionou a historiografia e introduziu uma inovadora concepção do discurso, um lamento, um balbucio, o de que "uma arqueologia do saber poderia fazer algo melhor que suspeitar do saber tão aprioristicamente".[29]

Assim, após esse trabalho de escafandrista nos abissais do pensamento foucauldiano, Merquior submerge em mares mais calmos, mas não infenso a marolas e, por que não?, a eventuais maremotos. É quando inicia a tessitura de sua crítica à obra que representou a transição do método foucauldiano do arqueológico ao genealógico, o momento no qual a articulação poder/saber irrompe como elemento-chave da história política que Foucault se propõe a fazer a partir do impactante e paradigmático livro *Vigiar e Punir: Nascimento das Prisões* (1975). Curiosamente para aquele que se determinou a explicar o pensamento foucauldiano inclusive nas "razões" de suas mudanças epistemológicas, Merquior não cita, em seu texto, as palestras de Foucault ministradas na PUC-Rio em 1973, quando então Foucault construía e ensaiava e experimentava para si mesmo, junto aos seus ouvintes, essa importante mudança epistemológica em seu fazer filosófico. Palestras concorridíssimas à época, que fizeram germinar uma legião de estudiosos foucauldianos no Brasil e que foram transcritas para o livro *A Verdade e as Formas Jurídicas* (1973). Essas palestras tiveram lugar quando aquele que é conhecido como "filósofo rebelde" esteve no Brasil durante os "anos de chumbo" da Ditadura Militar, época na qual grassavam a censura e a repressão sob o governo do presidente Emílio Garrastazu Médici. Uma análise de Merquior sobre o filósofo transgressor a quem ele atribuía um proverbial radicalismo, em solos de seu país natal a engendrar articulações sob a perspectiva poder/saber, é por certo uma falta que

---

[28] Ver, neste livro, p. 127.
[29] Ver, neste livro, p. 129.

infelizmente, alimentará uma "vontade de saber" para sempre insatisfeita do leitor. A princípio, inferimos que o desprezo a esse texto ou, ao menos, a sua não citação por Merquior se deva ao fato de que o crítico procurou, em seu rigor, cingir-se, ao máximo possível, apenas aos livros de Michel Foucault e não aos cursos, mesmo que tenha, ao iniciar a abordagem dos inícios da epistemologia genealógica foucauldiana, feito alusão à aula inaugural de Foucault no Collège de France transformada em um outro livro de referência *A Ordem do Discurso* (aula proferida em dezembro de 1970 e editada em livro em 1971). No entanto, ao deitarmos os olhos sobre o capítulo seguinte do seu livro, onde Merquior se atém viva e agudamente sobre as conferências de Foucault pronunciadas na Itália em inícios de 1976 e que integram o texto de *Microfísica do Poder*, essa primeira intuição invalida-se em parte, uma vez que *Microfísica do Poder* (1978) também não consta das suas referências bibliográficas.

Mas, sigamos. Como aqui já o dissemos, ao discorrer a sua crítica sobre *Vigiar e Punir*, Merquior baixa momentaneamente as suas armas pontiagudas ao identificá-lo como um eventual merecedor de um primeiro lugar dentre os livros de Foucault no que diz respeito à sua linguagem e à sua estrutura, ao seu "estilo de exposição e ordenamento de partes".[30] Em termos de historiografia filosófica, aqui Foucault teria sido bem mais cauteloso, pouco dado a cesuras e mais disposto a discorrer sobre transições e continuidades. Mas as águas tranquilas desse périplo crítico encerram-se por aí. Logo em seguida, Merquior enfatiza o caráter teatral e ideológico dessa obra, cujo autor, um "anarquista libertino",[31] coloca-se à esquerda da esquerda não apenas ao denunciar o nascimento das prisões modernas, onde a violência física seria substituída por um código disciplinar que esquartejaria a alma como fruto direto da ascensão burguesa, mas ao atacar, impiedosamente e mais uma vez, o Iluminismo e

---

[30] Ver, neste livro, p. 135.

[31] Ver, neste livro, p. 152.

o seu pseudocaráter humanista. No mais, além da aversão iluminista, Merquior critica a inexatidão dos fatos narrados, os seus imperdoáveis silêncios, como aquele que cerca a Revolução Francesa. Denuncia o exagero nos impactos reais da normalização francesa na primeira metade do século XIX e elege por corolário desses "pomos da discórdia" a desconsideração de Foucault por um humanitário pensamento pedagógico na era do Iluminismo. Restando a *Vigiar e Punir*, essa "teoria conspiratória da história", nos proporcionar uma "absorvente leitura engajada"[32] com parágrafos que são verdadeiras obras-primas de sofismo teórico.

Continuando a singrar, cronologicamente, sobre as obras de Foucault, Merquior tece a sua crítica à teoria do poder foucauldiana. Segue com a sua característica agudeza a pinçar os principais elementos dessa teoria, o que talvez nem sequer Foucault o faria melhor, no entanto, mantém-se rigorosamente em sua postura de, na busca de suas explicações, prestar à "cratologia" de Foucault poucas concessões. Mesmo ciente da influência fulcral do pensamento de Nietzsche na filosofia de Foucault, sabendo ser essa teoria do poder uma herdeira direta da teoria das forças nietzschiana, na qual o sujeito é considerado em uma perspectiva bem diversa daquela do antropocentrismo moderno, ainda que não o afirme explicitamente, em seu anátema, Merquior prossegue o seu embate fulminando a teoria do poder de Foucault como um viciado "papo antissujeito", uma anatomia do poder caracterizada por seu "pancratismo". Enfim, uma teoria evidentemente insatisfatória, embora dela se possa auferir algum sentido empírico.

É quando a perspicácia analítica, por tantas vezes ácida de Merquior sobre o pensamento de Foucault, embora elaborada em escrita sempre escorreita e melíflua para o mais irascível defensor da filosofia foucauldiana, parece ter desembocado, novamente, em águas mais tranquilas. A trégua a essa cruzada, sempre eivada de erudição e

---

[32] Ver, neste livro, p. 154.

fundamentos teóricos, mas em muitos momentos feroz, dá-se quando Merquior se dispõe a criticar os três volumes da *História da Sexualidade*, além de referir-se ao conteúdo daquele tomo ainda hoje inédito no Brasil, o seu quarto volume, que seria *As Confissões da Carne*. Nesse momento, exsurge claro que, para Merquior, eis o "melhor Foucault".[33] Seria o Foucault da maturidade, aquele que não mais se embate com a sua fixação cesural, que retorna ao sujeito e que elege, por fontes de pesquisa, uma literatura especializada superior às demais até então. Referências que ele consulta "com muito mais frequência que em todos os seus outros panoramas históricos juntos".[34] Nesse projeto dos volumes da *História da Sexualidade*, Foucault não apenas se mostra mais original e perspicaz em suas observações, como "quase cativante em seus comentários".[35]

Inesperadamente para um pesquisador foucauldiano, apesar de, como sempre, perscrutar os seus porquês, não combate a mudança radical que Foucault promove em seu projeto, uma vez que já o havia iniciado com o título *A Vontade de Saber* (1976), no segundo volume da *História da Sexualidade – O Uso dos Prazeres* (1984). Pelo contrário, é a partir do segundo volume, com a explicitada modificação engendrada pelo procedimento genealógico, que a obra de Foucault, para Merquior, parece agigantar-se.

Em seu vívido deleite em face dessa obra, Merquior transcreve-a em dois de seus longos parágrafos, o que lhe toma quase duas páginas de seu texto crítico. Tentado a "chicanear com relação a certas interpretações, em face de pesquisas recentes",[36] apesar de ir adiante nos exemplos que embasariam a sua crítica, detém-se concluindo que, "contudo, até onde posso perceber, nada do que ele diz parece contradizer os melhores trabalhos acadêmicos

---

[33] Ver, neste livro, p. 243.
[34] Ver, neste livro, p. 200-01.
[35] Ver, neste livro, p. 196.
[36] Ver, neste livro, p. 201.

sobre o assunto".[37] Nos três volumes publicados de *História da Sexualidade*, Foucault teria, enfim, sido bem-sucedido em seu maior projeto: o de fazer uma história crítica do presente. Do que inferimos que, para Merquior, o filósofo Foucault foi abatido da vida no instante em que, finalmente, na maturidade, conseguiu alçar seu voo.

Finalizada a análise crítica, cronologicamente realizada sobre a obra foucauldiana, Merquior propõe-se a pintar um retrato do filósofo. E no esboço dessa arte, a pena de Merquior volta a ferver com o poder estilhaçador das dinamites.

Aqui, a despeito de nos coadunarmos ou não com as tintas do pintor, o que se vê é um Merquior em um glorioso momento de crítico filosófico. A sua habilidade em cotejar os ensaios críticos já realizados em torno da obra de Foucault e o seu diálogo com os demais filósofos é, na já tão desgastada palavra daqueles que o caracterizavam, fascinante. Aponta as aproximações e os afastamentos entre Foucault e o filósofo que foi a sua maior fonte de influência e inspiração, Friedrich Nietzsche. Discorre sobre as divergências de Foucault com Marx e Freud. Acentua o seu apego irracionalista em oposição ao pensamento progressista racional de Jürgen Habermas e Rawls. Relembra-nos do famoso debate televisado com Chomsky em 1971 e lança uma pérola, a de uma eventual tentativa de Foucault de "jogar Kant contra Kant". Mais uma vez, pinta-o como aquele que filosofa "à luz do preconceito ideológico", que dispensa quaisquer preocupações com a verdade fatual e que, em sendo um guerrilheiro indisciplinado do pensamento neoanárquico, tem o covarde costume de "esquivar-se às objeções críticas ao invés de confrontá-las".[38] E é como um neoanarquista, então, que o retrata, como um digno representante do negativismo e do irracionalismo.

Já próximo ao final de sua vida, Michel Foucault afirmou "só escrevi ficções". Merquior não cita essa frase de

---

[37] Ver, neste livro, p. 202.
[38] Ver, neste livro, p. 224.

Foucault, mas rebate-a ao dizer que esses filósofos que desdenham das pretensões de todo o saber, recusando de todo debate crítico, "não se pejam de passar por escritores, e não por pensadores profissionais".[39]

Pinta, então, o retrato de um filósofo neoanarquista negativista e triste. Mas aí cessa tudo o que poderia haver de lirismo nessa caracterização ao arrematar que "faz parte de seu negativismo beneficiar-se disso sem maiores escrúpulos morais".[40] E nesse jardim filosófico inóspito, só o que se pode cultivar e oferecer-nos como colheita é um "niilismo de cátedra" – expressão com a qual encerra seu livro.

José Guilherme Merquior e Michel Foucault, não apenas dois nomes próprios, mas dois nomes polissêmicos.

Terá o brilhante e arguto intelectual José Guilherme Merquior, no clímax desse combate, demolido a obra de Michel Foucault?

Não, Merquior não aniquila o pensamento e a obra foucauldiana. Nesse vigoroso embate, as críticas de Merquior à obra de Foucault potencializam-na, vitalizando-a. No discorrer de sua argumentação nos põe a todos, foucauldianos ou não, alertas e, sobretudo, em marcha. Em marcha no afã de rebatê-lo, acatá-lo ou contra-atacá-lo.

O livro de José Guilherme Merquior sobre a obra de Michel Foucault nos convida a desbravarmos cerrados caminhos filosóficos, a interrogar seus métodos, a embrenharmo-nos em veredas epistemológicas e, a ferro e fogo, a arriscarmo-nos em novos atalhos para o saber. Caminhos filosóficos nos quais não cessamos nunca de nos interrogar sobre nós mesmos e o nosso modo de pensar.

---

[39] Ver, neste livro, p. 232.
[40] Ver, neste livro, p. 232.

AGRADECIMENTOS*

Em sua tentativa, deveras original, de fundir filosofia e história, Michel Foucault se dispôs a revitalizar a reflexão filosófica através de uma diversidade de instigantes análises do passado da cultura ocidental. Na avaliação dos resultados de seu ousado empreendimento histórico-filosófico, foram considerados todos os seus textos principais já publicados, incluindo os últimos volumes, ainda por traduzir, de seu inacabado *História da Sexualidade*. Tentei sinceramente compreender o projeto foucauldiano, mas no final, minha própria avaliação foi pautada por uma relutância em aceitar o que Robert Weimann tão adequadamente apelidou de "tendência para estetizar a história", bem como por mais de uma dúvida acerca da direção geral do pensamento pós-estruturalista. O cerne da minha crítica beneficiou-se grandemente de conversas com John A. Hall, Ernest Gellner, Guita Ionescu, Perry Anderson e Raymond Boudon, entre outros. Pierre Nora e Nicole Evrard amavelmente providenciaram o segundo e terceiro volumes da *História da Sexualidade*. Helen Fraser auxiliou grandemente na lapidação do primeiro esboço. Minha esposa Hilda tratou com desvelo um manuscrito tantas vezes maltratado, e minha filha Julia elaborou, com cativante esmero, a bibliografia, que foi localizada ou detectada, em sua maioria, por meio da boa vontade de Ophelia Vesentini e Paula Tourinho. Carminha C. Fernandes compilou o índice. Quanto a Frank Kermode, ele foi o mais atento dos editores; se este livro me trouxe algo de valor, foi o privilégio de sua amizade.

J G M
Londres, maio de 1985

---

* Pela primeira vez os *Acknowledgements* da edição original são traduzidos para o português.

Uma cultura superior tem como característica prezar mais as pequenas verdades despretensiosas, descobertas através de método rigoroso, que os erros deslumbrantes e deleitosos que brotam de épocas e povos metafísicos e artísticos.

NIETZSCHE

AOS INCAUTOS

A ideia de publicar no Brasil, concomitantemente com a edição original inglesa, este antipanegírico de Foucault nasceu de uma constatação irritante: a de que, na maioria esmagadora dos casos, a tribo foucauldiana (entre nós, barbaramente autodesignada como "foucaultiana") tem o hábito de ignorar sistematicamente o volume e a qualidade das críticas feitas às proezas histórico-filosóficas de seu ídolo. Portanto, quem quiser brincar de foucaldolatria fará melhor se passar ao largo destas páginas. Porém, o caso Foucault decerto apresenta suficiente interesse para justificar uma análise extensa (embora não exaustiva) de sua ambiciosa denúncia da cultura moderna.

Sebastião Lacerda acompanhou o projeto deste livro, desde sua nascente inglesa, com secreta volúpia. Se, porventura, o sofisticado Partido Epistêmico Foucauldiano (PEF) ou o inculto Movimento Foucaultiano Pró-Anarquia e Perversão (MFPAP), ora em curso de registro na Nova República, vierem a tomar o poder, digo, o poder-saber, ou, pior ainda, o saber-poder editoriais, desconfio que meu amigo Sebastião estará frito: só lhe restaria refugiar-se de vez na carreira operística e nos dar o Simone Boccanegra do século, cantado em Glyndebourne sob a batuta *sans pareil* do maestro Mauricio Magnavita. Eu bem que avisei. Marília Pessoa e Roberto Lacerda também são muito culpados, pois comandaram a editoração do livro com a mais bem-humorada competência. Devo ainda especiais agradecimentos ao consciencioso tradutor, Donaldson Garschagen, e a meu velho cúmplice José Mario Pereira Filho, que ajudou a transpor a numerologia das notas para as referências adequadas nas muitas traduções brasileiras do calvo Nietzsche de Saint-Germain-des-Prés. Que, aliás – confesso com prazer –, morreu em franca evolução intelectual.

JGM
Londres, agosto de 1985

Capítulo I

O HISTORIADOR DO PRESENTE

Nunca fui freudiano, nunca fui marxista e nunca fui estruturalista.
Michel Foucault

Quando Michel Foucault morreu em Paris, vitimado por um tumor cerebral, em junho de 1984, o jornal *Le Monde* publicou um necrológio assinado por Paul Veyne, eminente historiador clássico e colega de Foucault no Collège de France. Para Veyne, a obra de Foucault era "o acontecimento intelectual mais importante do nosso século" (*"l'évènement de pensée le plus important de notre siècle"*). Poucos concordarão com essa afirmação bombástica. No entanto, está fora de dúvida que, ao falecer, o herói de Veyne era um dos mais influentes pensadores de nosso tempo.

Foucault pode não ter sido o maior pensador da nossa era, mas foi, certamente, a figura central da filosofia francesa desde Sartre. Ora, desde muito a maneira francesa de fazer filosofia moderna tem sido bastante diferente daquela que normalmente é tida como habitual no mundo anglo-saxônico, ao menos até pouco tempo. Nos países de expressão inglesa, a filosofia "normal" é geralmente acadêmica no estilo e analítica no método. Vale a pena ressaltar esse ponto porque algumas vertentes continentais do moderno pensamento filosófico, principalmente em áreas de expressão alemã, têm sido tão acadêmicas – e, com frequência, de maneira pesada – quanto sua contraparte inglesa, sem, entretanto, serem rigorosamente analíticas no sentido em que o foram Russell e Wittgenstein ou Ryle e Austin, ou em que ainda o são, na maioria, pensadores como Quine. Em contraste, a mais prestigiosa corrente filosófica da França seguiu um caminho muito diferente.

Pode-se dizer que tudo começou com Henri Bergson. Nascido em 1859, Bergson foi exatamente contemporâneo do iniciador da filosofia moderna na Alemanha, Edmund Husserl. E, como este, exerceu uma longa carreira no magistério – mas suas obras adquiriram forma cada vez mais ensaística, enquanto multidões compareciam às suas conferências e ele próprio se tornava uma espécie de ídolo. Logo após sua morte, em 1941, surgiu um novo guru filosófico, dono de um estilo altamente literário, na pessoa de Jean-Paul Sartre (1905-1980), o inigualável *superstar* (mas, nem por isso, incontestado) do pensamento francês até a década de 1960. Tal como Bergson, Sartre aliava a brilhantes dotes literários uma teorização desbragadamente liberta de disciplina analítica. Foi a essa tradição de *glamour*, antes que de rigor filosófico, que pertenceu Foucault.

Seria grosseira injustiça sugerir que toda a filosofia francesa do século XX deriva dessa sedutora prática livre e solta, a que somos tentados a chamar "lítero-filosofia". Não obstante, em nenhuma outra cultura filosófica moderna encontramos esse tipo de pensador em tal preeminência. Ademais, a lítero-filosofia francesa foi um gênero misto, de qualidade vária. Raramente se revestiu de uma forma literária ostensiva, como a que Nietzsche ousou empregar. Em vez disso, assumiu em geral o aspecto de investigações circunspectas, como em *A Evolução Criadora* (1907), de Bergson, ou até de tratados, como *O Ser e o Nada* (1943), de Sartre, ou *Fenomenologia da Percepção* (1945), de Merleau-Ponty. Contudo, aos olhos de leitores de filosofia educados dentro da moldura analítica (ou ainda nos solenes jargões do padrão teórico alemão), o resultado final era praticamente o mesmo.

Ora, o ponto de partida de Foucault parece ligado a uma mudança sutil no destino da lítero-filosofia. Foi como se, após o esgotamento do existencialismo (e da mal orientada tentativa do último Sartre de combiná-lo com o marxismo), a lítero-filosofia passasse por um período de dúvidas interiores. Ao que parece, a maré vazante da síndrome de angústia-e-engajamento, na atmosfera intelectual mais *détachée* da Quinta República presidida por Charles de Gaulle, lançou esse gênero teórico numa considerável desordem. Em consequência disso, a filosofia francesa veio a defrontar-se, por assim dizer, com uma opção: ou se convertia ao método analítico (uma vez que a apropriação de temas alemães, sobretudo tomados a Husserl e a Heidegger, já havia sido realizada pelo existencialismo) ou imaginava uma nova estratégia para sua própria sobrevivência. Os mais brilhantes dentre os jovens filósofos optaram pela segunda alternativa. Em vez de tornarem a filosofia mais rigorosa, resolveram fazer com que ela se nutrisse do crescente prestígio das "ciências humanas" (e.g., a linguística, a antropologia estrutural, os estudos históricos da escola dos *Annales*, a psicologia freudiana) bem como da arte e da literatura de vanguarda. Assim, a lítero-filosofia logrou recuperar sua vitalidade pela *anexação de novos conteúdos*, tomados de empréstimo a outros domínios intelectuais.

Entre esses novos pensadores avultaram Michel Foucault e Jacques Derrida. A "gramatologia" (mais tarde rebatizada como "desconstrução") de Derrida definia-se como uma retomada radical da teoria da linguística estrutural de Saussure. Já Foucault voltou-se para a história, porém atento a alguns fascinantes territórios inexplorados dentro do passado ocidental: a evolução das atitudes sociais em relação à loucura, a história da medicina protomoderna, os fundamentos conceituais da biologia, da linguística e da economia. Ao proceder dessa forma, Foucault logo adquiriu a reputação – juntamente com o antropólogo Claude Lévi-Strauss, o crítico literário Roland Barthes e o psicanalista Jacques Lacan – de ser um dos tetrarcas do estruturalismo, o modismo intelectual que brotou das ruínas da filosofia existencial. Em seguida, dividiu com Derrida a liderança do "pós-estruturalismo", ou seja, do relacionamento tipo amor-ódio com o espírito estruturalista que veio a prevalecer, na cultura parisiense, a partir de fins dos anos 60.

Foucault era uma personalidade intelectual complexa, quase indefinível. É possível que sua afirmação mais conhecida seja ainda a agourenta proclamação da "morte do homem", ao fim de *As Palavras e as Coisas*, uma ousada "arqueologia" das estruturas cognitivas, que o colocou em evidência desde meados dos anos 60. Todavia essa elegante distância anti-humanista, jamais repudiada, não o impediu de mostrar um fraco pela Califórnia como paraíso da contracultura, nem, com efeito, de promover uma difamação romântica da razão ocidental, tão passional quanto a tentada por Herbert Marcuse. Única estrela do estruturalismo a partilhar plenamente o espírito de maio de 1968, Foucault era um professor polido que adorava escandalizar o *establishment* parisiense, onde era adulado, quer asseverando solenemente que a obrigação suprema de um prisioneiro era tentar a fuga, quer apoiando com entusiasmo a explosão revolucionária do aiatolá Khomeini, em desafio a todos os dogmas esquerdistas. Sua conduta era a de um radicalismo excêntrico, assim como suas obras eram as de um estruturalista rebelde. Tão rebelde que – como se vê pela nossa epígrafe – rejeitava energicamente o rótulo de estruturalista.

Este livro constitui um ensaio crítico sobre sua obra. Buscarei não só fazer uma avaliação imparcial de todos os seus principais textos como também examinar um razoável volume da bibliografia a seu respeito. Ao mesmo tempo, tentarei explicar os desvios e as mudanças em seu pensamento, até suas últimas obras – os volumes finais de sua *História da Sexualidade* (1976-1984). Por fim, à guisa de conclusão, discutirei a posição final do homem que se empenhou em dar ao pós-estruturalismo um fundamento ético-político, muito distante da atitude dos "desconstrucionistas", voltados para a contemplação do próprio umbigo.

Foucault nasceu em Poitiers, numa família de classe média. Seu pai, um médico, matriculou-o numa escola católica. Terminada a guerra, o jovem Michel tornou-se interno do Lycée Henri IV em Paris, preparando-se para o exame de admissão a uma das *grandes écoles* francesas, a École Normale Supérieure. Ali, e na Sorbonne, foi aluno de Jean Hyppolite, tradutor e intérprete da *Fenomenologia do Espírito*, de Hegel; de Georges Canguilhem, historiador da ciência; e do futuro fundador do marxismo estruturalista, Louis Althusser. Saiu como *normalien* aos 23 anos de idade, no mesmo ano em que recebeu seu diploma de filosofia. Ingressou no Partido Comunista, mas rompeu com ele em 1951. Menos de um ano depois, insatisfeito com a filosofia, Foucault, que também recebera educação formal em psicologia, voltou-se para a psicopatologia, área em que viria a publicar seu primeiro livro, *Maladie Mentale et Psychologie* (1954). Durante quatro anos lecionou no Departamento de Francês da Universidade de Uppsala, sendo então nomeado diretor dos Institutos de Francês de Varsóvia e Hamburgo. Durante a estada na Alemanha, completou seu longo estudo sobre a história da loucura, com o qual fez jus ao *doctorat d'État*.

Em 1960, tornou-se chefe do Departamento de Filosofia da Universidade de Clermont-Ferrand, na Auvergne, onde permaneceu até que a glória o conduzisse a Paris, após a publicação, em 1966, sob o prestigioso selo da Gallimard, de *As Palavras e as Coisas*, um clássico nato do estruturalismo no apogeu. No fim da década de 1960, lecionou Filosofia na Universidade de Vincennes, uma instituição de vanguarda, e em 1970 ganhou a cátedra de História dos Sistemas de Pensamento no Collège de France – anteriormente ocupada por Hyppolite. Concomitantemente com suas funções magisteriais, Foucault fazia muitas conferências e apresentava certa militância *gauchiste*: editou o semanário de esquerda *Libération*, estimulou reformas penais através de seu Groupe d'Information sur les Prisons e se manifestou a favor do movimento gay. Em inúmeras entrevistas provou ser também, dentre todos os mestres estruturalistas, o mais desabrido polemista, contra-atacando com vigor as críticas partidas de *maîtres-à-penser* como Sartre, ou de contestadores mais jovens como Derrida.

Como Foucault descrevia sua própria filosofia? De certa feita, respondendo a críticas de Sartre, Foucault chegou a dar a entender que o estruturalismo, enquanto categoria, só existia para os leigos, para aqueles que não pertenciam ao movimento.[1] Queria dizer, naturalmente, que a "tetrarquia" que dominava o pensamento francês nos anos 60 (uma pentarquia, se incluirmos Louis Althusser, o senhor do estruturalismo *in partibus fidelium*, ou seja, na Marxilândia) não constituía um grupo coerente. No prólogo à tradução inglesa daquele que é tido como seu típico livro estruturalista, *As Palavras e as Coisas*, advertiu que, embora alguns "comentadores ineptos" na

---

[1] Ver sua entrevista em *La Quinzaine Littéraire*, n. 46, 1º de março de 1968.

França o houvessem classificado como estruturalista, ele não utilizava "nenhum dos métodos, conceitos ou termos-chave que caracterizam a análise estrutural".

Ainda assim, existe pelo menos uma definição foucauldiana, positiva, do estruturalismo. Bem no meio de *As Palavras e as Coisas*, ele chama o estruturalismo de "a consciência inquieta do saber moderno". A partir de então, declarou várias vezes que seu intuito consistia em escrever "a história do presente".[2]

Localizar os esteios conceituais de alguns processos-chave da cultura moderna, colocando-os em perspectiva histórica: eis o propósito de todos os principais livros de Foucault publicados nos vinte e poucos anos que mediaram entre *História da Loucura na Idade Clássica* (1961) e *História da Sexualidade*, cujo tomo final viria a ser publicado postumamente.

O autor desses livros foi um pensador que morreu ainda na meia-idade. Nascido em 1926, Foucault pertenceu à geração de Noam Chomsky (nascido em 1928), Leszek Kolakowski (1927), Hilary Putnam (1926) e Ernest Gellner (1925). Era um pouco mais jovem do que John Rawls (1921) ou Thomas Kuhn (1922), um pouco mais velho do que Jürgen Habermas (1929), Donald Davidson ou Jacques Derrida (ambos de 1930); porém consideravelmente mais idoso do que Saul Kripke (1940). Trata-se, na realidade, de um grupo heterogêneo no pensamento contemporâneo, mas são eles que, desde meados da década de 60 e dos primeiros anos da década de 70, têm, de muitos modos, modificado o panorama filosófico a ponto de rivalizarem entre si pela sucessão da classe de 1900-1910 – a classe de Popper, Gadamer e Quine – como os principais formuladores de nossa perspectiva conceitual fora do domínio científico. Ora, só a metade,

---

[2] Cf. Foucault, *As Palavras e as Coisas*. São Paulo, Martins Fontes, 2000, cap. VI, 7, in fine; e *Vigiar e Punir: Nascimento da Prisão*. Petrópolis, Vozes, 1975. cap. 1, 1; ele usou a expressão "historiador do presente" numa entrevista concedida a Bernard-Henry Lévy, *Le Nouvel Observateur*, n. 644, março de 1977 (trad.: *Telos*, n. 32, verão de 1977).

no máximo, desses pensadores mais jovens possui reconhecimento entre o público em geral. E Foucault parece colocar-se logo em seguida a Chomsky (que não é filósofo por formação) como uma verdadeira celebridade entre todos eles. Por quê?

A principal razão para o impacto de Foucault parece estar no próprio conteúdo de seu trabalho. Um discurso sobre o poder e sobre o poder do discurso: que poderia ser mais atraente para intelectuais e departamentos de humanidades, cada vez mais radicais em sua visão do mundo, mas fartos dos dogmas tradicionais do revolucionismo de esquerda? Na origem da grande audiência de Foucault está o avolumar-se do *cisma* intelectual e acadêmico, que, de maneira geral, sobreviveu ao refluxo da revolta estudantil no decorrer de toda a última década. Michel Foucault foi um filósofo que apresentou um tipo inusitado de conhecimento (qual dos humanistas de hoje é capaz de discutir a gramática de Port-Royal, os naturalistas anteriores a Darwin ou a pré-história do moderno sistema penitenciário?), dons invulgares de escritor e, *last but not least*, notáveis aptidões retóricas a serviço de ideias e pressupostos altamente aprazíveis a amplos setores da *intelligentsia* ocidental, contribuindo ao mesmo tempo, de modo decisivo, para forjar essas mesmas noções. É isso que está em jogo, fundamentalmente, na preocupação de Foucault com uma crítica "história do presente".

Esbocemos – como hipótese de trabalho para começar uma análise crítica de seu pensamento – uma ampla caracterização de seu programa filosófico. Já vimos Foucault descrever-se como um historiador do presente. Com efeito, para muitos estudiosos da filosofia continental ele é o *pensador que fundiu a filosofia coma história* e que, ao fazê-lo, realizou uma análise fascinante da civilização moderna.

Em seus últimos anos de vida, Foucault definiu seu projeto: uma análise histórico-filosófica da modernidade, sugerindo que ele abrangia duas metas distintas: uma, a identificação das "condições históricas" da ascensão da razão no Ocidente; outra, "uma análise do momento presente", para verificar em que situação nos encontramos *agora* em face dos fundamentos históricos da *racionalidade* como espírito da cultura moderna.

A filosofia moderna, explica ele, deriva em grande parte do desejo de investigar o surgimento histórico da razão autônoma, emancipada. Tem como tema, pois, a história da razão, da racionalidade nas grandes formas de ciência, tecnologia e organização política. Nessa medida, ela está atrelada à célebre pergunta de Kant: "Que é o Iluminismo?" (1784), a que Foucault se reportou em vários textos. Com muita perspicácia, ele observou que na França, a partir de Comte, a indagação kantiana tinha sido traduzida como "Que é a história da ciência?". Já na Alemanha a pergunta ganhou outra forma: desde Max Weber até a "teoria crítica" de Habermas, ela atacou o problema da racionalidade *social*. Foucault encarava sua contribuição como um desvio dentro da tradicional preocupação francesa com a razão como conhecimento:

> Enquanto na França os historiadores de ciência estavam interessados essencialmente no problema do modo como se constitui um objeto científico, a pergunta que eu fazia a mim mesmo era a seguinte: como foi que o sujeito humano tomou a si mesmo como objeto de possível saber? Através de quais formas de racionalidade e condições históricas? E, finalmente, a que preço? Esta é a minha pergunta: a que preço os sujeitos podem falar a verdade sobre si mesmos?[3]

Para Descartes, convém lembrar, o fato de o sujeito humano poder tomar a si mesmo como objeto era precisamente o começo do saber sólido. Para Foucault, porém, como para os estruturalistas, isto representaria simplesmente uma petição de princípio. Pois se há um ponto em que ele e os estruturalistas estão de acordo é nisto:

---

[3] Cf. seu prefácio à trad. inglesa (1981) do livro de Canguilhem, *The Normal and the Pathological*; a epígrafe usada por Colin Gordon em seu posfácio a *Power/Knowledge: Selected Interviews and Others Writings 1972-1977*. Brighton, Sussex, The Harvester Press, 1980; e principalmente a entrevista de Foucault a *Telos*, n. 55, primavera de 1983.

a ideia de um sujeito-fundamento deve ser abandonada, uma vez que, alegam eles, ela implica a primazia de uma consciência transparente, assim como um desdém fatal por aquilo que o estruturalismo precisamente busca: as determinações ocultas, *inconscientes*, do pensamento. Assim, o sujeito fundador – o tema cardeal do idealismo, de Descartes a Hegel – transforma-se na *bête noire* do estruturalismo. Em seu ligeiramente enfadonho tratado "metodológico" *A Arqueologia do Saber* (1969), Foucault foi claro: sua tarefa, escreveu ele, consistia em "libertar a história do pensamento de sua sujeição à transcendência". Qual transcendência? Bem, antes de mais nada, a do odiado sujeito:

> Meu objetivo era analisar a história na descontinuidade que nenhuma teleologia haveria de reduzir de antemão; [...] permitir que ela fosse desdobrada numa anonimidade sobre a qual nenhuma constituição transcendental imporia a forma do sujeito; abri-la para uma temporalidade que não prometesse o retorno de qualquer aurora. Meu objetivo era depurá-la de todo narcisismo transcendental.[4]

Algumas páginas adiante ele se proclama inocente da acusação de que o estruturalismo ignora a história, afirmando que jamais negou a possibilidade de mudança do discurso ("discurso" é a palavra com que ele designa o pensamento como prática social); tudo que ele fez foi privar "a soberania do sujeito" do "direito exclusivo e instantâneo" de operar mudanças, isto é, de dar origem à história.

O que quer Foucault dizer exatamente? Houve comentaristas que julgaram a um só tempo extravagante e obscura essa disposição de libertar o pensamento da transcendência.[5] A maneira como Foucault utiliza as

---

[4] Foucault, *A Arqueologia do Saber*. Petrópolis, Vozes, 1972, p. 246.

[5] Como Hayden White em *Structuralism and Since: From Lévi-Strauss to Derrida*. org. por John Sturrock. Oxford, Oxford University Press, 1979, p. 83. Antes do volume de Sturrock, White se mostrava muito mais simpático às ideias de Foucault, como se verá.

palavras mantém-se a milhas de distância das cautelas da filosofia analítica. Temos a impressão de pisar em terreno mais firme quando o trecho citado passa a um exorcismo da "teleologia" no conhecimento histórico. Aqui, "o narcisismo transcendental", o sujeito autocontemplativo, parece estar apontando para aquilo que deu ao historicismo tanta má fama: sua propensão a defender lógicas da história infundadas, impostas ao registro histórico em vez de serem inferidas dele. Será mesmo a isso que Foucault queria chegar em sua tentativa de apreender a (pré-)história do presente em diversas práticas sociais, desde a ciência social e a psiquiatria até o modo como tratamos os criminosos e a nossa ideia de sexualidade? Será esse o ponto de partida de sua história filosófica?

Foucault aludiu à conveniência de se considerar seu projeto de uma história do presente como uma espécie de síntese entre as duas linhas de investigação – a francesa e a alemã derivadas da indagação kantiana sobre o Iluminismo, quer dizer, sobre a natureza da razão moderna. Da linha francesa – a teoria (comtiana) da razão como história da ciência –, Foucault faz uso seletivo: conserva o foco sobre a razão *como conhecimento*, porém deixa de lado a concepção (positivista) da ciência como corporificação de uma razão objetiva e racional. Contudo, Foucault aplaude a linha alemã – a teoria (weberiana) da razão como racionalidade social – por ser atenta à variedade de formas sociais da razão. Louva seu conceito pluralista, por assim dizer, da racionalidade na cultura moderna. Confessa partilhar da curiosidade webero-frankfurtiana sobre "as diferentes formas (sociais)" assumidas pela "ascensão da razão" no Ocidente. Ao entregar-se a reminiscências sobre seus anos de universidade, lamentou que a França conhecesse tão pouco o pensamento weberiano[6] (com certo exagero, já que àquela época sociólogos como Raymond Aron ou filósofos como Merleau-Ponty já conheciam Weber muito bem – mas não sejamos tão meticulosos).

---

[6] *Telos*, n. 55, primavera de 1983, p. 200.

Claramente, Foucault nos conclamava a ver sua própria empresa como uma tentativa de conduzir uma investigação da moderna racionalidade, uma investigação exigindo sondagem dos fundamentos da ciência social ("como foi que o sujeito humano tomou a si próprio como objeto de possível saber?"). Isso, por sua vez, deve ser buscado sem perder de vista todo um "conjunto de elementos complexos, desconcertantes" que envolvem "jogo institucional, relações de classe, conflitos profissionais, modalidades de saber e [...] toda uma história do sujeito da razão"; pois tais são, diz Foucault, os fenômenos heterogêneos que ele "tentou reunificar"[7] à medida que elaborava seu mapa conceitual para uma história em profundidade de nosso impasse cultural.

Foucault foi o primeiro a reconhecer que tal programa é, com efeito, colossal, talvez de impossível cumprimento. No entanto, parece-me que, ao menos *em princípio*, o programa foucauldiano tem um mérito: ele tenta abertamente desfazer-se da ideia nebulosa de uma razão unitária, eco do Sujeito transcendental da metafísica do idealismo clássico. E por que é tão importante rejeitar tal metafísica? É importante, até imperativo, porque ela representa uma visão *demasiado antropomórfica* do mundo. O princípio básico da metafísica idealista é, nas felizes palavras de Maurice Mandelbaum, a crença de que "dentro da experiência humana natural pode-se encontrar a chave para a compreensão da natureza suprema da realidade".[8] Note-se que a longo prazo, na história da filosofia moderna, essa posição antropocêntrica veio a ser muito mais influente do que o outro componente, um tanto óbvio, de qualquer definição mínima do idealismo clássico, ou seja, a crença de que o homem – a chave para nossa apreensão da realidade – é um ser espiritual. Pois, logo após a morte de Hegel (1831), o elemento espiritual

---

[7] Ibidem, p. 202.

[8] Maurice Mandelbaum, *History, Man and Reason: A Study in Nineteenth-Century Thought*. Baltimore, Johns Hopkins University Press, 1971, p. 6.

do idealismo sucumbiu ao assalto do difuso secularismo do pensamento do século XIX, ao passo que o ponto de vista antropocêntrico da metafísica idealista sobreviveu vigorosamente, desde Schopenhauer e Nietzsche até Bergson, Heidegger e Wittgenstein – todos eles filósofos da experiência do homem e intérpretes do ser em termos demasiado humanos (como a Vontade de Schopenhauer ou – ironicamente – o "jogo" de Nietzsche). Aquilo que Gellner disse de Hegel – que ele nos deu uma metafísica aconchegante, caseira, "um Absoluto de suspensórios"[9] – poderia na verdade ser estendido a todo um ânimo filosófico que foi o principal legado do idealismo alemão à nossa cultura.

As vésperas da ascensão do estruturalismo, a filosofia continental ainda estava impregnada dessa visão aconchegante, humanizada, da realidade. Por exemplo, o sujeito transcendental levava uma existência mimada, no colo do historicismo moderno, isto é, do marxismo restaurado à sua prístina fonte hegeliana por Lukács, com a práxis, ébria de totalidade, no lugar do Espírito; e ele vicejava também no tema fenomenológico da razão "viva" como o fundamento a que, superando "a crise das ciências europeias" (título do testamento do próprio Husserl), a filosofia moderna era instada a retornar, regenerando assim a mentalidade ocidental. É desnecessário dizer que, pelas razões que acabamos de mencionar, esse sujeito transcendental não era de modo algum "transcendental" num sentido sobrenatural, mas apenas no sentido de ser um fundamento para a interpretação da realidade. Falando à revista *Telos* em 1983, Foucault confessou que, por volta de 1960, ele namorara ambas as escolas de pensamento, o marxismo lukacsiano e a fenomenologia, antes de se empenhar em seus próprios estudos histórico-filosóficos. Mas acabou escolhendo uma posição a partir da qual pudesse lançar uma pesquisa claramente não idealista da história da racionalidade moderna. Terá sua

---

[9] Ernest Gellner, *Spectacles and Predicaments: Essays in Social Theory*. Cambridge, Cambridge University Press, 1979, cap. 1.

obra correspondido a essa intenção ou terá malogrado, cedendo, em seu fracasso, a novas formas de criptoidealismo? Antes de sugerir alguma resposta a essa pergunta, devemos examinar cada um dos principais estudos de Foucault como historiador-filósofo.

Capítulo II

A GRANDE INTERNAÇÃO, OU *DU CÔTÉ DE LA FOLIE*

O primeiro livro influente de Foucault, publicado em 1961, foi um alentado volume intitulado *História da Loucura na Idade Clássica*. Nessa obra, Foucault demonstra que o "discurso sobre a loucura" conheceu no Ocidente quatro fases distintas desde a Idade Média.

Enquanto no medievo a demência era vista como sagrada, no Renascimento ela passou a ser identificada com uma forma especial de irônica razão superior – a sabedoria da loucura, do famoso elogio de Erasmo, também presente nos personagens enlouquecidos de Shakespeare ou no cavaleiro tantas vezes sublime de Cervantes. A ambivalência pré-moderna em relação à insânia foi bem expressa no *topos* da Nau dos Insensatos, que prendeu a imaginação popular no Renascimento. Por um lado, por meio do simbolismo da Nau dos Insensatos, o Ocidente pré-moderno exorcizava a loucura, "despachando" seus malucos. Por outro lado, ao que parece, essas embarcações eram vagamente vistas como "naus de peregrinação, navios altamente simbólicos de doidos em busca da razão". A loucura, que não era temida socialmente, e que muitas vezes (como na sátira humanista ou na pintura de Brueghel) desnudava o absurdo do mundo, apontava para um reino de significação além da razão – e assim a loucura era expulsa, mas não amputada da sociedade: ao atribuir um papel funcional à insânia, o espírito renascentista se mantinha bastante familiarizado com ela. Eram muitas as pontes, sociais e intelectuais, entre a razão e o desvario. Para o homem do Renascimento, a loucura participava da verdade.

De repente, por volta de meados do século XVII, "a loucura deixou de ser – nos limites do mundo, do homem e da morte – uma figura escatológica". O navio imaginário transformou-se num lúgubre hospital, e a Europa converteu seus leprosários, há muito desertos, em hospícios. Desde o fim das Cruzadas, o declínio da lepra havia esvaziado os lazaretos – mas agora leprosos morais seriam seus internos:

> Ao final da Idade Média, a lepra desaparece do mundo ocidental. Às margens da comunidade, às portas das cidades, abrem-se como que grandes praias

que esse mal deixou de assombrar, mas que também deixou estéreis e inabitáveis durante muito tempo. Durante séculos, essas extensões pertencerão ao desumano. Do século XVI ao XVII, vão esperar e solicitar, através de estranhas encantações, uma nova encarnação do mal, esgar de medo, mágicas renovadas de exclusão. [...] A lepra se retira, deixando sem utilidade esses lugares obscuros e esses ritos que não estavam destinados a suprimi-la, mantê-la a uma distância sacramentada, a fixá-la numa exaltação inversa. Aquilo que sem dúvida vai permanecer por muito mais tempo que a lepra, e que se manterá ainda numa época em que, havia anos, os leprosários estavam vazios, são os valores e as imagens que tinham aderido à personalidade do leproso; é o sentido dessa exclusão, a importância no grupo social dessa figura insistente e temida que não se põe de lado sem se traçar à sua volta um círculo sagrado.[1]

As frases que acabamos de citar foram extraídas do primeiro capítulo de *História da Loucura*. Dão uma boa ideia do estilo de Foucault, mescla peculiar de erudição e páthos. O brilho literário de sua prosa demonstra aquilo que ele quer ao mesmo tempo narrar e denunciar: o *Grand Renfermement* (segundo a linguagem barroca da época), a Grande Internação, que procurou domar a insanidade pela segregação dos loucos como categoria associal. Isto porque, durante a "idade clássica", no sentido francês (e foucauldiano), que corresponde aos séculos XVII e XVIII, a loucura foi drasticamente isolada da saúde mental. Os lunáticos não eram mais expulsos da sociedade como pessoas "diferentes". Passaram a ser confinados em locais especiais, e tratados em conjunto com outros tipos de transviados – mendigos e criminosos, até mesmo desocupados. Na visão de Foucault, a ética puritana do trabalho não está muito longe de ser apenas uma espécie num gênero: a nova gravidade da

---

[1] Foucault, *História da Loucura na Idade Clássica*. São Paulo, Perspectiva, 1978, p. 3-6.

burguesia clássica. Para o Renascimento, a loucura ainda não constituía uma doença; na idade clássica, ela se tornou uma moléstia ociosa. A razão racionalista lançava sobre a cura uma maldição "patológica", carregada de conotações éticas.

O clássico hospital psiquiátrico não tinha objetivos psicoterapêuticos: sua preocupação principal, diz Foucault (capítulo VI), era "apartar ou corrigir". Mas, fora dos hospitais, a idade clássica deu expansão a muitas "curas físicas" da loucura, notáveis por sua brutalidade disfarçada em ciência. Os mais graves resultados derivavam de tentativas tão odientas quanto engenhosas de procrastinar ou destruir a "corrupção dos humores". A loucura, vista como uma forma de deterioração corporal, era atacada por métodos que procuravam ou desviar, externamente, substâncias corruptas ou dissolver, internamente, as substâncias corruptoras. Entre as primeiras estava o *oleum cephalicum*, de um certo Dr. Fallowes. Acreditava ele que na loucura

> vapores escuros tampam os vasos muito finos pelos quais os espíritos animais devem passar. Com isso, o sangue se vê privado de direção, entupindo as veias do cérebro, onde estagna, a menos que seja agitado por um movimento confuso que "embaralha as ideias". *Oleum cephalicum* tem a vantagem de provocar "pequenas pústulas na cabeça", untadas com óleo para impedir que sequem, de modo a permanecer aberta a saída "para os vapores negros estabelecidos no cérebro". Mas as queimaduras e cauterizações por todo o corpo produzem o mesmo efeito. Supõe-se mesmo que as doenças de pele, como a sarna, o eczema e a varíola, poderiam acabar com um acesso de loucura nesse caso, a corrupção abandona as vísceras e o cérebro a fim de espalhar-se pela superfície do corpo e libertar-se no exterior. Ao final do século, adquiriu-se o hábito de inocular sarna nos casos mais renitentes de mania. Em sua *Instruction* de 1785, Doublet, dirigindo-se aos diretores de hospitais, recomenda, caso as sangrias, banhos e duchas não acabem com a

mania, que recorram aos 'cautérios, aos sedenhos, aos abscessos superficiais, à inoculação da sarna'.[2]

Nem todos os tratamentos durante a idade clássica eram tão cruéis e tão tolos. Ao lado das "terapias" físicas, havia muitas receitas morais, bem documentadas no fartamente ilustrado capítulo "Médicos e doentes" de *História da Loucura* – verdadeira façanha de erudição descritiva. Entretanto, o ponto principal ressalta cristalino: no Ocidente clássico, nos albores de sua modernidade, a loucura tornou-se apenas uma doença – perdeu a dignidade de ser vista como um desvario significativo.

Então, em fins do século XVIII e durante a maior parte do século seguinte, as reformas psiquiátricas, que tiveram como pioneiros o *quaker* William Tuke, no Retiro de York (York Retreat), e Philippe Pinel, em Paris, isolaram os loucos da companhia de mendigos e criminosos. Segundo a visão marxista de Foucault, os pobres deixaram de ser confinados porque o florescente industrialismo necessitava de mão de obra e de um exército de reserva. Quanto aos dementes, definidos como pessoas enfermas, seres humanos que padeciam de um desenvolvimento psíquico bloqueado, foram fisicamente libertados (Pinel quebrou as correntes que os prendiam no asilo de Bicêtre, durante o Terror, como um gesto simbólico) e colocados sob um regime educacional benigno. No entanto Foucault está convencido de que isso só foi feito para melhor capturar-lhes a *mente* – tarefa confiada à instituição do asilo. Uma vez no asilo, o insano, agora um paciente posto sob a autoridade do discurso psiquiátrico, passa por um "julgamento" profundamente psicológico, do qual "nunca se é libertado [...] exceto [...] pelo remorso"[3] – a tortura moral torna-se a lei da tirania da razão sobre a loucura. No mundo do hospício, argumenta Foucault, antes das reformas psiquiátricas de Pinel e de outros, os doidos na verdade gozavam de mais liberdade do que as terapias modernas lhes permitem, uma vez

---

[2] Ibidem, p. 164.

[3] Ibidem, p. 269.

que o tratamento pela "internação clássica" não visava a mudar-lhes a consciência. Seus corpos estavam presos por correntes, mas suas mentes tinham asas – mais tarde cortadas pelo despotismo da razão.

Assim, o pensamento ocidental passou a separar firmemente a razão da desrazão. Nas palavras de Foucault, a conversão da loucura em doença, no fim do século XVIII, "rompeu o diálogo" entre a razão e a insânia. "A linguagem da psiquiatria, [...] um monólogo da razão sobre a loucura, só veio a ser estabelecida com base em tal silêncio." A partir daí, "a vida da desrazão" só brilhou nos fulgores da literatura dissidente, como a de Hölderlin, Nerval, Nietzsche ou Artaud. Quanto à psiquiatria humanitária, na esteira de Pinel e Tuke, ela representou nada menos que "um gigantesco encarceramento moral". Além do mais, o asilo espelha toda uma estrutura autoritária – a da sociedade burguesa. Constitui

> um microcosmo no qual estavam simbolizados a vasta estrutura da sociedade burguesa e seus valores: relações Família-Criança, centradas no tema da autoridade paterna; relações Transgressão-Castigo, centradas no tema da justiça imediata; relações Loucura-Desordem, centradas no tema da ordem social e moral. Era dessas relações que o médico derivava seu poder de curar.[4]

Por fim, em nossa própria época, surgiu uma quarta maneira de conceituar a relação razão/desrazão (*reason/unreason*). Freud obscureceu a distinção entre saúde mental e insânia ao considerar que a polaridade entre as duas coisas era mediada pelo fenômeno da neurose. No entanto, apesar de sua decisiva suplantação da mentalidade do asilo, Freud conservou um traço autoritário crucial ao entregar os mentalmente perturbados ao poder dos médicos da alma.

Por certo, *História da Loucura* abre uma legítima área de pesquisa: o estudo dos pressupostos culturais

---

[4] Ibidem, p. 274.

subjacentes às diferentes maneiras históricas de lidar com uma área altamente perturbadora do comportamento humano. Numa crítica simpática ao livro, o criativo epistemólogo Michel Serres disse ser ele uma "arqueologia da psiquiatria", provavelmente uma das primeiras vezes em que o termo foi empregado com referência a Foucault (que o usou, ele próprio, no subtítulo ou título de seus três livros seguintes). Para Serres, *História da Loucura* representa para a cultura da idade clássica "muito precisamente" (*sic*) o que *O Nascimento da Tragédia*, de Nietzsche, representou para a cultura grega antiga: lança luz sobre o elemento dionisíaco reprimido sob a ordem apolínea – "*on sait enfin de quelles nuits les jours sont entourés*", conclui em lírico entusiasmo.[5] Naturalmente, a cálida acolhida que Foucault recebeu do movimento da antipsiquiatria (Laing et al.) foi uma resposta direta a esse componente orgiástico. Nos Estados Unidos, os críticos logo notaram o parentesco, em espírito, se não em tom ou método, com a obra de Norman Brown (*Life Against Death*, 1959) e seu eloquente hino ao id primitivo.[6] Além disso, *História da Loucura* gerou toda uma prole de justificações da psicose, todas escritas com forte ânimo "contracultural", a mais conhecida das quais continua a ser *O Anti-Édipo: Capitalismo e Esquizofrenia* (1972), de Gilles Deleuze e Félix Guattari.

Ao examinarmos o primeiro estudo histórico-filosófico importante de Foucault, cabe-nos perguntar: a história contada por ele é acurada? Há quem diga que fazer essa pergunta é um equívoco, pois Foucault veio a concordar inteiramente com a rejeição, por Nietzsche, das pretensões da história a alcançar uma objetividade neutra. Em "Nietzsche, Genealogia, História" (1971)[7] ele

---

[5] Michel Serres, *La Communication*. Paris, Les Éditions de Minuit, 1968, p. 178.

[6] Cf. a recensão de Edgar Friedenberg em *The New York Times Book Review*, 22 de agosto de 1965.

[7] Tradução inglesa dos ensaios de Foucault: *Language, Counter-Memory, Practice: Selected Essays and Interviews*. Ithaca, Cornell University Press, 1977.

despeja um desprezo nietszchiano sobre "a história dos historiadores", que, buscando a neutralidade, imaginam um implausível "ponto de apoio fora do tempo". Quão mais sábia, diz Foucault, é a genealogia de Nietzsche, que "não teme ser um conhecimento perspectivado": ela assume ousadamente "o sistema da sua própria injustiça".

Entretanto, afirmar o direito de fazer uma história "presentista" ou mesmo de praticar uma história *engagée* não isenta o historiador de seus deveres empíricos em relação aos dados. Pelo contrário: a fim de mostrar o que deseja, a *histoire à thèse*, orientada para o presente, deve tentar convencer-nos da exatidão de sua interpretação do passado. Afinal de contas, o próprio Foucault descreveu seu livro como "uma história das condições econômicas, políticas, ideológicas e institucionais de acordo com as quais se realizou a segregação dos insanos durante o período clássico".[8] No prefácio à edição original de seu livro, Foucault dispôs-se a escrever uma história "da própria loucura, em sua vivacidade, antes de qualquer captura pelo saber 'psiquiátrico'" – uma tarefa, segundo a justa observação de Allan Megill, não muito diferente da historiografia ortodoxa.[9] É verdade que, mais tarde, Foucault veio a negar que estivesse visando a uma reconstituição da loucura como um referencial histórico independente[10] – mas não há como desmentir que, *na época*, ele tinha em mente um objetivo historiográfico "normal" ao escrever *História da Loucura*. Foucault desejava questionar os relatos históricos anteriores, e não duvidar da legitimidade, para não falar da possibilidade, de fazer pesquisa histórica. Podemos concluir, então, que, no jovem Foucault, o "anti-historiador" ainda não existe em plenitude. Em seu lugar havia apenas um *contra*-historiador, quer dizer, um historiador que desafiava

---

[8] Ver sua segunda resposta a George Steiner (crítico de *História da Loucura* em *The New York Review of Books*), in: *Diacritics*, v. I, outono de 1971, p. 60.

[9] Allan Megill, "Foucault, Struturalism and the End of History". *Journal of Modern History* n. 51, setembro de 1979, p. 478.

[10] Foucault, *A Arqueologia do Saber*. Rio de Janeiro, Forense Universitária, 2008, cap. II, 3.

as interpretações prevalecentes de uma dada parte de nosso passado. Por conseguinte, temos, afinal, o direito de perguntar: a história contada por Foucault é acurada?

Numa medida importante, podemos responder: sim. Até mesmo um de seus principais críticos, Lawrence Stone, admite que Foucault tende a estar certo ao pensar que a internação generalizada no fim do século XVII e no século XVIII representou um retrocesso, sujeitando pessoas mentalmente perturbada, indiscriminadamente, a um tratamento drástico antes só dispensado a psicóticos perigosos.[11] O problema começa quando Foucault: (a) salienta o "diálogo" medieval e renascentista com a loucura, em contraste com a atitude segregadora em relação a ela nos tempos modernos, isto é, racionalistas; (b) insiste em tratar a "idade clássica" – a época da Grande Internação – como *sem precedentes* na natureza, e não apenas na escala de sua atitude em relação à demência, dando grande importância à conversão dos leprosários em hospitais mentais e ao surgimento de uma concepção "fisiológica" da loucura como doença; e (c) considera as terapias Tuke-Pinel como métodos totalmente novos para enfrentar a doença mental e denuncia seus procedimentos morais como totalmente repressores.

No capítulo V de seu esplêndido livro *Psycho Politics* (1982), o falecido Peter Sedgwick desmentiu vários pressupostos básicos do quadro histórico de Foucault. Demonstrou, por exemplo, que muito antes da Grande Internação muitas pessoas insanas tinham sido postas sob custódia e submetidas à terapia (por mais primitiva que fosse) na Europa. Antes da era clássica de Foucault, havia por todo o vale do Reno vários hospitais com acomodações especiais para dementes. Havia, desde o século XV, uma cadeia nacional de asilos de caridade, principalmente para os loucos, na Espanha – sociedade da qual não se poderia dizer que fosse muito propensa a aceitar o racionalismo moderno. Da mesma forma, várias

---

[11] Lawrence Stone, "Madness". *The New York Review of Books*, 16 de dezembro de 1982, p. 36.

técnicas atestando uma concepção fisiológica rudimentar da doença mental, que, no modelo de Foucault, são atributos da Idade da Razão, na verdade já abundavam na Europa pré-racionalista, muitas delas sendo oriundas de sociedades muçulmanas.

Dietas, jejuns, sangrias e a branda rotação (o lunático era levado ao esquecimento mediante a centrifugação por meios mecânicos) eram algumas dessas técnicas, a maioria das quais remontava à medicina *antiga* (uma época, de qualquer forma, fora do campo de estudo de Foucault). Com muita perspicácia, Sedgwick acentua a continuidade nas artes médicas no decurso das eras. Não nega a expansão da "atitude médica" durante a fase inicial do racionalismo moderno, mas observa não ser possível derivar a concepção da loucura simplesmente de um disseminado "racionalismo burocrático" em ruptura com uma suposta longa tradição de permissividade frente à insanidade.

H. C. Erik Midelfort reuniu vários aspectos históricos que solapam, ainda mais, grande parte dos fundamentos de *História da Loucura*.[12] Midelfort não se coloca, em princípio, contra a desmitificação do Iluminismo por Foucault. Está longe de se posicionar como um indignado defensor de qualquer relato benevolente sobre os heroicos progressos terapêuticos. Mas exibe um impressionante domínio de fontes escritas sobre a história da loucura e da psiquiatria.

Convido o leitor interessado a fazer sua própria colheita na brilhante síntese de Midelfort e a tirar partido de seu abundante suporte bibliográfico. Contudo, convém salientar desde logo alguns pontos: 1) há muitas comprovações de crueldade na Idade Média contra os dementes; 2) no fim da Idade Média e no Renascimento, os loucos já se encontravam com frequência confinados em celas, prisões e até jaulas; 3) com ou sem "diálogo", durante aqueles tempos, a loucura era frequentemente ligada ao *pecado* – mesmo na mitologia da Nau dos

---

[12] Erik Midelfort, "Madness and Civilization in Early Modern Europe: A Reappraisal of Michel Foucault". In: Barbara C. Malament (org.), *After the Reformation: Essays in Honor of J. H. Hexter*. Manchester, Manchester University Press, 1980, p. 247-66

Insensatos; e, nessa medida, era vista sob uma luz muito menos benévola do que sugere Foucault (as mentes pré-modernas aceitavam a realidade da loucura – "loucura como parte da verdade" – da mesma forma que aceitavam a realidade do pecado; mas isso não quer dizer que *prezassem* a loucura, assim como não prezavam o pecado); 4) como demonstrou Martin Schrenk (ele próprio um severo crítico de Foucault), os primeiros hospícios modernos surgiram a partir de hospitais e *mosteiros* medievais, e não da reabertura dos leprosários; 5) a Grande Internação teve como objetivo primordial não a marginalidade, mas sim a *pobreza* – a pobreza criminosa, a pobreza louca ou a pobreza pura e simples; a ideia de que ela prenunciava (em nome da burguesia ascendente) uma segregação moral não suporta exame atento; 6) de qualquer forma, tal como frisou Klaus Doerner (outro crítico de Foucault), não houve confinamento de controle estatal, uniforme: o modelo inglês e o alemão, por exemplo, afastaram-se muito do *Grand Renfermement* de Luís XIV; 7) a periodização de Foucault parece errônea. Em fins do século XVIII, a internação dos pobres já era vista, de maneira geral, como um fracasso; mas foi *então* que a internação dos loucos realmente ganhou impulso, como mostram conclusivamente as estatísticas referentes à Inglaterra, à França e aos Estados Unidos; 8) Tuke e Pinel não "inventaram" a doença mental. Em vez disso, devem muito a terapias anteriores e com frequência utilizavam também seus métodos; 9) ademais, na Inglaterra oitocentista, o tratamento moral não constituía um elemento tão central na medicalização da loucura. Longe disso: como mostra Andrew Scull, os médicos encararam a terapia moral de Tuke como uma ameaça leiga à sua arte e se esforçaram para evitá-la ou para adaptá-la à sua própria atuação. Mais uma vez, os monólitos cronológicos de Foucault desabam ante a abundância de provas históricas que os contradizem.

Com efeito, essa sinistra crônica de arrogante tirania médica não é de maneira alguma apoiada pelos dados reais sobre a terapia na era do asilo. David Rothman

(*The Discovery of Asylum*, 1971), historiador social que realizou pesquisas inovadoras sobre o desenvolvimento das instituições mentais nos Estados Unidos à época de Jackson, documentou que, em meados do século XIX, verificou-se um *afastamento* dos métodos psiquiátricos em favor de métodos apenas custodiais. O relato de Rothman coincide à perfeição com o "niilismo terapêutico" da época – a relutância médica a passar do diagnóstico ao tratamento, com base numa concepção pessimista dos poderes da medicina (meio século mais tarde, o jovem Freud ainda teve de combater essa ideologia médica, muito arraigada em Viena).[13] É bom notar que Rothman não está de modo algum sugerindo que o asilo custodial (em contraposição ao psiquiátrico) fosse boa coisa. Pelo contrário, para ele o espírito custodial estava ligado ao controle burguês das categorias sociais "perigosas". Mas, se ele tem razão, o que estava na ordem do dia como fenômeno repressivo em relação à insânia era a *passividade* médica, e não a psiquiatria altamente intrometida que Foucault quer apresentar como serva de uma Razão despoticamente intervencionista e arregimentadora.

Em essência, o livro de Foucault é uma argumentação passional contra aquilo que aprendemos a ver como sendo o humanitarismo do Iluminismo. Por conseguinte, os especialistas daquele período, como Lawrence Stone, dificilmente poderiam ter deixado de opor a tal desafio as suas concepções mais equilibradas.[14] E o que devemos pensar da ideia da criação da psiquiatria como "um gigantesco encarceramento moral"? A verdade é que os hospícios particulares e os velhos asilos estatais costumavam ser escandalosamente mal administrados, e que as reformas de pioneiros como Tuke e Pinel, conducentes ao surgimento dos primeiros hospitais psiquiátricos modernos, embora não fossem tão angelicais como no passado se pensou,

---

[13] Sobre esse ponto, ver William M. Johnston, *The Austrian Mind: An Intellectual and Social History 1848-1938*. Califórnia, University of California Press, 1972, p. 223-29.

[14] Para a crítica de outro especialista, ver a recensão de Peter Gay, "Chainsand Couches", in: *Commentary*, n. 40, outubro de 1965, p. 93-95.

representaram atos genuínos de filantropia esclarecida. A acusação de "sadismo moralizante", aplicada por Foucault à infância da psiquiatria, é um exemplo de melodrama ideológico. É muito bom tomar posição *du côté de la folie* – só que, na ânsia de se colocarem os insanos no papel de vítimas da sociedade, pode-se facilmente esquecer que muitas vezes eles são profundamente infelizes e que o flagelo de que padeciam exigia terapia. A ideia de que a atitude educação-e-não-grilhões fosse apenas um artifício carcerário repressivo (ainda que inconsciente) não resiste ao exame crítico. A fobia antiburguesa de Foucault tende a fazê-lo rejeitar a filantropia vitoriana *in limine*, mas um humanitário de classe média menos tendencioso chamado Charles Dickens, que se escandalizara com os asilos de pobres em Londres, ficou vivamente impressionado – observa o Dr. J. K. Wing em *Reasoning about Madness*[15] – com a atmosfera humana dos pequenos hospitais psiquiátricos dos Estados Unidos, onde médicos e atendentes chegavam a partilhar a mesa com os pacientes. Seria incorreto extrapolar daí, e, na verdade, de muitos outros testemunhos positivos contemporâneos, e pintar um retrato idílico de humanitarismo psiquiátrico. Contudo, tampouco há qualquer motivo forte, apoiado nos fatos, para chegarmos à conclusão oposta e declararmos a plena medicalização da loucura durante a primeira era da psiquiatria "burguesa" parte integrante de uma medonha sociedade (para usarmos um adjetivo mais tarde transformado por Foucault em *slogan*) "carcerária".

Na realidade, desde 1969 dispomos do corretivo natural ao quadro maniqueísta de Foucault – a bem pesquisada "história social da insanidade e da psiquiatria" na sociedade burguesa, realizada por Klaus Doerner. Seu livro *Os Loucos e a Burguesia*, um estudo comparativo das experiências britânica, francesa e alemã, está longe de discordar inteiramente de Foucault na descrição da alvorada da psicoterapia (ainda que lhe aponte a tendência

---

[15] J. K. Wing, *Reasoning about Madness*. Oxford, Oxford University Press, 1978, p. 116.

para generalizar excessivamente a partir do caso francês). Onde Doerner realmente se afasta de *História da Loucura* é na *avaliação* do fenômeno.

Tomemos seu conciso capítulo sobre Pinel (II, 2) ou ainda o capítulo (I, 2) sobre o médico londrino que ele, com justiça, resgata das sombras do esquecimento como tendo sido o primeiro a oferecer uma teoria global da psiquiatria, abarcando a teoria, a terapia e o asilo: William Battie (1704-76).

Os métodos de alienistas esclarecidos, como Pinel, provocaram uma mudança decisiva – do isolamento dos dementes a um retorno da loucura à visibilidade social, em asilos abertos à contemplação de parentes, psiquiatras e estudantes de medicina. Mas enquanto Foucault prontamente vitupera a tendência "objetificante" da contemplação médica no regime de observação sob o qual os pacientes eram colocados, Doerner frisa que a primazia dos "tratamentos morais" foi uma das grandes causas do abandono de métodos terapêuticos tradicionais; e, nessa medida, representou uma considerável rejeição da "atitude de distanciamento" (lembremo-nos do hospital americano de Dickens).

Da mesma forma, Doerner, que capta com agudeza a influência de ideias rousseaunianas sobre a educação moral não autoritária (Pinel era devoto de Jean-Jacques Rousseau) e não despreza a difusão da sensibilidade pré-romântica às vésperas das reformas psiquiátricas, julga profundamente humanitário o programa cura-e-não-assistência de Battie na Londres de meados do século XVIII. Não foi à toa que o livro de Battie, *A Treatise on Madness* (1758), constituiu um ataque (prontamente repelido) contra o niilismo terapêutico da família Monro, cujos membros tinham sido proprietários e administradores do Hospital Bedlam durante dois séculos. Além disso, ao ressaltar o aspecto de alienação da insânia, como comprova o próprio título de seu *Traité Médico-Philosophique sur l'Aliénation Mentale ou La Manie* (1801), Pinel recolocou a loucura *dentro do homem* – fosse na mente ou no corpo. No entanto, ao fazê-lo, ele destacou menos a *loucura-como--doença* (a *bête noire* de Foucault) do que a insânia como caso individualizado. Ora, esse foco no indivíduo (um prenúncio de Freud) constituía, patentemente, um extraordinário progresso – paralelo, na verdade, a uma mudança semelhante ocorrida na medicina física contemporânea, a qual, como veremos adiante, viria a ser brilhantemente exposta por Foucault em seu livro seguinte. Doerner só pode concluir que Foucault, a despeito de ter sido o criador da "primeira atitude importante" em relação à sociologia da psiquiatria, oferece um relato "demasiado unilateral" – um relato onde a dialética do Iluminismo é "resolvida unilateralmente em termos de seu aspecto destrutivo".

Em *O Nascimento da Clínica* (1963), Foucault examinou um período muito mais breve, a rica história da medicina entre o último terço do século XVIII e a Restauração Francesa (1815-1830). Concentrando-se em velhos tratados médicos, dos quais faz fascinantes interpretações, o livro, encomendado por Canguilhem, exuma diferentes "estruturas perceptivas" que sustentaram três tipos sucessivos de teoria e prática da medicina.

Destacam-se duas mudanças principais. Na primeira, uma "medicina das espécies", que ainda prevalecia pela altura de 1770, cedeu lugar ao primeiro estágio da medicina *clínica*. A medicina das espécies fazia na nosologia o que Lineu fez na botânica: classificava as doenças como espécies. Supunha que as doenças fossem entidades sem qualquer ligação necessária com o corpo. A transmissão das doenças ocorria quando algumas de suas "qualidades" misturavam-se, através de "afinidade", com o tipo de temperamento do paciente (ainda se estava próximo de Galeno e suas concepções humorais). Julgava-se que "ambientes não naturais" favorecessem a disseminação da doença, e por isso se acreditava que os camponeses padeciam de menos enfermidades que as classes urbanas (as epidemias, ao contrário das doenças, não eram tidas como entidades fixas, mas sim como produtos do clima, da fome e de outros fatores externos). Em contraste, em seus primórdios a medicina clínica foi uma "medicina dos sintomas": encarava as doenças como fenômenos dinâmicos. Em vez de entidades fixas, as doenças eram consideradas misturas de sintomas. Estes, por sua vez, eram tomados como sinais de ocorrências patológicas. Como resultado disso, os quadros taxionômicos da medicina clássica foram substituídos, na teoria médica, por contínuos temporais, que permitiam, em particular, um maior estudo de casos.

Por fim, no limiar do século XIX, surgiu outro paradigma médico: a mente clínica substituiu a medicina dos sintomas por uma "medicina dos tecidos" a teoria anátomo-clínica. As doenças já não denotavam espécies nem conjuntos de sintomas. Em vez disso, agora indicavam lesões em tecidos específicos. Os médicos passaram a concentrar-se muito mais – na tentativa de adquirir conhecimentos sobre a patologia no paciente individual. A *mirada* médica transformou-se num olhar, o equivalente visual do *tato*; os médicos passaram a buscar causas ocultas e não apenas sintomas específicos. A morte – vista como um processo vital – tornou-se a grande mestra da anatomia clínica, revelando, através da decomposição dos corpos, as verdades invisíveis procuradas pela ciência médica.

Para Foucault, a morte e o indivíduo – justamente os temas da grande arte e da literatura românticas – agora fundamentavam também o novo "código perceptivo" da medicina – um código que encontrou seu evangelho na *Anatomia Geral* (1801) de Xavier Bichat (1771-1802). Quando François Broussais (1772-1838; *Examination of Medical Doctrines*, 1816), partindo da histologia de Bichat, baseou o saber médico na fisiologia e não simplesmente na anatomia, e explicou as febres como reações patológicas provocadas por lesões em tecidos, completou-se o círculo: a medicina clássica morreu nas mãos dos médicos científicos. A medicina clássica tinha um objeto – a doença – e uma meta – a saúde. Ao atingir a maioridade, a medicina clínica substituiu a doença pelo corpo doente como objeto de percepção médica, e a saúde pela normalidade como o desiderato da arte de curar. Assim, o ideal de normalidade, desmascarado como um expediente repressivo em *História da Loucura*, volta a ser examinado com hostilidade por Foucault ao fim de sua história do nascimento da medicina moderna.

Dessa vez, porém, o quadro se apresenta muito menos carregado de preconceito antimoderno e antiburguês. Em sua primeira obra, o pequeno livro intitulado *Doença Mental e Psicologia* (1954), Foucault havia muitas vezes raciocinado como um psicanalista da "escola cultural", atribuindo o distúrbio mental à sociedade capitalista, dominada por conflitos. Em *História da Loucura* ele se colocou, mais ousadamente, ao lado da loucura (mítica) contra a razão burguesa. Embora seja pouco provável que ele admitisse qualquer dessas influências, dir-se-ia que ele passou da posição de um Erich Fromm para a de um Norman Brown – trocou uma ênfase no bloqueio social da felicidade humana por uma exortação à liberação do id dionisíaco. Em *O Nascimento da Clínica* não se percebem tais transportes de emoção. O livro é muito bem escrito – na verdade, composto com grande habilidade literária, mas seu tom não está muito distante da sóbria elegância dos ensaios do próprio Canguilhem sobre a história das ideias científicas.

O que *O Nascimento da Clínica* fez foi colocar Foucault mais perto do estruturalismo. Um ensaio que fala de códigos e de estruturas de percepção, que descreve as "espacializações do patológico" e insiste numa exposição não linear da história intelectual – na "arqueologia" como um relato cesural, à maneira de Thomas Kuhn, de mudanças paradigmáticas no pensamento médico – não podia deixar de ser comparado ao estilo teórico que então emergia na França. Uma talentosa comentadora, Pamela Major-Poetzl, observou com razão que, enquanto *História da Loucura* tentava mudar nossa percepção corrente da loucura, mas não nossa maneira convencional de pensar a respeito da história, *O Nascimento da Clínica* fazia exatamente isto:[16] o livro introduz vários conceitos *espaciais* caros ao espírito estruturalista.

Por fim, deve-se também observar que o livro inaugura, na obra foucauldiana, a problemática do modo de

---

[16] Pamela Major-Poetlz, *Michel Foucault's Archaeology of Western Culture*. Brighton, Sussex, The Harvester, 1983, p. 148.

inserção social dos discursos. Foucault concede um razoável grau de autonomia à formação do discurso. No entanto, isto não é tudo. Ele também deseja investigar a maneira concreta como um dado discurso (por exemplo, o pensamento médico) se *articula* com outras práticas sociais que lhe são externas. Ao mesmo tempo, tenta com afinco evitar grosseiros clichês deterministas, como as "explicações" generalistas do tipo base/superestrutura do marxismo (vulgar); e se esforça por imaginar padrões de explicação mais flexíveis sem cair nas nebulosas abstrações comuns no marxismo estrutural de Althusser e de seus seguidores, que falam muito de "sobredeterminação", "causação estrutural" e "efeito estrutural", mas raramente, ou nunca, se empenham num corpo a corpo com qualquer material empírico (como se não gostassem de sujar as mãos com a análise da história real).

Em O *Nascimento da Clínica* há capítulos sobre o contexto social de grandes mudanças na teoria e na prática médicas. Por exemplo, o livro mostra como o governo, durante toda a Revolução Francesa, coagido pelo aumento da população enferma em tempo de guerra, relutantemente abriu clínicas para compensar a falta de hospitais e de médicos competentes. A clínica, por sua vez, possibilitou contornar as guildas médicas e seu saber tradicional, favorecendo assim o lançamento de novas "estruturas perceptivas" na medicina. Vemos, pois, que a relação causal entre o contexto social e a mudança paradigmática no discurso médico tem um caráter indireto, até oblíquo. É tudo uma questão de mostrar "como o discurso médico, enquanto prática relacionada com um campo particular de objetos, encontrando-se nas mãos de certo número de indivíduos estatutariamente e com certas funções a exercer na sociedade, está articulado em práticas que lhe são externas e que não são, elas próprias, de ordem discursiva".[17] "Articulado": eis a palavra estratégica. Como Roland Barthes gostava de dizer, o estruturalismo ama "artrologias" – disquisições sobre elos e conexões.

---

[17] Foucault, *A Arqueologia do Saber*, op. cit., cap. IV, 4.

Capítulo III

UMA ARQUEOLOGIA DAS
CIÊNCIAS HUMANAS

O título deste capítulo é, literalmente, o subtítulo da obra-prima de Foucault, *As Palavras e as Coisas*. Surpreendentemente, porém, o livro não retoma o problema da articulação das práticas sociais e intelectuais. Antes se compraz numa descrição exuberante e perspicaz destas últimas. Foucault simplesmente utiliza os discursos ocidentais sobre a vida, a riqueza e a linguagem a fim de apreender o pano de fundo conceitual no qual, durante o século XIX, surgiram as ciências do homem. O arco de tempo é aproximadamente o mesmo de *História da Loucura*: do Renascimento até o presente, estendido até o período contemporâneo para que se possam dizer algumas palavras não só sobre Freud, como também sobre a fenomenologia e a antropologia estrutural.

A inspiração para escrever *As Palavras e as Coisas*, diz Foucault em seu prefácio, ocorreu-lhe ao ler um conto de Borges, no qual o irônico argentino se refere a "certa enciclopédia chinesa" na qual "os animais se dividem em: (a) pertencentes ao imperador, (b) embalsamados, (c) domesticados, (d) leitões, (e) sereias, (f) fabulosos, (g) cães em liberdade, (h) incluídos na presente classificação, (i) que se agitam como loucos, (j) inumeráveis, (k) desenhados com um pincel muito fino de pelo de camelo, (l) *et cætera*, (m) que acabam de quebrar a bilha, (n) que de longe parecem moscas". A absurda estranheza de tal classificação sugere a Foucault, através do "encanto exótico de outro sistema de pensamento", "o limite do nosso". Em outras palavras: a enciclopédia imaginária de Borges pode ser vista como símbolo de padrões alheios de categorização: a fábula aponta para sistemas incomensuráveis *de ordenar coisas*. Surge, pois, naturalmente a pergunta: quais são as fronteiras de nosso modo de pensar? Como é que nós, ocidentais modernos, ordenamos os fenômenos? A arqueologia foucauldiana das ciências humanas é uma tentativa de oferecer uma resposta, apresentada em perspectiva histórica, a essa pergunta. O assunto de seu livro são os *códigos culturais fundamentais* que impõem ordem à experiência.

Foucault empregou o rótulo "arqueologia" para denotar "a história daquilo que torna necessária uma certa forma de pensamento". A "arqueologia" lida com formas de pensamento necessárias, inconscientes e anônimas, a que Foucault chama "epistemes". Uma "episteme" é o "*a priori* histórico" que, "num dado período, delimita na totalidade da experiência um campo de saber, define o modo de ser dos objetos que aparecem naquele campo, apresenta modelos teóricos *à* percepção cotidiana do homem e define as condições em que ele pode sustentar um discurso sobre coisas que são reconhecidas como verdadeiras".[1] Como as epistemes são camadas conceituais que sustentam vários campos de saber e que correspondem a diferentes épocas no pensamento ocidental, a análise histórica deve "desenterrá-las" – e daí o modelo arqueológico.

No prefácio à tradução inglesa de *As Palavras e as Coisas* (*The Order of Things*), Foucault descreve a arqueologia do pensamento como uma história dos sistemas de "saber não formal". A história da ciência, diz ele, tem por muito tempo favorecido as "ciências nobres" do necessário, como a matemática e a física. Por outro lado, as disciplinas que estudam os seres vivos, as línguas ou os fatos econômicos eram consideradas demasiado empíricas ou expostas a restrições internas "para se supor que sua história pudesse ser outra coisa senão irregular". A intenção de Foucault é corrigir o desequilíbrio.

Sua atenção recairá sobre três "empiricidades": a vida, o trabalho e a linguagem, ou, mais explicitamente, sobre o homem como um animal vivo, produtivo e falante – ou, ainda, sobre o homem em sua dimensão biológica, socioeconômica e cultural. A história natural e a biologia, a economia, a gramática e a filologia serão seus campos de caça em *As Palavras e as Coisas*. E – fato de máxima importância – Foucault está convencido de que, *num nível profundo*, existe elevado grau de isomorfismo entre todas essas áreas de saber, *em cada fase epistêmica*.

---

[1] Prefácio à tradução inglesa de *As Palavras e as Coisas*.

Dir-se-ia, tirando partido do renome do conceito kuhniano, que Foucault deseja identificar alguns *paradigmas* científicos. No entanto seus paradigmas são diferentes dos de Kuhn em três aspectos importantes. Em primeiro lugar, em vez de se referirem à física, eles cobrem, como acabamos de ver, uma ciência natural (biologia) e duas ciências sociais (economia e linguística). Em segundo lugar, normalmente não correspondem a princípios conscientes, como os expostos por Newton, que proporcionam um modelo para atividade científica, ao especificarem problemas e estabelecem métodos para sua solução; antes se situam por baixo do nível de teorização consciente e de percepção metodológica. Os paradigmas de Kuhn são "padrões": operam como modelos concretos compartilhados por pesquisadores em sua prática científica – uma prática voltada precisamente para o "refinamento do paradigma". Como tais, e na medida em que são "mais que teoria e menos que uma cosmovisão", seus paradigmas são, em grande parte, abertos, implícitos e até mesmo semiconscientes – mas não são *por definição desconhecidos pelos cientistas*, como são as epistemes de Foucault. As redes conceituais de Foucault estão sempre fora do alcance daqueles cujo pensamento é delimitado por suas leis.

Por fim, e exatamente por pertencerem mais à prática do que a um inconsciente coletivo científico, os paradigmas não são – como frisa o próprio Kuhn – regidos por regras estritas; mas as epistemes definitivamente o são:[2] elas representam "códigos fundamentais", gramáticas generativas de linguagem cognitiva. Em última análise, os dois conceitos designam dois níveis basicamente diferentes: os paradigmas podem ser "mais que teoria", porém, comparados com as epistemes, decerto se encontram no nível de teorias; as epistemes, por outro lado, são mais que visões do mundo

---

[2] Sobre esse ponto, ver Hubert Dreyfus e Paul Rabinow, *Michel Foucault: Beyond Struturalism and Hermeneutics*. Brighton, Sussex, The Harvester Press, 1982, p. 70; e Major-Poetlz, op. cit., 1983, p. 90.

– são construídas num estrato ainda mais profundo de (in)consciência.

Entretanto, as epistemes de Foucault são semelhantes aos paradigmas kuhnianos sob dois outros aspectos: (a) são, para usarmos a palavra famosa do próprio Kuhn, "incomensuráveis", isto é, radicalmente divergentes umas das outras; e (b) não perecem em resposta a um conjunto convincente de provas e argumentos contrários, mas sim – como nas "mudanças gestálticas" no seio da comunidade científica descritas por Kuhn, equivalentes a conversões religiosas em massa, resultantes de misteriosas alterações de psicologia social – em resposta a vastas transformações culturais. E da mesma forma que as "revoluções científicas" de Kuhn seriam precedidas por períodos de crises nos paradigmas, também Foucault (embora com muito menos ênfase) demonstra as deficiências e a fadiga de pelo menos duas epistemes: a "clássica" (séculos XVII--XVIII) e a "moderna" (essencialmente a do século XIX).

Há, não obstante, uma última e importante diferença: as crises kuhnianas são tempos de feroz competição, quando velhos e novos paradigmas travam um verdadeiro combate de vida e morte; e embora a vitória final de um deles surja de causas extrarracionais, esse quadro darwiniano de luta entre paradigmas parece encerrar uma homenagem residual à lógica objetiva, imanente, da discussão científica. Afinal de contas, em nenhum momento Kuhn assevera que, na perpétua resolução de problemas que é a ciência, uma vez encontrada solução para um determinado enigma de acordo com um paradigma antigo, ela seja pura e simplesmente desconsiderada ao surgir um paradigma novo.[3] Isso pode parecer contraditório, em face da sua evidente rejeição de uma visão cumulativa da história da ciência; no entanto, talvez a história da ciência é que seja, em si mesma, contraditória. Seja como for, a evolução do pensamento de Kuhn, conforme o demonstra no famoso pós-escrito à segunda edição de *A Estrutura*

---

[3] Como frisado por David Stove, *Popper and After: Four Modern Irrationalists*. Oxford, Pergamon, 1982, p. 6.

das Revelações Científicas (1970), marchou claramente rumo ao reconhecimento de um núcleo de objetividade; ele veio a reconhecer (ou, melhor dizendo, a ressaltar), segundo as palavras de David Papineau, "a possibilidade de que existam, afinal de contas, certas bases imparciais de comparação com respeito às quais se podem demonstrar certas teorias, objetivamente, melhor que outras".[4] Foucault, em contraste, nunca concede tanto. Na verdade, toda a sua obra, desde *As Palavras e as Coisas*, afastou-se muito dessa admissão: o "saber objetivo" continuou a ser para ele uma noção completamente estranha.

Uma episteme, por conseguinte, pode ser chamada de paradigma, desde que não seja concebida como um padrão, um modelo de trabalho cognitivo. Trata-se de um porão (*sous-sol*) do pensamento, uma infraestrutura mental subjacente a todas as vertentes do saber (sobre o homem) numa certa época, uma "rede" (*grille*, na terminologia lévi-straussiana de Foucault) que corresponde a um "*a priori* histórico" – quase uma forma historicizada das categorias de Kant. Ora, tais *a prioris* históricos não são somente incompatíveis como também incomensuráveis: assim, Buffon, como um verdadeiro espécime da episteme clássica no século XVIII, era simplesmente incapaz de ver o sentido da fantasiosa história de serpentes e dragões de Ulisse Aldrovandi, naturalista do Renascimento. A perplexidade de Buffon, diz Foucault, não se devia ao fato de ser um espírito menos crédulo ou mais racional: era, antes, consequência do fato de que seus olhos não estavam ligados às coisas do mesmo modo que os de Aldrovandi, *porque não partilhavam da mesma episteme* (cap. II, 4).

A história que Foucault narra sobre as epistemes – e que não deve ser confundida, adverte ele, com a história da ciência ou mesmo com uma história mais geral das ideias – sublinha constantemente as *descontinuidades* entre seus blocos históricos. Não nos são dados quaisquer

---

[4] David Papineau, *Theory and Meaning*. Oxford, Clarendon, 1979, p. 42.

sistemas de saber que caminhem para uma representação mais fiel, uma apreensão mais realista de um objeto constante, estável. Tudo que obtemos são *"descontinuidades enigmáticas"* (cap. VII, 1) entre quatro epistemes: a pré-clássica, até meados do século XVII; a "clássica", até o fim do século XVIII; a "moderna"; e uma época verdadeiramente contemporânea, que só tomou forma por volta de 1950. A primeira e a última epistemes são esboçadas sucintamente em *As Palavras e as Coisas*; só a época clássica e a moderna são descritas plenamente. E é a descrição, não a explicação causal, de sua sequência que interessa a Foucault. Como ele afirma francamente em seu prefácio, deliberadamente pôs de lado o problema das causas da mudança epistêmica.

Ainda que, como lembramos há pouco, a intenção de Foucault não tenha sido fazer uma história da ciência, ele teve necessariamente de depender de tal disciplina a fim de identificar e organizar seu material. Na verdade refere-se de bom grado a uma tradição específica na história (e na filosofia) da ciência: a escola de Bachelard, Cavaillès e Canguilhem, dedicada à história dos *conceitos*. Canguilhem é, ele próprio, discípulo e sucessor (na Sorbonne) de Gaston Bachelard (1884-1962), o mais destacado epistemólogo francês nas décadas de 1930 e 1940. Em certa medida, Bachelard significa para Foucault o que Mauss significou para Lévi-Strauss e Blanchot para Barthes: uma abordagem protoestruturalista, altamente fecunda, para a conceitualização de seus respectivos problemas.

Bachelard destacou, em sua busca de linhagens conceituais, as *descontinuidades*. Durante toda a vida, ele trovejou contra as "falsas continuidades" supostamente existentes entre ideias muito remotas em seus contextos intelectuais históricos. Em *A Formação do Espírito Científico* (1936), evitou uma visão triunfalista, linear, do progresso científico, ao dar ênfase à importância dos "obstáculos epistemológicos". Em *O Racionalismo Aplicado* (1949), Bachelard lançou o conceito de *problemática*: uma problemática surge dentro de uma ciência em progresso, nunca a partir de um vazio intelectual e cognitivo. Por conseguinte, ela conota não a verdade ou a experiência em geral, mas sempre objetos particulares num domínio científico específico, contemplado em sua dinâmica cognitiva. Juntamente com o senso de descontinuidade – aquilo a que podemos chamar a visão "cesural" do desenvolvimento científico –, a noção de problemática foi o segundo grande legado de Bachelard a Canguilhem, Althusser e, por meio deles, Foucault. Um terceiro legado, no entanto, não foi menos importante: as fortes propensões *antiempiristas* da epistemologia de Bachelard, que traçou uma nítida divisão entre a razão científica e o senso comum. "A ciência não é o pleonasmo da experiência", escreveu ele.[5]

Ao antiempirismo aliava-se uma profunda desconfiança em relação às teorias platônicas da verdade. Bachelard havia aprendido com Léon Brunschvicg, o grande epistemólogo da Sorbonne durante a *belle époque*, a não reconhecer nenhuma verdade apriorística: a ciência não é de modo algum um reflexo da verdade; da mesma forma que o trabalho é uma *antiphysis*, o trabalho científico é uma "antilogia", uma rejeição de conceitos habituais. Os cientistas são "os operários da prova", o que significa que trabalham, antes de mais nada, *sobre* as provas. A ciência avança através do *cogitamus* de uma comunidade científica para a qual a verdade está não no dado mas sim no *construído*: o racionalismo científico repousa num corracionalismo (*co-rationalism*) – para o qual, entretanto, mesmo na opinião favorável de Canguilhem, Bachelard deu uma explicação demasiado psicologista.[6]

Três, então, foram os principais legados de Bachelard à epistemologia estruturalista: (a) cesuralismo (o tema do rompimento ou "corte epistemológico", central em Foucault e Althusser); (b) antiempirismo; (c) uma visão construtivista da ciência, a que pertencem os conceitos

---

[5] Gaston Bachelard, *Le Rationalisme appliqué*. Paris, Presses Universitaires de France, 1984, p. 38.

[6] Georges Canguilhem, *Étude d'Histoire et de Philosophie des Sciences*. Paris, J. Vrin, 1968 (4. ed., 1979), p. 204-05.

da problemática e do virtual colapso da racionalidade, como tal, em mera "prática" científica. Ademais, desde o começo ele se esforçou para libertar a epistemologia do feitiço de Descartes. Enquanto Descartes equipara *redutivamente* a ciência a *certezas* construídas sobre *objetos simples*, Bachelard pede uma *indução* baseada nos dados *complexos* de *objetificações* abertas, satisfeitas com meras *probabilidades*.[7] E também rejeitava a ideia cartesiana de verdades científicas imutáveis, reveladas progressivamente a um sistema de saber que conhece o crescimento, mas não, de modo geral, a mudança estrutural. Isso era excessivamente platônico para Bachelard; ele preferia ver a verdade como um resultado de atividade racional dentro da "cidade científica" (um eco de Georges Sorel,[8] que com toda probabilidade teria apreciado a expressão "*ouvriers de la preuve*" para descrever os cientistas). Hyppolite escreveu que Bachelard tinha o "romantismo da inteligência"[9]. Com efeito, sua ênfase no risco e na fecundidade do erro às vezes faz lembrar a concepção heroica da ciência exposta por Karl Popper.

Contudo, uma coisa é certa: o anticartesianismo de Bachelard parece situar-se a quilômetros de distância do anticartesianismo dos estruturalistas. Bachelard foi um racionalista que se comprazia com o pensamento abstrato e não tinha nada do amor estruturalista à *bricolage* intelectual ou à "lógica do concreto". Por outro lado, escreveu muito a respeito de cesuras e descontinuidades, mas não teorizou sobre blocos epocais na história da ciência. A rigor, advertiu que não havia sentido em discutir a alquimia e a química moderna como se pertencessem ao mesmo universo conceitual – mas nunca falou, em termos semelhantes, de idades *dentro* da ciência moderna, isto é,

---

[7] Cf. Bachelard, op. cit., cap. VI: "L'Epistémologie Non-Cartésienne".

[8] Cf. Sorel, *De l'Utilité du Pragmatisme* (1921); excertos in: John Stanley (ed.), *From Georges Sorel: Essays in Socialism and Philosophy*. Nova York, Oxford University Press, 1976, cap. 8.

[9] Cf. Jean Hyppolite, "Gaston Bachelard ou le Romantisme de l'Intelligence". *Revue Philosophique*, 1954, p. 85-96.

galileana. Significativamente, quando, ao traçar a crônica dos paradigmas na física, Kuhn se baseou em historiadores franceses da ciência, não recorreu a Bachelard, e sim a Alexandre Koyré (1892-1964). Koyré era um russo que estudou com Husserl em Göttingen, antes de se transferir para o círculo de Émile Meyerson (1859-1933), um racionalista antipositivista, em Paris. Depois da guerra, Koyré passou períodos regulares em Princeton. A fronteira estanque que ele traçou entre a ciência antiga e a moderna como mundos culturais (*Do Mundo Fechado ao Universo Infinito*, 1957) – um relato de cosmovisões científicas radicalmente diversas, em épocas diferentes – preparou o caminho para a teoria dos paradigmas de Kuhn.

Koyré antecipa Kuhn e Foucault de maneira crucial, ao acentuar o papel de "fatores extralógicos" na aceitação ou rejeição de teorias científicas. Contra as concepções positivistas, ele insistia em que o valor "técnico" de uma teoria – seu valor explanatório – de modo algum é sempre a chave de sua vitória na história do pensamento científico.[10] Koyré estivera por demais sob o encanto de Husserl: sabia que, por baixo dos conceitos científicos, existe um *Lebenswelt*, um mundo vital, sobrecarregado com uma pesada "infraestrutura filosófica". As eras de saber de Foucault, as epistemes, são *Lebenswelten* inconscientes. O que faz Foucault em *As Palavras e as Coisas* é focalizar a atenção nas *mutações* entre as epistemes. Mutação é um conceito criado por Hugo de Vries (1848-1935) e revivificado no trabalho de François Jacob (*La Logique du Vivant*, 1970), colega de Foucault no Collège de France e detentor do prêmio Nobel. Na linguagem foucauldiana ocorre uma mutação quando um conjunto de preconcepções (a infraestrutura filosófica de Koyré) cede lugar a outro.

Em Foucault, porém, as mutações epistêmicas são fundamentalmente arbitrárias. As epistemes sucedem

---

[10] Ver, sobre esse ponto, os judiciosos comentários de Paola Zambelli na introdução da edição italiana do livro de Alexandre Koyré, *Dal Mondo del Pressappoco all'Universo della Precisione*. Torino, Einaudi, 1967, p. 37 ss.

umas às outras sem qualquer lógica interior. Além disso, tendem a constituir blocos de saber radicalmente heterogêneos: a descontinuidade absoluta é a suprema lei interepistêmica. Koyré, em contraste, admitia certos elementos estratégicos em comum entre eras epistemológicas distantes, tornando assim as cesuras na história do saber menos absolutas, se não menos marcadas. Em sua opinião, a infraestrutura filosófica das eras cognitivas pode *combinar* aquilo que tinha sido de todo separado – e até tido por incompatível – anteriormente. Exemplo muito expressivo disso aparece em seu livro *Estudos de História do Pensamento Científico* (1966) quando ele descreve o solo filosófico da ascensão da ciência moderna em meados do século XVII. Enquanto muitos, como Whitehead, falavam do moderno pensamento científico como uma vingança de Platão contra o senhor do saber medieval, Aristóteles, Koyré o representou como produto de uma ímpia aliança entre Platão e Demócrito: ressaltou corretamente o significado da ontologia democritiana do átomo e do vácuo na queda das noções aristotélicas de substância e atributo, potencialidade e atualidade. Foi a revivescência de Demócrito que deu a um pensador como Gassendi (que, ao contrário de Galileu e Descartes, não era um inventor científico) lugar tão importante no embasamento teórico da ciência moderna.[11] Ora, essa combinação de elementos platônicos e democritianos era inimaginável para a mente antiga. Por conseguinte, temos: (a) uma concepção cesural, isto é, não linear ou simplesmente cumulativa da história; e (b) uma admissão de heterogeneidade apenas *relativa* entre as eras, dado que a peculiaridade de uma nova era cognitiva pode consistir em sua capacidade de articular elementos prévios originariamente de todo estranhos entre si.

---

[11] Alexandre Koyré, *Études d'Histoire de la Pensée Philosophique*. Paris, Presses Universitaires de France, 1966, p. 284-96.

Capítulo IV

DA PROSA DO MUNDO
À MORTE DO HOMEM

Vejamos, então, as próprias epistemes. A mais antiga delas, irrecuperavelmente perdida para nossos hábitos mentais, é o paradigma do Renascimento. Foucault a retrata como "a prosa do mundo", definida pela unidade de palavras e coisas, *les mots et les choses*, numa teia inconsútil de *semelhanças*. O homem renascentista, para Foucault, pensava em termos de similitudes. Havia quatro ordens de semelhança: a *convenientia* ligava coisas próximas umas às outras, como animal e planta, terra e mar, corpo e alma, perfazendo uma "grande cadeia de ser" (um *topos* esquadrinhado, em estudo clássico, pelo mestre da história das ideias, Arthur Lovejoy). A *æmulatio* significava similitude na distância: assim, dizia-se que o céu se assemelhava ao rosto, pois também tinha dois olhos – o Sol e a Lua. A *analogia* tinha amplitude ainda maior, baseando-se menos em coisas semelhantes do que em relações semelhantes. Por fim, a *simpatia* comparava quase tudo a qualquer coisa, numa identificação praticamente sem limites: considerava-se que, através dela, cada fragmento da realidade era atraído para outro, sendo todas as diferenças dissolvidas no jogo dessa atração universal. A simpatia ligava, em particular, o destino dos homens à trajetória dos planetas, o cosmo a nossos humores. Seu poder era tido como tão grande que, deixada a si mesma, entregaria o mundo inteiro ao domínio do Mesmo. Felizmente, a simpatia era moderada por seu contrário, a antipatia. A alternância entre elas regulava todas as similitudes.

Tomemos como exemplo os quatro elementos: o fogo é quente e seco e daí sua antipatia pela água, que é fresca e úmida. O mesmo se aplica ao ar (quente e úmido) e à terra (fria e seca) – mais uma vez, prevalece a antipatia. Por conseguinte, o ar é colocado entre o fogo e a água, e a água entre a terra e o ar: pois, por ser quente, o ar se avizinha do fogo; e, por ser úmido, acomoda-se com a água... A umidade da água, ela própria temperada pelo calor do ar, abranda a secura fria da terra, e assim por diante.

O leitor poderia julgar estar lendo uma ou duas páginas de *Mythologiques* de Lévi-Strauss, o mais sistemático levantamento moderno de *coincidentiae oppositorum*. Na verdade, porém, tais observações vêm diretamente de algumas anotações contemporâneas a um livro renascentista chamado *Le Grand Miroir du Monde*. Foucault transcreve citações de uma dúzia de estranhos e curiosos tomos de ciências ancestrais: *História dos Monstros*, de Ulisse Aldrovandi; *Das Plantas*, de Cesalpinus; as disquisições filosóficas de Tommaso Campanella; a gramática de Petrus Ramus; *A magia natural*, de Giambattista della Porta; e o *Tratado das Cifras*, de Blaise de Vigenère; *Da Sutileza*, de Girolamo Cardano; as obras de Paracelso... Com exceção de Ramus, de Campanella e de Aureolus Theophrastus Bombastus von Hohenheim (1493-1541), que sabiamente adotou o *nom de plume* menos intimidador, porém pouco modesto de Paracelsus ("mais alto que o alto"), todos esses autores, cujo trabalho floresceu aproximadamente entre 1520 e 1650, são hoje quase inteiramente desconhecidos, e na verdade ninguém os lê. O fato de fazer citações deles (tal como, anteriormente, de autoridades médicas da antiguidade) e não de celebridades renascentistas como Leonardo, Erasmo, Rabelais e Montaigne, conferiu ao texto foucauldiano uma aura de erudição que, para muitos leitores, obscureceu uma das principais deficiências da formação do autor: o fato, muitas vezes observado, de que ele volta e meia não estava familiarizado com a rica literatura erudita sobre esses assuntos.

Com efeito, nem mesmo seu primeiro grande conceito histórico – a similitude – deixa de ter algum *pedigree* moderno. Heidegger, por exemplo, numa conferência publicada originariamente em 1950 e traduzida para o francês em 1962,[1] delineou uma antítese entre a *correspondência* (*Entsprechung*), como a lei do pensamento pré-moderno, e a *representação*, como a norma do conhecimento moderno. Heidegger explicitamente ligou a

---

[1] *Die Zeit des Weltbildes* (1938), publicado como o segundo ensaio de seu livro *Holzwege* (1950) (ed. em inglês: *The Question Concerning Technology and Other Essays*. Nova York, Harper and Row, 1977).

"correspondência" ao princípio da analogia, para logo contrastá-la com o olhar objetificante, reducionista, da moderna representação. Podemos encontrar alusões semelhantes em Wilhelm Dilthey, que já antes disso caracterizara o espírito renascentista como "pensamento através de imagens", "pensamento plástico", em contraposição à navalha de Occam, a aguda racionalidade abstrata dos filhos de Galileu e Descartes.[2] Assim, a moderna *substituição da analogia pela análise* como a *forma mentis* do saber já era um tema estabelecido na história das ideias muito antes de *As Palavras e as Coisas*. Mas é de justiça dizer que, se Foucault não foi o primeiro a detectá-lo, pelo menos foi o primeiro a dissecá-lo.

A episteme da semelhança ou correspondência tinha também um tipo especial de linguagem cognitiva: a assinalação, o sinal de todas as similitudes. Segundo o saber renascentista, Deus havia aposto uma marca ou "assinatura" nas coisas (em tudo), a fim de destacar suas semelhanças mútuas. No entanto, como as assinalações de Deus eram, no mais das vezes, ocultas, o saber estava fadado a ser uma exegese do misterioso. Nessas circunstâncias, a *eruditio* muitas vezes raiava a *divinatio*: saber era adivinhar. De qualquer forma, saber não era nem observar, nem demonstrar, mas interpretar. As assinalações, por sua vez, colocavam os próprios sinais sob o princípio da correspondência universal. A semiótica renascentista obedecia ao regime ternário do signo, proposto originariamente pelos estoicos: compreendia um significante e um significado, ligados por uma "conjuntura", isto é, por alguma espécie de semelhança. Em consequência, os signos não eram considerados arbitrários; tampouco era a linguagem, na "prosa do mundo", uma denotação transparente. Não admira que ela exigisse intermináveis interpretações à procura das significações primevas, as assinalações das palavras antes de Babel...

---

[2] Wilhelm Dilthey, *Das Erlebnis und die Dichtung*. Stuttgart, Teubner, 1905, cap. 1.

De repente, no século XVII, essa episteme da correspondência desabou: "A atividade do espírito", escreve Foucault, "não mais consistirá, pois, em *aproximar as coisas entre si*, em partir em busca de tudo o que nelas possa revelar como que um parentesco, uma atração ou uma natureza secretamente partilhada, mas, ao contrário, em *discernir*: isto é, em estabelecer as identidades".[3]

Em outras palavras: entra a análise, sai a analogia. E é a essa busca de uma identidade estável e separada das coisas que Foucault, da mesma forma que Heidegger antes dele, chama *representação* (já desde o título do terceiro capítulo). A ascensão da representação, sobre as ruínas da semelhança, é a primeira mutação epistêmica descrita em *As Palavras e as Coisas*. Curiosamente, já era prenunciada numa obra-prima literária, o *Dom Quixote* de Cervantes. Como louco, o cavaleiro de Cervantes está "alienado na analogia"; e Dom Quixote introduz a nova episteme porque, no romance, uma implacável razão, baseada em identidades e em diferenças, zomba repetidamente daquilo que constituía a essência mesma do conhecimento renascentista: sinais e similitudes.

A representação, por conseguinte, era a alma da *episteme clássica* – *grosso modo*, o solo do saber entre meados do século XVII e o fim do século XVIII. Suas principais estruturas eram a *mathesis*, uma "ciência universal da medida e da ordem", e a *taxinomia*, o princípio da classificação, da tabulação ordenada, exemplificada à perfeição pela botânica de Lineu. No regime da *mathesis* e da taxinomia, da álgebra e da nomenclatura, o saber procurava substituir a semelhança infinita por diferenças finitas, assim como o conjetural pelo certo.[4] Ademais, a *mathesis* tendia a excluir a gênese: o saber da ordem era usado para suspender a história. No máximo, tudo quanto o pensamento clássico podia fazer com a história era

---

[3] Michel Foucault, *As Palavras e as Coisas*, op. cit., p. 76.

[4] Esse ponto havia sido também ressaltado por Heidegger (cf. *As Palavras e as Coisas*, cap. II, 1).

pensar em gêneses *ideais* – utopias projetadas num passado primevo e idealizado.

Não surpreende que o próprio idioma cognitivo – a "linguagem" do saber – viesse a ser visto numa luz diferente. A episteme clássica, codificada nesse sentido na *Lógica de Port-Royal* (1662), concebia a significação como um regime *binário*: sendo a linguagem considerada transparente, não havia mais qualquer pressuposto de elos ocultos (as antigas "conjunturas"), e, portanto, nenhuma necessidade – via de regra – de interpretação elaborada. A *divinatio* foi rapidamente descartada da esfera do saber legítimo. Julgava-se que o significante e o significado estivessem ligados de modo arbitrário, mas também claríssimo.

Foucault se detém muito mais na episteme clássica do que em sua predecessora. Ao analisar o conhecimento clássico, dedica todo um capítulo a cada uma das áreas de saber escolhidas: linguística, história natural e economia, cobrindo, respectivamente, a linguagem, a vida e o trabalho. Examina grande quantidade de vetustas obras poeirentas em cada um desses campos e novamente nega aos expoentes mais notórios seus privilégios habituais. Descartes recebe tantas menções quanto obscuros gramáticos; a história natural de Lineu e a economia de Adam Smith são tratadas em pé de igualdade com vários autores muito menos conhecidos hoje em dia. Essa atitude pouco convencional merece louvor, pois possibilita ao historiador do pensamento lançar um olhar novo sobre muitas ligações perdidas ou sepultas.

Logo no começo do livro, Foucault dá à representação – o espírito da episteme clássica – um símbolo gráfico. Reflete sobre uma das joias do Prado, *Las Meninas* (1656) de Velázquez. Velázquez mostra a si mesmo olhando para o espectador e representa seus verdadeiros modelos – o rei e a rainha da Espanha – indiretamente, através de um reflexo pouco claro num espelho colocado na parede do fundo do estúdio. O título do quadro é irônico: seus verdadeiros sujeitos (que ocupam nossa posição como espectadores) não aparecem. Foucault toma esse quadro como símbolo da própria representação: um saber em que o sujeito é mantido em xeque.

Um dos ápices da arte barroca, a obra de Velázquez encerra mais de um único exemplo de tal deslocamento do tema nominal. Por exemplo, na maravilhosa tela que se segue a *Las Meninas*, *Las Hilanderas*, que também se encontra no Museu do Prado, o tema mitológico de Palas e Aracne é relegado ao fundo, ao passo que todo o primeiro plano é dedicado de modo soberbo à prosaica oficina das tecelãs. Da mesma forma que em *Las Meninas*, em *Las Hilanderas*, um primeiro plano imerso em sombras conduz a vista a um ponto brilhante no fundo do quadro – mas em ambos os casos a fonte de luz parece valer por si mesma, e não por causa das figuras insubstanciais que a habitam (o fidalgo na porta dos fundos em *Las Meninas*; a deusa e sua vítima, Aracne, em *Las Hilanderas*). Em ambas as telas, ademais, a maneira de encenar o tema nobre revela o prazer do pintor em organizar o espaço não somente através da perspectiva, mas pela escansão de camadas de luz, que sublinham planos em retrocesso. Tal jogo de luz, juntamente com os múltiplos pontos de interesse ótico, vai de encontro à centralidade normal da figura ou do grupo principal, conferindo assim ao espaço um dramatismo (tipicamente barroco) não necessariamente manifestado pelo tema do quadro. Os historiadores da arte estão acordes em que Velázquez iniciou sua carreira em Sevilha, por volta de 1620, influenciado por Caravaggio e Zurbarán; por conseguinte, muito apreciava os valores tácteis (representados vigorosamente em duas de suas telas hoje na Grã-Bretanha, *A Velha Cozinhando Ovos*, em Edimburgo, e *O Aguadeiro de Sevilha*, na Apsley House, em Londres). No entanto, ele acabou por adquirir um estilo eminentemente pictórico, que o tornou o mais "moderno", isto é, protoimpressionista, dos mestres barrocos. Contemporâneos seus, como o poeta Quevedo, logo se aperceberam do novo papel do *colorismo* – legado da arte veneziana do Renascimento – nas mãos do pintor da corte de Filipe IV. Um momento decisivo nessa evolução foi alcançado com *Vênus ao Espelho* (c. 1650), na National Gallery, em Londres – mas *Las Meninas* e *Las Hilanderas* são amplamente consideradas como o testamento pintado e altamente "pictórico" – de Diego Velázquez.[5]

Detive-me por um instante no significado estético da pintura de Velázquez porque proporciona uma base firme a quem deseje embarcar na vasta metáfora que Foucault traça de *Las Meninas* como um ícone da "elisão do sujeito". Luca Giordano, o virtuose do pincel no estilo barroco tardio, chamou *Las Meninas* de "a teologia da pintura".[6] Num certo sentido, essa frase parece ajustar-se ainda melhor a *Las Hilanderas*. É possível que a admoestação que Palas faz à pobre Aracne, prestes a ser transformada em aranha, verbere as ambições intelectuais da pintura, devidamente representadas pela tapeçaria tecida por Aracne, que reproduz nada menos que *O Rapto de Europa*, de Ticiano, o maior nome da pintura de cavalete clássica. No primeiro plano, por outro lado, Velázquez banha de cores, amorosamente, suas humildes cardadoras e fiandeiras, uma clara referência à seriedade da pintura como ofício...[7] *Las Hilanderas* constitui uma fábula sobre o orgulho humano.

Que dizer de *Las Meninas*? Para começar, o quadro não tinha esse título ao tempo de Velázquez. E seu nome original, *A Família*, diz muito sobre o significado verdadeiro de seu tema deslocado. É como se Velázquez desejasse prestar uma vibrante homenagem, despida de solenidade, a seus amados soberanos. No centro da cena, iluminada por seus cabelos louros e seu esplêndido traje de seda, ele colocou a Infanta Margarida Maria, primogênita do segundo casamento do rei. A meio caminho da

---

[5] Sobre a evolução estilística de Velázquez, ver o estudo do renomado especialista Enrique Lafuente Ferrari, *Vélasques*. Genebra, Édition d'Art Albert Skira, 1960, principalmente as p. 89-91 e 102-13.

[6] Segundo o biógrafo de Velázquez do século XVIII, Antonio Palomino, apud John Rupert Martin, *Baroque*. Harmondsworth, Penguin, 1977, p. 167.

[7] Essas especulações também foram sugeridas por J. R. Martin. Ibidem, p. 124.

escada do fundo, pintou o intendente de tapeçarias da rainha, um primo do pintor, Dom José Velázquez. Toda a cena está envolvida por um clima doméstico, e, embora não falte compostura à situação, ela transmite uma atmosfera de decorosa familiaridade. O único episódio lúdico – o anão, jovem e gracioso, gentilmente chuta o cão (no canto inferior direito da tela) – é na verdade resultado de reflexão posterior; análises cuidadosas mostraram que sua inserção é um inspirado pentimento, um sutil despiste em relação ao autocontrole dos demais personagens da cena. O pintor da corte representa a si próprio numa modéstia digna, trabalhando num retrato do casal real. Como poderia mostrar também este último, sem lhe diminuir a majestade? Por isso, não o faz; satisfaz-se em associar seu parente à homenagem e, acima de tudo, em destacar a filha querida dos monarcas, cercada por suas damas de honra, sua aia e seus bufões. Não ocupava Margarida Maria, no coração do rei, o lugar antes pertencente ao Infante Baltasar Carlos, a quem Velázquez retratara de modo tão admirável? Significativamente, uma infanta mais velha, Maria Teresa, nascida das primeiras núpcias do rei, e futura esposa de Luís XIV, está ausente do quadro. Sucede que, à época, ela criticava com severidade a política do pai. De qualquer forma, Filipe IV recebeu bem o tributo de Velázquez: conservava a tela na alcova real. Anos mais tarde, fez com que a cruz vermelha da Ordem de Santiago, que ele concedeu a Velázquez pouco antes da morte deste, fosse pintada sobre o peito do pintor.[8]

Assim, *Las Meninas* significa menos a ocultação de um sujeito que o respeito por ele. Para Foucault, no entanto, o quadro sintetiza "a representação da representação clássica":[9] um sistema epistêmico em que aquilo em torno do qual gira a representação deve necessariamente permanecer invisível. Velázquez, a infanta e seu séquito

---

[8] Sobre todo esse pano de fundo histórico, ver Jacques Lassaigne, *La Peinture Espagnole: de Velásquez à Picasso*. Genève, Éditions d'Art Albert Skira, 1952, p. 60-65.

[9] Michel Foucault, *As Palavras e as Coisas*, op. cit., p. 20.

acham-se, todos, empenhados em olhar para o rei e a rainha – e estes para eles. O rei só aparece no espelho na medida em que não pertence ao quadro. Seus olhares são recíprocos; seu *status*, desigual. O casal real é o objeto (e sujeito/tema) da representação, porém não pode (nas circunstâncias do quadro) ser ele próprio representado...

Não haveria nenhum denso mistério se Foucault tivesse aceito, como faz a história da arte, que, em última análise, *Las Meninas* é um autorretrato de Velázquez, pintado em homenagem ao rei. É, portanto, óbvio que, apesar de todo o brilhantismo de seus longos comentários sobre o quadro – um pórtico encantador para o elegante edifício conceitual que é *As Palavras e as Coisas* –, no fundo Foucault não está "lendo" *Las Meninas*; em vez disso, está projetando na tela célebre um importante postulado teórico de seu livro. Que postulado? O axioma de que, na episteme clássica, o sujeito está destinado a fugir à sua própria representação.

Tudo se torna bem mais claro se tivermos em mente o que aconteceu, de acordo com Foucault, na mutação seguinte – o desaparecimento da episteme clássica. Por volta de 1800, com efeito, sucedeu "uma mutação da Ordem em História";[10] as coisas "escaparam do espaço do quadro"[11] e proporcionaram ao saber "espaços internos"[12] que não podiam ser representados no sentido clássico de medida e taxinomia. Sob as descontinuidades da *Taxinomia Universalis*, de Lineu, por exemplo, insinuou-se um novo conceito de vida, refratário às tabulações da história natural e afirmando uma fantástica continuidade entre os organismos e seus ambientes. A história natural – um código de saber sem qualquer espaço para uma história da natureza[13] – deu lugar à biologia. Entrementes, a filologia suplantava a gramática geral clássica: a linguagem, já não mais vista como representação transparente do

---

[10] Cf. Ibidem, cap. VII, I, p. 300.

[11] Ibidem, cap. VI, V, p. 328.

[12] Ibidem.

[13] Cf. Ibidem, cap. V, p. 104.

pensamento, foi dotada de profundidade histórica. Quanto à economia, a análise das trocas foi substituída por outro fenômeno mais profundo: a produção. Com o tempo, a "análise das riquezas" do século XVII viu-se substituída pela economia política. Assim, a vida, o trabalho e a linguagem deixaram de ser vistos como atributos de uma natureza estável e passaram a ser encarados como domínios com historicidade própria. A História, nova deusa do saber, "progressivamente imporá suas leis à análise da produção, à dos seres organizados, enfim, à dos grupos linguísticos. A História dá lugar às organizações analógicas, assim como a Ordem abriu o caminho das identidades e das diferenças sucessivas".[14]

É importante observar que tudo quanto as três disciplinas clássicas partilham com suas sucessoras – biologia, economia política e filologia histórica – é o simples; contorno de três empiricidades – a vida, o trabalho e a linguagem – antes como áreas do que como objetos. Isto porque as novas ciências de modo algum dão prosseguimento às suas irmãs arcaicas. Estas foram mais deslocadas do que verdadeiramente substituídas. Diz Foucault: "Filologia, biologia e economia política se constituem não no lugar da *gramática geral*, da *história natural* e da *análise das riquezas*, mas lá onde esses saberes não existiam, no espaço que deixavam em branco, na profundidade do sulco que separava seus grandes segmentos teóricos e que o murmúrio do *continuum* ontológico preenchia".[15]

Ninguém sabe com certeza o que vem a ser o murmúrio de um *continuum* ontológico, mas não importa: a mensagem está bastante clara. O que Foucault deseja proclamar, em seu fervor cesural, é que não pode haver ponte alguma entre quaisquer epistemes dadas. Seja qual for a continuidade, ela só pode existir, naturalmente, no âmbito de epistemes. Assim, pode-se detectar certo grau de crescimento cumulativo no seio da episteme pós-clássica, ou *moderna*, a que Foucault dedica os três últimos dos dez

---

[14] Ibidem, cap. VII, I, p. 300.
[15] Ibidem, cap. VI, 7, p. 285.

capítulos de *As Palavras e as Coisas*. Numa primeira fase, que se estende aproximadamente de 1775 até o limiar do século XIX, os autores começaram a historicizar a vida, o trabalho e a linguagem; mas ainda tentavam lidar com essas novas empiricidades com o arsenal conceitual das representações clássicas. A maneira como Lamarck considerava as estruturas orgânicas em mutação, o conceito de trabalho de Adam Smith e as ideias de William Jones sobre raízes linguísticas cambiantes equivaliam a esse frágil meio-termo. Depois, mais ou menos de 1795 a aproximadamente 1825, constituiu-se uma vigorosa episteme moderna. Com Cuvier na biologia, Ricardo na economia e Bopp na filologia, a *forma mentis* do saber clássico fez-se em pedaços. No pensamento biológico, a função superou a estrutura. O estudo da linguagem fixou-se num tumulto de raízes em evolução. Na economia, a circulação dos bens passou a ser explicada como um resultado visível de demorados processos de produção. Por toda parte, as regularidades superficiais do saber clássico eram substituídas por forças mais profundas, mais sombrias, mais densas; nas mais diversas disciplinas, o pensamento moderno impôs categorias de explanação dinâmicas, históricas.

Ora, o principal argumento de Foucault é que, em tudo isso, o *homem* – o (principal) sujeito desses três discursos científicos – ganhou reconhecimento em sua existência fatual, contingente. Enquanto a episteme clássica era articulada "segundo linhas que de modo algum isolavam um domínio próprio e específico do homem",[16] todas as categorias da episteme moderna eram, ao contrário, profundamente antropológicas: em última análise, todas elas se articulavam na "analítica da finitude (humana)". Foucault nos convida a despertar dessa "modorra antropológica", que é o oxigênio do saber moderno. Pois somos perseguidos pela história e pelo humanismo; e somos presas da história, como uma forma de pensamento, por causa de nossa obsessão humanista – nossa maneira, mesmerizada pelo humano, de encarar a realidade. Se, sob

---

[16] Ibidem, cap. IX, II, p. 424.

a episteme clássica, faltava o homem como o sujeito central do saber – tal como o modelo real em *Las Meninas* – a episteme moderna fez muito mais do que restaurar o equilíbrio: ela carregou nas tintas, esquecendo-se de que o homem, como o fulcro do saber, através de sua finitude pessoal ou coletiva, não passa de uma figura transitória no desfile inescrutável das epistemes:

> Como a arqueologia de nosso pensamento mostra facilmente, o homem é uma invenção de data recente. E talvez esteja aproximando-se do fim. Se aquelas disposições viessem a desaparecer tal como apareceram, se, por algum acontecimento de que podemos quando muito pressentir a possibilidade, mas de que no momento não conhecemos ainda nem a forma nem a promessa, se desvanecessem, como aconteceu, na curva do século XVIII, com o solo do pensamento clássico – então se pode apostar que o homem desvaneceria, como, na orla do mar, um rosto desenhado na areia.[17]

Essas frases ominosas formam as últimas linhas de *As Palavras e as Coisas*. Não foi esta, exatamente, a primeira vez que o estruturalismo protestou contra o ponto de vista humano no saber. Já não havia Lévi-Strauss tranquilamente proposto a dissolução do homem como meta da ciência social? Não obstante, a despeito de algumas sugestões comuns, os dois pensadores não estão dizendo a mesma coisa. Enquanto Lévi-Strauss enunciava um desejo em nome da ciência, o que fez Foucault, num de seus momentos mais crípticos, foi algo inteiramente diferente: ele aludiu a uma perspectiva que mais se assemelha a um *destino* do saber. Quando chegar a maré da próxima episteme, o homem, como espaço do saber, será levado pelas águas. Qual o significado desse estranho oráculo?

Façamos uma breve recapitulação. A episteme moderna, a da história e não a da ordem, desdobra-se como uma analítica da finitude humana. O homem é um ser

---

[17] Cf. Ibidem, cap. X, VI, p. 535.

tal que é nele – por meio dele – que compreendemos o que torna o saber possível. Sem dúvida, admite Foucault, a natureza humana já desempenhava papel semelhante no século XVIII. Na época, contudo aquilo em que os empiristas como Condillac se concentravam eram apenas as propriedades de representação – as faculdades mentais – que possibilitavam a existência do saber: a consciência que o homem tinha de si mesmo, a memória, a imaginação. Para uma análise do *homem concreto*, como o tema do saber pós-clássico, isso não bastava. Em vez de uma abstrata "natureza humana", deu-se lugar central ao homem como uma "realidade espessa" e, como tal, um "objeto difícil"[18] – nada de facilmente captado na transparência das representações estáticas, na episteme cristalina da ordem e suas árvores tabulares claras e precisas. Uma analítica da finitude exigia que as precondições do saber fossem esclarecidas por meios dos próprios conteúdos empíricos dados na vida humana: o corpo do homem, as relações sociais desse homem, suas normas e valores.

De fato, essa consideração colocou o homem, do ponto de vista epistemológico, numa posição canhestra. Por um lado, conhecer o homem resumia-se em apreender as determinações da existência humana concreta nos fatos da vida, do trabalho e da linguagem, todos os quais moldam o homem, antes mesmo de seu nascimento, como indivíduo. De outro lado, porém, a pesquisa sobre a natureza fisiológica e sobre a história social do saber, preocupada em desnudar o conteúdo empírico da saga do homem na terra, não podia deixar de pressupor certo nível de razão *transcendental*, uma vez que, a fim de separar a verdade do erro, e a ciência da ideologia, o saber necessita de um critério crítico com algum apoio externo. Em consequência, o homem – o fulcro do saber na episteme moderna – está fadado a ser "um estranho duplo empírico-transcendental" – um requisito epistemológico quase impossível de atender de modo satisfatório. Não

---

[18] Para essas expressões (e outras semelhantes): Ibidem, cap. IX, 2.

surpreende, portanto, que essa ambígua figura de saber[19] esteja ameaçada pela perspectiva de dissolução.

As reflexões de Foucault sobre esse tópico, vital na economia de *As Palavras e as Coisas*, são extremamente breves. O que quererá ele dizer, exatamente, com a ambiguidade (sua própria expressão) do duplo humano? Seja o que for, trata-se sem dúvida de um enigma estritamente epistemológico. Não há lugar aqui para o semianjo, semifera de Pascal, nem para a dualidade kantiana de liberdade moral e determinismo natural. Na verdade, o que Foucault parece ter em mente é a atividade fenomenológica. A fenomenologia, afirma ele, promete apreender a um só tempo o empírico e o transcendental, pois essa é a meta de seu programa, a análise da experiência vivida (*Erlebnis*, *vécu*). O fenomenólogo concentra-se na experiência porque a experiência vivida é ao mesmo tempo o espaço onde todos os conteúdos empíricos são dados à consciência e a matriz original que lhes dá sentido. A fenomenologia, acrescenta Foucault, urdiu um "discurso misto" numa última tentativa de resolver o problema empírico-transcendental. Mas a tentativa malogrou, uma vez que os fenomenólogos não enfrentaram a verdadeira questão: o homem, epistemologicamente falando, existe de verdade?

Quanto ao próprio problema do "duplo", Foucault não se alonga – o que é deveras lamentável, já que se pode considerar essa noção o coração filosófico de *As Palavras e as Coisas*, a sede de seu principal argumento contra a herança do saber moderno. Foucault apenas admite a enigmática "obscuridade" da questão e, deixando as coisas assim, prefere aludir, na mesma breve seção do livro, a um dilema correlato mas claramente distinto: a oscilação, no saber moderno, entre o "positivismo" (a redução da verdade do homem ao empírico) e a "escatologia" (a antecipação da verdade num discurso de promessa). Positivismo e escatologia são chamados de "arqueologicamente indissociáveis". Sua alternância,

---

[19] Para todo esse parágrafo: Ibidem, cap. IX, 4.

bem visível em pensadores como Comte e Marx, está, na opinião de Foucault, fadada a ocorrer no âmago do saber enquanto prevalecer a episteme moderna, antropológica. No entanto ela é um sinal seguro da "ingenuidade pré-crítica" do pensamento moderno – uma inocência teórica que a fenomenologia só eliminou ao preço de seu próprio fracasso.

E que dizer das ciências humanas propriamente ditas em tudo isso? O livro não pretende ser uma arqueologia delas? Em *As Palavras e as Coisas*, as ciências humanas têm como função examinar o significado do homem para si mesmo. Biologia, economia e filologia esmiúçam a vida, o trabalho e a linguagem em si mesmos, não naquilo que representam para o homem. Mas a psicologia, a sociologia e o estudo da cultura investigam os modos dados da significação em seus processos e atividades.[20]

Mas isso não é tudo.[21] As ciências humanas, que tratam das significações humanas, são constantemente autocríticas: assim que tomam um conjunto de significações normalmente empregado pelo homem como animal vivente, produtivo ou falante, tratam-no como a superfície de algum sentido mais profundo. As ciências humanas nutrem-se da crítica da consciência humana. Sua função mais autêntica é desmistificadora. Sua vocação não é o incremento do saber rigoroso, preciso (as ciências humanas não são ciências, diz Foucault), mas um ir-e-vir crítico entre a consciência e a inconsciência: "[...] há ciência humana não onde quer que o homem esteja em questão, mas onde quer que se analisem, na dimensão própria do inconsciente, normas, regras, conjuntos significantes que desvelam à consciência as condições de suas formas e de seus conteúdos".[22]

O inconsciente tem importância crucial para a teoria do conhecimento de Foucault. A episteme do homem é também reino de seu duplo: do Outro ou do "impensado"

---

[20] Cf. Ibidem, cap. X, 2.
[21] Cf. Ibidem, cap. X, 3
[22] Ibidem, p. 504.

(*impensé*), rótulo aplicado por Foucault a tudo que recaia fora da autorrepresentação do homem em qualquer ponto dado do saber. Para o homem, "o Outro" é "não somente um irmão, mas um gêmeo"; está ligado a ele numa "inevitável dualidade". Ora, existem certos saberes – a psicanálise, a etnologia – que se especializam em manter em sua força máxima o ímpeto autocrítico das ciências humanas. São "contraciências" em plena caça ao Outro, ao impensado. Em suma, ao inconsciente, esteja ele no homem (psicanálise) ou na cultura (etnologia). E acima e além dessas abordagens do impensado, eis que chega agora à maioridade uma disciplina que oferece uma decifração ainda mais fundamental: a linguística estrutural. É a terceira e a mais forte das contraciências, porque seu objeto espraia-se por todo o campo do homem e porque é a única das três suscetível de formalização.[23] Resgatando assim essas contraciências do depreciado "sono antropológico" do saber moderno, Foucault rendia preito à essência da "revolução estruturalista": a província de Saussure, Lévi-Strauss e Lacan.

O cumprimento logo foi devolvido, ao menos pela ala mais jovem da brigada estruturalista. Chamando a arqueologia de Foucault de uma "heterologia", Michel Serres descreveu-a como "uma etnologia do saber europeu".[24] Um saber descrito como o antípoda do ideal do Iluminismo: preso à cultura em vez de universal, relativo à época em vez de cumulativo, e erodido não por uma dúvida saudável, mas pela inumana capacidade destruidora do tempo. Um saber em que as ciências humanas não são ciências, e em que a própria ciência não possui qualquer estabilidade lógica, nenhum critério duradouro de verdade e de validade. O que *As Palavras e as Coisas* proclama é o eclipse do homem como um solo de pensamento; o que realiza é uma perturbadora sugestão de que o próprio saber talvez não seja mais que nossa persistente autoilusão.

---

[23] Cf. Ibidem, cap. X, 5.
[24] Michel Serres, *La Communication*, op. cit., p. 193 e 198.

Capítulo V

A "ARQUEOLOGIA" AVALIADA

As *Palavras e as Coisas* é um livro longo, admiravelmente bem escrito, cheio de observações penetrantes e que levanta todo um conjunto de relevantes questões em epistemologia e história do pensamento. É também, muitas vezes, uma prosa filosófica demasiado "literária", salpicada de afirmações gnômicas, sugestões tantalizantes e uma propensão para efeitos dramáticos em lugar de argumentação lógica.[1] Há uma fachada de precisão, até mesmo um apego à simetria ("o quadrilátero da linguagem", "o

---

[1] Resta apenas dizer duas palavras sobre uma coisa que fica quase que nas entrelinhas do livro: as observações de Foucault sobre o *status* da literatura ao longo de toda a sequência de suas epistemes. Na verdade, ele tem duas maneiras de apresentar a literatura em termos "arqueológicos". Por um lado, a literatura preenche os interstícios entre as epistemes: assim, da mesma forma que *Dom Quixote* assinalou a morte do saber do Renascimento, em Sade a violência do desejo marcou o fim da episteme clássica. Por outro lado, a arqueologia do saber deu à literatura "uma nova maneira de ser". Mallarmé, ao atribuir à poesia uma reflexão sobre a linguagem, convertendo a literatura em formalismo, não trouxe nenhuma ruptura com a episteme moderna. Antes, levou à consumação um "retorno da linguagem", inscrito na própria natureza do destino que a cultura ocidental abraçou desde o raiar do século XIX. Para Foucault, Mallarmé seguiu um caminho paralelo ao de Nietzsche quando sublinhou convincentemente a urgente questão da linguagem. Depois que Mallarmé promoveu o casamento da literatura com a linguagem intransitiva, a arte literária só pôde alcançar seus grandes momentos numa experiência intensificada de limites existenciais, como em Kafka ou Artaud. A ideia e o ideal foucauldianos de literatura moderna começam com Blanchot (a literatura como uma materialidade intransitiva de linguagem) e termina com Bataille (a literatura como a estética da transgressão). Tais noções não estão distantes da ideologia do estruturalismo literário. Além disso, o próprio Foucault dedicou-se ocasionalmente à crítica literária, como atestam seu pequeno volume sobre Raymond Roussel (1963), um romancista experimental menor, seu brilhante ensaio sobre *Le Bain de Diane*, de Klossowski (*Nouvelle Revue Française*, n. 135, março de 1964), e seu perspicaz ensaio sobre Flaubert ("La Bibliothèque Fantastique", 1967, in: Foucault, 1977, p. 87-109). Este último trabalho é muito esclarecedor sobre as relações entre a imaginação e aquilo que a crítica literária estruturalista chama de intertextualidade. Foucault também escreveu sobre Bataille (ver *Préface à la Transgression: Hommage à Georges Bataille*. Paris, Lignes, 2012) e Blanchot (cf. seu ensaio "La Pensée du Dehors", *Critique*, n. 229, junho de 1966).

trilátero do saber", etc.), porém o efeito geral é bastante aparatoso; lembra um mestre do gênero apocalíptico que vez por outra se dedicasse a escrever *more geometrico*, um Spengler brincando com o estilo de Spinoza. Como avaliarmos suas ideias e, sobretudo, sua visão?

O projeto de Foucault consiste em fazer um relato histórico, em profundidade, do surgimento das ciências humanas. Como vimos, o livro resume uma busca dos "códigos fundamentais" de nossa cultura, que governam – declara o prefácio – "sua linguagem, seus esquemas perceptivos, suas trocas, suas técnicas, seus valores, a hierarquia de suas práticas". Era intuito de Foucault, naturalmente, desvelar os códigos culturais, ao descrevê-los em suas formas e articulações, *independentemente de suas referências concretas na realidade social e física*, o que pôs a arqueologia de Foucault, quisesse ele ou não, na companhia do estruturalismo e levou muitos a compararem sua empresa aos modelos teóricos de Lévi-Strauss (as redes extensas do pensamento selvagem) ou de Barthes (os minicódigos semióticos que sustentam as significações literárias "intransitivas").

No entanto, toda a escavação histórica foi executada com o fito de elucidar o impasse do saber *moderno*. Nesse sentido, *As Palavras e as Coisas*, "uma exploração parcial de uma região limitada", que, não obstante, forma, em suas próprias palavras, juntamente com *História da Loucura* e *O Nascimento da Clínica*, o esboço de "um conjunto de *experimentos descritivos*",[2] representa uma primeira tentativa de realizar aquela histórica crítica do presente que define o ambicioso propósito de Foucault como um filósofo para hoje. A anatomia das mutações epistêmicas era um pré-requisito para compreender a ascensão e queda do homem como sustentáculo de certa espécie histórica de saber.

À medida que *nossa* mudança sísmica na camada de pensamento ganhar ímpeto, afirma Foucault, o saber

---

[2] Cf. Foucault, "Réponse au Cercle d'Epistémologie". *Cahiers pour l'Analyse*, n. 9, verão de 1968.

contemporâneo provavelmente não só deixará de ficar inebriado de história, como se livrará também de seu entranhado antropocentrismo. Com toda a certeza, os "humanistas", inclusive os radicais munidos de um equipamento cognitivo arcaico, protestarão contra tal diagnóstico e tal perspectiva. Mas que clamem em vão. Os arqueólogos não têm tempo para sentimentos elegíacos – devem revestir-se de coragem para cumprir seus penosos deveres como *primitifs d'un savoir nouveau*. É essa, em linhas gerais, a mensagem do Foucault da melhor safra, a de 1966. Por acaso, podemos dizer dela – como tem sido dito dos excelentes Médocs e Pomerols do mesmo ano – que tenha chegado ao máximo de sua qualidade por volta de 1985?

A resposta depende muito do que encontramos ao descermos da visão à tarefa prosaica, mas indispensável, de averiguar o valor real de suas concepções particulares. Colocar Marx junto de Ricardo parece ser bastante convincente. A afirmativa de Foucault de que o marxismo está na episteme do século XIX "como peixe na água" (*As Palavras e as Coisas*, cap. VIII, 2) só poderia provocar protestos numa cultura intelectual tão impregnada de Marx como era a da França na década de 60 (Sartre: o marxismo é "a filosofia insuperável de nosso tempo"); mesmo assim, ele acertou o alvo em cheio. Pois além de partilhar com o pessimista Ricardo a historicização da economia, por força de categorias como a escassez e a produção, Marx, o revolucionário, partilha também com seu século, como vimos, a aliança ímpia entre o positivismo e a escatologia. Há maneiras bem piores de apreender a essência filosófica do marxismo.

Infelizmente, porém, a maior parte das ousadas opiniões históricas de Foucault está longe de ser tão exata. Por exemplo, ele minimiza a diferença entre o pensamento racional e a magia no Renascimento. Para ele, a magia e a ciência humanista da época eram partes integrantes da mesma episteme – a norma da semelhança e da assinalação. No entanto, como os especialistas em magia humanista são os primeiros a admitir, a linguagem das assinalações jamais abrangeu todo o saber renascentista, nem mesmo – observa um crítico – naquele momento, em fins do século XVI, em que mais se escreveu sobre ela.[3] Não somente o predomínio da analogia sobre a análise não era total, como muitas vezes encontrou ferrenha oposição. Na França, por exemplo, havia durante o Renascimento uma tradição humanista dominante que escarnecia da magia, do hermetismo e da mixórdia das arengas de Paracelso, das profecias astrológicas e de todo *bric-à-brac* das "assinalações" e "correspondências". Os literatos da geração de Montaigne eram um exemplo disso: longe de combinarem a erudição e o ocultismo, condenavam a *divinatio* em nome da *eruditio*. O próprio Montaigne troçava dos almanaques astrológicos e da mentalidade horoscópica (*Ensaios*, livro I, cap. XI, "Des Prognostications").[4] Tampouco, é claro, a oposição se limitava à França: o fundador da anatomia, Andreas Vesalius (1514-1564), que nascera em Bruxelas e ensinava em Pádua, mostrava-se igualmente obstinado na rejeição de todas as doutrinas de assinalações.

Ademais, ao insistir numa cesura absoluta entre o pensamento renascentista e a episteme clássica, a partir de meados do século XVII, Foucault torna quase ininteligível a evidente e decisiva continuidade entre os esforços de Copérnico (um inovador científico que desprezava crenças herméticas) e a linha de Galileu, que foi a fonte da ciência moderna. Contudo, continuidade houve, a despeito da diferença entre as distintas inclinações epistêmicas desses homens. De um lado, os historiadores da ciência têm ressaltado a importância do neoplatonismo florentino do final do século XV para o heliocentrismo de Copérnico, sendo o neoplatonismo, na época, o transmissor normal das tradições hermética e cabalística da alta

---

[3] Ver G. S. Rousseau, "Whose Enlightenment? Not Man's: The Case of Michel Foucault". *Eighteenth-Century Studies*, n. 6, inverno de 1972-73, p. 241. Rousseau alega apoio em Yates 1964.

[4] George Huppert, "Divinatio et Eruditio: Thoughts on Foucault". *History and Theory*, n. 13, 1974, p. 205-06.

magia e do hilozoísmo – inclusive a mística do Sol. De outro lado, sabemos, estribados na autoridade insuspeita dos melhores intérpretes das ideias hermético-cabalísticas do Renascimento, que Copérnico realizou sua revolução astronômica (publicada em 1543, o mesmo ano de *De Humanis Corporis Fabrica*, de Vesalius) através de puros cálculos matemáticos, *sem ajuda de crenças mágicas*; e que um século mais tarde Kepler – que ainda considerava sua descoberta das órbitas planetárias uma confirmação da "música das esferas" – estabelecia nítida distinção entre a verdadeira matemática e as maneiras místicas (pitagórica ou hermética) de lidar com os números.[5]

A conclusão é simples: tocados ou não por crenças apropriadas ao espírito analógico, os cientistas do Renascimento, de Copérnico a Kepler, realizaram seus avanços em substancial continuidade com a matematização galileana da natureza. Com efeito, o "oculto" continuou a atuar como uma boa motivação ocasional para a análise matemática até pelo menos um século e meio depois de Kepler. Como nos recordou recentemente Richard Westfall, o velho interesse de Newton pela alquimia ensinou-lhe a considerar as ideias de ação e de força suscetíveis de tratamento matemático, em contraposição a uma descrição mecanicista do céu.[6] Em suma, a análise não foi prejudicada – quanto mais tragada – pela "analogia"; e o saber empírico-demonstrativo encontrou seu próprio caminho sem se escravizar à "interpretação" especulativa. O crescimento da matemática na astronomia e na física foi a estrada real desse progresso cognitivo.

O problema é que Foucault se importa pouco (muito menos, por exemplo, que Koyré) com a matematização do mundo desde os primeiros passos da ciência moderna. Em seu quadro da episteme clássica, definido

---

[5] Sobre tudo isso, ver Alexandre Koyré, *Études d'Histoire de la Pensée Philosophique*, op. cit., p. 61-69; e Francis A. Yates, *Giordano Bruno and the Hermetic Tradition*. Londres, Routledge & Kegan Paul, 1964, p. 153, 155 e 440-43.

[6] Cf. Richard Westfall, *Never at Rest: A Biography of Isaac Newton*. Cambridge, Cambridge University Press, 1980, p. 407.

como sendo de *mathesis-cum*-taxinomia, logo se torna óbvio que sua ideia predileta era antes a tabulação que a medida. Se Galileu, Descartes e Newton não têm grande peso em *As Palavras e as Coisas*, não é apenas devido ao *partis pris* anti-"heroico" – é também porque, segundo entende Foucault, o mecanicismo e a matemática não eram genuínas estruturas epistêmicas, que tudo impregnassem no saber da época.

De fato, entretanto, a darmos crédito a relatos clássicos como *Science and the Modern World*, de Alfred North Whitehead, a matemática ocupou um lugar crucial na ascensão e na consolidação da ciência moderna. Esta última pôs-se ao lado de Pitágoras e de Platão contra Aristóteles, porque este era o gênio da taxinomia e porque o avanço do saber necessitava de alguma coisa além de classificações mais ou menos precisas; necessitava do poder generalizante que só podia ser proporcionado pelos números e por aquela generalização da própria aritmética que é a álgebra. O triunfo da ciência moderna foi uma vingança de Euclides e Arquimedes contra o longo predomínio da física aristotélica. Durante séculos, os círculos eruditos julgaram que, enquanto a física qualitativa de Aristóteles "explicava" a natureza, as teorias matemáticas (como a astronomia ptolomaica) meramente "salvaguardavam as aparências". Sobreveio então a revolução copernicana. Em sua esteira, Galileu exaltou Arquimedes e criticou a física aristotélica precisamente por seu caráter não matemático. Entrementes, a antiga controvérsia entre a teoria matemática e a paleofísica já havia sido resolvida em favor da primeira, por Kepler, exímio matemático que atribuía duas metas à astronomia: "salvaguardar as aparências" e "contemplar a estrutura do universo", vale dizer, explicar a natureza.[7] O título completo da obra máxima de Newton diz tudo: *Princípios Matemáticos de Filosofia Natural*.

---

[7] Sobre a história de todo esse fundo teórico, cf. Mittelstrass, 1979, princip. p. 43-53. As palavras textuais de Kepler (in: *Epitome Astronomiae Copernicanae*) são: "... *et contemplari genuinam formam aedifici mundani*". O fim da física aristotélica tem um bom relato sucinto em Butterfield, 1957, princip. cap. 4.

Na verdade, nas áreas investigadas em *As Palavras e as Coisas*, o mecanicismo e a matemática não eram em nenhum sentido preeminentes: eram irrelevantes para a gramática e a filologia, e primavam pela ausência na história natural e na biologia; quanto à matemática na economia, não como pura estatística, mas com forte função analítica, data de uma formação teórica bastante tardia na episteme moderna: a escola neoclássica liderada por Jevons, Menger, Walras e Marshall, cujo núcleo – a teoria da utilidade marginal – foi exposto pela primeira vez por Jevons, num ensaio lido em Cambridge, em 1862, com o título "Notícia sobre uma Teoria Matemática Geral da Economia Política".[8]

A história natural permaneceu, é claro, obstinadamente taxinômica durante a idade áurea da matemática francesa – a era de Lagrange e Laplace, de Monge e Carnot. Mas a questão é a seguinte: será que Foucault tinha o direito – depois de restringir tanto a faixa de ciências sob exame – de apresentar como universalmente válida uma episteme cuja descrição repousava em base tão estreita? De qualquer maneira, não se pode ignorar uma questão importante: como foi que, no decorrer de dois séculos de puro gênio matemático (desde Descartes, Newton, Leibniz e dos Bernouilli até Gauss, Boole, Riemann e Cantor), o solo inconsciente da ciência ocidental permaneceu basicamente taxinômico? Como observou Piaget, enquanto a taxinomia – a episteme tabular da idade clássica de Foucault – ocupa lugar relativamente modesto na escala do pensamento lógico, o cálculo newtoniano pressupõe um grau bem mais elevado de sofisticação lógica.[9] Como pode a mesma episteme sustentar tão distintos níveis de pensamento? Até mesmo Canguilhem, sempre simpático ao projeto de Foucault, preocupou-se com o menosprezo pela física na bela arquitetura de *As Palavras e as Coisas* – e percebeu que um exame próprio da física

---

[8] Cf. Joseph Schumpeter, *History of Economic Analysis*. Londres: Oxford University Press, 1954, p. 826.

[9] Jean Piaget, *Struturalism*. London, Routledge, 1970, cap. VII, 21.

haveria de solapar a teoria foucauldiana do cesuralismo estrito. A objeção de Canguilhem parece bastante válida: a sequência Galileu-Newton-Maxwell-Einstein não oferece rupturas semelhantes às que podem ser encontradas entre, digamos, Buffon e Darwin. Noutras palavras, Newton *não* é refutado por Einstein, como Darwin não é desmentido por Mendel. Logo não há muito sentido na rígida cesura inserida por Foucault entre a episteme clássica e a moderna. Na verdadeira história da ciência, alguns discursos clássicos (por exemplo, Newton) integraram-se na episteme subsequente; outros (por exemplo, a história natural), não. Tampouco essa dificuldade para a arqueologia pode ser descartada mediante sua simples desconsideração, a pretexto de que pertence a outro tipo de estudo – única desculpa dada por Foucault. Não posso deixar de subscrever a dúvida de Canguilhem: é realmente possível, no caso do saber *teórico*, no sentido científico, apreender suas especificidades conceituais *sem referência a uma norma*, isto é, sem levar em conta seu sucesso ou fracasso como teoria científica?[10]

Dificilmente o problema teria surgido se Foucault não houvesse insistido que *"numa cultura e num dado momento, nunca há mais que uma episteme que define as condições de possibilidade de todo saber"*.[11] Em outras palavras, as epistemes são monólitos – são, enfaticamente, blocos unitários de saber. Consequentemente, a cada mutação epistêmica as coisas simplesmente deixam, de súbito, de ser "percebidas, descritas, enunciadas, caracterizadas, classificadas e sabidas do mesmo modo" que antes.[12] Também em seu prefácio Foucault solicita que vejamos a história natural de Lineu e de Buffon como relacionadas, não com os trabalhos posteriores de Cuvier ou Darwin, mas com campos distintos, porém contemporâneos, como a "gramática geral" clássica ou a análise das

---

[10] Georges Canguilhem, "Mort de l'Homme ou Épuisement du Cogito?". *Critique* n. 242, julho de 1967, p. 612-13.

[11] Foucault, *As Palavras e as Coisas*, op. cit., cap. VI, 1, p. 229 (grifo meu).

[12] Ibidem, cap. VII, 1, p. 297.

riquezas de Law ou Turgot... Comparada com as "vastas mudanças" na estrutura epistêmica ao fim do século XVIII, diz Foucault, a "quase-continuidade" de ideias entre as duas épocas é apenas um "efeito superficial".

A bem dizer, em *A Arqueologia do Saber*, Foucault nos adverte que as epistemes não devem ser consideradas conceitos "totalitários", isto é, holísticos: o predomínio de uma episteme não significa que todas as cabeças pensavam segundo as mesmas linhas numa dada era e cultura. Em *As Palavras e as Coisas*, Foucault escreve, quase a modo de desculpas: "a ausência de balizamento metodológico pode ter deixado a impressão de que [...] a análise estivesse sendo conduzida em termos de totalidade cultural"[13] – mas na realidade uma episteme não é nada disso.

Contudo, a ressalva não é de modo algum satisfatória, ao menos por duas razões. Em primeiro lugar, é difícil perceber como o conceito de episteme em *As Palavras e as Coisas* poderia ter sido interpretado erradamente como holístico: na verdade, é o próprio texto que o faz parecer assim – um texto que, diga-se de passagem, Foucault nunca se deu ao trabalho de corrigir. Em segundo lugar, e isto é mais importante, as coisas não poderiam mesmo se passar de outra forma: isto porque, se se começa atribuindo às epistemes uma flexibilidade e uma heterogeneidade excessivas, se elas tornam verdadeiramente pluralísticas, então o que se ganha em exatidão factual, histórica, perde-se do lado interpretativo, já que, à força de sofrer qualificações, dificilmente cada episteme ainda poderia manter o *status* de infraestrutura cognitiva compulsória.

Combinada com uma visão estanque dos cortes epistemológicos, a exposição que Foucault faz das epistemes como monólitos obriga sua arqueologia a desdenhar, gritantemente, pelo menos seis espécies de fenômenos.

Primeiro, o retrato das epistemes como monólitos totalmente desligados entre si leva à desconsideração dos fluxos de pensamento *transepistêmicos*. No entanto, se a abordagem epistêmica se recusa a considerar esses

---

[13] Foucault, *A Arqueologia do Saber*, op. cit., cap. I, in fine.

fenômenos, ela é acometida de um sério problema, cujo nome é *anacronismo*. E, na verdade, parece que, quanto mais nos atemos à periodização de Foucault, menos suas epistemes resistem ao exame: pois em todas elas há "anacronismos" em abundância. Mencionemos apenas quatro exemplos evidentes.

No capítulo sobre a episteme do Renascimento, Foucault dá grande valor à *Grammaire* do humanista Petrus Ramus (Pierre de la Ramée), publicada originariamente em 1572. Tomando a obra de Ramus como esplêndido espécime da inclinação analógica da episteme das correspondências, ele alega que, para Ramus, as "propriedades" intrínsecas das letras, das sílabas e das palavras eram estudadas como marcas sobrenaturais de forças "mágicas", como simpatia e antipatia. Ora, George Huppert, professor da Universidade de Illinois e membro do círculo de Chicago, demonstrou ser a *Gramática* de Ramus "uma obra extraordinariamente lúcida [...] de maneira alguma maculada por filosofia ou especulação escolástica sobre a qualidade das palavras". A teoria da linguagem de Ramus revela-se muito empírica e racional: assim, quando ele fala das "propriedades" das palavras, refere-se tão somente àquilo que lhes é claramente apropriado, como os artigos precederem substantivos e pronomes, etc. Ironicamente, enquanto o cartesiano Marsenne, que escreveu meio século depois de Ramus, ainda se perguntava com relutância, se haveria correspondências ocultas entre as palavras e as coisas, significados conhecidos por Adão e perdidos desde a Queda, Ramus era claro: para ele as palavras não passavam de transcrições fonéticas: daí suas propostas para que fossem abandonadas letras mortas como o *g* em *ung* ou o *s* em *tesmoigner*.[14] Definitivamente, com devida vênia de Foucault, não existe aí nenhum traço de interpretações mágicas, nenhuma propensão para o oculto.

Outro exemplo notável de má interpretação de Foucault é o tratamento que ele dispensa ao ornitólogo

---

[14] George Huppert, "Divinatio et Eruditio: Thoughts on Foucault", op. cit., p. 200-01.

renascentista Pierre Belon, cuja *História da Natureza dos Pássaros* foi publicada em 1555. Até *As Palavras e as Coisas*, todos eram acordes em considerar o tratado de Belon – obra de um homem que realizou, sozinho, muitas dissecções, além de haver batizado 170 espécies de aves europeias, ganhando com isso a admiração dos naturalistas que lhe seguiram – como um notável exemplo de anatomia comparada. Publicada na década seguinte à da grande obra de Vesalius, sua *Histoire des Oyseaux* continha, em texto e em gravuras, a primeira comparação pormenorizada dos esqueletos do homem e das aves. Foucault sabe disso, mas se recusa a deixar-se embair pelas piedosas lendas da ideologia do progresso científico: com um verdadeiro *esprit de système*, ele afirma taxativamente que, apesar de toda a sua precisão, a análise de Belon só pode ser vista como anatomia comparada "por um olhar munido dos conhecimentos do século XIX. Ocorre que o crivo pelo qual deixamos chegar ao nosso saber as figuras da semelhança recobre nesse ponto (e quase somente nesse ponto) aquele que o saber do século XVI dispusera sobre as coisas".[15] Pobre Buffon, que com tanta frequência cita Belon em sua própria *História das Aves...* Talvez ele não soubesse distinguir uma mera "coincidência" epistêmica de uma genuína anatomia comparada. Ou, quem sabe, ocorresse, como argumenta Huppert,[16] que Belon fosse de fato um magnífico observador, um arguto taxinomista (já lhe foi até creditado haver imaginado uma nomenclatura binária, como a de Lineu), um extraordinário pioneiro da história natural – de modo que negar a seu trabalho um propósito científico e ao mesmo tempo compará-lo, em "nível arqueológico", à fantástica teratologia de Aldrovandi, no fundo, seria um equívoco tolo.

Outro anacronismo em termos epistêmicos: Foucault fala da estrutura orgânica como um conceito pertencente ao pensamento biológico na episteme pós-clássica. Nada

---

[15] Foucault, *A Palavra e as Coisas*, op. cit., cap. II, 1, p. 30.

[16] George Huppert, "Divinatio et Eruditio: Thoughts on Foucault", op. cit., p. 201-03.

disso, diz o renomado erudito George Sebastian Rousseau, autor de *Organic Form: The Life of an Idea* (1972). Tivesse Foucault lido a literatura moderna sobre os naturalistas do século XVIII (por exemplo, o estudo de Philip Ritterbush, publicado em 1964), e teria percebido que a estrutura orgânica, como pressuposto metafísico, não era de modo algum uma novidade em Cuvier, e sim um conceito de longa estirpe e, em particular, com uma rica história na Era do Iluminismo.[17]

Ao que parece, a rigidez de sua noção arquicesural de episteme levou Foucault a interpretar de modo muito errôneo figuras e tendências de pensamento tão importantes quanto Ramus e Belon e o organicismo. Em contraste, no nosso exemplo final de anacronismo epistêmico, também destacado vigorosamente por G. S. Rousseau, o problema não foi de má compreensão, e sim de informação deficiente. Em *As Palavras e as Coisas*, as obras dos lógicos e gramáticos de Port-Royal receberam destaque na descrição da episteme clássica. Com efeito, a *Lógica de Port-Royal* (1662) ocupa posição especial na análise de Foucault; pois aparece como um curioso caso de consciência cognitiva entre regras epistêmicas, normalmente inconscientes. Assim, o regime semiótico clássico, que Foucault julga atuar inconscientemente em todos os demais campos do saber clássico, foi na realidade enunciado por Arnauld e Nicole, lógicos de Port-Royal e não – como as outras coordenadas principais da episteme clássica – *inferido* do discurso clássico por Foucault. Quanto à *Grammaire Générale et Raisonnée* (1660), de Port-Royal, atribuída a Arnauld e Lancelot, trata-se, naturalmente, de um dos mais puros exemplos do saber clássico. O pensamento gramatical de Port-Royal, centrado como está numa teoria da representação, é tido por Foucault como uma joia na episteme da ordem e da clareza – um perfeito *pendant* para a filosofia cartesiana. Infelizmente, porém, sucede que o grande modelo dos gramáticos de Port-Royal,

---

[17] G. S. Rousseau, *Whose enlightenment? Not Man's: The Case of Michel Foucault*, op. cit., p. 248-49.

segundo o testemunho do próprio Lancelot, não foi Descartes, mas um certo Sanctius. Ora, Sanctius, pseudônimo de Francisco Sánchez de las Brozas (1523-1601), publicou sua suma de mil páginas, *Minerva, seu de Causis Linguae Latinae*, em 1585, ou seja, no apogeu da voga da doutrina das assinalações e da literatura hermética.[18] Eis um grande enigma para o elegante quadro das epistemes foucauldianas: pois a *Minerva* deve mais a Quintiliano que a qualquer antecipação da filosofia moderna; e, no entanto, foi Sanctius, e não Descartes, que a gramática de Port-Royal exaltou como sua principal fonte teórica; Sanctius e, como outros já observaram, o velho Scaliger (Julius Caesar Scaliger), cujo próprio trabalho gramatical foi publicado consideravelmente mais cedo, em 1540.[19]

A segunda categoria de fenômenos sistematicamente desdenhados pela arqueologia de Foucault são os *hiatos epistêmicos*. Ora, a história da ciência está cheia de debates entre, por um lado, defensores de concepções antiquadas e, por outro lado, desbravadores e seus seguidores; e mais de uma vez o choque entre eles pôs em oposição diferentes propensões epistêmicas dentro do período de vida que Foucault atribui a uma episteme. Jan Miel apontou um exemplo revelador: a correspondência entre Pascal e o padre Noël a respeito do vácuo.[20] O padre Noël tinha sobre o vácuo ideias confusas, que envolviam comparações arbitrárias e, de modo geral, uma inclinação para a pirotecnia analógica, utilizando princípio "animistas" como as doutrinas dos quatro elementos e dos

---

[18] Ibidem, p. 245-46. Rousseau recorre à autoridade de dois especialistas em Sanctius, o americano R. Lakoff, discípulo de Chomsky (cf. seu ensaio in *Language*, n. 45, 1969, p. 343-64), e o inglês Richard Ogle, do Centro de Linguagem da Universidade de Essex. Em *Histoire de la Syntaxe* (1968), Jean-Claude Chevalier já havia apontado a dívida de Port-Royal para com Sanctius.

[19] Ver o ensaio de Jean-Claude Chevalier sobre a gramática de Port-Royal: "La Grammaire Générale de Port-Royal et la Critique Moderne". *Languages*, 7 de setembro de 1977.

[20] Jan Miel, "Ideas or Epistemes: Hazard versus Foucault". *Yale French Studies*, n. 49, 1973, p. 239-40.

humores. Pascal defendia um emprego menos equívoco dos termos e uma visão menos antropomórfica da natureza, proscrevendo, com relação a esse ponto, a ideia de que a natureza "abomina" tanto o vácuo que se apressa a preenchê-lo. As críticas de Pascal obedecem impecavelmente à postura análise-em-vez-de-analogia que caracterizava a episteme clássica. Na verdade, Pascal e o padre Noël estavam trocando cartas em 1647-48, quando – segundo a cronologia foucauldiana – a episteme clássica mal nascia. Mas se as epistemes são blocos monolíticos que surgem e desaparecem *de repente* – se não existe vácuo epistêmico – como explicar o hiato, na estrutura do saber, personificado pelo bom padre?

Podemos situar em terceiro lugar, entre os fenômenos importantes sistematicamente desdenhados pela arqueologia foucauldiana, o *retorno* de conceitos ou de formas conceituais durante muito tempo alijados pela evolução do pensamento e que, mesmo assim, uma vez restabelecidos, ainda se mostram capazes de inspirar frutíferas pesquisas científicas. Meu candidato favorito para ilustrar esse ponto é o notório conceito do flogístico, familiar a todos que tenham um conhecimento mínimo da história da química. O flogístico, cabe lembrar, era uma substância hipotética que, segundo se acreditava, residia em todos os corpos combustíveis e era liberada durante sua combustão: era a "matéria do fogo". Tal teoria encerrava um pressuposto que remontava à Antiguidade: a presunção de que, quando uma coisa ardia, parte de sua substância se desentranhava dela, escapando nas chamas e deixando o corpo queimado reduzido a seus componentes originais, segundo acreditavam os aristotélicos, aquilo que era assim liberado seria o "elemento" fogo. Em 1670, um contemporâneo de Boyle, o químico alemão Johann Joachim Becher, declarou que se tratava de terra oleosa, ou graxa (*terra pinguis*), formulando assim a ideia de que o flogístico era uma substância. Mais tarde, no decurso do primeiro terço do século XVIII, outro químico alemão, Georg Ernst Stahl, desenvolvendo essa ideia, criou o termo "flogístico" e tornou o conceito corrente. Em 1750, a doutrina do flogístico tinha se firmado em toda a Europa. No último quartel do século – justamente a época do desaparecimento da episteme clássica –, tal doutrina mostraria formidável resistência, tornando-se o principal alvo do fundador da química, Lavoisier. Bastará lembrar que, quando Joseph Priestley, na década de 1770, conseguiu isolar o oxigênio, pelo aquecimento de alguns óxidos, a explicação que deu para tal proeza (na verdade, ligeiramente antecipada pelo sueco Carl Wilhelm Scheele) ainda estava tão baseada nas antigas concepções químicas que ele chamou o oxigênio de "ar desflogisticado".

Ora, desde muito sabia-se (por exemplo, Boyle) que, no ato da combustão, as substâncias tiravam alguma coisa do ar, com o que aumentavam de peso; e quando, nos mesmos anos das experiências de Priestley com o oxigênio, Lavoisier demonstrou que o aumento de peso dos metais calcinados se devia ao fato de tirarem um "fluido elástico" do ar, o dogma do flogístico sofreu um golpe mortal. Lavoisier realizou seu ataque formal em 1783. Em 1800, todavia, Priestley ainda revidava; naquele ano, publicou uma *Doutrina do Flogístico Estabelecida e a Composição da* Água Refutada.[21]

A lição desses fatos da história da química é dupla. Primeiro, a ideia do flogístico, não importa quão errônea como explicação, teve inegável papel heurístico. Com efeito, levou a muitas experiências, correspondeu à primeira generalização fecunda na química e prenunciou alguma coisa como uma verdadeira "problemática". Já se disse que, a partir de 1750, surgiu uma história da química, ao passo que antes da disseminação da teoria do flogístico tudo que na realidade havia era uma simples história de *químicos* – cada qual com suas próprias opiniões e problemas diferentes, sem uma mesma *Fragestellung*, uma colocação comum das questões da disciplina. Segundo, e não obstante todo esse valor heurístico, a crença no flogístico era, claramente, um velho fantasma

---

[21] Para todos esses dados históricos, ver Herbert Butterfield, *The Origins of Modern Science 1300-1800*. Nova York, The Free, 1957, cap. 11.

aristotélico que assombrava a ciência europeia quando a episteme clássica já estava em plena maturidade. É significativo que seu criador, Stahl, fosse também um teórico da biologia vitalista, que praticamente fez reviver o conceito aristotélico de psique.[22] Em suma, o flogístico marcou um visível "retorno do reprimido" em termos da evolução do pensamento científico. Todavia, tal arcaísmo serviu, dialeticamente, de instrumento para a inauguração da química como ciência (a ponto de o próprio Lavoisier ter usado o conceito do flogístico para descrever suas primeiras experiências) e, de qualquer forma, é de todo inexplicável dentro do quadro arqueológico de Foucault. No máximo, a longevidade da teoria do flogístico parece mais fácil de explicar com a ajuda de uma *sociologia* da ciência. A revolução de Lavoisier foi bem acolhida por matemáticos e físicos, mas vista com ressentimento pela maioria de seus colegas químicos, que se apegavam a seus preconceitos stahlianos, mesmo quando eram descobridores de real valor, como Priestley. É a profissão, e não a episteme, que lança luz sobre um debate científico que o próprio Priestley – além do mais, hábil teólogo – considerou uma das mais acesas controvérsias da história intelectual. Ainda assim, ninguém que acredite em monólitos epistêmicos poderia sequer começar a entender a ascensão e queda do flogístico.

A física, a matemática e a química realmente parecem desmentir o exagerado cesuralismo de Foucault. São modos de pensamento que passam por três epistemes (a matemática) ou que realizam seu próprio avanço mediante um retorno dialético de formas passadas de pensamento (a química). As problemáticas transepistêmicas, os hiatos epistêmicos e os retornos dialéticos – tudo isso são fenômenos estranhos (com efeito, refratários) tanto ao cesuralismo estrito como à concepção de que as epistemes sejam infraestruturas conceituais homogêneas e compactas. De modo geral, contudo, são questões *interepistêmicas*. Três

---

[22] Sobre esse ponto, ver Charles Singer, *A Short History of Scientific Ideas to 1900*. Oxford, Oxford University Press, 1959, p. 281.

outros problemas, por outro lado, desafiam ainda mais abertamente o segundo dogma – as epistemes como monólitos. Lançam a dúvida sobre a justeza da descrição que Foucault faz das realidades *intraepistêmicas*.

O primeiro desses problemas refere-se ao fato de que, *tomadas sincronicamente*, as epistemes de Foucault – contrariando sua alegada unidade compacta – parecem englobar muita *heterogeneidade*. Vimos isso no caso da magia e da ciência, muitas vezes magia-cum-ciência, durante o Renascimento, tanto na astronomia (Kepler) como na história natural (Belon). Poderíamos acrescentar, pedindo emprestada uma arguta sugestão de Pierre Burgelin,[23] o caso do nominalismo na alvorada da era renascentista – uma tendência filosófica claramente voltada para a lógica e a abstração e, portanto, difícil de harmonizar com a *pensée sauvage* da episteme da "semelhança" de Foucault. Os leitores familiarizados com as modernas descrições do pluralismo do pensamento renascentista, como as de Paul Oskar Kristeller, não ficarão de modo algum desconcertados com a ideia dessa coexistência (pacífica ou não) de racionalismos pré-modernos, como a filosofia nominalista, com o pensamento do movimento humanista, mais retórico que lógico.[24] Mais uma vez, o problema é em grande parte inexistente – ou melhor, só existe como problema para a rigidez da "história vertical" de Foucault. Um terceiro exemplo de dificuldade intraepistêmica, à qual Burgelin também foi o primeiro a aludir,[25] trata de um fato importante nas ciências biológicas durante a episteme clássica: até onde, na verdade, pode a episteme da ordem tabular, descrita por Foucault, acomodar as teorias enunciadas pelos chamados "microscopistas clássicos" em Bolonha, Londres e nos Países

---

[23] Pierre Burgelin, "L'Archéologie du Savoir". *Esprit* 360, maio de 1967, p. 855.

[24] Paul Oskar Kristeller, *Renaissance Thought: The Classic Scholastic and Humanist Strains*. Nova York, Harper Torchbook, 1961, principalmente, p. 10, 22 e 94-103.

[25] Burgelin, "L'Archéologie du Savoir", op. cit., p. 856.

Baixos na segunda metade do século XVII? Como foi que conceitos como os da "geração espontânea" e do homúnculo entraram nas mentes (poderosas em relação a outros aspectos) da geração de Malpighi e Hooke – um grupo de observadores de primeiro plano, que nasceram quando Galileu e Descartes já publicavam suas obras principais?[26]

Se as epistemes são mais diferenciadas, internamente, do que o olhar arqueológico admite, não será surpresa sabermos que, em nome de sua obsessão unitária, *As Palavras e as Coisas* muitas vezes sobrestima a posição e o prestígio de certas tendências intelectuais. Assim, enquanto Foucault alça, como vimos, a gramática de Port-Royal à posição de uma teoria da representação válida para toda a idade clássica, Georges Gusdorf, no volume VI de sua monumental obra *Les Sciences Humaines et la Pensée Occidentale* – trabalho cuja bagagem de erudição apequena a de Foucault – demonstra que o forte impulso normativo da "grammaire générale et raisonnée", com sua intenção de dar forma fixa e acabada ao uso linguístico, sofreu obstinada resistência por parte de uma instituição estratégica como a Académie Française. Não é estranhíssimo vermos a Académie colocar-se contra uma das áreas mais prezadas pela episteme da ordem? No entanto, foi exatamente isso que aconteceu: de 1647 a 1704, ela resistiu a todas as tentativas de fazer com que sua autoridade fosse utilizada para converter o uso da língua francesa num jardim francês verbal.[27] Assim, repousa nos ombros de Foucault todo o ônus de provar a

---

[26] Vernon Pratt, especialista em classificação biológica, apontou outro enigma conceitual do ponto de vista das categorias de Foucault. De modo geral, Pratta prova bastante Foucault, mas observa (p. 167-68) que, ao enfatizar o caráter cartesiano da História Natural clássica, refletida na taxionomia da época, Foucault despreza um importante aspecto não cartesiano dos naturalistas clássicos: concentrando-se na *forma externa* dos organismos, os taxinomistas clássicos viravam as costas à ênfase cartesiana na estrutura *subjacente*.

[27] Gusdorf, *Les Sciences Humaines et la Conscience Occidentale: VI – L'Avénement des Sciences Humaines au Siècle des Lumières*. Paris, Payot, 1973, p. 308-28.

ideia de que o espírito clássico havia se entregado inteiramente ao logicismo da "gramática geral". Se suas epistemes se assemelham a monólitos, é claro que o mesmo não acontecia com a cultura clássica.

Por fim, há problemas intraepistêmicos que surgem de uma perspectiva diacrônica. Dois exemplos ocorrem à mente quase de imediato. Em primeiro lugar, pode haver *colapsos* dentro de uma mesma episteme. Assim, como demonstrou Jean-Claude Chevalier, historiador da gramática, a gramática de Port-Royal, joia inigualável na coroa da episteme clássica de Foucault, foi muitíssimo mal compreendida ao tempo da *Encyclopédie*[28] – muito antes que sobreviesse, segundo Foucault, a mutação epistêmica seguinte.

Em segundo lugar, podem ocorrer *cortes intraepistêmicos*. Jan Miel[29] apontou um exemplo notável: as importantes mudanças na perspectiva filosófica e no pensamento científico por volta do fim do *Grand Siècle*, como parte integrante daquilo que há muito tempo Paul Hazard, de modo um tanto bombástico, chamou "a crise do espírito europeu".[30] Isso, naturalmente, suscita a vasta e espinhosa questão da atitude geral dos *philosophes*, como herdeiros de Bayle e de Locke e como admiradores de Newton, em relação à filosofia do século XVII – uma questão cujo estudo, na opinião de especialistas, ainda está por ser feito de forma adequada.[31] Conhecemos a aversão dos *philosophes* pelo *esprit de système*. Desde a obra clássica de Ernest Cassirer (1932), entendemos que o Iluminismo modificou significativamente o conceito de razão. Enquanto para Descartes, Spinoza ou Leibniz a razão era "o território das verdades eternas", o

---

[28] Cf. Jean-Claude Chevalier, "La Grammaire Générale de Port-Royal et la Critique Moderne", op. cit., p. 32.

[29] Jan Miel, "Ideas or Epistemes: Hazard versus Foucault", op. cit., p. 244.

[30] Hazard, 1935.

[31] Ira O. Wade, *The Structure and Form of the French Enlightenment*, v. I: *Esprit Philosophique*. Princeton, Princeton University Press, 1977, p. 85-86.

século seguinte já não via a razão como um tesouro de princípios e verdades fixas, mas simplesmente como uma faculdade, o poder original do espírito, apreendido tão somente no exercício de suas funções analíticas.[32]

No entanto, como o próprio Cassirer se deu ao trabalho de ressaltar, tudo representou antes uma mudança de ênfase do que uma diferente concepção do saber. A rigor, o saber dos particulares veio a ser mais prezado do que o saber dos universais; a ênfase do conhecimento passou de *"princípios"* para *"fenômenos"*. Mas a autoconfiança da razão e a disposição de análise nunca foram ameaçadas. Ainda que fosse muito inclinado para o pirronismo de Bayle e tenha alcançado toda sua perspectiva de "moderno paganismo" no novo ceticismo de Hume,[33] o Iluminismo, de modo geral, não renegou a tradição do racionalismo moderno, iniciada no "século do gênio" – a era de Galileu, Descartes e Newton. Os *philosophes* colocavam a ciência de Newton muito acima da física cartesiana; mas não tinham nenhum escrúpulo em defender o *Discurso sobre o Método*. A *Encyclopédie* observou que o próprio Locke – o mestre dos *philosophes* em psicologia e epistemologia – havia sido resgatado da esterilidade da filosofia de Oxford graças a seu contato com a revolução cartesiana em matéria de estratégia cognitiva.

Parece sensato, pois, considerarmos aquilo que poderíamos chamar de o problema de Hazard *cum grano salis*. Pois "a crise do espírito europeu" do fim da era barroca pode ter sido muitas coisas, mas certamente não chegou a constituir uma mutação epistêmica. Houve uma mudança cognitiva, e até mudança estrutural – mas não a ponto de provocar uma total reviravolta. No entanto, *por que, em nome de Deus, haveríamos de limitar o conceito de cortes epistêmicos a terremotos*

---

[32] Cassirer, 1932, cap. 1.

[33] "Paganismo moderno" é um conceito fundamental no excelente estudo de Peter Gay sobre o Iluminismo. Ver *The Enlightenment: an Interpretation. The Rise of Modern Paganism*. Londres, Wildwood, 1966, v. I; e, sobre Hume, principalmente o cap. VII, 3.

epistêmicos? Por que deveríamos desconsiderar a descartesianização da física, da metafísica e da psicologia, vendo-a como uma questão periférica, sob a alegação de que a idade clássica foi uma única episteme que abrangeu tanto Descartes como Condillac, Leibniz e os ideólogos? Foucault descreveu suas paisagens epistêmicas com contrastes exagerados; coloquemos alguns declives onde ele vê somente precipícios, o tudo-ou-nada de montanhas escarpadas e vales planos. Miel está certo em reexaminar o que Hazard intuiu sem explicar: a metamorfose do racionalismo ocidental desde aproximadamente 1690. E a transformação do pensamento ocidental no limiar do século XVIII é um poderoso argumento contra uma concepção monolítica das epistemes.

Pode-se propor que a ruptura relativa de 1690 constituiu uma descontinuidade limitada na estrutura do saber no começo da era moderna. Obviamente, de nada adianta repudiar essa descontinuidade – ou, na opinião de Foucault, tantas continuidades – como simples "efeito superficial". Melhor faríamos em meditar sobre Bachelard – o Mestre da Teoria do Corte Epistemológico – e reconhecer de uma vez por todas a ocorrência de rupturas também *dentro* de uma dada episteme. Com efeito, Bachelard chegou a aceitá-las até mesmo dentro da obra de um mesmo pensador – possibilidade que Althusser tornou famosa com sua tese a respeito do corte epistemológico entre o jovem Marx e o Marx de *O Capital*.

Evidentemente, há muitas coisas que a arqueologia foucauldiana não consegue explicar na crônica da ciência e do pensamento. Alguns fenômenos perturbadores, tanto entre as epistemes de Foucault como dentro delas, simplesmente não se encaixam na definição que ele próprio deu para os paradigmas históricos do saber. Rematemos agora nossa apreciação com um exame do delineamento filosófico de *As Palavras e as Coisas*. Vimos que Foucault se mostra continuamente desinteressado pelo crescimento cognitivo. Não se importa nem um pouco com a verdade do saber. Na arqueologia das epistemes, o saber é "considerado à parte de todos os critérios relacionados a seu valor racional".[34] O que faz o arqueólogo, em contraposição ao epistemólogo, é simplesmente verificar algumas condições históricas da possibilidade de determinado número de formas do saber, com total descaso pela "crescente perfeição" destas últimas – em outras palavras, por seu incremento em termos de verdade, racionalmente avaliado. Podemos, por conseguinte, dizer que a análise de Foucault não se preocupa com a *estória* da ciência – a narrativa de seu progresso no caminho do saber verificável, objetivo.

Ora, na história das ideias, geralmente se considera que quem mostra pouco ou nenhum interesse pela *estória* do saber concentra-se em sua *história* – o que é normalmente feito por meio de uma abordagem *historista*, ou seja, voltada para descrever e acentuar a singularidade de certa época ou momento cultural. Na história do saber, em contraposição à sua estória, as estruturas conceituais são fixadas firmemente em seu contexto de significação original, não importando seu valor para as idades subsequentes. No entanto, também com relação a isso As Palavras e as Coisas deixa a desejar. Além de desdenhar deliberadamente a "estória" da ciência, o livro muitas vezes distorce a história do saber, como vimos em conexão com suas errôneas interpretações da erudição do Renascimento ou sua minimização de aspectos fundamentais do início da ciência moderna. E já que não é nem uma "estória" adequada, nem uma história exata do saber, qual é a relevância real, em termos globais, da "arqueologia" de Foucault?

De acordo com Hayden White, Foucault lançou uma reorientação importante da investigação histórica. O historiador convencional, argumenta White, está interessado em refamiliarizar o leitor com o passado. Foucault, ao invés disso, esforça-se por tornar o passado *pouco familiar*. Involuntariamente, de certo modo ele obedece à injunção de Michelet: trabalhar em prol de uma "ressurreição" da vida passada, fugindo às reconstruções plácidas e

---

[34] Foucault, *As Palavras e as Coisas*, op. cit., prefácio, p. XVII.

impessoais buscadas pela historiografia ordinária. E Foucault está também próximo ao objetivo de Spengler: revelar diferenças fundamentais entre culturas históricas, em vez de ressaltar seus traços comuns. Como Burckhardt, padroeiro da história do Renascimento, ou seu pretenso discípulo, Huizinga, o grande intérprete do crepúsculo da Idade Média, a arqueologia de Foucault gera um "efeito alienante": oferece um passado intrinsecamente estranho e bizarro.[35] Com relação a esse ponto, alguns espirituosos se sentirão tentados a acrescentar que, a julgar por sua prática como historiador, Foucault realmente torna o passado pouco familiar – principalmente para os historiadores profissionais, que com frequência não conseguem reconhecer sua disciplina nas versões deturpadas por Foucault. No entanto, não sejamos mesquinhos. Ao desfamiliarizar o passado, Foucault não está agindo gratuitamente. Seu objetivo, ao mostrar a estranheza dos mundos que perdemos, é compelir a nós, modernos, a fazer um levantamento de nossa identidade cultural mediante a percepção da distância que nos separa de formas mais antigas de vida e de pensamento.

A alienação da história, portanto, funciona como um dos sustentáculos do propósito de Foucault: a apreensão crítica da modernidade como um modo de existência. White coloca Foucault numa ala estruturalista que ele chama de "dispersiva" porque ela se compraz no "mistério" da "irredutível variedade da natureza humana". Em vez de integrar as diferenças numa *humanitas* comum, os estruturalistas "dispersivos" exultam com a heterogeneidade cultural, com a dispersão e a diferenciação social do homem.[36]

Fazer história como desfamiliarização, a partir de uma perspectiva "dispersiva", tem uma séria implicação: a *historicização radical* dos objetos sob exame historiográfico. Se uma pessoa está investigando a loucura de um

---

[35] Hayden White, "Foucault Decoded: Notes from Underground". *History and Theory*, n. 12, 1973, p. 50-52. Agora um capítulo em *Tropics of Discourse*. Baltimore, John Hopkins University Press, 1978.
[36] Ibidem, p. 53.

ponto de vista dispersivo, a loucura como tal simplesmente desaparece: tudo o que resta é um determinado jogo social datado, um conjunto de significados rotulados como tais. É por isso que Foucault, o qual certa vez escreveu que em *História da Loucura* ele havia procurado captar a loucura em si mesma, mais tarde veio a afirmar que tudo que havia feito fora apenas um inventário de diferentes conceitos históricos da insanidade. Em 1961, ele ainda falava de *percepções* mutáveis da loucura. Em 1970, argumentava que tais percepções não passavam de invenções do conceito de loucura: a perspectiva dispersiva, culturalista, achava-se agora plenamente explicitada, as realidades estavam inteiramente dissolvidas em conceitos sociais e em práticas sociais, historicamente dados.

Pela mesma razão, Paul Veyne, seu colega no Collège de France (e único historiador de renome a derramar louvores irrestritos sobre sua obra), saudou Foucault como um "historiador em sua forma mais pura". Foucault, afirma Veyne, é o primeiro positivista verdadeiro, uma vez que a ideia de objetos históricos independentes de seus significados sociais (mutantes) é perfeitamente metafísica – e foi Foucault quem nos ensinou a nos livrarmos dela. E isso, por sua vez, ele fez por levar Nietzsche ao pé da letra: as coisas não têm significado por si mesmas, mas apenas na medida em que a criatura histórica, o homem, lhes atribui significado. Com perspicácia, Veyne considera a arqueologia foucauldiana como um rebento da *Genealogia da Moral*, de Nietzsche (II, 12).[37] Nessa obra, Nietzsche afirma a "fluidez" essencial de todos os significados equiparando a história de uma "coisa" (*sic*) ou de um costume com "uma cadeia contínua de interpretações sempre novas".

Em "Nietzsche, a Genealogia, a História" – seu principal escrito sobre Nietzsche –, o próprio Foucault declara que o que distingue o "genealogista" do historiador

---

[37] Paul Veyne, "Foucault Révolutionne l'Histoire". apêndice a *Comment on Ecrit l'Histoire*. Paris, Éditions du Seuil, 1978; principalmente p. 226, 231 e 240.

crítico é a consciência de que o verdadeiro segredo das coisas é o fato de não possuírem qualquer essência secreta, nenhuma origem oculta, nenhum fundamento numênico.[38] A história goza de eterna juventude (como gostava de dizer Weber em seus momentos nietzschianos); equivale a uma perpétua criação, não conhecendo nem leis causais nem metas finais. O nietzschianismo de Foucault, embora tardiamente confessado, ajuda a explicar sua perspectiva "dispersiva" – seu menosprezo por qualquer pesquisa estruturalista de universais invariantes. Com efeito, já em 1967, ele diferenciava sua investigação do paradigma estruturalista: "Difiro daqueles que são chamados estruturalistas por não estar grandemente interessado pelas possibilidades formais apresentadas por um sistema como a linguagem".[39]

Não obstante, nunca haverá cautela excessiva quando se trata de usar Nietzsche como esteio de uma teoria da história como saber. Isso porque Nietzsche não se satisfaz em criticar, em nome dos interesses vitais do presente, a historiografia "filológica", "museológica", a história feita com ânimo dissecador, impessoal, com espírito de antiquário. Foi bem mais adiante, vergastando toda a concepção da própria objetividade histórica, a ideia – como ele formulou – da história como um "espelho" dos acontecimentos (*Genealogia*, III, 26). Nietzsche atacava duas espécies de historiografia "especular": as narrativas acadêmicas "ascéticas" e as evocações "estéticas" do passado; o método de Ranke e a arte de Renan. Em ambos os casos, porém, depreciava a objetividade especular, vendo-a como niilismo – o pior dos pecados no código de vida nietzschiano. Por conseguinte, o resultado de seu ataque contra o "peso da história" foi um desdém voluntário por *toda* a preocupação historiográfica com a verdade do

---

[38] Foucault, *Ditos e Escritos*, 3. ed., Rio de Janeiro, Forense Universitária, 2005, v. II, p. 1004-24.

[39] Ver Raymond Bellour, *Le Livre des Autres*. Paris, Éditions de l'Herne, 1971, p. 189-207; uma entrevista publicada originalmente em *Les Lettres Françaises*, n. 1187, 15 de junho de 1967.

passado – uma preocupação que, compreensivelmente, Veyne não está disposto a jogar fora. Nietzsche pode libertar a história da metafísica determinista, mas ele também mata a busca de objetividade em nome dos direitos superiores da "vida". Não ensinou que a verdade não é objetividade, e sim uma vontade de "justiça" (*Considerações Inaturais*, II, 6)? Justiça, decerto, nas mãos de juízes sem perdão, personalidades fortes cuja própria vitalidade os coloca acima da massa da humanidade. Em tal clima de pensamento, a verdade é suplantada pela vontade arbitrária – e a história como saber vira tão somente um *free-for-all* para perspectivas antagônicas. Para resumir, Nietzsche, o antideterminista, pode servir ao historiador; mas Nietzsche, o perspectivista, tira o tapete de sob os pés do historiador ao destruir a justificativa de seu ofício: a apreensão fidedigna do passado.

Nesse sentido, não é de surpreender que Foucault pareça mais nietzschiano que Veyne. Analisemos sua primeira discussão sobre o mestre, "Nietzsche, Freud, Marx" (1964), escrita como uma comunicação para um simpósio em Royaumont. Já se disse com acerto que, nesse ensaio, Foucault atribui ao trio uma posição que pertence eminentemente a Nietzsche. A posição consiste em considerar que todo *interpretandum já é uma interpretação*. A morte da interpretação, diz Nietzsche, é a crença de que existem sinais de alguma coisa, vale dizer, alguma essência oculta, à nossa espera no fim de nossas jornadas interpretativas; "a vida da interpretação, pelo contrário, consiste em acreditar que só existem interpretações". O saber moderno, crítico, é decerto uma hermenêutica da profundidade; mas isso não deve ser visto como uma procura de estruturas profundas; em lugar disso, devemos compreender o pleno impacto analítico do que viu Nietzsche: que a interpretação "tornou-se [...] uma tarefa infinita".[40] Isso foi lido – na atmosfera prestigiosa e elegante dos simpósios de Royaumont – diante da estrela

---

[40] Foucault, "Nietzsche, Freud e Marx", In: *Cahiers du Royaumont*. Paris, Éditions de Minuit, 1967, p. 192 e 187.

ascendente do estruturalismo; e o texto é quase contemporâneo da elaboração de *As Palavras e as Coisas*.

O tema nietzschiano também nos ajuda a compreender melhor como Foucault pode prezar as ciências humanas ao mesmo tempo que lhes nega cientificidade. Ele não está dizendo apenas, é claro, que as ciências humanas não conseguem produzir ciência da maneira como são em geral praticadas, isto é, com conceitos nebulosos e métodos frouxos; o que ele nega é que possam *algum dia* ser científicas. Ao mesmo tempo, entretanto, *não* considera isso uma deficiência. As ciências humanas não são absolutamente científicas e o homem, de qualquer forma, é uma base epistêmica em extinção. No máximo, algumas delas – as hipercríticas "contraciências", que se dedicam a observar o inconsciente – se justificam, não pelo que afirmam, mas precisamente por desfazerem as interpretações parciais da ciência social "normal". No entanto, longe de se desesperar face a esse aperto cognitivo, Foucault rejubila-se. Para ele, o conhecimento não está voltado para a verdade, mas sim para a perpétua *skepsis* de intermináveis interpretações fortuitas – e sua alma nietzschiana recusa-se a sentir-se deprimida por isso.

Não obstante, em última análise, o efeito ideológico causado por *As Palavras e as Coisas*, conquanto não tão desalentador como o supuseram vários humanistas irritados com a ideia do aviltamento do homem, não foi, por outro lado, exatamente estimulante. Constituindo uma moderna *Fenomenologia do Espírito*, mais uma odisseia do pensamento pela história ocidental, o livro de Foucault positivamente não deixa o leitor numa exaltação do presente, nem, com efeito – como na errata de Hegel devida a Marx –, do futuro. A meio caminho entre um sombrio apocalipse e o júbilo dionisíaco, as conclusões de Foucault pareciam apontar atitudes filosóficas ainda não plenamente assumidas por ele nos meados da década de 1960.

Capítulo VI

O ARQUIVO IRÔNICO

Três anos depois de *As Palavras e as Coisas*, Foucault publicou seu próprio discurso do método: *A Arqueologia do Saber* (1969). Trata-se de uma obra curiosa. Às vezes parece uma justificação do que ele havia feito em *História da Loucura*, *O Nascimento da Clínica* e *As Palavras e as Coisas*; às vezes, no entanto, parece lançar mão de uma nova percepção metodológica (na verdade, epistemológica) a fim de criticar suas muitas deficiências anteriores, ainda que o objeto de sua autocrítica raramente coincida com as numerosas debilidades apontadas por outros naqueles estudos históricos. O mais notável desses afastamentos em relação aos procedimentos anteriores é o abandono do conceito de episteme, que *A Arqueologia do Saber* substitui por "uma multiplicidade de sistemas verticais". Na verdade, porém, Foucault está menos interessado na dissolução das epistemes do que em afirmar o primado do discurso.

Aqui está, com efeito, seu novo conceito-mestre, sua ideia predileta no intervalo entre *As Palavras e as Coisas* e a retomada de seus afrescos históricos em meados dos anos 70: o *discurso*. Em *As Palavras e as Coisas*, discurso significava linguagem clássica, linguagem reduzida à transparência da representação. Agora, porém, Foucault adverte que os discursos não devem ser tomados como conjuntos de signos referentes a representações; em vez disso, devem ser compreendidos *como práticas*. Naturalmente, os discursos empregam signos, mas fazem *mais* do que usá-los para denotar coisas.[1] O objetivo de Foucault é precisamente descrever essa função adicional dos discursos. Ao mesmo tempo, porém, ele afirma que essa nova perspectiva foi "o que possibilitou" dizer o que ele disse em sua obra anterior.[2] Muitos leitores encontrarão dificuldade para reconhecer os discursos como práticas entre as epistemes de *As Palavras e as Coisas*, embora não seja tão difícil encontrar alguma coisa nessa linha nos conceitos sociais sobre insanidade subjacentes aos ritos de exclusão em *História da Loucura*.

---

[1] Foucault, *A Arqueologia do Saber*, op. cit., cap. II, 3.

[2] Ibidem, cap. III, 1.

De qualquer forma, o projeto de Foucault em *A Arqueologia do Saber* é definido como "uma pura descrição de eventos discursivos".[3] O eco do jargão fenomenológico (a "descrição pura"...) não nos deve iludir: o arqueólogo está sendo incumbido de um trabalho muito diferente da contemplação de coisas permanentes. Os discursos são conjuntos altamente precários; compõem-se de declarações que vivem "num grupamento provisório" como "uma população de eventos no espaço do discurso".[4] Em todo o livro, a palavra "evento" goza de proeminência. Foucault mantém sua velha ojeriza contra qualquer tipo de tempo contínuo, mas parece também empenhado em ressaltar a noção de eventos invasores, entrecruzantes, a despeito de toda tentação de identificar estruturas estáveis sob uma superfície discursiva.

Embora nos discursos abundem eventos, o arqueólogo pode extrair deles "regularidades" discursivas e "condições de existência". Há longas e meticulosas elucubrações sobre essas quase-estruturas no capítulo II de *A Arqueologia do Saber* ("as regularidades discursivas"). Mas Foucault esforça-se para acentuar que a análise que prescreve nada tem em comum com as buscas, inspiradas por linguistas estruturais, de uma Grande *Urstruktur*. Há várias setas disparadas contra a tribo saussuriana, como, por exemplo, "deve-se suspender, não só o ponto de vista do significado [...] como também o do significante".[5] Os estruturalistas são tratados apenas como idealistas de última hora. Nietzsche, em contraste, ganha uma aceitação generalizada, ainda que em grande parte tácita. Em 1967, entre a publicação de *As Palavras e as Coisas* e a conclusão de sua sequência metodológica, Foucault declarou que a arqueologia devia mais à genealogia nietzschiana que ao estruturalismo.[6]

---

[3] Ibidem, cap. I.

[4] Ibidem, cap. II, 1.

[5] Ibidem, cap. III, 3.

[6] Cf. sua entrevista a Raymond Bellour, in: *Le Livre des Autres*, op. cit., p. 189-207; publicada originalmente em *Les Lettres Françaises*, n. 1187, 15 de junho de 1967.

A queda por Nietzsche explica, creio eu, a nova posição antiobjetivista de Foucault. Na *Arqueologia* há uma constante polêmica contra os objetos, como complemento à crítica estruturalista mais antiga do sujeito. Com efeito, Foucault tenta demonstrar que, aos empecilhos de se ver o discurso do ponto de vista do sujeito, corresponde uma ênfase demasiado ingênua no polo oposto. Encontra em Bachelard um caso preeminente de insatisfatória epistemologia "objetal". A noção bachelardiana de "obstáculo epistemológico", em particular, que conduz a uma "psicanálise do saber objetivo", parece atestar o deslocamento para o sujeito, que reaparece pela porta dos fundos: Bachelard recorre à libido do cientista a fim de explicar os problemas com o objeto do conhecimento. E o distanciamento em relação a Bachelard não para por aí. Como observou Dominique Lecourt, Foucault também tende, na *Arqueologia*, a substituir o conceito bachelardiano de "corte", demasiado estático para enfrentar o enxame de eventos discursivos, pela categoria de *irrupção*.[7]

No entanto, a verdadeira *bête noire* da *Arqueologia* é a história das ideias, que Foucault caricatura amiúde. Explica ele que a arqueologia difere da história das ideias em quatro aspectos: (a) enquanto a segunda parte no encalço de temas e ideias expressos em documentos, o arqueólogo procura examinar a estrutura do discurso documental em si mesmo; (b) o historiador de ideias deseja traçar a origem e o destino das ideias, ao passo que o arqueólogo se atém a um discurso *per se*, não importa o que o tenha precedido ou que dele tenha decorrido; (c) a história das ideias procura – e o arqueólogo não – causas psicológicas e sociológicas de eventos intelectuais; (d) por fim, o arqueólogo do saber se concentra no discurso tal como ele é, sem procurar, como o historiador de ideias, apreender o momento inefável de origem, a intenção primitiva dos autores.[8]

---

[7] Dominique Lecourt, *Pour une Critique de l'Epistémologie (Bachelard, Canguilhem, Foucault)*. Paris, Maspero, 1974.

[8] Foucault, *A Arqueologia do Saber*, op. cit., cap. IV, 1.

Na primeira dessas antíteses, Foucault opõe sucintamente o tratamento do discurso como *documento* (história das ideias) à análise do discurso como monumento (arqueologia do saber). Os documentos são portadores de referência externa; os monumentos são contemplados por si mesmos. É a famosa distinção feita, em seu livro *Significado nas Artes Visuais*, pelo pai da iconologia, o historiador de arte Erwin Panofsky (1892-1968).[9] Foucault não lhe faz referência, e talvez tenha chegado à mesma distinção independentemente. Contudo, Panofsky estava bem vivo na Paris de fins da década de 1960: uma tradução francesa de seus *Estudos de Iconologia* (1939) tinha acabado de ser publicada pela Gallimard (1967), recebendo aclamação geral. Mas talvez seja melhor que Foucault não o mencione, pois em Panofsky a diferença documento/monumento tem um significado bastante diverso. Panofsky cita o exemplo de um tríptico da Renânia, de 1471, e do contrato de sua encomenda, com todas as especificações iconográficas habituais ("no painel central, a Natividade; nas meias-portas laterais, São Pedro e São Paulo"). Diz que o tríptico, como *objeto* de pesquisa para o historiador de arte, é um monumento, ao passo que o contrato, por ser apenas um instrumento de pesquisa (uma *ajuda* para a interpretação da intenção artística e para o conhecimento dos costumes estéticos do tempo e do lugar), funciona como um documento. Entretanto, acrescenta Panofsky, para um paleógrafo ou para um historiador do direito, o tríptico bem poderia tornar-se o documento, e o contrato, o monumento.

Ademais, ele não estabelece sua distinção numa base ou/ou, de modo que ou uma pessoa só lida com monumentos e esquece os documentos, ou somente se ocupa com estes, caso em que não atenta àqueles. Pelo contrário, a iconologia, um método de história da arte oposto

---

[9] Erwin Panofsky, *Meaning in the Visual Arts*. London, Penguin, 1955; "Introdução" (publicada originalmente in: T. M. Greene (org.), *The Meaning of the Humanities*. Princeton, Princeton University Press, 1940).

à *Formgeschichte* de Wölfflin,[10] procura concentrar-se no *conteúdo* histórico de uma obra de arte. Seguindo Charles Sanders Peirce, o filósofo americano do século XIX, que é considerado o fundador da semiótica não saussuriana, Panofsky define o conteúdo, em contraposição ao tema de uma obra, como sendo aquele tipo de significado que a obra *revela* sem *exibir*. O conteúdo é aquele significado que "transparece" numa obra de arte, sem ser mostrado de qualquer modo ostensivo. Os elementos do conteúdo, nesse sentido, são as atitudes nacionais, a mentalidade de classe, os antecedentes ideológicos, etc. – em suma, tudo que seja capaz de condicionar, de modo profundo, a personalidade do artista e, através dela, passar para as várias camadas de significado de sua obra.[11] A meta da iconologia é, portanto, enfaticamente histórica e *contextualista*.[12] Como tal, a iconologia é uma disciplina que segue um caminho oposto à posição anticontextualista defendida por

---

[10] Para a crítica de Panofsky a Wölfflin, ver seu ensaio "Das Problem des Stils in der bildeden Kunst", *Zeitschrift für Aesthetik und allgemeine Kunstwissenschaft*, v. X, 1915, p. 460 ss., republicado in: Panofsky, 1964; há uma tradução italiana de Enrico Filippini no volume *La prospettiva "come forma simbolica"*. Milano, Feltrinelli, 1966 (l. ed., 1961), p. 141-51. "Das Problem des Stils" comenta uma palestra pronunciada por Wölfflin em Berlim (1911), que contém em resumo a principal tese de Wölfflin, *Principles of Art History* (1915).

[11] Erwin Panofsky, op. cit., "Introdução". A mesma ideia, menos a referência a Peirce, já estava expressa em "Zum Problem der Beschreibung und Inhaltsdeutung von Werken der Bildenden Kunst", publicado no periódico neokantiano *Logos*, v. XXI, 1932; esse ensaio foi também republicado in: Panofsky, 1964, e traduzido para o italiano in: *La Prospettiva*..., op. cit. "Conteúdo" é também empregado para designar a mais profunda camada de significado nas artes visuais na introdução de *Studies in Iconology* (1939), de Panofsky.

[12] Nesse sentido, o hiato, corretamente observado por Podro (1982, p. 205), entre o foco de Panofsky sobre o conteúdo ideológico e a preocupação de Aby Warburg com a interpretação da arte num contexto de comportamento social é uma briga de família – ambas as posições são abordagens antiformalistas, "culturais", do estudo da arte. A arte como símbolo (Panofsky) e a arte como ritual (Warburg) são perspectivas que estão mais próximas uma da outra do que qualquer uma das duas está da arte como forma pura.

Foucault, em contraposição aos procedimentos normais da história das ideias. Não foi por acaso que um Lévi-Strauss citou a iconologia panofskyana como o oposto da crítica estruturalista de orientação formalista.

E, contudo, querendo ou não, ao rejeitar a postura contextual, Foucault coincidia com a corrente principal do estruturalismo. Também ele estava opondo a "análise imanente" a um quadro mais amplo de interpretação, capaz de integrar a atenção sobre o monumento com a consciência de seu ambiente social e cultural. O que disfarça esse parentesco com o formalismo, na teoria do discurso de Foucault, é, naturalmente, sua ênfase no discurso como *prática* – uma sugestão conceitual acenando claramente para uma tradição não formalista (marxista). Além do mais, ao utilizar o estruturalismo e o modelo linguístico como antônimos de seu próprio programa metodológico, Foucault deixa a impressão de que sua arqueologia e o estruturalismo, digamos, da crítica literária pouco têm em comum. Na verdade, contudo, partilham uma importante perspectiva: a separação da "análise imanente" de uma abordagem sintética, repousando num sábio equilíbrio entre o texto e o contexto como fontes de significação.

É curioso que, precisamente à época em que Foucault compôs seu livro, tal equilíbrio estivesse sendo preconizado pela revisão, feita em Cambridge, da metodologia da história das ideias – uma tarefa crítica realizada de forma brilhante, em fins dos anos 60, por eruditos como John Dunn e, principalmente, Quentin Skinner.[13] Skinner submeteu as "mitologias anacrônicas" que infestam a prática da historiografia do pensamento a um exame rigoroso e irrefutável. Até certo ponto, algumas das críticas mais empíricas de Foucault tendem a

---

[13] Cf. John Dunn. "The Identity of the History of Ideas". *Cambridge University Press*, v. 43, n. 164, abril de 1968, p. 85-104; e também em P. Laslett, W. G., Runciman e Q. Skinner (orgs.), *Philosophy, Politics and Society*. Oxford: Basil Blackwell, 1972; e Quentin Skinner, "Meaning and Understanding in the History of Ideas". *History and Theory*, v. 8, n. I, 1969, p. 3-53.

convergir com as de Skinner (por exemplo, suas objeções ao uso indiscriminado da noção de "influência"). De modo geral, porém, a crítica de Skinner é conduzida em termos que a colocam a milhas de distância da histeria estruturalista antissujeito e da rejeição apriorística das intenções autorais. Ela aponta as debilidades da história convencional das ideias sem absolutamente jogar fora a legitimidade de seu princípio. A arbitrariedade da investida indiscriminada de Foucault contrasta nitidamente com a cautelosa postura analítica de Skinner, adotada com vistas a evitar tanto as deficiências do textualismo míope como as falácias do contextualismo reducionista. Surpreendentemente os ensaios de Cambridge a respeito dessa importante problemática não são mencionados nem por Foucault nem pelos foucauldianos.

Alega Foucault que as histórias das ideias centram-se na autoria e inovação, mas que terminam em contradição, pois, ao buscarem as raízes das ideias (uma das consequências de seu fascínio pela continuidade histórica), paradoxalmente agarram-se àquilo que impede as ideias de serem verdadeiramente novas. Contra essa ênfase em autores, inovação e continuidade, a arqueologia acentua a impessoalidade, as regularidades e as descontinuidades do discurso. Sua principal arma é o conceito de *enunciado* (*énoncé*). As formações discursivas compõem-se de enunciados. Foucault define o enunciado principalmente de forma negativa, dizendo o que ele não é. Como núcleos do discurso, os enunciados não são nem proposições lógicas, nem orações gramaticais ou atos de fala. Foucault exemplifica dizendo que um quadro taxinômico num compêndio de botânica, ou uma árvore genealógica, ou ainda uma equação, consiste em enunciados, mas obviamente não em orações.[14] É muito menos preciso quanto ao que os enunciados *são*. Parece pensar neles como "funções" e não como "coisas"; e são também como os "eventos": materiais, porém incorpóreos. Uma

---

[14] Para todas as definições negativas do "enunciado", ver Foucault, *A Arqueologia do Saber*, op. cit., cap. III, 2.

razão misteriosa para serem diferentes de proposições é o fato de estarem – ao contrário destas – sob o domínio da "escassez". Seria isso um aceno em direção à *Crítica da Razão Dialética* de Sartre, em que a categoria escassez desempenha papel essencial? Provavelmente, não. Todavia, uma coisa parece clara: os enunciados manifestam, de alguma forma, o que está envolvido na produção de signos. Na medida em que se compõem de enunciados, as "práticas discursivas" são conjuntos "de regras anônimas e históricas, sempre específicas quanto a tempo e lugar, e que, para um dado período e dentro de uma zona social, econômica, geográfica ou linguística, definem o quadro dentro do qual são exercidas as funções enunciativas".[15] Isso mais parece uma tautologia que uma definição, mas percebe-se a ideia geral: "regras históricas" a governarem o discurso. A mesma noção reaparece quando Foucault utiliza aquela que é – juntamente com discurso, "enunciado" e "evento" – a quarta palavra importante de sua *A Arqueologia do Saber*: Arquivo. Isso porque o "arquivo" é "a primeira lei do que pode ser dito, o sistema que governa o aparecimento de enunciados como eventos singulares".[16] O arquivo não é nem o sistema linguístico nem a tradição, o pesado *corpus* dos discursos numa dada civilização.[17] Corresponde, antes, ao "jogo de regras que determina dentro de uma cultura o aparecimento e o desaparecimento dos enunciados".[18]

O "arquivo", portanto (se conseguirmos, na verdade, penetrar a névoa das indefinições de Foucault), é uma máquina geradora de significado social – em oposição a significado linguístico. É, de qualquer modo, um "*a priori histórico*". O arqueólogo, desnecessário dizer, é um arquivista. Está também implícito que em seu trabalho – a análise de discursos constituídos de eventos-enunciados – ele se rende prazerosamente àquela alergia ao sujeito que

---

[15] Ibidem, cap. III, 5.
[16] Ibidem, cap. III, 5.
[17] Ibidem, cap. III, 5.
[18] Cf. Foucault. "Réponse au Cercle d'Épistémologie", op. cit., p. 19.

é a marca registrada dos estruturalismos. Um arquivista, afinal de contas, não se ocupa de personalidades, apenas de documentos e suas classificações. Assim, a arqueologia, como arquivista, não perde tempo em determinar quem disse ou escreveu o que a quem: isso implicaria sujeitos e, portanto, antropologismo, uma ilusão humanista e um vício idealista. Um texto de 1969, "O Que é um Autor?", deixa claro que devemos deixar de procurar a autoridade de um autor, mostrando, em vez disso, como o poder do discurso coage tanto os autores como seus pronunciamentos.[19] Por uma ou duas vezes, a rejeição do sujeito parece uma lógica de senso comum mas banal, como no caso em que Foucault afirma que, enquanto o prefácio de um livro de matemática explicando claramente as intenções do autor tem um sujeito em seu autor, os teoremas na obra não o têm, na medida em que se referem à sua própria lógica interna.[20] No mais das vezes, porém, a caça ao sujeito é decretada por *diktats* especulativos como "o sujeito é necessariamente situado e dependente".[21] Por que "necessariamente" dependente? Foucault não nos esclarece. Quanto aos estruturalistas, não necessitam nenhum esclarecimento com relação a isso: eles "sabem" que é assim. *Delendum subjectum*!

Finalmente, a teoria do discurso-arquivo recusa-se a escolher entre ciência e ideologia. A seção "Ciência e saber" (IV, 6) adverte que o papel da ideologia na ciência (um papel de peso, afirma Foucault, quer na medicina, quer na economia política) não precisa de modo algum reduzir-se à medida que crescem o rigor científico e a falseabilidade. Todo o sentido dessas páginas sugere que a única maneira de lutar contra a ação ideológica numa dada ciência consiste não em desmascarar seus pressupostos filosóficos ou

---

[19] "O Que é um Autor?" foi publicado originariamente no *Bulletin de la Société Française de Philosophie*, n. 63, 1969, p. 73-104 (trad. em inglês: *Language, Counter-Memory, Practice: Selected Essays and Interviews*, op. cit., p. 113-38).

[20] Foucault, *A Arqueologia do Saber*, op. Cit., cap. III, 2.

[21] Ibidem, cap. IV.

seus preconceitos culturais, menos ainda em apontar seus erros e contradições, mas antes em questionar seu sistema de constituição do objeto e suas "opções teóricas", vale dizer, questionar a ciência *como uma prática* entre outras práticas. Mais uma vez, tal como em *As Palavras e as Coisas*, Foucault não demonstra nenhum interesse pelo "valor racional" da ciência, mas admite francamente – na verdade, parece estimular – um questionamento *a priori* das concepções científicas.

Uma arqueologia do saber poderia fazer algo melhor que suspeitar do saber tão aprioristicamente. Não admira que a arqueologia de Foucault, como "um discurso sobre discursos"[22] termine por confessar que "por hora [...] longe de especificar o locus do qual se fala, evita o solo em que poder-se-ia apoiar". São essas as palavras centrais da conclusão do livro, que toma a forma de diálogo. A arqueologia não pode exibir seu próprio título de legitimidade como uma teoria crítica. Deveremos louvar sua modéstia ou lamentar que, em nome de uma posição infundada, tantos caminhos estabelecidos para o saber (como a pobre história das ideias) fossem inteiramente rejeitados, sem que muita coisa fundamentada ou sólida fosse oferecida para substituí-los?

Grande parte da *Arqueologia* (a despeito de sua prosa laboriosa e árdua) foi escrita com a tinta da ironia. Vez por outra, fulgura até mesmo uma rara faísca de espirituosa petulância. Exemplo disso ocorre próximo ao fim da Introdução, quando Foucault responde a um crítico imaginário que o importuna por causa de suas mudanças de perspectiva: "Não me pergunte quem sou ou [...] peça que permaneça o mesmo; deixe a nossos burocratas e à nossa polícia cuidar que os papéis estejam em ordem". Professores do Collège de France ou de outros olimpos acadêmicos que se consideram boêmios dissidentes, em guerra com a burocracia ou *les flics*, constituem uma possibilidade permanente na intelectualidade francesa, essa camada burguesa ansiosa por passar por *intelligentsia*.

---

[22] Ibidem, cap. V.

Mas, de maneira geral, a ironia do livro é feita de matéria mais grave. Ela reside, como disse Allan Megill com muita justeza, "no fato de que, embora pareça ser uma tentativa rigorosamente objetiva de articular uma nova metodologia científica, é na verdade uma tentativa de demolir tudo quanto até hoje foi chamado de ciência".[23] E é isso mesmo.

É delicioso vermos que o arquivista, apesar de todo o seu enfado, é um ironista. Suspeitamos que ele se fez irônico porque, ao transpor a distância entre *As Palavras e as Coisas* e seu próprio discurso sobre o método, mergulhou cada vez mais fundo no perspectivismo radical de Nietzsche, ao mesmo tempo que conservava sua antiga preocupação com o tema pouco nietzschiano da ciência e sua história. Assim, o arquivo, a máquina do significado discursivo, é no fundo um *Weltspiel*, um jogo-do--mundo, um cosmo lúdico que engendra perpetuamente novas interpretações ativas (discursos como práticas) da vida e da sociedade. E trata-se, na verdade, de um arquivo altamente irônico: com ele, nenhum significado parece estável, nenhuma verdade é melhor do que outra. Num abrir e fechar de olhos, o líder da crescente legião de neonietzschianos, Gilles Deleuze, saudava Foucault como conquistador "dessa terra incógnita em que uma forma literária, uma proposição científica, uma frase cotidiana, um absurdo esquizofrênico, etc. são igualmente enunciados, apesar de lhes faltar uma medida comum".[24] Como explica Deleuze logo a seguir, o defeito de Bachelard estava em ainda insistir em separar ciência e poesia. Ninguém corre tal risco com os neonietzschianos.

A conferência inaugural de Foucault no Collège de France, *L'Ordre du Discours* (1971), constituiu a transição perfeita de uma problemática arqueológica para uma outra, genealógica, ao ligar explicitamente o conceito de discurso com poder e controle. "Em toda sociedade", diz

---

[23] Allan Megill, "Foucault, Struturalism and the End of History", op. cit., p. 487.

[24] Gilles Deleuze, *Un Nouvel Archiviste*. Paris, Fata Morgana, 1972, p. 44-45 (tradução minha).

Foucault, "a produção do discurso é ao mesmo tempo controlada, selecionada, organizada e redistribuída segundo um certo número de procedimentos [...]."[25] Tais procedimentos compreendem controles externos, normas internas e a regulamentação do acesso ao saber.

Os controles externos atuam como espécies de *exclusão: proibição* de expressão (em nossa época, principalmente expressões de desejo e de poder); *rejeição*, como ocorre no isolamento da linguagem da loucura; ou a oposição entre verdadeiro e falso, mantida pela *vontade de verdade* do homem moderno – mera máscara, é claro, de sua vontade de poder. O homem moderno, aliás, está afrouxando as proibições e as rejeições, mas se apega com energia à sua vontade de verdade. As normas internas são procedimentos de produção de discurso que impingem continuidade aos discursos. Assim, a prática de comentários esforça-se por prender o discurso ao significado original; as normas relativas à autoria impõem o mito da unidade de consciência; e as normas classificatórias de discursos mantêm fronteiras entre disciplinas, sufocando, no processo, questões vitais (por exemplo, as descobertas de Mendel foram vítimas, por muito tempo, de trabalho biológico compartimentalizado). Por último, o acesso ao discurso como saber é também objeto de controle, o que se faz mais visível na esfera fechada do discurso profissional (por exemplo, médico) e, de modo mais geral, no próprio sistema educacional, "um meio político de manter ou modificar a apropriação do discurso". Na verdade, nada disso é contradito pelos elásticos e obscuros conceitos de *A Arqueologia do Saber*. Por acaso esse livro não abriga a injunção de "conceber o discurso como uma violência que praticamos contra as coisas"?[26] No entanto, vê-se que essa lista de regras de exclusão – lembrando um catálogo de queixas esquerdistas no espírito de 1968 – está muito distante do caráter indescritível da vaga noção de "discurso como prática". Agora, o nome do jogo é poder.

---

[25] Foucault, *A Ordem do Discurso*, 3. ed., São Paulo, Loyola, 1996, p. 8-9.
[26] Ibidem, p. 53.

Capítulo VII

MAPEANDO A SOCIEDADE CARCERÁRIA

Depois de sua pausa metodológica – ou a partir dela – em *A Arqueologia do Saber* e em *L'Ordre du Discours*, Foucault voltou-se resolutamente para uma história "política" do saber. *L'Ordre du Discours* lançou dúvidas sobre o próprio conceito de verdade, uma dúvida que foi tão somente "suspensa" na *Arqueologia*. Daí em diante, suas categorias epistemológicas tenderam a ser francamente "politizadas". Não surpreende que, ao mesmo tempo, Foucault redefinisse o papel dos intelectuais ante a perspectiva de um verdadeiro eclipse da teoria. Debatendo com Deleuze a respeito dos intelectuais e do poder, em 1972, ele declarou que as massas não precisam de intelectuais para saberem. Por conseguinte, o papel deles já não consiste em proporcionar teoria para o esclarecimento das massas; o papel da teoria, a seu turno, se modifica: não se trata mais de um esforço para alcançar consciência, mas apenas de uma luta "para minar e capturar a autoridade". A teoria não é um par de óculos; lembra mais um par de revólveres. Não capacita uma pessoa a enxergar melhor, e sim a lutar melhor. Os intelectuais deveriam estar combatendo as formas de poder com as quais estão envolvidos: saber, verdade, discurso.[1]

Note-se que isso está a uma enorme distância da fusão, no "marxismo de esquerda", da teoria na práxis, muito bem exemplificada por Gramsci ou pelo jovem Lukács: não temos aqui nenhuma combinação de teoria e prática, mas antes um *colapso* da teoria na prática. A práxis deixa de ter um lastro teórico: cada prática social dirige seu próprio espetáculo, e a "prática teórica" – a tarefa dos intelectuais – seria apenas uma delas, não fosse o fato de que, em certo sentido, está fadada a ser uma prática infeliz, condenada à suspeita de si e à má consciência. Pois o impiedoso desmascaramento da função intelectual por Foucault conclui com mais de uma nota de masoquismo. Por felicidade, já faz muito tempo que

---

[1] "Intellectuals and Power", originariamente in: *L'Arc*, n. 49, mar. 1972, p. 3-10 (trad.: *Telos*, n. 16, verão de 1973; republicado in: *Language, Counter-Memory, Practice: Selected Essays and Interviews*, op. cit., p. 205-17).

o *establishment* francês descobriu que a melhor maneira de lidar com os impasses (ou acessos autofágicos) de seus intelectuais é comportar-se de maneira a lembrar a velha piada parisiense: o masoquista pediu ao sádico: "Bate em mim!". Mas o sádico respondeu: "Não!".

O primeiro passo do projeto foucauldiano de uma história política da verdade ou do saber não tentou ser parcimoniosa: são trezentas e tantas páginas sobre "o nascimento da prisão", com o título de *Vigiar e Punir*. Certa vez Foucault chamou-lhe "meu primeiro livro" e não sem motivo: trata-se de um sério candidato ao primeiro lugar, entre seus livros, no que toca a linguagem e estrutura, estilo de exposição e ordenamento de partes. Não é nem um pouco menos absorvente que *História da Loucura*, nem menos original que *As Palavras e as Coisas*. Mais uma vez, Foucault desencava as mais inesperadas fontes primárias; mais uma vez sua reinterpretação da crônica histórica é tão ousada quanto aliciante. Se, no que diz respeito à periodização, o ensaio sobre o nascimento da prisão lembra *O Nascimento da Clínica*, cobrindo aproximadamente a mesma época, de meados do século XVIII a meados do século XIX, em escopo ele é quase igual a *As Palavras e as Coisas*. O saber sobre a vida, o trabalho e a língua proporcionara grande amplitude ao tema do livro anterior; agora, a ideia de um papel isomórfico básico desempenhado pela prisão, pela fábrica, pelo hospital e pela escola empresta a *Vigiar e Punir* uma semelhante universalidade de interesses, ainda que dessa vez o autor, sem dúvida sensatamente, tenha preferido manter a análise firmemente centrada em apenas uma dessas áreas institucionais: os estabelecimentos e os discursos penais.

Provavelmente, todo leitor de Foucault se recorda da imagem vívida dos lazaretos transformados em hospícios no começo de *História da Loucura*. Pois *Vigiar e Punir* tem um prelúdio ainda mais sensacional: a execução do pretenso regicida Damiens, que no ano de Nosso Senhor de 1757 malogrou em tirar a vida de Luís XV, sem chegar sequer a feri-lo. Foucault se detém nos tétricos pormenores do supliciamento de Damiens, que teve a carne do peito e dos membros arrancada com tenazes em brasa, a mão com que tentara o crime de lesa-majestade queimada com enxofre e, depois, o corpo (ou o que sobrara dele) esquartejado por quatro cavalos e, finalmente, consumido pelo fogo – tudo isso diante da boa gente de Paris, que por nada do mundo perderia tal espetáculo.

Após três reinados, duas revoluções e o Império nos dias bem burgueses de Luís Filipe, Fieschi, outro pretenso regicida, foi executado sem nada daquela pavorosa pompa e circunstância. Na mesma época – como demonstra uma meticulosa lista de regras redigidas para uma Casa de Jovens Detentos em Paris – uma dose de inventividade em nada inferior à pletora de crueldade ritual exibida na mutilação de Damiens era empregada no minucioso quadro de horários dos prisioneiros. A tortura pródiga do passado dera lugar à mais meticulosa regulamentação na década de 1830. O objetivo de Foucault é descrever esses diferentes "estilos penais", esses contrastantes regimes punitivos. A mudança-chave foi assinalada pelo desaparecimento da tortura física. A França pós-napoleônica não conheceu nada que fosse, mesmo remotamente, semelhante ao suplício público de Damiens; no entanto, mantinha mais de 40 mil homens e mulheres na cadeia (aproximadamente um detento por seiscentos habitantes). Recuou a punição como espetáculo horripilante; grandes prisões, transformadas em elementos conspícuos na paisagem urbana, espalharam suas torres por todo o Ocidente burguês. Nascia a "sociedade carcerária".

A primeira época penal descrita por Foucault é a idade da tortura pública. Seu cenário é o cadafalso; o soberano, sua figura central de poder. Sendo a lei vontade do rei, violá-la era atacar o monarca pessoalmente. Daí o direito do soberano de revidar em espécie, numa represália selvagem. A rigor, na prática penal cotidiana, a tortura dantesca e a execução pública estavam longe de serem frequentes. Na corte do Châtelet, sede dos prebostes de Paris, menos de 10% das sentenças passadas entre 1755 e 1785 foram penas capitais. Na verdade, a maioria das sentenças impunha banimento ou multas. Contudo, muitas das sentenças não corporais, ou seja, todas as sentenças para as galés, eram acompanhadas de penas menores com certo grau de tortura, como o pelourinho, a golilha, os açoites ou a marcação a ferro; assim, todo castigo sério acabava envolvendo um elemento de "suplício", isto é, de tortura.

A tortura era também empregada, naturalmente, como meio de extrair confissões, de modo que a verdade ritual – uma admissão de culpa literalmente arrancada ao acusado – podia coroar e justificar uma demonstração de força muitas vezes de todo desproporcional ao crime cometido. No entanto essa violência aterradora, esse épico lúgubre de tétrica punição, também era, na verdade, um tanto limitado. Como regime punitivo, era tão intermitente quanto espetacular. Seu próprio objeto – o corpo do criminoso – impunha limites estritos à vingança real. E as vítimas tinham o direito de amaldiçoar o poder que os abatia:

> A execução pública permitia o luxo dessas saturnais temporárias, em que nada mais é proibido ou punível. Ao abrigo da morte que vai chegar, o criminoso pode dizer tudo, e a multidão aclamá-lo. [...] Há nessas execuções, que só deveriam mostrar o poder aterrorizante do príncipe, todo um aspecto de carnaval em que os papéis são invertidos, os poderes ridicularizados e os criminosos transformados em heróis.[2]

Sempre dado – como bom estruturalista – a "inversões simétricas", Foucault declara que "o corpo dos condenados" (título do primeiro capítulo) era o polo oposto do "corpo do Rei". Refere-se aqui ao conceito legal e político medieval analisado por Ernst Kantorowicz (1895-1963) no clássico *Os Dois Corpos do Rei* (1957, e não, como informa Foucault, 1959). De acordo com o mito do rei nascido gêmeo, supunha-se que os soberanos tivessem dois corpos. Um era o corpo natural, sujeito a decomposição. O outro era o *aevum*: um corpo eterno,

---

[2] Foucault, *Vigiar e Punir*, op. cit., p. 55.

sagrado e místico, uma perpetuidade secular por meio da qual a dignidade da realeza sobrevivia a toda fragilidade humana e vicissitude monárquica. Kantorowicz demonstrou quão profundamente essa ideia mítica penetrou no pensamento legal inglês. Na verdade, ainda estava viva na literatura realista da Inglaterra cromwelliana. Alguns exemplares do *Eikon Basilike* incluem um longo poema, "Majestade no Infortúnio", atribuído ao infeliz Carlos I. Nele o soberano deposto, julgado e condenado "em nome do rei", precisamente por meio da teoria do corpo duplo, tece amargo e pungente comentário sobre seu destino, em termos vazados exatamente na mesma ideologia:

> *With my own power my majesty they wound*
> *In the King's name the king himself uncrowned.*
> *So does the dust destroy the Diamond.*[3]

O que Foucault quer demonstrar é que, da mesma forma que o *aevum* real dava ao soberano um corpo sacro, o símbolo de um corpo político, também o cadafalso tinha em sua vítima um corpo que era a própria antítese do direito e força do poder real.

Sobrevieram então o Iluminismo e seu reformismo racional. Vários advogados e magistrados, assim como a crescente "opinião pública", na era de Voltaire e Beccaria, perceberam que o sistema violento, mas irregular, de punição como retaliação exemplar e excessiva não era apenas desumano: estava também fracassando na dissuasão do crime. Além disso, nunca se podia ter muita certeza quanto à direção tomada pelos sentimentos da multidão, excitados pelas execuções públicas. A justiça criminal deveria ser levada a buscar o castigo, não a vingança. Com a voga das teorias de contrato social, o crime veio a ser encarado não mais como um ataque ao soberano, e sim como uma quebra da aliança social, com o que ameaçava a sociedade em seu todo. Propuseram-se novos métodos

---

[3] "Com meu próprio poder, minha majestade feriram; / Em nome do Rei, o próprio rei destronaram. / Eis como o pó destrói o diamante". Ernst Kantorowicz, *The King's Two Bodies*. Princeton, Princeton University Press, 1957, cap. 2, p. 41.

de punição, que a um só tempo reparariam o agravo feito à comunidade e reintegrariam o delinquente em seu próprio lugar dentro dela. Por conseguinte, a principal preocupação da autoridade penal tornou-se a mente, e não o corpo, do criminoso. Enquanto a tortura deveria ser abolida, imaginou-se "toda uma tecnologia de representações" (lembremo-nos do caráter representacional da episteme clássica); sua finalidade era persuadir os prisioneiros da lógica do castigo que lhes era imposto. Houve muito cuidado em estabelecer uma correspondência racional entre os tipos de delito e os graus de punição; as sentenças deveriam evitar, a todo custo, ser arbitrárias. Os reformadores do século XVIII partilharam plenamente da propensão taxinômica de sua era: procuravam traçar uma tabela em que cada crime e sua pena fossem perfeitamente legíveis. Conceberam uma classificação pormenorizada de crimes e criminosos, dentro de um horizonte de tratamento individualizado a cada transgressor da lei. E o objetivo preponderante de seu humanitarismo foi uma consideração de utilidade social. A punição não deveria gerar terror, e sim penitência. As sanções deveriam ser tão didáticas quanto bem fundadas e imparciais, pois de outra forma a meta de reintegração social se perderia. Assim, várias vertentes do pensamento clássico – a teoria do contrato social, o utilitarismo, a semiótica da representação – combinaram-se numa nova justificação do castigo. Desenvolvendo teorias de representações mentais relacionadas com uma doutrina de interesse esclarecido, pensadores de fins do século XVIII, como os *idéologues*, deram ao Ocidente, às vésperas da difusão do industrialismo, "uma espécie de receita geral para o exercício do poder sobre os homens: o 'espírito' como uma superfície de inscrição para o poder [...]; a submissão dos corpos pelo controle das ideias".[4]

Foucault é claro: no fundo, o humanitarismo, no Iluminismo, contava menos que a vontade de poder. Por baixo de seus nobres ideais de emancipação humana, o

---

[4] Foucault, *Vigiar e Punir*, op. cit., cap II, 1, in fine.

Iluminismo definia novas "tecnologias morais", conducentes a um grau de controle social muito maior do que o existente nas sociedades tradicionais. Mais do que punir menos, os reformadores sociais desejavam "punir melhor; punir talvez com uma severidade atenuada, mas [...] punir com mais universalidade e necessidade; inserir mais profundamente no corpo social o direito de punir".[5]

Em geral, a imagem convencional do Iluminismo acentua seus componentes utópicos. Foucault concorda. A única diferença é que ele tem uma concepção diferente da utopia do Iluminismo. Para ele, tratava-se de um esquema totalitário:

> O sonho de uma sociedade perfeita é facilmente atribuído pelos historiadores aos filósofos e juristas do século XVIII; mas há também um sonho militar da sociedade; sua referência fundamental era não ao estado da natureza, mas às engrenagens cuidadosamente subordinadas de uma máquina, não ao contrato primitivo, mas às coerções permanentes, não aos direitos fundamentais, mas aos treinamentos indefinidamente progressivos, não à vontade geral, mas à docilidade automática.[6]

Toda uma série de miragens disciplinares, desde o império-"máquina" baseado na disciplina nacional, sonhado pelo tático Guibert, até o amor de Napoleão pelo pormenor organizacional, teria prefigurado a ordem burguesa na sociedade ocidental do século XIX. O homem moderno, escreve Foucault, nasceu em meio a uma enxurrada de regulamentos: meticulosas regras e sub-regras, inspeções minuciosas, "a supervisão do menor fragmento da vida e do corpo [...] no contexto da escola, do quartel, do hospital ou da oficina".[7] É claro que essa sombria utopia do Iluminismo não se concretizou inteiramente. No entanto, Foucault julga que ela logrou impregnar grandes

---

[5] Ibidem, cap. II, 1.
[6] Ibidem, cap. III, 1.
[7] Ibidem, cap. II, 1.

áreas da cultura moderna, e a prisão foi o campo por excelência de sua aplicação. *Vigiar e Punir* sugere a existência de fortes ligações entre as ideias disciplinares da idade clássica e a ascensão de um modelo de instituição penal baseado na "vigilância" – o nascimento da prisão no sentido moderno – em princípios e meados do século XIX.

Tal como os sistemas imaginados pelos reformadores esclarecidos, a penitenciária objetivava a transformação moral dos criminosos. Tinha ela também alguns precedentes reais, baseados no trabalho remunerado, na exortação moral e em toda uma série de deveres e proibições, em reformatórios holandeses e flamengos (desde o Rasphuis de Amsterdam, aberto em 1596, até a Maison Force de Ghent) e na reforma carcerária inglesa do século XVIII. Quando a perda das colônias americanas pôs fim à deportação, Blackstone, o mais famoso jurista da Inglaterra na época, optou pelo encarceramento "reformador". Então, na Filadélfia *quaker*, na prisão de Walnut Street (1790), surgiu a penitenciária moderna: celas, orientação moral, o trabalho (tanto como meio de reabilitação quanto como fonte de sustento econômico da própria prisão) e – *last but not least* – dossiês rigorosos e estrita observação de cada interno. Coroando tudo isso, veio a reconhecida autonomia das autoridades penais, às quais a sociedade delegava um "direito de punir" profissional, em nome do bem comum. As prisões tornaram-se a sede de regimes de vigilância total e ininterrupta. Logo se adotou o *panopticon* de Bentham – uma engenhoca arquitetônica angular, com uma torre de vigia no meio. Com o *panopticon* ou seus equivalentes, cada cela está ao alcance de uma inspeção central e invisível. Sem saber quando estão sendo observados, os prisioneiros têm de se comportar como se estivessem sendo sempre vigiados. A arquitetura compacta das antigas prisões, que "enterrava" os criminosos, juntos, em profundezas pétreas e penumbrosas (não posso evitar a lembrança dos presos subindo em direção à luz no segundo ato do *Fidelio* de Beethoven), foi substituída por edifícios mais leves, nos quais os internos eram isolados – e permanentemente inspecionados. Em suma: sai a masmorra oculta, entra a cela transparente.

Mas Foucault não se detém nisso. Procura então persuadir-nos de que o *panopticon* de Bentham, não importa quão rara ou imperfeitamente realizado, não passou de epítome de uma tendência generalizada da sociedade burguesa – o ímpeto *disciplinar*. O *panopticon*, em suma, foi apenas um exemplo visível do *panoptismo* (um rótulo, na verdade, usado por Foucault como título de um longo capítulo de *Vigiar e Punir*. Da mesma forma que o "sonho político" da sociedade tradicional, expressa no exílio dos leprosos, era a visão de uma comunidade pura, o sonho político de uma cultura moderna e burguesa é "uma sociedade disciplinar". E seu poder modelador compreende várias instituições básicas:

> [...] projetar recortes finos da disciplina sobre o espaço confuso do internamento, trabalhá-los com os métodos de repartição analítica do poder, individualizar os excluídos, mas utilizar processos de individualização para marcar exclusões – isso é o que foi regularmente realizado pelo poder disciplinar, desde o começo do século XIX no asilo psiquiátrico, na casa de correção, no estabelecimento de educação vigiada e, até certo ponto, nos hospitais. De modo geral, todas as instâncias de controle individual funcionam num duplo modo: o da divisão binária e da marcação (louco-não louco; perigoso-inofensivo; normal-anormal); e o da determinação coercitiva, da repartição diferencial (quem é ele; onde deve estar; como caracterizá-lo, como reconhecê-lo, como exercer sobre ele, de maneira individual, uma vigilância constante, etc.).[8]

Para que reinasse a disciplina, eram necessárias quatro condições. A primeira era uma arte de distribuição espacial, visível sobretudo em técnicas de segregação funcional, tais como aparecem no espaço celular, desenvolvido pela primeira vez em nosocômios militares, como o

---

[8] Ibidem, cap. II, 3.

hospital naval de Rochefort. A École Militaire de Paris também foi construída segundo um modelo monástico. Em ambos os casos, celas e vigilância estavam intimamente ligadas. O verbete da *Encyclopédie* sobre "manufatura" recomendava a vigilância competente como um método indispensável na produção industrial. Foucault descreve a fábrica Oberkampf em Jouy (c. 1790) como um caso revelador de taylorismo *avant la lettre*: a "manufatura" era dividida numa série de oficinas, cada qual com uma função diferente (impressores, gravadores, tintureiros, etc.), e todas postas sob supervisão imediata e minuciosa. Mas, com ou sem celas, o ideal do espaço disciplinar avançou. Quartéis e internatos eram considerados meios muito melhores de lidar com soldados e jovens.

A segunda condição da disciplina era o *controle da atividade* propriamente dita: programar as atividades diárias de trabalhadores ou presos, impor uma regularidade de conduta que chegava até aos próprios movimentos corporais. Foucault se detém nas clássicas prescrições relativas à posição a ser mantida na caligrafia, os gestos precisos a serem observados ao transportar e carregar armas, ou a articulação dos movimentos do corpo, em vista dos ritmos maquinais nas fábricas.

A terceira condição era o *exercício*. Já antigo como prática religiosa, prezada no misticismo renano ou no ascetismo jesuítico (cf. os "exercícios espirituais" de Loyola), o exercício deixou de ser apenas um meio de ordenar o tempo terreno, com vistas a obter a salvação, para se tornar um instrumento poderoso na "tecnologia política do corpo e da duração", principalmente nos exércitos e nas escolas.

Por fim, o quarto instrumento da disciplina era a "combinação de forças" ou *tática*. Os indivíduos deveriam ser dispostos ou movimentados, juntos, com grande habilidade e precisão. A bravura individual, por exemplo, tornou-se de importância menor, para o espírito militar, do que o papel de um corpo individual, combinado ordeiramente com outros em ação. Procedimentos semelhantes, é claro, foram postos em prática em fábricas e escolas.

Em tudo e por tudo, a cela e a forma, o horário e os códigos gestuais, o exercitamento e a tática convergiram para criar "corpos dóceis" – o estofo de que é feita a sociedade disciplinar.[9] Foucault levanta uma importante questão histórica: enquanto, no começo, esperava-se que as disciplinas neutralizassem os perigos, na medida em que o Antigo Regime cedeu lugar à moderna sociedade burguesa elas vieram a desempenhar um papel mais *positivo*. Antes, a disciplina militar era vista apenas como um meio de impedir saques ou deserção; depois se tornou um método para aumentar a eficiência armada. O mesmo se aplica às escolas e às oficinas. A organização cuidadosa do trabalho tinha em mira evitar furtos ou perda de matéria-prima; com o tempo, voltou-se para o aprimoramento da qualificação profissional, da rapidez e da produtividade. Assim, as mesmas disciplinas adquiriram funções inteiramente novas.

A disciplina baseada na vigilância precisava delegar supervisão. A observação da hierarquia tornou-se regra, tanto na fábrica (como requeria a complicação da divisão do trabalho) como na escola (onde alunos eram escolhidos para agir como inspetores de comportamento), para não falar nas forças armadas. Foucault dedica algumas páginas a descrever a gradação do poder de vigilância. Ademais, a sociedade disciplinar operava somente em termos de controles e regulamentos formais; aplicava também uma "micropenalidade" atrelada a uma verificação minuciosa da conduta:

> Na oficina, na escola, no exército funciona como repressora toda uma micropenalidade do tempo (atrasos, ausências, interrupções das tarefas), da atividade (desatenção, negligência, falta de zelo), da maneira de ser (grosseria, desobediência), dos discursos (tagarelice, insolência), do corpo (atitudes "incorretas", gestos não conformes, sujeira), da sexualidade (imodéstia, indecência). Ao mesmo tempo é utilizada, a título de punição, toda uma série de processos sutis,

---

[9] Para os últimos três parágrafos, ver: *Vigiar e Punir*, op. cit., cap. III, 1.

que vão do castigo físico leve a privações ligeiras e a pequenas humilhações. Trata-se, ao mesmo tempo, de tornar penalizáveis as infrações mais tênues da conduta [...].[10]

A teia da disciplina visa a generalizar o *Homo docilis* exigido pela sociedade "racional", eficiente, "técnica": uma criatura obediente, trabalhadora, escrupulosa e útil, flexível a todas as modernas táticas de produção e de guerra. E, em última instância, a principal maneira de obter docilidade é a pressão moral da contínua comparação entre bons e maus cidadãos, jovens ou adultos: a disciplina viceja com base nas "*sanções normalizadoras*". A sociedade burguesa gerou uma obsessão pela norma, desde as "escolas normais" até a manutenção de padrões na produção industrial e a preocupação com as normas gerais de saúde no hospital moderno.

A sanção normalizadora e a vigilância hierárquica são particularmente visíveis nos *exames*.[11] Os exames constituem o âmago da disciplina, um de seus procedimentos mais ritualizados, precisamente porque neles estão profundamente entrelaçados a necessidade de observar e o direito de punir. Em nenhuma parte, a sobreposição do poder e do saber assume tão perfeita visibilidade. Mas o exame vai mais além. Foucault observa que ele se tornou uma prática para os médicos no hospital moderno, o que não acontecia no hospital tradicional. De forma ainda mais geral, aponta a utilização de arquivos e relatórios em tantas áreas da atividade social. A seguir, acentua a mudança de função na transcrição de vidas humanas: ou seja, o contraste entre a crônica, com sua ênfase no heroico e no memorável, e o arquivo, que mede a obediência como o desvio da norma. Argumentando que os métodos disciplinares abaixaram "o limite da individualidade descritível", ao substituírem o ancestral digno de memória pelo homem calculável, sugere por duas vezes que a ciência social ascendeu em conluio com a contemplação

---

[10] Ibidem, cap. III, 2.

[11] Ibidem, cap. III, 2.

objetificante do exame disciplinar, normalizador. O berço das ciências do homem, conjetura ele, talvez esteja nos vis arquivos da observação clínica e penal; os métodos panópticos, na sociedade disciplinar, tornaram possível uma ciência do homem. "O homem conhecível (alma, individualidade, consciência, comportamento, aqui pouco importa) é o efeito-objeto desse investimento analítico, dessa dominação-observação."[12]

O objetivo de Foucault, em seu capítulo final sobre o nascimento da prisão (isto é, a prisão na primeira metade do século XIX), consiste em olhar a penitenciária do ponto de vista dessa socioepistemologia da disciplina. Foucault nos convida a uma pausa para pensar nas monótonas críticas dirigidas ao fracasso das prisões em coibir a criminalidade e corrigir os criminosos. Não deveríamos, pergunta ele, inverter a consideração do problema? Quando uma pergunta permanece por tanto tempo sem resposta, vai-se ver e descobre-se que a própria questão é que era errada. É possível, pois, que, afinal, a prisão *não* tenha falhado: apenas seu êxito estava onde ninguém o procurou. Em vez de fracassarem na eliminação do crime, as prisões *tiveram sucesso em produzir delinquência*; não apenas no sentido empírico de fomentar tantas *societates sceleris* quando se esperava reabilitação, mas precisamente na perspectiva de poder/saber. As prisões encerram sistemas punitivos que, segundo afirma Foucault, têm menos por função eliminar os delitos do que "distingui-los, distribuí-los, usá-los" e, ao assim proceder, "tendem a assimilar as transgressões da lei numa tática geral de sujeição".[13]

Foucault é claro: vivemos – como herdeiros diretos dos impulsos e das instituições que se manifestaram pela primeira vez na ascensão da sociedade burguesa – sob um "reinado universal do normativo" dominado por agentes da normalidade e da vigilância: o professor-juiz,

---

[12] Ibidem, cap. III, 2; e cap. IV, 3.

[13] Ibidem, cap. IV, 2.

o médico-juiz, o educador-juiz, o assistente social-juiz. E tal mundo é nitidamente "uma rede carcerária" em "formas concentradas ou disseminadas". Ao passo que, outrora, o criminoso, tal como o pecador, era um proscrito, no reino da disciplina o delinquente não se acha exatamente fora da lei: ele está "desde o início, dentro dela, na própria essência da lei ou pelo menos bem no meio desses mecanismos que fazem passar insensivelmente da disciplina à lei; do desvio à infração". O "sistema carcerário", por conseguinte, estende-se "bem além da prisão legal"; a prisão é, no fundo, apenas sua "forma pura" dentro de um *continuum* de aparelhos disciplinares e instituições "regionais". Em sua função, pois, "esse poder de punir não é essencialmente diferente do de curar ou educar"; e, dentro da mesma lógica, "graças ao *continuum* carcerário, a instância que condena se introduz entre todas as que controlam, transformam, corrigem, melhoram". Graças à "tessitura carcerária da sociedade", há uma incessante "mistura" da "arte de retificar e do direito de punir".[14] E assim por diante, *ad nauseam*. O cume retórico é a passagem frequentemente citada: "Devemos ainda nos admirar que a prisão se pareça com as fábricas, com as escolas, com os quartéis, com os hospitais, e que todos se pareçam com as prisões?"[15] – o final do capítulo sobre o "panoptismo".

Como obra de história (filosófica), *Vigiar e Punir* é ao mesmo tempo menos inconsequente e mais pretensiosa do que *As Palavras e as Coisas*. A quarta e última parte, que trata do nascimento da prisão moderna propriamente dita, tem sido em geral considerada um anticlímax algo frouxo para a retórica do "panoptismo". No entanto, de modo geral Foucault mostra-se agora muito mais cauteloso. Por exemplo, não dá a mesma ênfase temerária a cortes absolutos, e, na verdade, tem muito o que dizer a respeito de transições e continuidades de uma era para outra, como vimos em sua descrição dos precedentes dos

---

[14] Ibidem, cap. IV, 3.
[15] Ibidem, cap. III, 3.

aparelhos (*dispositifs*) disciplinares. Basta ler sua expressiva digressão sobre o papel, na mitologia histórica, de Napoleão – uma figura que combinava o exercício ritual da soberania da monarquia tradicional com a pertinácia da vigilância cotidiana[16] – para perceber como Michel Foucault, o mestre das rupturas, é capaz de apreender transições com sutileza. Tampouco ele se esquece, dessa vez, de limitar prudentemente sua geografia à França, evitando assim uma das mais gritantes falhas de *História da Loucura* e de *As Palavras e as Coisas*: a ausência de diferenciação geográfica em seus principais conceitos históricos.[17] Por vezes ele se mantém próximo à história empírica de maneira verdadeiramente perspicaz, como atestam seus breves comentários sobre o debate a respeito da reforma carcerária no regime de Luís Filipe. Nessa época, enquanto Charles Lucas (citado com frequência por Foucault) inspirava um modelo monástico de *maison centrale*, baseado no trabalho em comum e no silêncio absoluto; Tocqueville e outros defendiam o regime pensilvaniano de completo isolamento. A onda de revoltas em prisões após a adoção das *maisons centrales* e a agitação geral na França, nos primeiros anos da década de 1840, levaram à vitória dos segregacionistas, até que um congresso penitenciário em 1847 eliminou essa opção.[18] Passagens como essa humilde nota de rodapé nos concedem um vislumbre de um "outro" *Nascimento da Prisão*: menos teatral e retórico, mas nem um pouco menos fascinante.

Infelizmente, porém, as coisas não continuam assim. Decididamente, Foucault prefere a teatralidade ideológica às contingências inconstantes da história real. Sua denúncia da ascensão da burguesia é típica:

> Historicamente, o processo pelo qual a burguesia se tornou, no decorrer do século XVIII, a classe

---

[16] Ibidem.

[17] Para uma boa crítica de *As Palavras e as Coisas*, com relação a esse ponto, ver Jean-Marc Perlorson, "Michel Foucault et l'Espagne", *Pensée*, n. 152, agosto de 1970, p. 88-99.

[18] Foucault, *Vigiar e Punir*, op. cit., cap. IV, 3.

politicamente dominante abrigou-se atrás da instalação de um quadro jurídico explícito, codificado, formalmente igualitário, e através da organização de um regime de tipo parlamentar e representativo. Mas o desenvolvimento e a generalização dos dispositivos disciplinares constituíram a outra vertente, obscura, desse processo. A forma jurídica geral que garantia um sistema de direitos em princípio igualitários era sustentada por esses mecanismos miúdos, cotidianos e físicos por todos esses sistemas de micropoder essencialmente igualitários e assimétricos que constituem as disciplinas.[19]

E Foucault acrescenta que, embora o contrato social possa ter sido considerado como a fonte de poder "ideal" (o original francês diz melhor: "imaginada"), o panoptismo era a realidade – uma técnica generalizada e universal de coerção.

A burguesia impôs um duplo padrão na área penal. Por um lado, promoveu a reforma penal em seu próprio interesse. Codificação, julgamentos imparciais, critérios racionais para a apreciação das provas, presunção de inocência e uma razoável correspondência entre o crime e a pena – tudo isso trabalhava em favor de uma classe superior instruída, ciosa de seus direitos e dona de riqueza, de prestígio e de influência política. Por outro lado, a mesma classe dominante inventou a vigilância, o encarceramento e os inúmeros expedientes repressores como forma de conter o descontentamento social e treinar uma força de trabalho.

Há, naturalmente, mais que um grão de verdade em ambos os cenários. Contudo, a visão que Foucault tem de todo o processo é demasiado maniqueísta. Por que deveria o historiador optar entre a imagem angelical de uma ordem burguesa democrático-liberal, não maculada pela dominação de classe, e o quadro diabólico de uma coerção onipresente? Por acaso a crônica histórica não é misturada, não mostra legítimas tendências libertárias e

---

[19] Ibidem, cap. III, 3.

igualitárias ao lado de várias configurações de poder de classe e aspectos culturais coercitivos?

Todavia a vituperação da burguesia não é, como vimos, a mensagem central do livro. Os piores golpes são dirigidos menos à burguesia que ao Iluminismo, tanto como época quanto como um fenômeno a longo prazo, evolução cultural que ainda persiste: o Iluminismo, também chamado modernidade. Num comentário sobre um contemporâneo que discutia o *panopticon* de Bentham, Foucault traça uma antítese entre a antiga sociedade, "uma civilização do espetáculo" e nossa sociedade, que é uma civilização "não de espetáculos, mas de vigilância". Num mundo que tem como seu centro não a comunidade e a vida pública, mas sim os indivíduos privados de um lado e o Estado de outro, as relações são reguladas de uma forma exatamente inversa ao espetáculo. Somos muito menos gregos do que gostamos de acreditar, diz Foucault. Por trás de nossa "grande abstração da troca", treinamos corpos compulsoriamente como forças úteis manipuláveis. Nossos amplos circuitos de comunicação servem à centralização (*sic*) do saber; e entre nós "o jogo dos sinais define os pontos de apoio do poder".

Em última instância, Foucault vê o punitivo e o carcerário como inseridos em algo que participa da natureza deles, sem estar necessariamente ligado a prisões: "o disciplinar" como a essência da civilização moderna. É por isso que, finalmente, seu livro fala muito mais de vigilância do que de punição. Como um todo, portanto, *O Nascimento da Prisão* se sustenta ou desaba de acordo com sua ousada *Kulturkritik* – o menos convincente de seus elementos. Pois o que Foucault tem a oferecer pode ser considerado um retrato marcusiano do século XVIII: uma impudente caricatura histórica em que o Iluminismo aparece como uma idade de interiorização da desumanidade, bastante aparentada à descrita por Marcuse como a essência de nossa própria cultura "unidimensional".

No entanto, o anátema de Foucault, embora não de todo original, tinha, naturalmente, alguns ingredientes inovadores. Em particular, vale a pena ressaltar dois deles.

Como um bom (ainda que involuntário) estruturalista, Foucault se recusa a ver o mal – o panoptismo – como um simples efeito de uma dada infraestrutura socioeconômica. Marx recebe três ou quatro menções em *Vigiar e Punir*. A mais importante ocorre nas páginas 193-194 (da edição brasileira), onde Foucault, num longo parágrafo que é uma obra-prima de sofisma teórico, afirma ao mesmo tempo: (a) que, na decolagem econômica do Ocidente, os processos de acumulação de homens por meio de métodos disciplinares e de acumulação de capital estudados por Marx "não podem ser separados"; (b) que o crescimento do capitalismo deu origem ao poder disciplinar, embora os processos deste possam "ser postos em funcionamento através de regimes políticos [...] muito diversos"; (c) que "a projeção maciça dos métodos militares sobre a organização industrial" foi "um exemplo" da influência dos "esquemas de poder" disciplinares sobre a divisão capitalista do trabalho.

Em outras palavras, as coisas são aquilo que a gente quer que sejam. Mas, obviamente, Foucault preferiria que seu próprio esquerdismo estivesse isento do incômodo obstáculo representado pelo determinismo econômico ou tecnoeconômico. Sua proposta alternativa, como materialista, é, como observou bem o historiador Jacques Léonard,[20] o *foco sobre o corpo*. *Vigiar e Punir* poderia, na verdade, ser chamado de a primeira tentativa persistente de oferecer uma genealogia (uma redução nietzschiana de formas de ação ou saber a configurações de vontade de poder) em termos fortemente *somáticos*. Foucault é explícito nesse ponto: seu intuito foi narrar a história política do corpo.

Mas também da alma. Ele considera sua "microfísica do poder punitivo" um elemento importante na genealogia da "alma" moderna.[21] Verberando o materialismo

---

[20] Jacques Léonard, apud Michel Perrot (org.), *L'Impossible Prison: Recherches sur le Système Pénitentiaire au XIXe Siècle. Débat avec Michel Foucault*. Paris, Seuil, 1980, p. 19.

[21] Foucault, *Vigiar e Punir*, op. cit., cap. I, 1.

crasso, argumenta ser patentemente errôneo rejeitar a alma como uma ilusão ou um efeito ideológico. Pelo contrário, sua realidade é bem forte – é permanentemente produzida naqueles que são punidos, supervisionados, corrigidos e controlados. A alma, nascida da disciplina e da coerção, é a um só tempo "efeito e instrumento de uma anatomia política; a alma, prisão do corpo".[22] O trocadilho favorito dos antigos gnósticos era *soma sema*, o corpo-túmulo (da alma). Foucault, o anarquista libertino – bom companheiro de Roland Barthes, o libertino anarquista –, inverte a frase: na sociedade carcerária, é a alma que aprisiona o corpo. Nossa liberdade é nossa vida corporal, não colonizada por disciplinas sociais. Houve um momento em que Foucault não esteve muito distante das "máquinas desejantes" de outro destacado neonietzschiano, Gilles Deleuze (*Anti-Édipo*, 1972).

Essa ênfase na ideia de que a sociedade fabrica almas (que Foucault iguala a psique, consciência, subjetividade, personalidade, individualidade, percepção, etc., etc.) reafirma o culturalismo de Foucault no âmago de seu radicalismo político. *Vigiar e Punir* foi publicado quando seu autor já se havia afirmado como reformador militante de prisões e teórico simpático à rebelião *gauchiste*, quando esta irrompeu em 1968. No entanto, mesmo permanecendo à esquerda da esquerda, ele deu um jeito de manter uma perspectiva nietzschiana; a despeito das implicações libertinas de sua linguagem, não há nada de "naturista" em Foucault: sua crítica da cultura disciplinar não pressupõe nenhum homem natural, nenhum *bon sauvage*. Ao contrário de Marcuse, Foucault não trava sua campanha de *Kulturkritik* em nome dos instintos naturais. Reside aí a grande diferença entre o contra-Iluminismo romântico e o nietzschiano – e a primeira grande inovação na crítica cultural de Foucault.

O segundo ponto original é sua preocupação com o saber, agora sob o disfarce de poder/saber. Escutemo-lo: "Temos [...] que admitir que o poder produz saber (e não

---

[22] Ibidem, cap. I, 1.

simplesmente, favorecendo-o porque o serve ou aplicando-o porque é útil); que poder e saber estão diretamente implicados; que não há relação de poder sem constituição correlata de um campo de saber, nem saber que não suponha e não constitua ao mesmo tempo relações de poder".[23] Temos aqui, é claro, um posicionamento muito nietzschiano. Em última análise, portanto, pode-se dizer que Foucault está aplicando a lição de Nietzsche a uma coisa com que nos familiarizamos por causa do ímpeto geral do chamado marxismo ocidental (principalmente o marxismo de Lukács e da primeira escola de Frankfurt): ou seja, a fusão de crítica social (isto é, a denúncia da sociedade burguesa) com uma postura contracultural (a Grande Recusa da civilização moderna). A um exame mais atento, porém, a imagem é menos simples. Nietzsche e os velhos nietzschianos (por exemplo, Spengler) atacaram a cultura moderna como decadente. Os novos nietzschianos na França, marcados como estão pelo impacto do marxismo, atacam-na como repressora. O que para Nietzsche definia a cultura moderna era sua falta de vitalidade; o que a caracteriza para Foucault – como também para Adorno ou Marcuse – é a coerção. Foucault, como os marxistas, toma o lado das vítimas – uma posição pouquíssimo nietzschiana. Ademais, Nietzsche não tinha aversão pelo Iluminismo. Longe disso. Em pelo menos três livros, *Humano, Demasiado Humano* (1878), *Aurora* (1881) e *A Gaia Ciência* (1882), ele prestou tributo ao espírito crítico da era das Luzes. Foucault, por outro lado, mostrou ser, em *Vigiar e Punir*, inimigo ferrenho do Iluminismo, retomando a hostilidade já demonstrada em *História da Loucura* (enquanto *As Palavras e as Coisas*, sem dúvida porque esta obra tratava da idade clássica em bloco, exibe uma neutralidade bem maior).

Assim, no fundo, Foucault acompanha Nietzsche em sua visão da realidade (não existe verdade, apenas interpretações), *mas não em sua visão da história*. Ou melhor, o que ele pede emprestado a Nietzsche, no que tange à

---

[23] Ibidem, cap. I, 1.

história, é apenas uma perspectiva *formal*: a genealogia, ou seja, o problema do surgimento e da descendência dos fenômenos culturais. Na genealogia, velhas formas culturais recebem novas funções, como os lazaretos transformados em asilos psiquiátricos ou as celas monásticas convertidas em cárceres. A genealogia lança luz sobre o pragmatismo da história, sobre a capacidade humana de verter vinho novo em velhas garrafas culturais. E vê tudo, naturalmente, do ponto de vista do poder, ficando a verdade degradada ao papel de um adjutório – ou máscara – da dominação.

Lido como um manifesto contracultural nietzschiano ou neonietzschiano, *Vigiar e Punir* proporciona uma absorvente leitura engajada; mas como se mostra como história *tout court*? Consideremos o juízo dos historiadores. Tomemos uma obra recente e muito bem pesquisada sobre execuções e a evolução da repressão: *The Spectacle of Suffering* (1984), de Pieter Spierenburg, da Universidade Erasmo de Rotterdam. Seguindo a abordagem pioneira de Norbert Elias, que correlaciona mudanças morais e institucionais, Spierenburg afirma, logo no pórtico de seu livro, que, em *Vigiar e Punir*, Foucault não examina a transição de um sistema penal para outro, não explica as mudanças dos modos de repressão relacionando-as a outros processos de transformação social e não baseia sua análise de execuções públicas em fontes arquivais. Observando que "o hábito de infligir a dor e o caráter público do castigo não desapareceram da noite para o dia", Spierenburg julga "o quadro pintado por Foucault [...] verdadeiramente distante da realidade histórica" (p. VIII). A falta de apoio no material arquivístico é particularmente ostensiva, a seu ver (p. 108), na tese foucauldiana sobre o "perigo político" inerente às execuções públicas – o risco de motins fora de controle, que o filósofo estimava a causa do desaparecimento final de tais suplícios espetaculares.

Mais geralmente, *Vigiar e Punir* parece defeituoso, de um ponto de vista historiográfico rigorosamente crítico, sob três aspectos. Em primeiro lugar, parece que alguns dos fatos mais importantes que embasam a argumentação de Foucault estão *errados*. Os historiadores têm se queixado, por exemplo, de que todo o período revolucionário se acha quase ausente do relato de Foucault. Talvez ele tenha se mostrado por demais intransigente em sua aversão (estruturalista) pela história acontecimentos (apesar de seu namoro com essa em *A Arqueologia do Saber*). No entanto, seja como for, seu silêncio a respeito da Revolução Francesa como uma fase específica na história penal levou-o a menosprezar seu papel em mudanças fundamentais. Como lembra Léonard, a repugnância contra o derramamento de sangue, depois do Terror, proporcionou uma importante motivação psicológica para a substituição dos suplícios ostensivos pelo encarceramento. Por outro lado, o código penal napoleônico de 1810, conquanto aprimorasse o sistema de detenção promulgado pelas assembleias revolucionárias, restabeleceu castigos humilhantes como a marcação a ferro, a golilha ou mesmo a amputação da mão – penas cruéis que só foram abolidas durante a Monarquia de Julho (1830-48).

Possuo um cartaz destinado a divulgar um julgamento realizado por um tribunal superior do Département du Nord, em 1813, condenando um certo François Mouquet, operário, a cinco anos de reclusão mais as custas judiciais e uma hora de golilha (*carcan*) na praça principal de Douai. O crime hediondo do pobre Mouquet se reduzia – como o proclama o cartaz em letras maiúsculas – ao furto de dois lenços numa taverna! O episódio, que demonstra bem a ferocidade da justiça burguesa na época – às vésperas da odisseia imortal de Jean Valjean, n'*Os Miseráveis* de Victor Hugo –, salienta dois aspectos minimizados em *Vigiar e Punir*: a longa sobrevivência de elementos penais do Ancien Régime naquilo que Foucault apresenta como sendo uma nítida "sociedade disciplinar" pós-tradicional, e a evolução concreta da justiça de classe (em contraposição à ordem burguesa, em grande parte homogênea, que o livro descreve).

Léonard toca em pelo menos três outras omissões. Primeiro, Foucault não faz distinção entre diferentes categorias de prisioneiros (presos políticos, homicidas, operários, militares recalcitrantes, prostitutas, etc.), bem como não empreende uma sociologia de juízes e advogados. Em segundo lugar, Foucault exagera os efeitos reais da "normalização" na sociedade francesa durante a primeira metade do último século. O historiador do exército, o historiador da educação e o historiador da medicina dificilmente aceitarão o quadro que Foucault pinta de uma disciplina generalizada: eles têm plena consciência da resistência dos velhos costumes e da frequente impotência de tantos regulamentos. Da mesma forma, a pesquisa sobre a história do trabalho tende a prejudicar seriamente a descrição de "taylorista" que faz Foucault da atividade industrial normalizada: à época focalizada em seu livro, a França ainda era, preponderantemente, uma economia camponesa e artesanal, e levou muito tempo para adotar uma plena divisão das tarefas industriais nas fábricas. Por fim, observe-se que Foucault não ressalta de modo adequado a origem e a motivação religiosa de muitas técnicas de exercícios ou ritos de exclusão constantes de seu catálogo de disciplinas.[24]

Neste ponto, sinto-me tentado a acrescentar um outro pomo de discórdia: a história do pensamento pedagógico. Não encontrei em *Vigiar e Punir* qualquer citação de *Emile* ou Pestalozzi. Ora, como se sabe, o fim do século XVIII foi uma era de efervescência pedagógica, predominantemente numa direção emancipadora ou humanitária. Uma das notas de rodapé de Foucault refere-se à obra La *Pédagogie en France aux XVIe et XVIIIe Siècles* (1965), de G. Snyders. Entretanto, ele não faz nenhum uso do bem documentado contraste, estabelecido por Snyders, entre uma "pedagogia de vigilância", que prevaleceu no século anterior, e os novos métodos "naturais" de ensino e aprendizado que aos poucos ganharam força na era do Iluminismo. Se, apenas para argumentação, aceitarmos a descrição da escola burguesa como um espelho da prisão, então no mínimo deveria

---

[24] Jacques Léonard, in: Michel Perrot (org.), op. cit., p. 11-12.

ser mencionado que essa educação "carcerária" antes traía, em vez de concretizar, muito do pensamento iluminista em assuntos educacionais.

Uma segunda falha importante em *Vigiar e Punir* refere-se menos a fatos errados do que a más avaliações de dados históricos. Nesse caso, a principal vítima é a concepção iluminista de reformismo. Vimos como Foucault o interpreta: como um programa que só não era totalitário no nome. Todavia, isso não coincide com a visão dos historiadores – e não me refiro a ingênuos relatos progressistas. Tomemos, por exemplo, Franco Venturi, que, depois de toda uma vida de pesquisas inovadoras sobre a era do Iluminismo, havia acabado de publicar, poucos anos antes do livro de Foucault sobre o nascimento da prisão, uma obra esplêndida, *Settecento Riformatore: Da Muratori a Beccaria* (1969).

Cesare Beccaria, muitas vezes chamado pai da penologia, figura-chave no reformismo penal do Século das Luzes; seu mais famoso tratado, *Dei Delitti e delle Pene*, publicado em 1765, quando o autor ainda tinha menos de trinta anos, e aplaudido por Voltaire e pela maioria dos *philosophes*, não teve rival em toda a Europa, mesmo quando já ia bem avançado o século seguinte. Não admira que Foucault o cite meia dúzia de vezes. Ora, quando o professor Venturi proferiu em Cambridge as conferências George Macaulay Trevelyan (mais tarde publicadas como *Utopia and Reform in the Enlightenment*, 1971), ele preferiu estudar a questão do reformismo das Luzes do ponto de vista do "direito de punir". Inevitavelmente, centrou seu capítulo na recepção europeia das ideias de Beccaria. No entanto, se tivermos em mente sua análise, logo havemos de perceber que existe algo de errado no quadro foucauldiano da ideologia penal do século XVIII.

Venturi nem sonha em ocultar os ocasionais aspectos desagradáveis da fantasia social do Iluminismo. Cita, por exemplo, uma modesta proposta do *abbé* Morellet – transformar condenados em verdadeiros escravos que, nessa qualidade, seriam empregados para procriar, com duas vantagens: aumentar a força de trabalho e refutar os preconceitos quanto a vícios "hereditários"... O próprio Beccaria não desdenhava recomendar a dureza dos trabalhos forçados. No desenho que ele esboçou para ilustrar a terceira edição (em apenas um ano!) de seu livro, utilizou uma Justiça posando como Minerva (o direito como sabedoria); mas enquanto a Minerva-juíza desvia os olhos, horrorizada, das cabeças que o carrasco lhe oferece, lança um olhar sorridente a várias ferramentas de trabalho pesado: pás, serras e congêneres. Não obstante, Beccaria estava longe de sugerir o ativismo disciplinar, as autoridades abelhudas, altas e baixas, da sociedade carcerária de Foucault. Ele acreditava que os juristas e os legisladores "devem tremer de escrúpulo ao governar as vidas e as fortunas dos homens". Recorda Venturi que foi em relação a Beccaria que a palavra "socialista" foi pela primeira vez empregada numa língua moderna. O termo "socialista", em latim, havia sido utilizado por um beneditino alemão, Anselm Desing, para denotar teóricos do direito natural como Pufendorf, que colocavam a *socialitas*, ou o instinto social humano, na base do direito natural. Mas quando Ferdinando Facchinei – crítico ferrenho de Beccaria – empregou a palavra em italiano em 1765, seu sentido era bem diferente: referia-se a um autor que desejava uma sociedade de homens livres e iguais.[25] (Naturalmente, foi apenas muito mais tarde – fora da órbita do estudo de Venturi – que, entre os saint-simonianos de esquerda, criou-se o substantivo "socialismo", ligado à ideia de uma regulação central da economia.) A questão, porém, é que o principal reformador penal era um libertário igualitarista; por conseguinte, dificilmente se pode aceitar a ideia de que o Iluminismo concebesse a punição como uma horrível doutrina disciplinar. Julgava Diderot que os planos de Beccaria não passavam de uma ineficaz utopia (na verdade, muitos deles foram prontamente postos em prática, especialmente nos territórios do

---

[25] Franco Venturi, *Utopia and Reform in the Enlightenment*. Cambridge, Cambridge University Press, 1971, p. 103-05. Venturi menciona Hans Müller (*Ursprung und Geschichte des Wortes "Sozialismus" und seiner Verwandten*, 1967) sobre o anterior uso latino de "socialista".

Império Austríaco, embora não na França). D'Alembert louvou o profundo humanismo da penologia de Beccaria. Paradoxalmente, ao restringir seu punhado de citações ao lado utilitário de *Dei Delitti e delle Pene*, Foucault coloca-se ao lado daqueles que, como Voltaire, se esforçaram por dar uma rígida interpretação "técnica" e não sociológica (quanto mais "socialista") a um livro tão fecundo e influente. No entanto o utilitarismo de Beccaria, bastante forte para situar esse autor entre os principais precursores reconhecidos de Bentham, não era de modo algum incompatível (como também não era, aliás, o de Bentham) com poderosas linhas de pensamento libertárias e filantrópicas. Como reconhece Venturi, na prática a maioria dos planos de reforma penal do fim do século XVIII exibia uma mistura de humanitarismo, cálculo econômico e resquícios de antiga crueldade, transmutados em formas novas e mais racionais.[26] Mas nem por um instante ele, ou qualquer outro historiador renomado daquela era, sugere que o Iluminismo possa ser identificado com um mutilante impulso disciplinar tão generalizado quanto repressivo.

Por fim, um terceiro tipo de falha em *Vigiar e Punir*, enquanto obra de história, reside na natureza das *explicações* que oferece. Por exemplo, um dos objetivos centrais de Foucault é demonstrar por que o encarceramento em penitenciárias veio a ser universalmente adotado em muito pouco tempo. A reclusão, afinal de contas, tinha sido rejeitada por vários reformadores penais: por que terá triunfado tão depressa em toda parte? A resposta de Foucault é dupla. Alega ele que (a) a prisão disciplinar transformava seus internos numa útil força de trabalho; e (b) de qualquer modo, instituições disciplinadoras semelhantes já atuavam em outras áreas (as forças armadas, a fábrica, o hospital, a escola). A primeira resposta lança a culpa pelo controle de classe na burguesia ascendente; a segunda põe a culpa pela "sociedade carcerária" na cultura moderna como um todo, modelada pela ideologia

---

[26] Franco Venturi, op. cit., p.114.

iluminista. Mas o problema é: se a prisão nasce da dominação de classe, cumpre explicar como foi que ela se tornou uma diferente realidade, quase simultaneamente, em países com estruturas de classe muitíssimo diferentes.[27] Por que, em particular, ela apareceu primeiro, em fins do século XVIII e começo do século XIX, nos Estados Unidos, onde obviamente o conflito de classes era *menos* intenso e generalizado do que na Europa? Por outro lado, na feliz observação de Robert Brown, Foucault, ao descrever o sistema "carcerário", não dá qualquer explicação para sua introdução em diferentes áreas institucionais e, especificamente, naquelas que – como a escola e a fábrica – normalmente não constituem "instituições totais" no sentido dado a essa expressão por Erving Goffman, isto é, naquelas instituições que não são, em princípio, espaços institucionais apartados da sociedade maior. Críticos como Brown dispõem-se inteiramente a admitir que, em última análise, Foucault não está empenhado numa tarefa explanatória. Nesse caso, replicam, tampouco ele deveria levantar o tipo de questão que levanta a respeito das causas da expansão dos padrões disciplinares na sociedade moderna.

De qualquer maneira, precisão histórica à parte, as explicações de Foucault são viciadas em si mesmas. Como observou argutamente Karel Williams, o tipo de análise que ele realiza tende constantemente a ser circular; suas conclusões já estão presentes logo de saída.[28] Noutras palavras, seu método é eminentemente a petição de princípio. Jon Elster demonstrou que Foucault incorre naquela "busca obsessiva de significação" que muitas vezes esteia pseudoexplicações vazadas em termos de consequências. De acordo com Elster, uma das raízes da busca de significação a todo custo é teológica,

---

[27] Para essa crítica, ver a resenha de Robert Brown de *Vigiar e Punir* no *Times Literary Supplement* de 16 de junho de 1978.

[28] Cf. o verbete de Karel Williams sobre Foucault in: Justin Wintle (org.), *Makers of Modern Culture*. Londres, Routledge & Kegan Paul, 1981.

e pode ser encontrada na teodiceia de Leibniz, cuja essência é a afirmativa de que o mal e a dor devem ser considerados como condições causais necessárias para o melhor de todos os mundos possíveis. Quando, por exemplo, a escola funcionalista, na teoria sociológica do conflito, declara que o conflito dentro das estruturas burocráticas (e entre elas) as protege contra o ritualismo e a esclerose, temos a mesma espécie de argumento falacioso, inferido de consequências. Ora, como vimos, Foucault afirma que deveríamos deixar de nos surpreender com o malogro da prisão em deter o crime e corrigir os criminosos, e compreender que a finalidade real das prisões é precisamente manter e produzir a delinquência, ao, implicitamente, incentivarem a reincidência e converterem o transgressor ocasional em criminoso contumaz. Embora o estilo retórico de Foucault antes sugira mais que afirme a consequência-explicação, seu raciocínio acarreta necessariamente a presunção de que uma pergunta *cui bono?* – para o que serve a prisão? – não constitui apenas um guia heurístico (entre outros) e sim um caminho privilegiado para chegarmos à verdadeira *raison d'être* das prisões.[29] Ora, a questão é que explicações teleológicas desse tipo não representam, naturalmente, uma legítima análise causal; elas tão somente *supõem* causas sem demonstrarem qualquer mecanismo causal; daí a circularidade e a petição de princípio.

Notoriamente, Foucault não reveste suas explicações teleológicas em termos de agência. Mas tampouco rejeita de todo a possibilidade de ação planejada. Mais de um crítico já apontou o amplo uso que ele faz de verbos pronominais, do vago pronome *on* e de outros artifícios verbais, mediante os quais evita especificamente imputar processos sociais a quaisquer seres humanos, sem, no entanto, excluir inteiramente a ação planejada. O comentário de Léonard acerta em cheio: "Não se sabe ao certo se M. Foucault descreve um mecanismo ou uma

---

[29] Jon Elster, *Sour Grapes: Studies in the Subversion of Rationality*. Cambridge, Cambridge University Press, 1983, p. 101-05.

maquinação".³⁰ Perto do final de *Vigiar e Punir*, "o carcerário" ou "o arquipélago carcerário" (sem dúvida um eco de Soljenitsin) reaparece de modo personalizado. Tais prosopopeias são a nêmesis de uma inveterada fraqueza estruturalista: evitar a análise que parte do reconhecimento da ação e da intenção. A rejeição do fator agência é sentida como inescapável, por medo de cair na metafísica do sujeito (como se as duas coisas andassem necessariamente de braços dados). Em termos rigorosos, no entanto, no foucauldianismo *gauchiste* de 1975, a ação humana é a um só tempo evitada e não desmentida – um agrado conciliador, por assim dizer, ao gosto radical por teorias conspiratórias da história.

---

[30] Jacques Léonard, op. cit., p. 14.

Capítulo VIII

A "CRATOLOGIA" DE FOUCAULT:
SUA TEORIA DO PODER

Na última página de *Vigiar e Punir*, Foucault ressalta que o "poder de normalização" não é exercido apenas pela prisão, mas também pelos nossos mecanismos sociais para a produção de saúde, saber e bem-estar. Portanto, acrescenta ele, "a fabricação do indivíduo disciplinar" não está entregue apenas a instituições de repressão, rejeição e marginalização. O carcerário transcende o cárcere. Por conseguinte, o estudo da prisão teria fatalmente de se desdobrar numa anatomia do poder social em geral – assim como, inevitavelmente, numa reconsideração de nosso próprio conceito de poder. Não admira que tantos textos e entrevistas de Foucault, desde meados da década de 1970, discorram sobre o problema das modernas formas de dominação.

Ao procurar uma genealogia do sujeito moderno, Foucault estava automaticamente definindo um ângulo em que o saber está entrelaçado com o poder. Assim, sua investigação do sujeito moderno, por meio das formas de saber, bem como de práticas e discursos, tinha de se concentrar no que ele chama de *poder-saber (pouvoir--savoir)*, uma perspectiva nietzschiana em que toda a vontade de verdade já constitui uma vontade de poder. E quanto mais se aprofundava em esferas do saber prático sobre o sujeito, mais ele encontrava, à espera de análise, *tecnologias do eu*. Ao fim e ao cabo, como nota Colin Gordon, Foucault elaborou um conceito de poder "tão capaz de tomar a forma de subjetivização quanto de uma objetivização".[1] O eu como instrumento de poder, um produto da dominação, antes que como instrumento de liberdade pessoal – este tornou-se o tema principal de Foucault depois de *Vigiar e Punir*.

Como já foi indicado, toda essa problemática pressupunha uma reformulação do conceito de poder. Em resumo, exigia uma teoria do *poder produtivo*. A teoria das práticas discursivas em *A Arqueologia do Saber* e em *L'Ordre du Discours* permanecia presa a uma concepção

---

[1] Ver o posfácio de Colin Gordon in: Foucault, *Power/Knowledge: Selected Interviews and Other Writings 1972-1977*, op. cit., p. 239.

de poder demasiado negativa, que destacava a coerção, a proibição e a exclusão. Depois de *Vigiar e Punir*, Foucault mudou seu foco. Agora advertia: "Temos de deixar de descrever sempre os efeitos do poder em termos negativos: ele 'exclui', 'reprime', 'censura', 'recalca', 'abstrai', 'mascara', 'esconde'. Na verdade, o poder produz; ele produz realidade; produz campos de objetos e rituais da verdade. O indivíduo e o conhecimento que dele se pode ter se originam nessa produção".²

Foucault apoia sua argumentação contra as teorias repressivas do poder com uma pergunta retórica cuja estrutura lógica é análoga à de sua pseudoexplicação teleológica da sobrevivência das prisões a despeito de terem malogrado na prevenção do crime: se o poder é, de fato, meramente repressivo, indaga ele, por que as relações de poder não são muito mais instáveis? Traduzindo: a causa do poder é sua capacidade de fazer algo mais do que repressão, tanto quanto a causa da sobrevivência da prisão é sua capacidade de fazer algo mais do que malograr em impedir o crime.

Em "O Sujeito e o Poder" (publicado como posfácio ao livro de Dreyfus e Rabinow a seu respeito), Foucault enunciou sua intenção: desejava estudar o "como" do poder, não no sentido de "como ele se manifesta?", mas de "por que meios *é* exercido?". Entretanto, grande parte do que ele acrescentou a isso já era rotineiro para aqueles familiarizados com a literatura analítica sobre o poder, desde Weber até diversos filósofos, cientistas políticos e sociólogos contemporâneos. Por exemplo, Foucault revela, um tanto pomposamente, que o poder é exercido *sobre outras pessoas, e não sobre coisas* – é uma questão de dominação, e não de capacidade. Também se dá ao trabalho de frisar que o poder atua sobre nossos atos, e não – como a pura violência física – sobre nossos corpos. "O poder só *é* exercido sobre sujeitos livres e apenas na medida em que são livres." Que grande novidade... Na linguagem do direito romano: *coactus tamen voluit*, isto

---

² Foucault, *Vigiar e Punir*, op. cit., cap. III, 3.

é, a coerção implica a liberdade. Esse exercício ligeiramente bombástico de definições elementares se resume numa coisa conhecida, mas um tanto tediosa: com que frequência o pensamento radical, sempre que se preocupa em trocar a retórica pela reflexão, descobre Américas há muito encontradas!...

Foucault se torna mais interessante quando declara que o exercício do poder, não sendo nem violência nem consentimento, é "uma estrutura total de atos aplicada a possíveis atos", incitando, seduzindo ou, "no extremo", coagindo ou proibindo.[3] Mais interessante, porém consideravelmente nebuloso: pois de que modo haveremos, em termos analíticos operacionais, de igualar o poder com uma "estrutura total de atos"? Podemos ver a direção do pensamento de Foucault, para o velho fantasma marxista de uma "estrutura de poder", que se alimenta de um conjunto hipostasiado de interesses de classes. Mas, nesse caso, é preciso escolher: pois ou se analisa o poder em termos de ação ou se invocam tais totalidades. O que não se pode fazer é as duas coisas ao mesmo tempo. Note-se, por favor, que não estou dizendo que não se pode fazer análise de classes, ou estudar o poder em relação às classes: o que é proibido, se a pessoa está realmente interessada em análise e não em palavras de ordem, é fingir que se está marchando em direção à análise com "estruturas totais de ação" não especificadas (e talvez de impossível especificação). Para começar, se tais conceitos pudessem ter alguma utilidade, seria, obviamente, em teorias que sustentassem que o poder "se manifesta" e *não* em teorias interessadas em demonstrar racionalmente *por quais meios* ele é verdadeiramente exercido – ora, vimos Foucault rejeitar as primeiras.

As duas conferências de janeiro de 1976, publicadas pela primeira vez (em italiano) na coletânea *Microfísica do Poder* (1977), são, em certos sentidos, mais recompensadoras. Foucault estabelece uma distinção entre várias teorias do poder. Há a teoria "econômica" encontrável

---

[3] Foucault, *Power/Knowledge*, op. cit., p. 217 e 220-21.

tanto no liberalismo como no marxismo. Ela vê o poder como uma coisa que se pode possuir ou alienar, como uma mercadoria. Aqui, o pressuposto básico é que o poder social acompanha o modelo de uma transação legal que envolve troca contratual (versão liberal ou "jurídica") ou, alternativamente, que o poder é uma função da dominação de classe, baseada no controle de fatores econômicos (versão marxista). Há ainda uma teoria "não econômica". Afirma que o poder não é, basicamente, o análogo da riqueza, atuando em prol da reprodução de relações econômicas. Será, antes, "acima de tudo uma relação de força". Tal era a concepção de Hegel, Freud e Wilhelm Reich. Já mostramos por que motivo Foucault aponta defeitos nessa teoria do poder como repressão.

Por fim, uma terceira posição encara o poder não em termos econômicos ou repressivos, mas *como guerra*. "*O poder*", afirma Foucault, invertendo o famoso dito de Clausewitz, "*é guerra, uma guerra prolongada por outros meios.*" Mais precisamente, o poder, dentro de uma dada sociedade, é uma "guerra tácita": é uma guerra civil, silenciosa e secreta, que reinscreve o conflito em várias "instituições sociais, em desigualdades econômicas, na linguagem, nos próprios corpos de cada um e de todos nós".[4]

A rigor, contudo, Foucault declara que as duas concepções não econômicas do poder – a teoria da repressão ou hipótese Reich, e a teoria da guerra, que ele atribui a Nietzsche – são compatíveis e até mesmo "vinculadas". Convida-nos a considerar a repressão como "a realização, dentro da guerra contínua dessa pseudopaz (isto é, o estado normal da sociedade), de um perpétuo relacionamento de força".[5] Por conseguinte, a repressão é, afinal de contas, real – mas apenas como um efeito subordinado do poder. Aparentemente, então, o poder tanto "produz" como "reprime" – mas "produz" antes de reprimir, sobretudo porque aquilo que ele reprime – os indivíduos – são, em larga medida, "produtos" seus.

---

[4] Ibidem. Para todo esse parágrafo e suas citações, ver p. 217 e 220-21.
[5] Ibidem, p. 91-92.

As conferências de *Microfísica do Poder* foram pronunciadas na Itália, no começo de 1976. Um ano mais tarde, entrevistado por Lucette Finas para *La Quinzaine Littéraire*, por ocasião da publicação do primeiro volume de sua *História da Sexualidade*, Foucault dizia o seguinte: "Creio que o poder não se forma por meio de vontades (individuais ou coletivas), nem é gerado por interesses. O poder se forma e atua por meio de poderes, de uma legião de questões e de efeitos do poder".[6] Algumas semanas mais tarde, ele dizia a *Le Nouvel Observateur* que buscava as "relações elementares de poder" por baixo das relações econômicas; ele buscava o poder em seu nível "infraestatal".[7] No capítulo sobre o método, no volume I da *História da Sexualidade*, Foucault declara que "o poder está em toda parte; não porque englobe tudo e sim porque provém de todos os lugares".[8]

Parece que temos aqui dois problemas combinados. Por um lado, (a) ao proclamar a onipresença do poder, ele parece estar asseverando apenas a ideia plausível de que o poder está espalhado pela maioria das áreas da sociedade, já que as relações de poder reinam em praticamente todas as esferas da vida. Por outro lado, (b) Foucault isenta o poder da análise de ação (nenhuma vontade, nenhuma intenção, nenhum interesse jamais nos ajudarão a compreender o poder). Todavia, (b) absolutamente não se segue a (a). A admissão de que o poder pode realmente estar em toda parte não nos obriga nem um pouco a nos livrarmos de intenções e interesses enquanto o estudamos. Um mau exemplo da fobia estruturalista pelo sujeito foi fundido com uma promissora perspectiva de análise do poder social.

Para fazermos justiça a Foucault, cabe acrescentar que *às vezes* (mas, mesmo assim, só em seus comentários

---

[6] Cf. *La Quinzaine Littéraire*, n. 247, 1-15 de janeiro de 1977. Tradução minha.

[7] Cf. *Le Nouvel Observateur*, 13 de março de 1977, p. 105.

[8] Foucault, *História da Sexualidade*, v. I: *A Vontade de Saber*. Rio de Janeiro, Graal, 1988, cap. II, 2.

sobre essa espécie de análise, não em seus estudos históricos) ele consegue dar algum sentido verdadeiramente empírico a todo esse papo antissujeito. Descendo a situações específicas e bem documentadas, ele afirma que em tais casos não são aplicáveis interpretações em termos de significação, interesse e intenção subjetivos. Num texto de 1977, incluído no livro *Power/Knowledge* ("The Confession of the Flesh"), ele cita como exemplo de tal situação o surgimento na França, entre 1825 e 1830, de estratégias para fixar em seus locais de trabalho os trabalhadores das primeiras indústrias pesadas francesas. Em Mulhouse e no Norte, os trabalhadores eram pressionados a se casarem; construíram-se *cités ouvrières*; criaram-se planos de crédito para garantir o pagamento antecipado de aluguéis; fundou-se um sistema de pagamento em gêneros em mercearias e tavernas; em suma, tudo foi tentado no sentido de manter o trabalhador numa rotina decente de trabalho e de vida. Tais estratégias foram consideravelmente reforçadas por iniciativas que, em sua origem, eram de inspiração inteiramente diversa, como as medidas filantrópicas destinadas a ajudar e melhorar moralmente as classes operárias ou os atos governamentais que ampliavam a rede de ensino. Assim, a busca de objetivos distintos ampliou o "enquadramento" dos trabalhadores. Outro exemplo: desde o nascimento da prisão moderna, os magistrados muitas vezes têm sido obrigados a abrir espaço à opinião psiquiátrica, pois isso se tornou inevitável com a mudança nos pressupostos "humanos" do moderno regime punitivo. Mais uma vez, um quadro complexo de dominação teria surgido sem que nos fosse possível localizar um grupo definido de atores que o desejasse, de modo claro e intencional.

O argumento de Foucault é que, em tais casos, o historiador enfrenta "necessidades estratégicas que não são exatamente interesses"; ao fim, temos estratégias globais complexas, mas "coerentes e racionais", porém já não é possível identificar quem as concebeu. Não obstante, não é fácil ver por que deveríamos descrever assim a situação. O que parece claro é que estão em jogo múltiplos interesses e intenções convergentes (bem como ocasionalmente divergentes). Não se segue, porém, que uma análise em termos de intenção e interesse seja impossível. Pelo contrário: para entender o que está ou estava acontecendo, temos é que tentar compreender o que cada ator ou grupo de atores tencionava ao fazer isso ou aquilo; precisamos interpretar assim os planos dos empresários, as campanhas dos filantropos, as metas dos magistrados e assim por diante. A ação movida por interesses se faz sentir o tempo todo, mesmo que com finalidades contrárias e efeitos inesperados. O que com certeza não existe é um Grande Sujeito – a Burguesia, agindo, como um novo *Weltgeist* hegeliano, pelas costas de homens reais, engajados em coisas diferentes. Entretanto nenhum cientista social de orientação empírica jamais saiu em busca de entidade tão fantástica. Uma análise de classe tão grosseira, de tipo monolítico, sempre foi de pouquíssima utilidade na ciência social, em contraposição à ideologia política. Os muitos sujeitos diferentes, individuais e "coletivos", bastam para explicar tais processos sociais complexos. Por conseguinte, os numerosos exemplos empíricos da complexa ação social que se desdobra no tempo (frequentemente com muitos efeitos colaterais e resultados indesejados) absolutamente não justificam nenhuma rejeição completa e *a priori* do sujeito.

Felizmente, num texto posterior, o já citado *O Sujeito e o Poder*, a tardia descoberta de que o poder é exercido sobre sujeitos livres parece desmentir afirmativas temerárias como "os indivíduos são os veículos do poder, não seu ponto de aplicação [...] o indivíduo é um efeito do poder".[9] O verdadeiro interesse de *Microfísica do Poder* reside em outra direção: em sua tentativa de esboçar uma macro-história do poder. Essas conferências retomam, em nível mais geral, as ideias de *Vigiar e Punir* sobre a evolução dos sistemas de poder.

Numa sociedade "feudal", diz Foucault, o poder era principalmente soberania e estava restrito a "mecanismos

---

[9] Foucault, *Power/Knowledge: Selected Interviews and Other Writings 1972-1977*, op. cit., p. 98.

gerais" de dominação; o poder tinha então "pouco controle dos detalhes". Mas a idade clássica inventou novos mecanismos de poder, dotados de "técnicas processuais altamente específicas", bem como de novos instrumentos e aparelhos. Um novo tipo de poder – a dominação disciplinar – tornou-se "uma das grandes invenções da sociedade burguesa". À diferença do poder soberano fortuito, que era exercido sobretudo "sobre a terra e seus produtos", o poder disciplinar concentrava-se em "corpos humanos e suas operações". Assim, em vez de pagar tributos descontínuos, o homem moderno era alvo de constante vigilância.[10] Nascia a sociedade carcerária. E, em vista dessa nova configuração de poder, desse moderno padrão "crático", Foucault nos exorta a realizar "uma análise ascendente do poder", partindo "de seus mecanismos infinitesimais" na cultura multiforme das sociedades modernas. Mapear o poder não a partir de seu centro "superior" ("análise descendente"), mas sim de seu solo humilde e de sua periferia – tal era o programa de Foucault nos anos 70. Implicava um senso de poder em suas "formas mais 'regionais' e locais" descendo às situações minúsculas em suas extremidades, àqueles pontos em que o poder se torna "capilar".[11]

O poder moderno não é só onipresente; é também anônimo e globalizante; transforma a nós todos, poderosos e humildes, governantes e governados, em dentes de sua maquinaria. No prefácio que escreveu para a edição do *Panopticon*, de Bentham, intitulado "O olho do poder" (1977), Foucault se expressa claramente: a característica das sociedades instaladas no século XIX é o poder como "uma máquina na qual todos estão presos, aqueles que [o] exercem tanto sobre quem é exercido".[12] O problema das epistemes de Foucault, vale lembrar, é que pareciam monólitos. Será o poder foucauldiano, "estrutura total de ação", também um monólito? Um bravo

---

[10] Ibidem, p. 104-05 e 151.
[11] Ibidem, p. 99 e 96.
[12] Ibidem, p. 156.

foucauldiano marxizante, Colin Gordon, bate o pé: não é. Ele está ciente de que os leitores de Foucault ficam muitas vezes com a impressão de "um sistema hiper-realista onde as estratégias-tecnologias-programas de poder se fundem num regime monolítico de sujeição social". Contudo, tudo isso é um terrível mal-entendido, pois "Foucault distingue sua caracterização de nossas sociedades, como disciplinares, da fantasia de uma sociedade disciplinada e povoada por sujeitos dóceis, obedientes e normalizados". Gordon esforça-se por impedir que a afirmação de Foucault de uma *onipresença* do poder seja erroneamente interpretada como se equivalesse a uma *onipotência* dos modernos aparelhos de dominação.[13]

Há, com efeito, algumas ressalvas, nesse sentido, nos próprios textos de Foucault. Mas eles também abundam em frases holísticas, conforme várias de nossas citações o demonstraram. Como pode o leitor fugir da impressão de um onívoro monólito de poder se, para cada asserção tranquilizadora, que admite que o poder não abarca tudo, ele tropeça com dezenas de expressões totalistas como "sociedade disciplinadora", "generalização disciplinadora", "táticas gerais de sujeição", "sistema carcerário generalizado", "tessitura carcerária da sociedade", "sociedade de vigilância" e assim por diante? Como rejeitar de pronto a ideia de uma dominação onipotente se nos é dito que nossas escolas, hospitais e fábricas são, essencialmente, espelhos da prisão, que nossas vidas em toda parte são repressivamente "normalizadas", do berço ao túmulo? Afinal de contas, se Foucault não queria dizer isso, por que diabos o dizia a todo instante? Como podia um escritor tão articulado, como ele indubitavelmente era, ser tão desajeitado ou tão descuidado a ponto de induzir seus leitores a erro num ponto tão crucial? Mesmo que admitamos a possibilidade de extrair uma análise dessa arrebatada retórica de denúncia, devemos também reconhecer que, enquanto a análise permaneceu irrealizada, a retórica, essa, nunca falhou.

---

[13] Ibidem. Posfácio de Colin Gordon, p. 346-47 e 255.

Pode-se, pois, dizer que uma das peculiaridades da anatomia do poder feita por Foucault é seu *pancratismo*: sua tendência a soar como redução sistemática de todos os processos sociais a padrões de dominação, em geral não especificados. Ora, de um ponto de vista analítico, o pancratismo representa uma considerável responsabilidade. Com efeito, dizer que o poder permeia toda a sociedade, ou mesmo que alguma forma de poder se difunde por todas as importantes relações sociais (duas proposições plausíveis), não significa dizer que tudo na sociedade, ou mesmo tudo que ela tem de significativo, traga a marca do poder como traço definidor.

Na filosofia do direito, isto foi percebido por alguns críticos de Kelsen. Enquanto a posição tradicional na teoria do direito sustentava que a coerção é o instrumento da lei, Hans Kelsen propôs que o próprio *conteúdo* do direito fosse a regulamentação da força. Como ele adverte (*Reine Rechtslehre*, V, § 1), em termos rigorosos não deveríamos jamais dizer que quem comete um delito "viola a lei" – pelo contrário, é graças aos atos ilícitos que a lei cumpre sua tarefa essencialmente coercitiva, qual seja, reagir a ações ilegais na forma de uma sanção efetiva.

O problema, no entender de Alfonso Ruiz-Miguel, é que, para se identificar todo o conteúdo básico do direito com a força regulamentada, ou a coerção, tem-se de empregar um conceito demasiadamente amplo de poder. Ora, em princípio, praticamente toda relação social presta-se a ser vista em termos de poder. Por exemplo, podemos interpretar a exigência legal de que os produtos alimentícios tragam no rótulo a data-limite para sua utilização segura como prova do poder dos consumidores sobre os produtores, em vez de considerá-la como uma norma governamental imparcial destinada a evitar doenças; da mesma forma, podemos "ler" as estipulações legais contra o lucro ilícito como atestado da força dos negociantes honestos sobre seus colegas menos éticos. Nessa medida, uma teoria do poder na sociedade é virtualmente irrefutável – *mas, exatamente por isso, de pouco ou nenhum valor cognitivo*. Conforme conclui

Ruiz-Miguel, os resultados dessa redução de toda relação social à noção de poder são, descritivamente, paupérrimos, uma vez que a ampliação exagerada do conceito de poder corresponde a uma igual perda em profundidade e especificidade.[14] A descrição que Foucault faz do poder social parece padecer da mesma deficiência. Em *Oublier Foucault* (1977), disse Jean Baudrillard: "*Quand on parle tant du pouvoir, c'est qu'il n'est plus nulle part*". Poder-se-ia inverter a situação: quanto mais se vê o poder em toda a parte, menos se é capaz de falar dele.

Curiosa, mas compreensivelmente, a filosofia política de Foucault refletia o fato de ele evitar todo o foco na ação humana, como corolário da maciça rejeição estruturalista do sujeito. Como notou Peter Dews, Foucault pretende "dissolver o elo filosófico – herdado do idealismo alemão pela tradição marxista – entre a consciência, a autorreflexão e a liberdade, e negar que subsista qualquer potencial político progressista no ideal do sujeito autônomo". Em lugar do elo sujeito/liberdade, Foucault propõe "uma relação direta e inequívoca entre a subjetivação e a submissão".[15] De qualquer modo, o próprio Foucault disse que "a consciência como base de subjetividade é uma prerrogativa da burguesia".[16] Em sua opinião, a política da luta de classes pode e deve estar comprometida com uma "dessubjetivização" da vontade de poder.[17]

Ao abismo entre as ideias de Foucault e o conceito de liberdade no idealismo alemão, poderíamos acrescentar que tampouco ele estava próximo das ideias "ocidentais" (em contraposição às alemãs) de liberdade. *Grosso modo*, três conceitos principais de liberdade preponderaram historicamente no moderno pensamento político:

---

[14] Alfonso Ruiz-Miguel, *Filosofia y Derecho en Norberto Bobbio*. Madrid, Centro de Estudios Constitucionales, 1983, p. 292.

[15] Peter Dews, "Power and Subjectivity in Foucault". *New Left Review*, 144, março/abril de 1984, p. 86-7.

[16] Foucault, *Language, Counter-Memory, Practice: Selected Essays and Interviews*, op. cit., p. 208.

[17] Ibidem, p. 222.

a ideia alemã de liberdade (para usarmos o rótulo de Leonard Krieger), baseada em reflexão e *autodesenvolvimento*; a ideia lockiana de liberdade como *independência e segurança*, isto é, liberdade da opressão e de interferência arbitrária; e a ideia rousseauniana de liberdade como autonomia ou autodeterminação. Para os alemães (sobretudo para Fichte e Hegel), liberdade significava predominantemente liberdade *interior*; para Locke, seu significado supremo era *liberdades civis*; e para Rousseau significava primordialmente *liberdade política*.

Ora, enquanto o desdém de Foucault pelos interesses, em sua análise do poder, fazia com que lhe fosse de pouca serventia o conceito de liberdade como independência pessoal, o fato de ele combinar subjetividade e sujeição, além de minar a ideia de reflexão como autodesenvolvimento, descarava a ideia de liberdade como autonomia individual. Em consequência, Foucault não tinha espaço para o reconhecimento tradicional das diferenças básicas entre regimes liberais e entes políticos despóticos – um reconhecimento partilhado, com o liberalismo, pela corrente principal do pensamento radical, a começar pelo marxismo clássico. Na verdade, Foucault dava tão pouca importância ao hiato entre as sociedades livres e as não livres que, em 1976, teve a coragem de dizer a K. S. Karol, numa entrevista sobre o sistema penal soviético, que os métodos de vigilância empregados na URSS eram apenas uma versão ampliada das técnicas disciplinares criadas originariamente pela burguesia ocidental no século XIX. "Da mesma forma que os soviéticos adotaram os princípios da administração científica [...] também adotaram nossas técnicas disciplinares, acrescentando mais uma arma, a disciplina partidária, ao arsenal que havíamos aperfeiçoado".[18] Há algo de decididamente despropositado em igualar o Gulag ao taylorismo como "técnicas facilmente transplantáveis" (ibidem) e, como tais, legadas pelo capitalismo à

---

[18] Cf. *Le Nouvel Observateur*, 26 de janeiro de 1976. Traduzido e condensado como "The Politics of Crime", in: *Partisan Review*, v. 43, n. 3, 1976, p. 453-59.

ideocracia comunista. O que a equação deixava ao largo, em termos de análise histórica, é tudo o que realmente tem importância – todo o meio ideológico e institucional que, no Ocidente liberal, nunca permitiu a instalação e a manutenção de gulags, não importa quão ocidental (na verdade, inglesa) possa ter sido, na origem, a ideia de campos de concentração em pequena escala. Acresce que esse tipo de disparate histórico é, politicamente, tão perigoso quanto tolo. E não se diga que Foucault estivesse, de algum modo, rejeitando claramente o sistema soviético, juntamente com suas técnicas disciplinares, supostamente emprestadas. Condenar o Gulag absolutamente não basta: deve-se fazê-lo sem interpretar falsamente sua natureza e suas origens. E justamente o genealogista do poder moderno devia ser a última pessoa a errar nesse sentido.

A verdade é que Foucault não se importava muito com a política da liberdade porque julgava que a política, como tal, já não tinha importância. A política, em seu entender, era filha da Revolução. Falando a *Le Nouvel Observateur* em 1977, ele insinuou que toda revolução tende a degenerar em stalinismo, pois tende a ser confiscada pelo Estado revolucionário. Por conseguinte, as revoluções tornaram-se altamente indesejáveis. Segue-se que estamos hoje vivendo "o fim da política". Pois se é verdade que a verdadeira política é uma atividade possibilitada pela revolução, e a revolução não é mais válida, então a política deve acabar.[19] A luta de classes – que Foucault não tinha nenhuma intenção de abandonar – tem de aprender a contornar o peso morto da política.

Dois meses mais tarde, ele aplaudia a publicação de *Les Maîtres Penseurs*, de André Glucksmann. *Gauchiste* ferrenho entre os *nouveaux philosophes*, Glucksmann acusava – com eloquência, embora não convincentemente – a filosofia moderna, desde Hegel, de cumplicidade intelectual na violência de uma história dominada pelo princípio do Estado revolucionário.[20] Na mesma linha,

---

[19] Cf. *Le Nouvel Observateur*, 12 de março de 1977, p. 113 e 124.

[20] Ibidem, 9 de maio de 1977.

a "não política" de Foucault era um ativismo radical pós-revolucionário que aprovava as "lutas específicas contra o poder particularizado" de "mulheres, prisioneiros, soldados conscritos, pacientes de hospital e homossexuais". Ao mesmo tempo, contudo, ele não cogitava de ser, ou se tornar, um reformista: tinha a reforma na conta de uma ideia "estúpida e hipócrita".[21] Por que seria? O mais próximo que cheguei de uma resposta foi quando descobri como Foucault gostaria que suas obras funcionassem: "Gostaria de que meus livros fossem [...] coquetéis Molotov, ou campos minados; gostaria que eles se autodestruíssem após serem usados, como fogos de artifício".[22]

Dada a brilhante contribuição de Foucault para a filosofia em estilo pirotécnico, essa confissão parece um excelente exemplo de autoconhecimento. O problema, porém, é que os coquetéis Molotov impressos podem prejudicar nossa maneira de pensar sobre poder e política, e o menor dano não será substituir uma serena análise racional por ânimos exaltados. Não posso deixar de concordar com Peter Dews: o poder foucauldiano, "não tendo nada de determinado a que se pudesse opor, perde todo o conteúdo explanatório".[23] A elisão dogmática do sujeito priva a coerção de seu objeto, deixando a dominação desmaterializada. Como até mesmo um admirador, Edward Said, deplorou, não há em Foucault uma só palavra sobre como e por que o poder é conquistado, empregado ou conservado.[24] A "cratologia" de Foucault é tão insatisfatória quanto sua história da punição e da disciplina.

---

[21] Cf. Foucault, *Language, Counter-Memory, Practice: Selected Essays and Interviews*, op. cit., p. 212-16 (de *Intellectuals and power*). Cf. Adorno: "Quando construí meu modelo teórico, não podia ter adivinhado que as pessoas desejariam realizá-lo com coquetéis Molotov" (apud Martin Jay, *Adorno*. London, Fontana, 1984, p. 55).

[22] Entrevista a Jean-Louis Ezine, *Nouvelles Littéraires*, v. 2477, 17-23 de março de 1975.

[23] Peter Dews, "Power and Subjectivity in Foucault", op. cit., p. 92.

[24] Ver o ensaio sobre Foucault in: Edward W. Said, *The World, the Text and the Critic*. London, Faber and Faber, 1984.

Capítulo IX

POLÍTICAS DO CORPO, TÉCNICAS DA ALMA: A HISTÓRIA DA SEXUALIDADE SEGUNDO FOUCAULT

Na obra histórica anterior de Foucault, o eu era visto principalmente como instrumento de poder; era a subjetividade normalizada. Na *História da Sexualidade*, o eu continua uma presa do poder, mas agora o relato de sua produção pelo poder é feito, por assim dizer, de dentro. Consequentemente, o primeiro plano não é mais ocupado por estruturas ou estratégias de poder, e sim por "tecnologias do eu", visualizadas em seu próprio espaço interior. Lembremo-nos de que, em sua própria definição do projeto, Foucault na verdade estava menos interessado no poder *per se* do que no papel do poder *no surgimento do sujeito moderno*. A história sexual é, acima de tudo, uma forma de permitir que a genealogia do sujeito retorne ao centro do palco. "Quando eu estava estudando os asilos, as prisões, etc." – escreveu ele em 1981 – "talvez tenha insistido demasiadamente nas técnicas de dominação, [...] eu gostaria, nos anos vindouros, de estudar as relações de poder partindo das técnicas do eu."[1]

A meta confessa de *História da Sexualidade* é destacar o discurso do sexo em relação às "técnicas polimorfas do poder". Não o sexo como prática, mas o sexo como tema de uma prática discursiva multiforme – esse é o tema daquele que viria a ser o último projeto histórico-analítico de Foucault. Tal como *História da Loucura* e *As Palavras e as Coisas*, também *A Vontade de Saber* começa sua periodização no Renascimento. Mais uma vez, todavia, o Renascimento serve apenas para dar realce à primeira mutação importante discernida por Foucault: a mudança nas atitudes ocidentais em relação ao sexo. Desde meados do século XVI, a cultura ocidental começou a desenvolver novas e poderosas técnicas para interiorizar as normas sociais referentes à moral e, em particular, ao comportamento sexual. No entanto esses fatos pós-Renascimento foram, por sua vez, um reforço e uma intensificação do instituto medieval da *confissão* como principal ritual de produção da verdade. A codificação do

---

[1] Foucault, *London Review of Books*, 23 de maio a 3 de junho de 1981, p. 5.

sacramento da penitência no Concílio de Latrão de 1215; a substituição do ordálio pelo interrogatório; a criação dos tribunais da Inquisição – tudo isso teve significado nessa evolução, refletida, ademais, na carreira da palavra confissão, termo que, no passado, foi marca do prestígio atribuído a uma pessoa por outra, mas que acabou denotando o reconhecimento, por uma pessoa, de suas próprias ações e pensamentos. Com o Concílio de Trento (1545-1563), adotaram-se novos procedimentos para a purificação do clero. Técnicas minuciosas de autoexame, confissão e direção da consciência começaram a ser usadas em seminários e mosteiros. Entrementes, o laicato era convocado a se confessar com mais frequência que antes. Até à Contrarreforma tridentina, a Igreja supervisionava a sexualidade apenas a distância, pois o requisito de confissões anuais positivamente se prestava a uma inspeção atenta do comportamento sexual. Falando-se em termos gerais, portanto, a mutação ocorreu em 1550: "O indivíduo, durante muito tempo, foi autenticado pela referência dos outros e pela manifestação de seu vínculo com outrem (família, lealdade, proteção); posteriormente, passou a ser autenticado pelo discurso de verdade que era capaz de ter sobre si mesmo".[2] Na esfera social, a sexualidade toma forma como uma figura histórica quando o sexo é apartado do reino da aliança prescritiva. É, enfaticamente, uma ideia de sexo ligado ao surgimento do indivíduo moderno. O homem ocidental foi assim convertido, no início dos tempos modernos, num praticante da arte de esmiuçar o pecado como intenção, assim como de atentar a sentimentos de conflito ligados à carne. Com o tempo, a conduta confessional tornou-se parte integrante da vida moderna.

> A confissão difundiu amplamente seus efeitos: na justiça, na medicina, na pedagogia, nas relações familiares, nas relações amorosas, na esfera mais cotidiana e nos ritos mais solenes; confessam-se os crimes, os pecados, os pensamentos e os desejos. Confessam-se

---

[2] Foucault, *História da Sexualidade*, v. I, op. cit., p. 58.

passados e sonhos, confessa-se a infância; confessam-se as próprias doenças e misérias [...] fazem-se a si próprio, no prazer e na dor, confissões impossíveis de confiar a outrem, com o que se produzem livros [...]. O homem, no Ocidente, tornou-se um animal confessante.³

Acresce que, desde o século XVIII, demógrafos e administradores começaram a estudar a população, a prostituição e a disseminação das doenças. "O sexo não se julga apenas; administra-se".⁴ Desde a aurora da era industrial, a civilização colonizou nossa biologia: criou uma "anatomopolítica" – uma política do corpo – em conjunção com uma "biopolítica" – o planejamento da população. Ciências humanas como a psicologia, a medicina e a demografia capturaram o corpo "confessado" como objeto de preocupação social e manipulação governamental. Mais uma vez celebrou-se uma aliança crucial entre o poder e o saber.

Mas a questão importante é que a sexualidade tornou-se o principal tema de uma onda generalizada de verdade a respeito do indivíduo, que mostrou ser um potencial quase ilimitado para as estratégias de poder social. Uma vez afastado das garras do pecado, o "animal confessante" continuou a desnudar a alma: ele e o *Homo Docilis* da sociedade disciplinar são, em última análise, gêmeos. "A obrigação da confissão [...] já está tão profundamente incorporada a nós que não a percebemos mais como um efeito de um poder que nos coage: parece-nos, ao contrário, que a verdade, na região mais secreta de nós próprios, não 'reclama' nada mais que revelar-se".⁵ Ora, o sexo é a epítome dessa individualidade que sonda a alma. Enquanto o Oriente criou uma *ars erotica* sofisticada e impessoal, a moderna cultura ocidental elaborou uma *scientia sexualis* mais voltada para o controle personalizado que para o hábil prazer.

---

³ Ibidem, p. 59.
⁴ Ibidem, cap. II, 1.
⁵ Ibidem, cap. III.

Uma nota em *A Vontade de Saber* desvela o plano original da *História da Sexualidade*, em vários volumes: a partir do volume dois, haveria estudos históricos concretos sobre os quatro principais objetos (ou vítimas) do controle sociossexual: as mulheres (especialmente na figura, tão característica do apogeu da moralidade burguesa, da histérica); as crianças (sobretudo com relação à masturbação); o adulto pervertido; e "populações e raças". Já *A Vontade de Saber*, em contraste, pretende ser basicamente uma discussão metodológica. O intuito principal consiste em verificar se a miséria sexual da modernidade se deve a proibições ditadas pela exploração econômica – uma situação do tipo "Trabalhe, não faça amor". Tal era, com efeito, a visão de Reich e Marcuse; e convém lembrar que Reich chegou a ela através da discussão da ideia de Freud de repressão dos instintos como a base de civilização: para Reich, longe de sustentar todas as sociedades humanas, a repressão era tão somente um estágio histórico, peculiar às sociedades autoritárias. A moderna cultura ocidental era, em seu entender, esse tipo de sociedade, onde a repressão necessariamente prevalece em nome da exploração capitalista.

Foucault não concordava com essas ideias. Não negava a moderna miséria sexual, mas se recusava a explicá-la como resultado da repressão. Em vez disso, empenhou-se em identificar os "mecanismos positivos", que, ao "produzirem" a sexualidade num dado modo cultural, geram infelicidade. Que é o controle do poder "produtivo", e não do repressivo, que atua na sexualidade moderna é atestado pelo fato de que (conforme ele acentuou numa entrevista a Bernard-Henri Lévy) os poderes dominantes parecem já não temer o sexo.[6]

Os críticos culturais da "repressão", familiarizados com Marcuse, responderiam, naturalmente, que isso acontece porque vivemos num mundo de "dessublimações repressivas", de modo que os comentários de Foucault sobre a rápida "liberação" dos costumes sexuais

---

[6] *Le Nouvel Observateur*, 12 de março de 1977, p. 105.

no capitalismo avançado são inúteis como refutação da teoria da repressão. Em minha opinião, a espécie de *Kulturkritik* de Foucault tem, nesse aspecto, a vantagem do realismo descritivo, se não explanatório: ao contrário dos marcusianos, ele pelo menos fala sem rodeios. Ademais, conta agora com o apoio da mais recente pesquisa historiográfica sobre o sexo burguês, mesmo nos tempos vitorianos. Afinal de contas, Foucault não negava o puritanismo vitoriano; apenas o julgava uma "digressão e desvio" no plurissecular "processo de colocação do sexo em discurso".[7] Ora, sucede que Peter Gay, embora censure Foucault por seu procedimento "anedótico", "quase sem nenhum estorvo de fatos", descreve seu próprio livro recém-publicado, *Education of the Senses* (primeira parte de uma obra alentada, *The Bourgeois Experience*), como uma "longa discussão" contra aquilo que Foucault chama "a hipótese repressiva".[8] E como indica o subtítulo do livro de Gay – "Victoria to Freud" –, sua tese é que, *mesmo no século XIX*, o decoro e a repressão eram, em grande medida, mais um mito que a poderosa realidade que passam por ter sido.

Para Foucault, o moderno controle da sexualidade na cultura burguesa era menos uma arma contra as classes inferiores do que uma autoidealização da burguesia. Do mesmo modo que as técnicas disciplinares que surgiram com o nascimento da prisão eram, na origem, um meio de controlar as classes trabalhadoras, o discurso sobre o sexo surgiu basicamente como uma tecnologia do eu, controlada pelo burguês que esculpia sua própria imagem. A burguesia formulou um código sexual para sua própria autoafirmação. Transformou o casal monógamo e heterossexual no padrão de moralidade e no pilar da sociedade. Todas as outras formas de sexo vieram a ser consideradas contrárias à natureza e perigosas para a sociedade. No fim, todavia, até mesmo esse aspecto da

---

[7] Foucault, *História da sexualidade I*, op. cit., cap. I.

[8] Peter Gay, *The Bourgeois Experience: Victoria to Freud*, v. I: *Education of the Senses*. Oxford, Oxford University Press, 1984, p. 468.

cultura de classes revelou-se um episódio na grande saga do sexo *"mise en discours"*. O sexo herético também tomou seu lugar em mais de uma das "espirais de poder e de prazer" descritas por Foucault: pois o poder "produtivo" é bastante capaz de gerar também prazer, por mais inautêntico que seja. De qualquer modo, a forte posição culturalista de Foucault o impediu de contrapor qualquer coisa parecida com o "sexo natural" às figuras do erotismo moderno. Para ele, o discurso, mais que domar o sexo, "inventa-o". Do começo ao fim de *A Vontade de Saber*, o sexo é antes social que natural; e no fecho de seu volume introdutório, Foucault fez questão de nos alertar contra a propensão a colocar o sexo do lado da realidade, e a sexualidade do lado das ideias como ilusões. Não: o sexo como discurso é uma ideia que não é nem natureza nem, absolutamente, uma ilusão – é uma realidade *histórica*. Como ele disse, sucinta e provocadoramente, numa entrevista: "Temos tido sexualidade desde o século XVIII e sexo desde o XIX. O que tínhamos antes era sem dúvida a carne".[9]

Na mesma entrevista ("A Confissão da Carne") Foucault explicou o que queria dizer com discurso sobre sexualidade. Vimos que, no sentido emprestado por Foucault, "discurso" sempre conota poder. Agora ele insiste num conceito correlato, "o dispositivo da sexualidade". O dispositivo "consiste em estratégias de relações de forças que sustentam tipos de saber e por ele são sustentadas". Ao contrário das epistemes, os dispositivos são tão discursivos como não discursivos; e são também "muito mais heterogêneos".[10] Os dispositivos são conjuntos variegados, constituídos de discursos, instituições, leis, medidas administrativas, afirmações científicas, iniciativas filantrópicas, etc. Como não possui espaços institucionais

---

[9] Foucault, *Power/Knowledge*, op. cit., p. 211. Esse diálogo de 1977, "A Confissão da Carne", cap. 11, foi publicado originariamente in: *Ornicar*, revista do Departamento de Psicanálise da Universidade de Vincennes.

[10] Ibidem, p. 196-97.

bem definidos, como a prisão, a sexualidade é o campo por excelência para a heterogeneidade intrínseca de tais dispositivos de poder/saber.

A *Vontade de Saber* parece completar um interessante afastamento daquilo que, a despeito de seus constantes protestos, colocava Foucault perto do estruturalismo. Se *Vigiar e Punir* atenuou substancialmente o cesuralismo, a *História da Sexualidade* simplesmente o deixa de lado. Em certo sentido, o tema do poder suplanta todas as considerações arqueológicas, e Foucault parece ter rompido com a teoria do corte. Ao contrário do relato em três épocas de *História da Loucura* (A Nave dos Loucos/A Grande Internação/A Era da Psiquiatria), de *As Palavras e as Coisas* (semelhança/representação/epistemes de "antropologismo") e de *Vigiar e Punir* (tortura/reforma penal/encarceramento), *A Vontade de Saber* parece construir-se basicamente sobre dois períodos: antes e depois da *mise en discours* do sexo, o tempo que antecedeu e o que sucedeu à era confessional. O corte existe, mas é único e não é apresentado com espalhafato.

Além disso, os volumes seguintes da obra, longe de destacarem o corte ao tempo do início do puritanismo moderno e do moralismo da Contrarreforma, levam a referência histórica muito mais atrás. De fato, em vez de abordar, como prometido, as sexualidades "marginais" da mulher, da criança e dos pervertidos (ou melhor, o discurso ocidental a respeito deles), os volumes II e III de *História da Sexualidade*, publicados em junho de 1984, tomam um caminho inesperado: tratam das atitudes em relação ao sexo na Antiguidade, tanto a pagã como a paleocristã.

O brilhante capítulo final de *A Vontade de Saber* havia contrastado, na verdade, duas eras culturais: no passado distante, uma *sociedade de sangue*, definida por uma ética marcial, o medo da fome e a punição como tortura; hoje em dia, uma *sociedade de sexo*, a cultura científica da biopolítica e das disciplinas normalizantes. No entanto, já em 1981 Foucault revelara um diferente padrão genealógico, retornando à ascensão do cristianismo na Antiguidade tardia. Examinemos esse novo quadro.

No início, *A História da Sexualidade* buscava compreender como surgiu, na moderna cultura ocidental, uma *experiência* da sexualidade: o nascimento e o desenvolvimento de "sexo" e "sexualidade" como objetos culturais historicamente dados. Foucault não desejava empreender nem uma história das ideias sobre o sexo nem uma história das mentalidades ("*histoire des mentalités*", um jogo popular entre os historiadores franceses contemporâneos, originado por um dos líderes da escola dos Annales, Lucien Febvre); desejava ater-se à análise histórica de uma experiência científica: *a consciência que o indivíduo tem de si mesmo como sujeito de uma sexualidade*. Como vimos, o surgimento de tal experiência parecia-lhe um fenômeno do século XIX que mais ou menos coincidia com a moderna episteme histórica, a psiquiatrização da loucura e a difusão da penitenciária – para citarmos seus três grandes esforços historiográficos anteriores.

Na introdução a *O Uso dos Prazeres* – o vol. II na nova estrutura da *História da Sexualidade* –, Foucault declara que seu projeto original visava correlacionar, dentro de uma dada cultura, "campos de saber, tipos de normatividade e formas de subjetividade" ou, antes, os diferentes "jogos de verdade" que reinavam em cada uma dessas esferas. Além disso, ele diz que, enquanto havia analisado a formação de saberes correlacionados com o poder e a subjetividade em estudos como *História da Loucura*, assim como os sistemas de poder num livro como *Vigiar e Punir*, o exame das formas de autorreconhecimento dos "sujeitos sexuais" ainda estava por ser feito – daí a necessidade de uma história foucauldiana do "homem do desejo".[11]

Mas por que exatamente *sexo*?, pergunta Foucault. Por que são, com tanta frequência, os prazeres sensuais e as atividades sexuais objeto de tal preocupação moral, muito mais do que outras experiências, nem um pouco menos vitais, como a alimentação? Uma resposta vem à

---

[11] Foucault, *História da Sexualidade*, v. II: *O Uso dos Prazeres*. Rio de Janeiro, Graal, 1984, p. 10-11.

mente: porque o sexo, muito mais do que quase tudo, é também objeto de proibições fundamentais, cuja transgressão é tida como seriíssima. Para Foucault, porém, essa resposta era puramente tautológica. Isso porque muitas vezes a preocupação moral com a sexualidade é mais forte onde não existe qualquer obrigação ou proibição relativa ao sexo. Deixando de lado as proibições, ele preferiu fundamentar sua pesquisa da pré-história do sujeito sexual no início do desenvolvimento, no Ocidente, das "técnicas de si" ou (para falar com Plutarco) da função "etopoética". "Fui levado", diz Foucault, ao término de suas páginas introdutórias, "a substituir uma história dos sistemas de moral, feita a partir das interdições, por uma história das problematizações éticas, feitas a partir das práticas de si".[12]

Daí o título, *O Uso dos Prazeres* – na verdade, um feliz empréstimo da terminologia hedonística da Grécia clássica: *chresis aphrodision*, o uso dos prazeres. Escolhendo uma abordagem "arqueogenealógica", Foucault discute, nos volumes II e III de *História da Sexualidade*, documentos de uma determinada natureza: antigos textos prescritivos, ou seja, textos que, não importa sua forma – diálogos, tratados, coleções de preceitos, cartas –, procuravam, basicamente, propor regras de comportamento (sexual). Tais textos atuavam como "operadores", possibilitando aos indivíduos questionarem sua própria conduta, a fim de formarem sua personalidade – a própria substância da construção do caráter da "etopoética".

Foucault começou questionando alguns conceitos convencionais sobre as diferenças entre a cultura pagã e a cristã. Onde se situa a principal clivagem entre a moral sexual do paganismo e a do cristianismo? Muitos responderiam que, enquanto na Antiguidade o sexo tinha um significado positivo, o cristianismo associou-lhe o pecado e o mal; que, para os cristãos, os únicos parceiros sexuais legítimos eram o casal monogâmico (e, ainda assim, apenas quando voltado para a procriação), ao passo que os

---

[12] Ibidem, Introdução.

antigos tinham uma visão decididamente mais liberal e, com efeito, aceitavam os relacionamentos homossexuais, ao menos entre os homens. Na realidade, contudo, a antiga ética sexual no Ocidente era muito menos permissiva e "dionisíaca". Na verdade, já havia, bem antes do advento do cristianismo, atribuído valores negativos ao sexo, que dirá à licença sexual. O mundo antigo exaltava o casal monogâmico como o modelo correto para o amor e a procriação e até louvava a castidade e a abstinência. Ademais, já existia um vínculo entre a abstinência sexual e o acesso à Verdade, bastante visíveis nos ensinamentos de Sócrates, tais como relatados por Platão.

Foucault ilustra essa questão com grande habilidade. Cita uma passagem curiosa de *Introdução à Vida Devota*, de São Francisco de Sales (1609):

> Contar-vos-ei um exemplo da honestidade do elefante. Um elefante nunca troca de fêmea. Ama-a com ternura. Com ela não tem comércio carnal salvo a intervalos de três anos. E isso apenas por cinco dias, e tão secretamente que jamais alguém o viu nesse ato. Entretanto, no sexto dia ele reaparece e a primeira coisa que faz é dirigir-se a um rio e lavar o corpo, não querendo retornar a seu bando antes de purificar-se. Não são essas honestas qualidades de um animal de molde a boas ensinar a pessoas casadas não se entregarem demasiadamente a prazeres sensuais e carnais?[13]

Nenhum texto sobre sexo parece mais "cristão", é o que normalmente se pensa. No entanto, o texto típico de São Francisco, tão transparentemente cristão em sua preocupação com a castidade, não passa de uma variação moderna de um tema clássico. Aldrovandi (que já encontramos em *As Palavras e as Coisas*) e outro o legaram à ideologia da Contrarreforma. Mas foi na verdade Plínio, o Velho, o naturalista que morreu na erupção do Vesúvio em 79 d.C., o primeiro a ficar impressionado

---

[13] *Filoteia* ou Introdução à Vida Devota, parte III, cap. 39, 7.

com esses pudicos paquidermes (cf. sua *História Natural*, VIII, 5, 13). Conquanto não recomendasse a pureza dos cônjuges como regra geral, como faria São Francisco de Sales, Plínio manifestou clara aprovação de um modelo de comportamento sexual já louvado por algumas seitas filosóficas da época, os estoicos tardios. Inúmeros outros textos demonstram também que as ideias sobre sexo dos gregos e romanos letrados estavam longe de ser lascivas. Em mais de um aspecto, quase prefiguravam a decência e o rigorismo cristão.

A grande diferença, de acordo com Foucault, é que as exortações à austeridade dos antigos não se achavam organizadas num código moral unificado imposto a todos. Antes eram tidas como uma espécie de moral de luxo, em face de práticas correntes. Acresce que essas exortações à austeridade e as principais interdições legais e religiosas da época não coincidiam, como atesta o fato de não ser a literatura rigorista dirigida àquelas que eram vítimas das mais duras restrições: as mulheres. O motivo disso é que existem pelo menos três níveis na história da moral: o nível dos verdadeiros *costumes*; o nível dos *códigos* morais de uma dada sociedade; e finalmente a maneira como os indivíduos são instados a se constituírem em sujeitos de conduta moral – o nível *ascético*. Ora, entre os antigos o pensamento moral consciente parece ter se ligado muito mais ao ascetismo, nesse sentido, do que à codificação moral. Em suma: sempre que o mundo antigo teorizava sobre sexo, não era absolutamente com ânimo complacentemente permissivo; e tal teorização era dirigida, por definição, não a todos (como as regras de uma comunidade cristã ou muçulmana), mas apenas aos membros naturais da classe dominante: os cidadãos livres do sexo masculino.[14]

O Uso dos Prazeres examina a maneira como a filosofia e o pensamento médico dos gregos abordaram

---

[14] Ibidem. Para os dois últimos parágrafos, cf. cap. IV. O exemplo do elefante já havia sido mencionado por Foucault no artigo da *London Review of Books*, 23 de maio a 3 de junho de 1981, p. 5, de onde vem a citação.

o problema da ética sexual em três diferentes áreas da experiência: a dietética (o regime do corpo), a economia (a administração do *oikos* ou lar) e a corte amorosa. O objeto da ética sexual era *ta aphrodisia*, "as obras de Afrodite" (*erga Aphrodites*), em latim *venerea*, em francês (aproximadamente) *voluptés*. Foucault dispôs-se a delinear a forma geral tomada pela reflexão moral a respeito de tais prazeres em vários textos – sobretudo de Xenofonte, Platão e Aristóteles –, formando um campo específico de "problematização": uma episteme erótica, por assim dizer.

Para os autores gregos, a imoralidade no sexo estava no excesso e na passividade, não na coisa em si. O sexo – em excesso – era visto como perigo potencial, e não como um mal intrínseco. Aulo Gélio atribuiu a Hipócrates o dito de que os orgasmos são pequenos acessos de epilepsia; mas Demócrito, frequentemente apontado como um dos mestres de Hipócrates, não pensava de maneira diferente. De qualquer forma, o coito era considerado como uma espécie de mecânica violenta. A fricção dos órgãos genitais, juntamente com a movimentação de todo o corpo, levava a um calor e a uma agitação que, como resultado, tornavam tão fluido o "humor espermático" que ele acabava espumando (*aphrein*: espumar), "como todos os fluidos sacudidos", segundo as próprias palavras de Hipócrates. É claro que a raiz comum de *aphrein* e de *aphrodisia* não passava despercebida; não havia a própria Afrodite nascido, por artes divinas, da espuma das ondas?

O problema da ética sexual resumia-se, pois, num exercício de controle: mérito, no comportamento sexual, equivalia a autodomínio. A sabedoria estava em manter o desejo tão próximo quanto possível da necessidade física. Não admira que, entre todas as seitas filosóficas, fossem os cínicos os mais destacados corifeus dessa perspectiva naturista. Um belo dia, Diógenes desafiou a moralidade pública masturbando-se ao ar livre. Dion de Prusa registrou para nós a sua justificativa: tal gesto, dizia o cínico, rindo, era um remédio natural, um alívio simples e honesto, mediante o qual o homem não se fazia refém da tirania do desejo sem peias. Feito em tempo, tal gesto poderia até ter evitado a guerra de Troia... que pena Páris não ter sido um cínico.

Acima de tudo, o sexo era considerado prova básica para a *enkrateia*: literalmente, o domínio de si mesmo. Na *República* (IV, 430), Platão definiu a temperança como uma espécie de "ordem e controle" impostos sobre os prazeres e desejos. A *Ética a Nicômaco*, de Aristóteles, sublinhava a natureza agônica da *enkrateia*, uma luta moral diferente da prudência e da *sophrosyne*, a plácida virtude pela qual se escolhem atos de acordo com a fria razão. Os homens encráticos triunfam, primeiro e acima de tudo, sobre si próprios; sabem como dominar suas paixões a fim de seguir um meio-termo entre a devassidão e a insensibilidade. Os homens livres não devem ser escravos de seu próprio desejo. A liberdade começa em casa, com a alma; o homem encrático é rei de si mesmo (*basilikos heautou*). E a *enkrateia*, naturalmente, implicava *askesis*: pois, se a virtude é uma luta, dificilmente pode ser alcançada sem exercícios apropriados.

Assim, a posição do senhor da *oikos*, o cidadão livre da pólis, refletia-se no ideal moral do domínio das paixões. Mas essa ética do guerreiro aplicada à psique era, como vimos, eminentemente um assunto de homens. Caracteristicamente, a terceira área sensível da ética sexual, ao lado da dietética e da economia, ou seja, a regulamentação da corte amorosa, envolvia menos homens e mulheres que o relacionamento de homens com outros homens. O amor na Grécia (embora não em Roma) significava basicamente a ética da conquista de rapazes. Foucault tem muito o que dizer a respeito.[15] Começa por observar que, na Antiguidade, o homem que preferia rapazes a mulheres não via a si próprio como um pervertido. Pelo contrário, quando, no *Banquete*, Platão distingue entre dois amores, o eros superior e "celestial" era dirigido apenas a rapazes jovens. O que importava,

---

[15] Cf. Ibidem, cap. IV.

todavia, era o tipo de amor, e não seu objeto, se homem ou se mulher. Os autores gregos tratavam com o maior desprezo os efebos fáceis e ridicularizavam os efeminados, um dos grandes alvos do riso da antiga comédia. Havia uma repugnância natural, não em relação ao homem que amava rapazes ou àquele que, na juventude, houvesse sido amado por um homem mais velho, mas sim em relação a confiar qualquer função de preeminência social a uma pessoa que tivesse se deixado ser apenas um objeto sexual – pois isso vinha de encontro à nobre lógica da *enkrateia*.

Prova disso era a nítida distinção entre o papel do *erasta* – o homem mais velho apaixonado – e o do *erômeno* – o seu amado. Esperava-se que os erômenos não cedessem com excessiva facilidade aos agrados, quanto mais ao impulso sexual, de seus amantes, uma vez que, se o fizessem, imediatamente se desqualificavam como futuros cidadãos. O *eros* da pederastia era claramente assimétrico. Daí a preocupação, demonstrada na literatura, com a complexa psicologia envolvida pela honra dos rapazes – uma preocupação mais tarde transferida, no Ocidente cristão, à moça núbil ou à jovem esposa, novos objetos do amor cortesão das dissertações ético-eróticas.

Esperava-se que as relações homossexuais se desenvolvessem, ou mesmo que se originassem, como *philia* – amizade viril, isenta de aspectos carnais. De qualquer forma, os gregos menosprezavam o homossexualismo entre adultos. Enamorar-se de rapazes que houvessem passado da adolescência não gozava de legitimidade moral; por conseguinte, o *eros* devia ser sabiamente convertido numa viril *philia*. Ao mesmo tempo, era entre um homem e um rapaz, e não entre marido e mulher, que se formava uma relação socialmente recíproca, fora das peias institucionais. Enquanto as esposas gregas não tinham qualquer autonomia moral reconhecida, os rapazes e os homens, que se encontravam nos ginásios esportivos ou na rua, eram pessoas da mesma categoria social. Consequentemente, as regras que prevaleciam entre eles pertenciam antes a uma estética existencial do que a um código moral coletivo. A erótica era isso: uma estilização (a palavra é de Foucault) da conduta, deixando muito espaço para a ação livre.

O *Uso dos Prazeres* termina com um longo e ponderado comentário a respeito de como Platão, no *Banquete* e no *Fedro*, transformou uma erótica baseada na corte e na liberdade dos amantes masculinos numa erótica dependente de "uma ascese do sujeito e do acesso comum à verdade". Foucault inseriu magnificamente seu final platônico no quadro de seu *leitmotiv* – a ética de *eros*, que se situava além de toda complacência pessoal:

> Essa reflexão filosófica a respeito dos rapazes comporta um paradoxo histórico. Os gregos atribuíram a esse amor masculino, e mais precisamente a esse amor pelos rapazes jovens e pelos adolescentes, que a partir de então deveria ser, por tanto tempo e tão severamente, condenado, uma legitimidade onde nos é grato reconhecer a prova da liberdade que eles tinham nesse domínio. Contudo, foi a seu respeito, muito mais do que a respeito da saúde (com a qual eles também se preocupavam), muito mais do que a respeito da mulher e do casamento (por cuja boa ordem, no entanto, eles velavam), que eles formularam a exigência das mais rigorosas austeridades. É verdade que – salvo exceção – eles não o condenaram nem proibiram. Contudo, é na reflexão sobre o amor pelos rapazes que se vê a formulação do princípio de uma "abstinência indefinida"; o ideal de uma renúncia cujo modelo Sócrates fornece com sua resistência sem falhas à tentação; e o tema dessa renúncia detém, por cima, um alto valor espiritual.

Para nós, modernos, é paradoxal ver em tal amor divergente "a necessidade de um combate difícil [...] consigo mesmo, a purificação progressiva de um amor que só se dirige ao próprio ser em sua verdade, e a interrogação do homem sobre si mesmo enquanto sujeito de desejo".[16]

---

[16] Ibidem, cap. IV.

Em Platão, a erótica da Grécia clássica foi sublimada. Nem mesmo em Platão, contudo, Eros renunciou a seu espírito sensual. Em última análise, o espírito clássico nunca separou o sexo e o amor do prazer; a libido trazia em seu bojo sérios perigos, mas nunca era vista como um poder estranho, hostil ao homem. Obedecer a ela, em vez de dominá-la (ou em vez de ceder apenas quando o desejo tinha origem em uma necessidade genuína), significava autoescravização; mas não era uma mancha, um sinal de danação. Seria tudo isso modificado na era helenística e, ainda mais tarde, nas décadas áureas do Império Romano? A pergunta é respondida no volume III da *História da Sexualidade*.

O cuidado de si traduz a expressão socrática *epimeleia heautou*, transposta em latim como *cura sui*, e investiga o tema nos dois primeiros séculos da era cristã. Foucault detecta – em comparação com o pensamento clássico – uma desconfiança mais acentuada em relação aos prazeres, uma insistência em que os excessos são nocivos tanto ao corpo como à alma; uma maior valorização do casamento e da conjugalidade; e um claro cancelamento dos significados mais elevados antes ligados à pederastia. De modo geral, não houve qualquer fortalecimento dos códigos morais, mas uma intensificação das exigências de austeridade, com maior ênfase na importância do autocontrole. Entre a era de Sócrates, Demócrito e Hipócrates e a dos últimos Antoninos e seu médico, Galeno (131-201), os pensadores gregos e romanos vieram a prezar enormemente a continência e, até, a abstinência. Além disso, passaram a dar mais ênfase ao poder patogênico do sexo; Foucault fala de *"une certaine pathologisation"* do coito.[17] Ao mesmo tempo, os filósofos entoavam um verdadeiro hino ao cuidado despendido com a própria pessoa. Os estoicos o transformaram numa arte, atestada pela definição do homem

---

[17] Foucault, *História da Sexualidade*, v. 3: *O Cuidado de Si*. Rio de Janiero, Graal, 2005, cap. IV, 4. Para os comentários precedentes no mesmo parágrafo, ver principalmente cap. IV, 2.

feita por Epicteto ("o ser a quem foi confiado o cuidado de si") e por inúmeros verbos nas cartas e tratados de Sêneca: *sibi vacare, se formare, se facere, sibi applicare, suum fieri, in se recedere, secum morari*, etc... Sêneca deu também (no *De Ira*) a mais plena descrição de uma nova técnica moral, altamente prezada: o exame de consciência. Um século depois, Marco Aurélio discorria de maneira muito persuasiva sobre o autoconhecimento e o autodomínio. Mas talvez Foucault mostre ainda mais originalidade e perspicácia em suas observações a respeito de estoicos romanos de menor nomeada e de espírito prático, como Musônio Rufo, eloquente defensor do casamento, a despeito do desdém dos cínicos e epicuristas; e ele se mostra quase cativante em seus comentários sobre as comoventes páginas de Plínio sobre a ausência de um marido, e seu amor ardente – tanto *eros* como *philia* – pela jovem esposa que deixara em Roma. Até mesmo a primeira poesia moderna do amor conjugal, nas *Silvae*, de Estácio (45-96 d.C.), recebe uma menção feliz. O cuidado de si não desdenha a medida em que a mudança social, durante a era helenística, e, mais tarde, na Roma imperial, a partir do período de Augusto, condicionou novas tendências na erótica antiga. Louvando-se nos trabalhos de classicistas como Claude Vatin e Paul Veyne, Foucault observa que a institucionalização do casamento por mútuo consentimento, na Antiguidade pós-clássica, coonestou a ideia de uma terna conjugalidade. A mesma evolução básica ocorreu em Roma: nos tempos republicanos, o casamento era antes de tudo uma questão de representação de papéis, sob um regime patriarcal: havia nele pouco espaço para sentimento. No Império, em contraste, a lei do coração tornou-se funcional. Em ambos os mundos, no grego e no romano, surgiu uma "conjugalização" do intercurso sexual. O surgimento de padrões imperiais e a correspondente conversão da nobreza numa "aristocracia administrativa" (nas palavras de Ronald Syme) também contribuíram para a nova consciência do eu: o novo hiato entre o nascimento e o cargo acarretava tanto uma nova busca de *status* como uma interrogação do homem sobre si mesmo.

Não houve na Antiguidade qualquer descontinuidade espetacular na prática da *afrodisia*; a erótica, por outro lado, era nitidamente dualista: sempre opunha o amor "vulgar" ao "nobre". Sob o cristianismo aconteceu o oposto: o amor tornou-se unitário (e, naturalmente, "desedonizado"), ao passo que se traçou uma fronteira clara para a busca dos prazeres, separando o intercurso heterossexual legítimo dos amores ilícitos do homossexualismo.[18]

Não obstante, o apogeu da Roma imperial já assistiu à ascensão de uma tendência teórica conducente a uma erótica unitária. Assim, no *Diálogo sobre o Amor*, de Plutarco, preceptor de Adriano (significativamente, Plutarco foi também autor de alguns preceitos conjugais), onde *eros* está firmemente inserido em *gamos*, ou casamento, o dualismo da erótica clássica é rejeitado. Caracteristicamente, a passagem para um *eros* unificado se fez em conjunção com uma clara depreciação das práticas bissexuais (*afrodisia* unificadas). Plutarco lançou um convincente ataque contra a hipocrisia daqueles que defendiam a pederastia com base em elevados argumentos filosóficos, disfarçando ao máximo sua base carnal, como se Aquiles não tivesse chorado à lembrança das coxas de Pátroclo... Plutarco introduziu um conceito importante: *charis*, o consentimento dado por uma mulher enamorada – e que, como observamos, não tinha como ser concedido por um jovem a um homem mais velho sem que o rapaz ficasse moralmente desqualificado. Assim, a tardia filosofia pagã, tal como o cristianismo, unificou o campo da teoria do amor; mas, ao contrário dos pensadores cristãos, não cindiu a antiga unidade do amor e sexo, sentimento e prazer.

Concluindo, Foucault lembrou o debate, no início dos tempos modernos, sobre a relação entre o estoicismo e o cristianismo. Para os humanistas do Renascimento, como Justo Lípsio, Epicteto era um verdadeiro cristão *avant*

---

[18] Ibidem, cap. VI, 1.

la lettre. Na opinião mais severa de um jansenista como Arnauld, ele não era nada disso: os estoicos eram gente virtuosa, mas não cristã. Foucault colocou-se ao lado de Arnauld. Para ele, apesar de toda a sua evolução moralizante e de sua mudança geral no sentido de defender o "paradigma do elefante" na vida sexual, o pensamento antigo carecia de uma dimensão crucial: o *ímpeto confessional* do cristianismo. Escrevendo na *London Review of Books* em 1981, quando seus dois volumes sobre a Antiguidade estavam sendo elaborados, Foucault discorreu sobre essa questão, acentuando a posição-chave da "verdade como dever" na cultura cristã. Eis a essência de suas palavras, em dois parágrafos longos, mas bem claros:

> Como todos sabem, o cristianismo é uma confissão. Isso significa que o cristianismo pertence a um tipo especialíssimo de religião – aquela que impõe obrigações de verdade a seus praticantes. No cristianismo, tais obrigações são numerosas. Por exemplo, há a obrigação de ter como verdade um conjunto de proposições que constituem dogma, a obrigação de considerar certos livros como fonte permanente de verdade e obrigações de aceitar as decisões de certas autoridades em questões de verdade. Entretanto, o cristianismo requer outra forma de obrigação para com a verdade. Cada cristão tem o dever de investigar quem ele é e o que está acontecendo dentro de si, as falhas que possa ter cometido, as tentações a que está exposto. Ademais, todos têm a obrigação de dizer essas coisas a outras pessoas e, portanto, dar testemunho contra si mesmos.
>
> Esses dois conjuntos de obrigações – as relativas à fé, ao livro, aos dogmas e às referentes a si mesmo, à alma e ao coração – estão ligados. Um cristão necessita da luz da fé quando deseja investigar a si próprio. Inversamente, seu acesso à verdade não pode ser concebido sem a purificação da alma. O budista também tem de ir à luz a fim de descobrir a verdade sobre si mesmo. Mas a relação entre essas duas obrigações é

de todo diferente no budismo e no cristianismo. No budismo, é o mesmo tipo de iluminação que leva a pessoa a descobrir quem é e qual é a verdade. Nessa iluminação simultânea, de si e da verdade, descobre-se que o si era apenas uma ilusão. Gostaria de sublinhar que a descoberta cristã do eu não o revela como uma ilusão. Dá lugar a uma tarefa que não pode ser outra coisa senão indefinida. Essa tarefa tem dois objetivos. Primeiro, há a tarefa de afastar todas as ilusões, tentações e seduções que podem ocorrer na mente e descobrir a realidade do que está ocorrendo dentro de nós. Segundo, a pessoa tem de se livrar de qualquer ligação com esse eu, não porque ele seja uma ilusão, mas porque ele é realíssimo. Quanto mais descobrimos a verdade sobre nós mesmos; e quanto mais desejamos renunciar a nós mesmos, mais devemos renunciar a nós mesmos; mais precisamos trazer à luz a realidade sobre nós mesmos. Eis o que poderíamos chamar a espiral da formulação da verdade e da renúncia à realidade, uma espiral que está na essência das técnicas cristãs do eu.[19]

Em contraste, a reflexão moral da Antiguidade sobre os prazeres "não se orienta para uma codificação dos atos, nem para uma hermenêutica do sujeito, mas para uma estilização da atitude e uma estética da existência".[20] Em suma, era um *art de vivre*, perdido com o triunfo da ansiedade pela salvação.

Foucault encontrou uma comprovação evidente dessa mudança, de arte erótica em controle confessional, no contraste entre a atitude pagã em relação à interpretação dos sonhos e a maneira como Santo Agostinho encara o sexo. *O Cuidado de Si* analisa a *Oneirocritica* de Artemidoro de Éfeso, que viveu no século II d.C.[21] Artemidoro era o anti-Freud: em seus quatro capítulos sobre os sonhos de caráter sexual, considera sexo como o significante

---

[19] *London Review of Books*, 21 de maio a 3 de junho de 1981, p. 5.
[20] Foucault, *História da Sexualidade*, v. 2, op. cit., cap. I, 4.
[21] Foucault, *História da Sexualidade*, v. 3, op. cit., cap. I.

de prodígios futuros, em lugar de tomar o sexual como o supremo "significado" das imagens oníricas. Além disso, via os atos sexuais sonhados como prenúncios de mudanças na posição social e econômica do sonhador. Foucault argumenta que, em sua onirologia, Artemidoro, nisso um típico antigo, considera a sexualidade como eminentemente "relacional", isto é, profundamente vinculada às relações sociais. Santo Agostinho, por outro lado, minimizava o relacionamento com outras pessoas, concentrando-se no problema do eu no conflito vontade *versus* sexo. No famoso livro XIV de *A Cidade de Deus*, ele contrapôs o sexo edênico às relações sexuais depois da Queda. Em nosso estado pecaminoso, o sexo é, para Santo Agostinho, a epítome da perda do autocontrole. Alterando a velha ideia de que o coito seja uma pequena epilepsia, Santo Agostinho escreveu que o ato sexual é um horrível espasmo, no qual o corpo é sacudido por solavancos aterradores. Em contraste, o sexo no paraíso era uma maravilha de autodomínio. Todo o corpo de Adão fazia sexo do modo como cada um de nossos dedos controla seus gestos; o sexo e a vontade ainda não se achavam dissociados. A lição é clara: desde os primórdios do pensamento cristão, o *eros* foi colocado sob rude suspeita. O homem confessional substituiu a estética do prazer por uma introspecção dolorosa, censória e repressiva do desejo, agora degradado. A superação espiritual da libido deixa de consistir, como em Platão, em levantar os olhos para o céu e lembrar aquilo que a alma conhecera desde muito tempo, mas esquecera; em vez disso, veio a consistir numa vigilância constante, atenta ao pecado, em olhar "continuamente para baixo e para dentro, a fim de decifrar, entre os movimentos da alma, aqueles que provêm da libido".[22]

Os especialistas no pensamento antigo sem dúvida avaliarão rapidamente as interpretações e conclusões de Foucault. Uma coisa é certa: ele agora examina as opiniões da literatura especializada com muito mais frequência

---

[22] Foucault, *London Review of Books*, op. cit., p. 5.

que em todos os seus outros panoramas históricos juntos. Além disso, a qualidade da literatura consultada é também superior, e a própria literatura é em geral atualizada; para alguém que, em *A Vontade de Saber*, ainda se louvava em frágeis apoios historiográficos como *The Other Victorians* (1966), de Steven Marcus, o progresso é notável. E conquanto seja incomparavelmente mais difícil ressuscitar um texto antigo em grego ou latim, completamente esquecido, do que desenterrar tratados abstrusos do Renascimento ou obscuros códigos disciplinares de 1800 – de modo que, em sua arqueologia da sexualidade, a erudição de Foucault teria mesmo de se revelar de maneira mais convencional e menos surpreendente – foi aqui, e não em seus trabalhos anteriores, que ele se colocou mais perto do espírito triunfante da nova historiografia: um ânimo desbravador de que foi pioneiro, entre outros historiadores independentes, Philippe Ariès, o cronista da mudança de atitudes em relação à infância e à morte, e em cuja própria morte Foucault escreveu um necrológio encomiástico para *Le Nouvel Observateur* (aproveitando a deixa para, deselegantemente, invectivar Lawrence Stone); e um espírito que Pierre Nora e toda uma abalizada equipe tentaram teorizar, mapeando "novos problemas, novos posicionamentos e novos objetos" para a história, numa obra em três volumes, *Faire de l'Histoire* (1977).

Na verdade, poderíamos chicanear com relação a certas interpretações, em face de pesquisas recentes. Por exemplo, o quadro da pederastia apresentado por Foucault parece pouco desenvolvido do ponto de vista sociológico. Ele se mostra, é claro, bastante realista com relação ao antigo costume; nem por um momento confunde a exagerada espiritualização socrática do *eros* homossexual, feita por Xenofonte, com a verdade social. No fim, no entanto, sua análise revela-se menos esclarecedora, sociologicamente, do que a de K. J. Dover, apesar de suas várias referências a *Greek Homosexuality* (1978), desse autor. Ora, Dover comanda atualmente a reinterpretação da pederastia grega, graças à resoluta demolição que fez da tese "dórica", uma doutrina teutônica baseada no pressuposto de que as raízes de *l'amour grec* são encontradas no companheirismo marcial (um brilhante representante da teoria dórica, E. Bethe, escrevendo pouco antes da Primeira Guerra Mundial, explicou que a pederastia helênica repousava num conceito espermático da alma: como as melhores virtudes do homem se localizavam em seu esperma, supunha-se que a pederastia fosse a melhor maneira de transmitir valentia a um jovem guerreiro...). Dover rejeitou todo esse disparate militarista "prussiano" e ressaltou que, na *pólis*, tudo incentivava a sociabilidade às claras entre os homens. Foucault, como vimos, tinha consciência do *status* diferente das esposas e dos efebos, mas não se deteve na mecânica de seu ambiente social e de suas lógicas situacionais respectivas. Contudo, até onde posso perceber, nada do que ele diz parece contradizer os melhores trabalhos acadêmicos sobre o assunto.

Esses dois volumes parecem também conter algumas mudanças significativas na historiografia de Foucault. Algumas delas apenas reforçam tendências já discerníveis em *A Vontade de Saber*, se não antes, como a atenuação do cesuralismo (o corte com a teoria do corte) e a franca admissão de fenômenos evolutivos. Ele fala de uma "evolução muito lenta" do paganismo para o cristianismo e, ainda, da antiga erótica clássica para a *ars amandi* da Antiguidade tardia.[23] Outras mudanças, porém, trazem à baila novos fatores, inclusive o tema religião. Em 1970, entrevistando Foucault, juntamente com Sergio Paulo Rouanet, em sua nova residência na Rue Vaugirard, perguntei-lhe se pretendia estender a história "arqueológica" à experiência religiosa. Respondeu-me ele que sim, mas acrescentou que seu verdadeiro interesse nesse campo era a bruxaria.[24] No entanto, seu último livro, *As Confissões da Carne*, quarto e último volume de *História da*

---

[23] Foucault, *História da Sexualidade*, v. 2, op. cit., cap. I, 3; *História da Sexualidade*, v. 3, op. cit., cap. I, in fine.

[24] Cf. Sergio Rouanet (org.), *O Homem e o Discurso: A Arqueologia de Michel Foucault*. Rio de Janeiro, Tempo Brasileiro, 1971, p. 40-41.

Sexualidade –, é uma reflexão sobre o cristianismo como a quintessência da fé "confessional".

Tal como seu mestre, Nietzsche, Foucault claramente antipatiza com o espírito cristão. No entanto, nos volumes precedentes, nos quais são comuns as alusões ao cristianismo como o negativo, por assim dizer, da erótica antiga, nada se assemelha à dramatização maniqueísta da história a que antes ele costumava entregar-se. A rigor, no cristianismo foucauldiano, a autotecnologia e o controle, no desagradável sentido de dominação repressiva, tendem a fundir-se. Mas parece haver menos insistência em jogar formas ou idades culturais no papel de vilão. A longa sombra da hermenêutica cristã do eu e do pecado atrai menos censura, por parte de Foucault, que a Grande Internação, a psiquiatrização da loucura, o antropologismo epistêmico ou o moderno sistema penitenciário. Teria o *Kulturkritiker* abrandado, ou haveria alguma coisa em seu novo tema que explicasse tal mudança?

Suspeito que a verdade esteja na última hipótese – e naquilo que constitui um paradoxo na história do pensamento foucauldiano. Expliquemos por quê. Em seu primeiro voo original, *História da Loucura*, Foucault defrontou-se com o problema do que a insânia significava para os outros – os sãos, juízes dos loucos. No outro extremo de sua rica jornada histórico-filosófica, engalfinhou-se com o problema do que o sexo significava *para a própria pessoa* – a significação da libido como o mais explosivo material a ser moldado pela individualidade ativa. Mas aqui uma questão intrigante se impõe: se o último tema de Foucault foi, através da sexualidade, a autoafirmação ou o autodomínio, ou mesmo a introspecção oprimida pelo pecado, *onde ficou sua antiga fobia pelo sujeito?* Tanto a *enkrateia* como a confissão pressupõem uma plena subjetividade – exatamente aquilo que Foucault (nisto, um bom estruturalista quase até o fim) nos ensinou a desprezar como miragem metafísica e a recusar como instrumento analítico na explicação dos processos sociais. Acabamos de vê-lo acentuar o foco sobre o sujeito em sua obra madura. Mas a questão que estamos levantando agora é inteiramente distinta: não se refere à subjetividade como uma variável dependente (produto histórico do poder) e sim ao sujeito como uma variável independente – como uma força que molda a conduta. Terá ele passado a se concentrar no sujeito não apenas como um tema, mas também como um legítimo fator?

Em outras palavras: poderá ter ocorrido que, na obra de Foucault nos anos 80, o sujeito – e, junto com ele, a pura e simples ação humana – tenha por fim, ainda que tacitamente, sido demonstrado, reentrado em cena furtivamente? Estaria Foucault fazendo as pazes secretamente com o sujeito? Quanto a mim, acho difícil harmonizar a narrativa histórica da *História da Sexualidade* com o *leitmotiv* poder/saber, no qual o sujeito não passa de um instrumento de dominação. Isso porque, se o "animal confessante" cristão ainda pode ser visto como algo dessa espécie, uma vez que está constantemente vigiando seu desejo sob a compulsão de uma lei moral, o sujeito encrático da Antiguidade pagã positivamente não pode. Chegamos aqui a um caso nítido de sujeito saudável, claramente não relacionado com a dominação social sobre o indivíduo.

Para alguns outros teóricos, que também investigaram significações profundas da história cultural, nada haveria de estranho em igualar o progresso do Ocidente com um disseminado crescimento do autocontrole. Em *O Processo Civilizatório* (1939), Norbert Elias argumenta que a civilização representa, acima de tudo, uma passagem geral de coações sociais para a autocoibição (*Selbstzwang*). O problema de Foucault é que, em sua áspera rejeição dos valores positivos referentes à "civilização" como um processo do início da era moderna, realçado pelo Iluminismo e depois pelo liberalismo vitoriano, ele não poderia, em boa lógica, aceitar essa apreciação dos resultados históricos. No entanto, a partir de *O Uso dos Prazeres*, sem dúvida deu grande importância à força de vontade do sujeito.

"Vontade" é aqui um conceito-chave. Com efeito, muita coisa do que diz Foucault sobre a *enkrateia* e o cuidado de si do resoluto estoico poderia ser lida à luz dos estudos modernos sobre a ideia da vontade no pensamento jurídico e filosófico. Teria sido muito instrutivo ouvir os comentários de Foucault sobre uma obra recente como *A Teoria do Desejo na Antiguidade Clássica* (1982), do mestre dos estudos clássicos de Heidelberg, Albrecht Dihle. Para o professor Dihle, o conceito da vontade como uma faculdade mental, independente do intelecto ou da emoção, nunca foi empregado na teoria dos antigos gregos – foi, essencialmente, uma criação de Santo Agostinho, o primeiro a usar a palavra "vontade" (*voluntas*) no sentido ocidental moderno, para designar o âmago do homem moral. Foucault dedicou *As Confissões da Carne* – única parte histórica da *História da Sexualidade* a discorrer sobre o cristianismo – à teologia paleocristã dos chamados Pais da Igreja, entre os quais avultou Agostinho. Além do mais, conforme Dihle deixa claro, o papel crucial atribuído à vontade nos entrelaçados sistemas agostinianos de psicologia e teologia decorreu principalmente *de um autoexame intensivo*, como atestam suas *Confissões*,[25] – e o autoexame intensivo é exatamente aquilo que Foucault considera o traço definitório do "animal confessante" espaçar – o estilo moral do cristianismo, mais tarde secularizado no homem moderno, com relação à técnica do eu.

Mas o conceito agostiniano de vontade, baseado como estava na introspecção e destinado a ocupar posição tão central na doutrina cristã, não decorreu de uma problemática moral-sexual, e sim moral-religiosa. Além disso, se, como alega Foucault, e com razão, o autodomínio e a formação da alma (a *cultura animi* de Cícero) tiveram tamanha preeminência na Antiguidade pagã, como explicar que os gregos e romanos nunca tenham elaborado um conceito forte e autônomo de vontade? Inversamente, poder-se-ia dizer que só quando o pecado e a salvação vieram a dominar as preocupações do

---

[25] Albrecht Dihle, *The Theory of Will in Classical Antiquity*. Califórnia, University of California Press, 1982, p. 127.

pensamento pré-moderno é que a vontade autônoma – principal estrutura do sujeito – emergiu na mente do Ocidente, para nunca mais desvanecer-se, nem mesmo após o refluxo da fé como grande plasmadora da cultura ocidental. Nesse caso, a análise de Foucault não errou muito o alvo. Seja como for, como Raymond Bellour observou, agora que tantos tabus sexuais desapareceram, a questão premente ainda por responder é a seguinte: como haverá cada um de nós de se (re)definir como sujeito?[26] Em nossa cultura hedonista, com efeito, é provável que tal redefinição tenha lugar, primeiro e acima de tudo, em relação ao prazer e ao desejo. Mas, se assim for, a genealogia foucauldiana do "homem do desejo" possui muita pertinência para seu projeto, sob outros aspectos malogrado, de uma história crítica do presente.

---

[26] Raymond Bellour, "Une Revêrie Morale" (uma recensão de *O Uso dos Prazeres* e de *O Cuidado de Si*), *Magazine Littéraire* 207, maio de 1984, p. 27-30, p. 27-29.

Capítulo X

RETRATO DO NEOANARQUISTA

Qual o sentido essencial da obra de Michel Foucault, o arqueólogo do pensamento, o genealogista do poder/ saber, o "historiador do presente"? São muitos os livros que respondem a essa pergunta. Em 1974, concluindo seu livro, *Foucault et l'Archéologie du Savoir*, Angèle Kremer-Marietti se interrogava se todo o projeto foucauldiano não seria sustentado por uma metáfora original. Encontrou-a na *mirada anatômica*. Da mesma forma como o anatomista disseca cadáveres, trabalhando da superfície para o interior, desnudando todos os pormenores das camadas corporais, fibra por fibra, por tecido por tecido, membrana por membrana, nervo por nervo, sem jamais conseguir apreender o segredo da vida, também o historiador "arqueológico" disseca muitos discursos e práticas, negando a si próprio a miragem daquele entendimento global, de totalidades culturais passadas, outrora perseguido por filósofos-historiadores neoidealistas. É essa a distância que separa Dilthey de Foucault. Filho de um médico, o arqueólogo do discurso submeteu a história ao bisturi. Este, pois, o caráter de seu empreendimento. E que dizer da natureza de seu resultado? Neste ponto, as respostas são divergentes. Para Pamela Major-Poetzl (*Michel Foucault's Archaeology of Western Culture*, 1983), a essência da mais valiosa contribuição de Foucault é um novo paradigma para as ciências sociais, baseado em princípios análogos à teoria do campo na física moderna. Atendo-se à "arqueologia", Major-Poetzl afirma ser esta, como a física moderna, um modelo abstrato que impõe ordem a uma experiência de desordem. Sua opinião, portanto, é diametralmente oposta à de Hubert Dreyfus e Paul Rabinow em *Michel Foucault: Beyond Structuralism and Hermeneutics* (1982). Para Dreyfus e Rabinow, a sabedoria de Foucault consistiu em *afastar-se* da arqueologia e de seus pressupostos paraestruturalistas, caminhando no sentido de uma "analítica interpretativa" do "poder, da verdade e do corpo"; em síntese, o melhor em Foucault é antes sua genealogia que sua arqueologia; ou, se assim se prefere, antes seu pós-estruturalismo que seu quase-estruturalismo. No entanto, se tivermos em mente a índole nietzschiana do pensamento foucauldiano (confessamente mais pronunciada depois de *As Palavras e as Coisas*), logo perceberemos que o hiato entre Foucault enquanto arqueólogo e Foucault enquanto genealogista não representa nenhum abismo. A importância central de Nietzsche na perspectiva de Foucault é salientada por seu principal tradutor para o inglês, Alan Sheridan, em *Michel Foucault: The Will to Truth* (1980). Sheridan sugere que seu herói é o Nietzsche de nosso próprio *fin de siècle*. Eis uma possibilidade aliciante, muito mais interessante do que aquelas que – com Annie Guédez num livro muito anterior, *Foucault* (1972) – acabaram praticamente anexando a arqueologia, com base em seu antipositivismo, à teoria social liricamente humanista de Gurvitch e Henri Lafebvre[1] – dois notórios adversários do estruturalismo devido ao suposto objetivismo e "tecnocratismo" deste. Uma das poucas coisas boas no prolixo estudo de Charles Lemert e Garth Gillan, *Michel Foucault: Social Theory as Transgression* (1982), é a localização de uma veia nietzschiana em Foucault, via Bataille.[2]

Contudo, reconhecer a ligação com Nietzsche não impede o prosseguimento das controvérsias sobre a posição de Foucault na teoria radical. Enquanto Barry Smart (*Foucault, Marxismand Critique*, 1983) considera que o "pensamento transgressivo" foucauldiano livra a teorização crítica das falácias encerradas tanto no ideal marxista de uma "racionalidade superior", tanto no saber (como "ciência da história") quanto na verdadeira história (como socialismo, hoje tão desacreditado como o capitalismo),[3] Colin Gordon defende opinião oposta. Também ele vê a necessidade de novas "lógicas de revolta"; mas não opõe a identificação foucauldiana dos

---

[1] Annie Guédez, *Foucault*. Paris, Éditions Universitaires, 1972, p. 104-06.

[2] Charles C. Lemert e Garth Gillan, *Michel Foucault: Social Theory and Transgression*. New York, Columbia University Press, 1982, p. 22-25.

[3] Barry Smart, *Foucault, Marxism and Critique*. London, Routledge & Kegan Paul, 1983, p. 136-37.

aparelhos de poder à teoria marxista.⁴ Para Sheridan, a anatomia política de Foucault, "ruptura radical" tanto com a esquerda quanto com a direita, constitui uma nova teoria e uma nova prática política, que nascem do descrédito do marxismo.⁵ Para Smart, ela realmente brota da descrença em relação ao marxismo, mas não representará nenhuma teoria ou prática políticas novas; apenas, uma utilíssima "crítica". Para Gordon, Foucault identifica formas de poder até hoje negligenciadas – mas não há necessidade de descrever seu projeto como um desafio nietzschiano ao marxismo.

Como escolher entre essas leituras? Antes de mais nada, até onde posso perceber, não há como minimizar a força de Nietzsche na obra de Foucault, que é claramente o principal exemplo de neonietzchianismo no pensamento ocidental contemporâneo e, ainda por cima, sem dúvida uma utilização altamente original de Nietzsche. Há uma conhecida caracterização da filosofia francesa depois da guerra, proposta por Vincent Descombes, no sentido de que, enquanto na década de 1940 a influência dominante no pensamento francês eram os três H – Hegel, Husserl e Heidegger –, a matriz dominante nos anos 60 deslocou-se para os três "mestres da suspeita": Marx, Nietzsche e Freud. Isso é especialmente verdade em relação a Foucault, sobre cujos afrescos histórico-filosóficos paira a sombra do irracionalismo nietzschiano, intocado por qualquer eco importante de Hegel, Husserl e Heidegger. No capítulo VII de *A Gaia Ciência*, Nietzsche faz uma lista de histórias ainda por escrever: a história do amor, da cobiça, da inveja, da consciência, da piedade e da crueldade: uma história comparada do direito; outra das punições... Alguém pode ler isso sem reconhecer instantaneamente ao menos uma parte do projeto histórico de Foucault?

Uma vez que estejamos de acordo quanto ao significado estratégico de suas raízes nietzschianas, que resta a

---

⁴ Colin Gordon, in: Foucault, *Power/Knowledge*, op. cit., p. 255-58.

⁵ Alan Sheridan, *Michel Foucault: The Will to Truth*. London, Tavistock, 1980, p. 218 e 221.

fazer é verificar o *valor* do retorno criativo de Foucault a Nietzsche. No livro que pessoalmente considero o mais refletido que já se escreveu sobre Foucault – *Linguaggio, Potere, Individuo* (1979) –, Vittorio Cotesta encerra sua avaliação dizendo sim ao historiador e não à sua metafísica da alienação. Cotesta louva as investigações históricas de Foucault, mas não consegue dispor-se a aceitar sua antropologia política, por estar ela despida de qualquer visão de relações sociais não alienadas.[6] Tal como Nietzsche, Foucault considera a vontade de poder do indivíduo como um *datum* que é também um inevitável *fatum*. As formas de tal *libido dominandi* sempre mudam ao longo da história; sua natureza, nunca. Na medida em que o desejo de poder é sinônimo do homem, não pode haver qualquer superação da alienação imposta pela violência. A luta continua sem cessar. Foucault não combate os poderes existentes em nome de uma autoridade mais nobre, mais humana: apenas luta contra eles porque não são mais nem um pouco legítimos do que aquelas forças, ou resistências, antagônicas. Essa é uma pílula amarga demais de se engolir na Itália, onde a cultura oposicionista continua quase incólume ao cinismo parisiense subsequente ao refluxo do existencialismo, numa espécie de ressaca ideológica. Por conseguinte, Cotesta tenta manter a história crítica de Foucault depurada de tal concepção sombria e lúgubre do homem.

Contudo, essa avaliação de Foucault encerra dois problemas. Em primeiro lugar, sua história – como acredito ter sido sobejamente demonstrado neste livro – está longe de ser sempre correta. Sem dúvida, ela muitas vezes descortina novas perspectivas e tem, por isso, virtudes heurísticas. Mas suas desordens conceituais e suas deficiências explanatórias (e atenção: ela é sempre uma *histoire à thèse*) pesam mais do que suas contribuições reais. As provas históricas de Foucault são demasiado seletivas e distorcidas, suas interpretações excessivamente generalizantes e

---

[6] Vittorio Cotesta, *Linguaggio, Potere, Individuo: Saggiosu Michel Foucault*. Bari, Dedalo Lobri, 1979, p. 172.

tendenciosas. Assim, em última análise, longe de valer por si mesma, como pesquisa ou interpretação, sua história fica ou cai com sua *Weltanschauung* – e, portanto, cai.

Verdade que, repetidamente, Foucault negou estar escrevendo uma história normal. A última vez, creio eu, foi na introdução de *O Uso dos Prazeres*, onde ele, mais uma vez, advertiu que seus estudos eram "de história" e não "de historiador". Entretanto, nenhum subterfúgio será capaz de protegê-lo quanto a esse ponto. Historiador ou não, ele constantemente trabalhava no pressuposto de estar sendo fiel à perspectiva de cada época com relação a cada sujeito relevante (insanidade, saber, punição, sexo) e de que seus documentos (por exemplo, registros médicos e administrativos, velhos tratados de muitas disciplinas, arquivos de prisões, a literatura sobre a ética sexual, etc.) eram capazes de lhe dar razão. O próprio fato de haver Foucault usado palavras como "documentos" (como fez, pela última vez, na introdução de *O Uso dos Prazeres*) demonstra que, apesar de toda a sua pretensão "nietzschiana" de desprezo pela verdade objetiva, gostava de tê-la falando a seu favor, como qualquer historiador convencional. Em outras palavras, qualquer que fosse o tipo de historiografia que pretendesse fazer – a dos historiadores ou qualquer outra – era o primeiro a afirmar que as provas estavam a seu lado. Por conseguinte, não podemos de modo algum eximir suas análises históricas do critério pelo qual tais estudos são normalmente avaliados. Daí nosso direito de perguntar: suas interpretações são corroboradas pelos dados, ou são demasiado forçadas ou fantasiosas? E a resposta é que, enquanto algumas delas são verdadeiramente sugestivas e até lançam uma luz genuinamente nova sobre as provas históricas, muitas outras, como vimos, não passam de exorbitâncias não coonestadas pelos fatos. Nem mais, nem menos.

Em segundo lugar, o veredicto sim-ao-historiador, não-ao-filósofo (nietzschiano) tende a desconsiderar um aspecto de certo modo importante: Foucault é de fato um nietzschiano, um nietzschiano em muitos aspectos vitais, mas não um nietzschiano da cabeça aos pés. Como já foi lembrado, chega até a parecer antinietzschiano em sua inclinação a um elegante *Kulturpessimismus*. A rigor, o que ele diz sobre a morte do homem ao final de *As Palavras e as Coisas* e de *A Arqueologia do Saber* não é nenhuma nênia, nenhum lamento fúnebre; mas tampouco parece uma explosão de verdadeiro *amor fati*, um desafiador hino de esperança. Nietzsche era um pensador nervoso, mas alegre. Foucault, não. Mesmo Ian Hacking, o filósofo de Stanford que lhe mostra tanta simpatia, admite que, ao supor que o otimismo e o pessimismo deixam de ter sentido assim que nos livramos do antropologismo e do mito humanista de um sujeito transcendental, Foucault nos oferece "qualquer sucedâneo para o que quer que brote de eterno no coração humano".[7] Nietzsche, em contraste, evocava o Super-Homem e sua jubilante superação do niilismo passivo, alma da decadência. Talvez, no fundo, o pensamento de Foucault seja um meio-termo entre o etos assertivo nietzschiano, e a relutância moderna quanto à moral. Ele é bastante nietzschiano para fugir à nostalgia – mas é bastante "moderno" para exibir um ceticismo básico com relação às nossas perspectivas culturais.

Ora, como também vimos, um dos sinais inequívocos do afastamento de Foucault com respeito à atitude de Nietzsche em face da história moderna é sua sistemática depreciação do Iluminismo. Lady Carlisle, a temível dama vitoriana, que foi sogra de Gilbert Murray, costumava dizer: "Se alguém que não acredita no progresso vier à minha casa, que saia".[8] Na morada mental de Foucault, quem quer que pronunciasse uma palavra amável sobre o Iluminismo arriscava-se ao mesmo tratamento que os infelizes convidados não progressistas de Lady Carlisle – tinha de sair!... Nada em Foucault nos leva a pensar que ele gostasse "do estúpido século XIX",

---

[7] Ian Hacking, crítica de *Power/Knowledge*, *New York Review of Books*, 14 de maio 1981, p. 37.

[8] Segundo palavras de J. Enoch Powell num artigo sobre a biografia de Gilbert Murray, por Francis West, *Times Literary Supplement*, 27 de abril de 1984.

como diz a velha fórmula (na verdade, uma pérola da ideologia reacionária francesa assinada por Léon Bloy); mas ele também tinha aversão pelo que os comtianos chamavam "a era crítica": o século de progresso e crítica que culminou nas duas revoluções ainda hoje plasmando o mundo: a industrial e a democrática.

Marx, Nietzsche e Freud consideravam-se, orgulhosamente, herdeiros do Iluminismo, Foucault, certamente, não. E por isso escreveu uma história procustiana em que o legado do progresso burguês é grosseiramente desfigurado, quando não simplesmente negado. Ao fazê-lo, Foucault mostrou-se muito dado a um jogo típico da mais questionável ideologia "contracultural": *uma reelaboração do significado da história moderna a serviço dos preconceitos da revolta em curso – e profundamente errônea – contra o Iluminismo como uma importante fonte e paradigma da moderna cultura racional-liberal.* A colocação das origens da modernidade no pelourinho reforça consideravelmente aquela pré-interpretação do mundo, de que o pensamento contracultural, de Marcuse e Laing a Illich e Foucault, tanto gosta. *C'est la faute à Voltaire/c'est la faute à Rousseau...*

Não obstante, há outro aspecto, não menos decisivo, que verdadeiramente aproxima Foucault de Nietzsche. Refere-se não à diferente índole histórica de ambos (pessimista contra otimista, partidário ou adversário do Iluminismo), e sim à postura epistemológica comum a ambos. Dentre os três mestres da suspeita, foi precisamente Nietzsche quem nos ensinou a desconfiar da razão e da verdade. Também Foucault nutre suspeitas profundas em relação às pretensões à verdade; para ele, todo saber, até mesmo a ciência, é um instrumento da vontade de poder. As epistemes são apenas espécies no gênero dos dispositivos de poder;[9] determinados ramos do saber obedecem a estratégias de dominação, na verdade "inventam" seus objetos com vistas a um melhor controle do homem e do mundo. A razão é uma tecnologia de poder; a ciência, um instrumento de dominação.

---

[9] Cf. Foucault, *Power/Knowledge*, op. cit., p. 197.

Por outro suficiente lado, Foucault conserva um mínimo de realismo, suficiente para admitir que as regras, saberes e técnicas, qualquer que seja sua origem, terminam sendo armas neutras, conquistáveis por forças sociais diferentes: assim, as disciplinas burguesas podem ser transplantadas para sistemas de controle não burgueses (esqueçamos, por um instante, que ele incluiu o Gulag entre as primeiras); a confissão pode migrar de seu contexto religioso para a sociedade secular, etc.

Ademais, Foucault não renuncia a pelos menos uma pretensão à verdade: a de que sua própria analítica do poder é verdadeira. Apontamos um exemplo disso ao lembrar o fato de se apoiar em documentos históricos; mas ele estendeu a mesma pretensão ao presente. Na verdade, como ele advertiu (em *Power/Knowledge*), o que está em jogo em sua obra não é absolutamente uma questão de emancipar a verdade do poder, mas simplesmente de "separar o poder da verdade das formas de hegemonia, social, econômica e cultural, dentro das quais ela atua no presente". Entretanto note-se a ambivalência dessas palavras: a verdade está sempre carregada de poder; contudo, o elegante jogo de palavras ("o poder da verdade"...) insinua a possibilidade de uma suspensão da escravização da verdade ao poder. A "separação", por mais breve que seja, desprende a verdade do domínio da luta social, conferindo-lhe uma objetividade genuína, embora precária. Essa impressão é fortalecida pela momentânea referência gramsciana ("hegemonia"), pois a essência da teoria da hegemonia de Gramsci é a *apropriação* da cultura por uma classe dominante, com o objetivo de controle social, e não a identificação da cultura, como tal, com o simples poder de classe.

Em última análise, pois, Foucault não ousou incluir sua própria teoria naquilo que ele diz do pensamento dos intelectuais: que, nos esforços destes, tudo é luta, nada é luz. A *Arqueologia* confessou-se uma teoria "sem fundamento" – no entanto, não disse que seu êxito dizia respeito a uma luta corpo a corpo. Ora, se a demonstração da verdade de sua analítica do poder independe do rude pragmatismo da luta, *então subsiste ao menos uma pretensão "pura" de verdade*. Mas, nesse caso, como não escapou a Cotesta, surge uma contradição entre os critérios de verdade enunciados pela teoria (a verdade é luta, não luz) *e a evidente pretensão da teoria de ser aceita como verdadeira, independentemente de tais critérios*.[10]

Assim, no fundo o projeto de Foucault parece atolado num gigantesco dilema epistemológico: se exprime a verdade, então *todo* saber é suspeito em sua pretensão de objetividade; nesse caso, porém, como pode a própria teoria dar testemunho de sua verdade? A situação é análoga ao famoso paradoxo do mentiroso de Creta – e Foucault parece ter sido de todo incapaz de escapar dele (o que explica por que nem tentou enfrentá-lo).

Pode-se argumentar que o mesmo impasse já afligia o pensamento de Nietzsche, mas aqui existem algumas atenuantes, já que pelo menos o principal legado de Nietzsche não foi uma investigação histórica – foi apenas uma crítica moral, um ensaísmo de reação contra o homem decadente. É por isso que ele se mostrava muito mais interessado pela psicologia dos tipos humanos, profissionais ou nacionais (o sacerdote e o guerreiro, os alemães e os ingleses, etc.) do que por uma análise sociológica da realidade histórica. O projeto de Foucault, como historiador do presente, priva-o dessa desculpa. Ele utiliza a genealogia para desmascarar as pretensões da ciência à verdade, mas não apresenta sua genealogia como um aberto *partis pris* psicológico, e sim como uma análise muito mais "neutra".[11]

---

[10] Vittorio Cotesta, *Linguaggio, Potere, Individuo*, op. cit., p. 178-80.

[11] Inversamente, pode-se argumentar que Nietzsche, apesar de sua atuação básica como moralista, e não como historiador ou epistemólogo, exibe uma atitude em relação à verdade que, a despeito de ideias contrárias comuns, era de todo compatível com um *cognitivismo* empirista do tipo falibilista, e que ele revelava, de qualquer modo, forte aversão ao niilismo intelectual ou ao ceticismo sistemático. Para uma argumentação nesse sentido, ver: John T. Wilcox, *Truth and Value in Nietzsche: a Study of his Metaethics and Epistemology*. Michigan, The University of Michigan Press,1974, passim, e principalmente os caps. 2, 4 e 7. A postura séria de Wilcox é uma prova adicional de que

Em março de 1983, Jürgen Habermas pronunciou algumas palestras no Collège de France. Mais tarde publicadas sob o título de *Lectures on the Discourse of Modernity*, elas consideram algumas correntes de pensamento pós-estruturalista, entre elas a obra do último, ou penúltimo, Foucault. Para Habermas, Foucault substituiu o modelo repressão/emancipação, fundado por Marx e Freud (e entronizado pela "teoria crítica" de sua própria escola de Frankfurt), pela análise de diversas formações de poder que se encaixam umas nas outras e se sucedem, mas que, ao contrário das estruturas de significação de que trata a teoria crítica, não podem ser diferenciadas de acordo com sua validade. Além do mais, observa Habermas, desmistificar a cultura só faz sentido se preservarmos um critério de verdade capaz de distinguir a teoria da ideologia e o saber da mistificação.

Para Habermas, a necessidade de preservar tal padrão deveria fazer com que evitássemos abandonar o ideal iluminista de uma "crítica racional das instituições existentes". Ao negarem a si próprios uma teoria racional nesse sentido, os filósofos da primeira geração da escola de Frankfurt, como Max Horkheimer e T. W. Adorno, terminaram abrindo mão de uma postura teórica adequada e reduziram a crítica à negação *ad hoc* da sociedade contemporânea. Ora, o problema é que esse abandono do princípio de uma razão universal implica "o fim da filosofia". E Habermas aponta três culpados principais para esse resultado inglório: a antiga crítica frankfurtiana, a ontologia irracionalista de Heidegger e a genealogia foucauldiana.[12]

Habermas assume a posição oposta. Vê a si próprio, como também ao americano Rawls, como exemplos de pensamento progressista racional; mas não se esquiva de chamar pensadores como Foucault, Deleuze e Lyotard de "neoconservadores", pois, a seu ver, eles

---

Nietzsche pode muito bem ser cultuado em Saint-Germain-des-Prés, mas acaba sendo mais bem estudado em Binghamton, NY.

[12] Jürgen Habermas, *Lectures on the Discourse of Modernity*. Cambridge, MA, Harvard University Press, 1985, passim.

carecem de toda a justificação teórica de uma alternativa ao *status quo* social no capitalismo avançado.[13]

Em seu debate televisado com Chomsky (Amsterdam, 1971), Foucault recusou-se a traçar uma sociedade modelo, alegando que a tarefa do revolucionário é conquistar o poder, não fazer prevalecer a justiça, e que, de qualquer modo, noções abstratas como verdade, justiça e natureza humana (todas sustentadas por Chomsky) fatalmente refletem os interesses da classe dominante em nossa cultura.[14] A crítica de Habermas localiza com exatidão o plano teórico (em contraposição ao ético) do mesmo hiato: a deliberada ausência, em Foucault, de princípios universalistas, que ele julgava em conluio com "mitos humanistas" e, em última análise, com a estrutura de poder da sociedade moderna.

Foucault estava bem consciente de haver renunciado ao ponto de vista universalista defendido por Habermas. Em seu lugar, expôs o ideal do "intelectual específico", que proporciona saber crítico sem se arvorar em "mestre da verdade e da justiça". Enquanto Habermas via o universalismo como uma garantia racional de verdade, Foucault só conseguia vê-lo como uma máscara de dogmatismo. Verdade universal era apenas outro nome para o poder disfarçado como critério de todo saber. Quanto à escola de Frankfurt, Foucault reconheceu o mérito de seus integrantes em identificarem o problema dos "efeitos de poder" vinculados à racionalidade historicamente definida no Ocidente desde o início dos tempos modernos – mas rejeitou o quadro filosófico de sua "teoria crítica", por lhe parecer jungido a uma metafísica do sujeito e eivado de humanismo marxista.[15]

---

[13] Cf. Richard Rorty, *Consequences of Pragmatism: Essays 1972-1980*. Minneapolis, University of Minnesota, 1982, p. 181-97, para uma boa análise da discussão de Habermas.

[14] Cf. "Chomsky & Foucault", in: Fons Elders (org.), *Reflexive Water: The Basic Concerns of Mankind*. London, Souvenir, 1974. Comentários de Chomsky a respeito do desacordo entre ambos in: *The Chomsky-Foucault Debate*. Londres, The New Press, 2006, p. 138-139.

[15] Duccio Trombadori, *Colloquicon Foucault*. Salerno, 10/17, 1981, p. 64-65.

Num de seus últimos cursos no Collège de France, Foucault discutiu o ensaio de Kant sobre o Iluminismo. O que Kant examinava, disse ele, era a problemática do presente ("*la problématique d'une actualité*"); a originalidade de Kant em *Was ist Aufklaerung?* está na clareza com que aí se esboça "a questão do presente", pois o Iluminismo era então o próprio momento vivo da cultura ocidental. Foucault acentuou que, desse modo, a filosofia cessava de inquirir a respeito de sua própria inserção numa antiga tradição de exame e especulação, para ver a si própria, pela primeira vez, como uma atividade profundamente envolvida no destino da comunidade. Kant retirou a questão da modernidade de sua "relação longitudinal com os antigos" (tão visível nas "querelas dos antigos e dos modernos", do começo dos tempos modernos), inaugurando uma "relação sagital" entre o pensamento e seu próprio lugar histórico.

Muito mais importante – concluiu Foucault – que preservar os remanescentes do Iluminismo é a tarefa de nos mantermos cônscios de seu valor histórico. Em outras palavras, até mesmo ao analisar o *locus classicus* do louvor ao Iluminismo, ele não perdeu a oportunidade de lançar farpas contra sua herança intelectual. Os dois últimos parágrafos do curso são ainda mais insólitos. Afirmam que Kant "fundou as duas grandes tradições partilhadas pela filosofia moderna": a tradição da "análise da verdade", ou seja, de constante investigação das condições do verdadeiro saber, e a tradição – lançada em "O Que é o Iluminismo?" – de uma "*ontologia do presente*". É essa, termina Foucault, "a opção filosófica com que hoje nos defrontamos": ou a analítica da verdade ou "um pensamento crítico que tome a forma de uma ontologia de nós próprios, uma ontologia do presente". Esse último foi o caminho tomado por Hegel, Nietzsche, Weber, pela escola de Frankfurt e por ele mesmo, Foucault.[16]

---

[16] Um excerto do curso foi publicado no *Magazine Littéraire*, v. 207, maio de 1984, p. 39.

Essa interessantíssima afirmação requer alguns comentários. Em primeiro lugar, sua tentativa de jogar Kant contra Kant, por assim dizer, é altamente questionável – tanto quanto o é a redução das pesquisas da escola de Frankfurt a uma ontologia do presente (em Habermas, a "analítica da verdade" tem uma importância pelo menos igual). Acima de tudo, o curso nos vende não uma opção errada (porquanto nada há de errado, naturalmente, em investigar a natureza do presente), mas uma alternativa errada. Com efeito, por que deveríamos considerar a análise do presente como algo a ser empreendido em lugar da questão do saber válido (em suma: a teoria da ciência) e, em última análise, contra essa última questão? Foucault parece raciocinar como se sua nítida separação entre essas duas atividades fosse um ponto pacífico, cuja legitimidade devêssemos aceitar como óbvia. Na verdade, contudo, não é nada disso, pois, *longe de ser alguma coisa externa à natureza do presente, o saber científico simplesmente é inerente à modernidade, como sua mais poderosa força propulsora*. Vivemos num mundo plasmado pela ciência. A rigor, conforme notou Ernest Gellner, enquanto antigamente havia uma ciência dentro do mundo, hoje é como se o mundo é que estivesse "dentro" da ciência. A ciência tornou-se o continente; o mundo, o conteúdo.

Consequentemente, jamais uma história do presente poderá ser verdadeiramente válida se der pouco ou nenhum espaço à consideração da ciência, de sua natureza e seu impacto. Como não existe nada mais intrinsecamente moderno do que o crescimento cognitivo continuado, nenhuma teoria crítica do presente poderá triunfar se não comportar uma séria discussão – epistemológica e sociológica – da ciência. Prova disso é que a decisão de Foucault de investigar o "saber informal", em vez de examinar a ciência verdadeira, fatalmente acabou por mutilar seu programa. Nenhum exorcismo do sujeito transcendental, nenhuma detecção de mecanismos de poder tem condições de compensar a perda da visão histórica causada pela falta de uma consideração adequada do saber que plasma o mundo.

Piaget sintetizou suas críticas a Foucault chamando sua obra de um "estruturalismo sem estrutura". Poder-se-ia também deplorar sua cartografia das epistemes sem epistemologia, ou seja, sem uma teoria da ciência. *No fim – e a despeito de toda sua retórica de anti-humanismo – o "humanista" que havia em Foucault triunfou; e por isso seus passos no sentido de uma história do presente acabaram sendo antes uma reação contra a modernidade do que uma apreensão genuína e objetiva de seu caráter.* Apesar de seus frequentes lugares-comuns, as genealogias de Foucault têm um quê de exotismo. A razão disso é que nunca se referem aos interesses centrais de nossa época: ciência, economia, nacionalismo e democracia. Que pode fazer a "ontologia do presente" sem eles?

A ciência é, entre outras coisas, o pensamento julgando o pensamento: na linguagem científica, ninguém pode falar como quer, mas somente de acordo com princípios universais de evidência e de lógica. Tal validade do pensamento era uma coisa com que Foucault não se preocupava. A arqueogenealogia só sabe que não se pode falar, em qualquer época, de qualquer assunto: "*on ne peut pas parler à n'importe quelle époque de n'importe quoi*" (*Arqueologia*, II, 3).

Em seu sutil comentário sobre *A Arqueologia do Saber*,[17] Frank Kermode afirmou que Foucault ofereceu uma versão negativa daquelas aptidões cognitivas "tácitas" que Michael Polanyi teorizou em *Personal Knowledge* (1958). Polanyi argumentou que a familiaridade com um sistema cognitivo concede aos cientistas uma capacidade de produção de saber que não pode ser especificada em regras impessoais explícitas. Foucault ressalta o lado negativo: argumenta que normalmente é impossível sair desse tácito sistema de saber. Fomos deslocados da órbita aberta do saber pessoal tácito para o quadro rígido daquilo que Collingwood chamou os "pressupostos absolutos" de uma época cultural.

---

[17] Frank Kermode, "Crisis critic": *New York Review of Books*, 17 de maio de 1973, p. 37-39

Ora, isso suscita um sério problema para a história "arqueológica". Pois, como David Leary perspicazmente observou, "se for negada qualquer espécie de continuidade na história – e o objetivo declarado de Foucault é demonstrar a descontinuidade radical na história –, como se explicará a possibilidade de se fazer história?".[18] Como, a menos que se reintroduza algum grau de continuidade histórica, poderíamos sequer começar a compreender o passado? Nenhum hino à necessidade de "desfamiliarizar a história", à maneira de Veyne e White, poderá jamais responder a essa dúvida.

Mas isso não é tudo. Dentro da rede de pressupostos cognitivos de uma época, o misterioso "arquivo" foucauldiano de discursos "seleciona" um dado *regime de objetos*. O "quê" do discurso não precede o surgimento do discurso; antes, é constituído pelo complexo conjunto de relações que prevalecem, na própria enumeração de Foucault, entre instituições, processos socioeconômicos, técnicas e modos de comportamentos, sistemas de classificação e caracterização, etc. Em suma: entre todas as relações geradas pela múltipla interação do espírito, da natureza e da sociedade. Assim, as regras da formação do discurso permitem ou proíbem o "quê" do saber; e o olho do genealogista procura penetrar através da espessura do discurso para identificar suas raízes históricas – o "por quê" daquele "quê". Todavia, nem a exploração arqueológica nem a sondagem genealógica se importam com o "como" do discurso, com seu valor cognitivo. Por conseguinte, nenhuma das duas maneiras foucauldianas de abordar o mundo do saber se empenha em avaliar o quanto de saber *real* sobre o mundo existe em todo ele. *A concentração em poder/saber termina liquidando sumariamente o poder do saber*, tanto no plano cognitivo como no histórico. O problema é que, embora naturalmente ninguém tenha o direito de exigir que Foucault seja

---

[18] David E. Leary, "Michel Foucault, an Historian of Sciences Humaines", *Journal of the History of the Behavioural Sciences*, n. 12, 1976, p. 293.

um epistemólogo, pode-se perfeitamente indagar se, *na sua qualidade de autonomeado historiador do presente*, ele podia de fato deixar de lado a "analítica da verdade" envolvida na ciência e em sua disseminação planetária.

Para falar claro: o historiador do presente pôs a perder o seu projeto. Não há como negar que, no curso deste, obrigou-nos a repensar diversas formas passadas de saber, ou nossas atitudes, tanto passadas quanto presentes, em relação à loucura, à disciplina ou ao sexo. Mas há uma vasta diferença entre o historiador reflexivo que lança nova luz sobre o passado, ao levantar amplas questões sugeridas pelos fatos, e o historiador doutrinário, que, no mais das vezes, se esforça por comprimir a crônica histórica no leito procustiano das pré-interpretações ideológicas. Braudel pertence à primeira categoria; Foucault, à segunda.

Um remate sucinto à questão da avaliação do valor real das empresas historiográficas de Foucault consistiria em repetir que, para dizer o mínimo, o grau geral de objetividade que apresentam fica abaixo da média da melhor pesquisa histórica de um século que prestou a Clio tão opulento tributo, em estudos de primeira qualidade. É claro, porém, que essa não é uma opinião unânime. Entre os comentaristas de Foucault, é bem mais comum pensar como Dreyfus e Rabinow:

> Não há, obviamente, nenhum apelo simples aos fatos envolvidos na avaliação das teses históricas de Foucault. [...] Em *L'Impossible Prison*, um grupo de especialistas no século XIX discute *Vigiar e Punir*. Suas reações variam da cautela à condescendência, muito embora tenham logrado apontar pouquíssimos pontos em que Foucault não detenha o controle dos "fatos". Como Foucault observa causticamente, a maioria desses historiadores compreendeu mal seus argumentos e, por isso, mesmo suas pequenas correções fatuais são irrelevantes.[19]

---

[19] Hubert Dreyfus e Paul Rabinow, *Michel Foucault: Beyond Structuralism and Hermeneutics. With an Afterword by Michel Foucault*. Brighton, Sussex, The Harvester Press Limited, 1982, p. 126.

L'Impossible Prison é o livro de Léonard e outros que mencionamos de passagem no capítulo VII. Os "pouquíssimos pontos" em que esses historiadores flagraram Foucault em desacordo com os fatos não são, como vimos, de modo algum destituídos de importância, uma vez que incluem ninharias como a Revolução Francesa ou o Código de Napoleão. Ademais, dizer que eles sistematicamente entenderam mal a argumentação de Foucault é uma gritante falsidade. Mesmo uma leitura perfunctória dos comentários críticos de Léonard, por exemplo, mostra que ele captou muito bem as teses principais de *Vigiar e Punir*. O que ele não fez foi aceitá-las todas, porque os dados históricos muitas vezes não as corroboravam. Os mestres estruturalistas – e Foucault, infelizmente, não fugia à regra – tinham o hábito constrangedor de *esquivar-se às objeções críticas, ao invés de confrontá-las*; e, com poucas exceções honrosas, os comentaristas que lhes são simpáticos raramente discutem as críticas dirigidas contra seus heróis; ou, quando o fazem, muitas vezes tentam escondê-las em notas de rodapé, como fizeram Dreyfus e Rabinow no caso de *L'Impossible Prison*. Aquelas aspas em "fatos" dizem muito a respeito da preocupação com a objetividade entre os foucauldianos. No entanto, se os fatos são um *a priori* sob suspeita, por que se importar que sejam "poucos" ou muitos, uma questão de correções "pequenas" ou grandes? Como pode alguém tão saudavelmente liberado de superstições positivistas sucumbir a esses vestígios de nossa "estúpida" preocupação com a verdade fatual?

Jacques Bouveresse, uma *avis rara* entre os mais conhecidos filósofos franceses, fez, em sua cruzada em prol de critérios críticos de pensamento, uma ousada e extraordinária tentativa (*Le Philosophe chez les Autophages*) de convencer seus confrades na França de que a real tarefa da filosofia não consiste em dizer às pessoas o que pensar, mas simplesmente em ensinar-lhes, mediante seu próprio exemplo, *como* pensar.[20] A obra de Foucault,

---

[20] Jacques Bouveresse, *Le Philosophe chez les Autophages*, Paris, Les Éditions de Minuit, 1984.

todavia, foi um exemplo brilhante e sedutor de uma filosofia demasiado ansiosa por descartar as disciplinas internas do pensamento crítico, numa busca frenética de novos assuntos espetaculares, prontamente interpretáveis à luz do preconceito ideológico. Nisso, é claro que não estava sozinho. O desdém pela verdadeira validade argumentativa e demonstrativa tem se tornado, gradual mas continuamente, a marca de grande parte do pensamento libertário contemporâneo. E libertarismo, com efeito, é o melhor rótulo para a perspectiva de Foucault enquanto teórico social. Mais precisamente, ele foi (embora não tenha empregado a palavra) um anarquista moderno; não é de admirar que, de todos os pensadores um dia ligados ao estruturalismo, tenha sido ele quem permaneceu mais próximo ao espírito de 1968.

Existem ao menos três pontos em que Foucault estava de acordo com o fogoso anarquismo que inspirou a revolta dos estudantes (e literalmente hasteou a bandeira negra da anarquia na Sorbonne ocupada, em maio de 1968). Primeiro, como a maioria dos participantes ou simpatizantes da célebre *chienlit*, Foucault preferia movimentos revolucionários descentralizados e não unificados, quanto mais disciplinados. Não só era um espontaneísta, bem mais próximo de Rosa Luxemburgo do que de Lênin e Trótski, como também não acreditava em esquemas socialistas ou na construção do socialismo em geral. "*É possível*", argumentava ele, "que o contorno geral de uma futura sociedade seja fornecido pelas recentes experiências com drogas, sexo, comunas e outras formas de consciência e de individualidade. Se no século XIX o socialismo científico emergiu das *Utopias*, é possível que, no século XX, uma verdadeira socialização venha a emergir de *experiências*."[21]

Segundo, como a maioria dos líderes do espírito de rebelião dos anos 60, Foucault sentia mais entusiasmo por combates particularistas do que pela luta de classes no seu clássico sentido econômico. Na edição de *Esprit*,

---

[21] Foucault, *Language, Counter-Memory, Practice*, op. cit., p. 231.

o periódico cristão de esquerda, de maio de 1968, Foucault exaltou a luta de "mulheres, prisioneiros, soldados conscritos, pacientes de hospitais e homossexuais" como radical e revolucionária, em pé de igualdade com "o movimento revolucionário do proletariado".[22] Embora considerasse que ambos os fenômenos eram dirigidos contra "o mesmo sistema de poder", não era difícil perceber para que lado pendia seu coração. Ainda em 1983, numa conversa com o líder sindical não comunista Edmond Maire, ele conjeturava a respeito de maneiras de contornar os métodos "frontais" de luta de classes.[23]

Por fim, e em harmonia ainda maior com a mais pura tradição anarquista, Foucault obstinava-se em suspeitar das instituições, por mais revolucionárias que pretendessem ser. Seu debate com os maoistas franceses sobre "justiça popular", estampado em *Les Temps Modernes*, em 1972, é um exemplo perfeito. Os maoistas, na época apoiados por Sartre, desejavam criar tribunais revolucionários. Foucault objetou que a justiça revolucionária deveria dispensar inteiramente os tribunais, uma vez que estes são, enquanto tais, uma instituição burguesa, ou melhor: são "burgueses" *porque* são uma instituição.[24]

Mas Foucault não se limitou a "seguir" o anarquismo. Na realidade, o que o tornou um *neoanarquista* foi a adição de dois novos aspectos à teoria clássica do primeiro, seu rígido antiutopismo. Os principais pensadores anarquistas do século XIX eram também grandes utópicos. Ainda que se mostrassem profundamente suspicazes em relação às instituições impessoais, faziam questão de propor novas formas de vida econômica e social, como o mutualismo de Proudhon ou as cooperativas de Kropotkin. O neoanarquismo de hoje, em contraste,

---

[22] Cf. Foucault, "Réponse à une Question". *Esprit*, n. 371, maio de 1968, p. 850-74. Trad. Para o inglês como "History, Discourse and Discontinuity", *Salmagundi*, n. 20, verão-outono de 1972, p. 225-48.

[23] Cf. *Le Débat*, n. 25, maio de 1983, p. 9.

[24] "Sur la Justice Populaire: Débat avec les Maos". *Les Temps Modernes*, n. 310 bis, 1972, p. 335-66: agora cap. 1, in: Foucault, *Power/Knowledge*, op. cit.

soa rigorosamente negativo. Parece não possuir qualquer *pars construem*; suas crenças consistem inteiramente naquilo que ele recusa, não em quaisquer ideais positivos. Segundo, em sua doutrina clássica, o anarquismo não estava absolutamente comprometido com o irracionalismo, como hoje (ao menos desde Marcuse) parece ser o caso. Pelo contrário: no maior de seus teóricos, Kropotkin, o anarquismo até se orgulhava de sua base científica. Assim, Foucault aparece como sendo altamente representativo de ambos os elementos definidores do neoanarquismo: *negativismo e irracionalismo*. Se essa mudança na essência do anarquismo foi para melhor ou para pior, é uma questão que deixarei ao julgamento do próprio leitor. Será possível que o moderno niilismo tenha imposto essas características àquela ingênua mas nobre tradição do pensamento social? Terá o espectro de Bakunin – o agitador que era, no fundo da alma, um voluptuoso da destruição – terminado por prevalecer sobre o espírito sadio e humanista de Kropotkin?

A meu ver, a principal vítima do mergulho neoanarquista no irracionalismo foi a própria crítica do poder – justamente o núcleo da teoria anarquista. O mais forte argumento do anarquismo clássico, a quaisquer que fossem suas deficiências sociológicas, era sua arguta percepção do *poder social do poder*, isto é, o reconhecimento de que também as relações de poder são grandes forças plasmadoras da história, e não apenas um epifenômeno de fatores tecnológicos e econômicos. Desde o começo, o anarquismo não confiou na ideia marxista de que o poder pudesse ser inocente e inócuo, uma vez despido de seus apoios na estrutura de classes e na exploração social.

Ora, os maneirismos conceituais da "cratologia" de Foucault não parecem ter se firmado no realismo desses discernimentos. Pelo contrário: por enxergar o poder em toda parte e por identificar (na maior parte de sua obra) cultura com dominação, Foucault, como vimos, reduziu em muito a força explanatória de seus conceitos de poder. Os radicais de esquerda elogiam com frequência a análise de Foucault por sua capacidade de apontar formas e níveis de poder que passaram despercebidos ao marxismo; mas a verdade é que, em termos gerais, a obsessão de Foucault com o poder em pouco contribuiu para aumentar nossa apreensão objetiva dos mecanismos de poder, no passado ou no presente. Muito se pretendeu, pouquíssimo se demonstrou. Ao se tornar "contracultural", o anarquismo decerto se fez mais glamouroso – mas nem por isso suas garras cognitivas ficaram mais afiadas. E Foucault – depois de Marcuse – foi o grão-sacerdote que oficiou as núpcias do anarquismo com a contracultura.

O estruturalismo, como clima ideológico, fez o pensamento francês capitular ante o credo contracultural. Uma das bases da campanha contracultural foi a demolição "crítica" da herança do Iluminismo. Michel Foucault desempenhou um papel fundamental nessa estratégia, pois devemos a ele o golpe final da investida contra o Iluminismo. Lévi-Strauss, o fundador do estruturalismo francês e seu primeiro grande *Kulturkritiker*, ainda preza o ideal da ciência e abomina um dos principais ídolos da contracultura: a arte moderna, apocalíptica e enigmática. Foucault, o modernista nietzschiano, acabou com esses resíduos positivistas.

Não muito antes de maio de 1968, em conversa com Paolo Caruso, um hábil entrevistador que o escutou atentamente, como a Lévi-Strauss e a Lacan, Foucault estabeleceu uma distinção entre dois tipos históricos de filosofia. Segundo ele, de Hegel a Husserl, a filosofia pretendeu alcançar uma apreensão global da realidade. Desde Sartre, no entanto, ela renunciou a essa ambição e voltou-se para a ação política.[25] Dez anos depois, a imprensa italiana ainda achava jeito de se referir a Foucault como "*il nuovo Sartre*".[26] Isso pode parecer puro jornalês – mas não me parece nada longe da verdade.

É claro que Foucault não compartilhava das ideias de Sartre. Em Barthes (para citar outro mestre dos anos

---

[25] Ver sua entrevista com Paolo Caruso (1967) in: *Conversazionicon Claude Lévi-Strauss, Michel Foucault, Jacques Lacan*. Milano, Mursia, 1969.

[26] Cf. *L'Europeo*, 18 de fevereiro de 1977.

60) ainda havia uma linha, ou tendência oculta, sartriana, nada desprezível. Em Foucault não há, em minha opinião, nenhum eco forte de Sartre – mas existe todo um *éthos* cripto-sartriano, bem sintetizado naquelas palavras a Caruso. Em seu necrológio para o *Le Monde*, Roger-Pol Droit fez referências ao contraste entre Sartre, o *maître à penser* superconfiante e muitas vezes opiniático, e Foucault, o pensador sempre em dúvida quanto ao que poderia estar pensando no dia seguinte. No entanto, a despeito de algumas mudanças abruptas de tema ou perspectiva filosófica, o tom de Foucault, em toda a sua obra, não foi nada hesitante – com efeito, parecia bastante positivo, o que sugeria um estilo intelectual comum. Ernest Gellner, em seu cáustico ensaio sobre Sartre (em *Spectacles and Predicaments*), falou do "machismo intelectual" como um dos ingredientes capitais do espírito da Rive Gauche. No machismo intelectual, a força de um argumento não é sustentada por sua qualidade lógica – é transmitida pela inabalável autoconfiança de quem o enuncia. O importante é a força com que é apresentado, não sua validade. Assim era com Shaw; assim era com Sartre e assim foi, também, com Foucault. Ademais, Foucault também tinha em comum com Sartre uma *atitude* intelectual. Tal como Sartre, ele era um hábil apóstolo da filosofia como arte pela arte da revolta. Seja o que for que mais possa ter sido para Foucault, o pensamento era, a seus olhos, eminentemente uma rebelião sem uma causa. E que poderia ser mais sartriano do que a inusitada combinação de sombrio pessimismo (aquele pessimismo a respeito do homem e da história que vai desde *O Ser e o Nada* até a *Crítica da Razão Dialética*) com agitação política? Não resta dúvida de que o *papel* de Sartre pertenceu, a partir de meados dos anos 70, a Foucault.

A postura sartriana do filósofo como um consagrador não utópico da Revolta Radical foi, precisamente, o que distinguiu Foucault de seu principal rival pós-estruturalista, Jacques Derrida; pois em Derrida não há nenhum discurso sobre o poder, nenhuma retórica da revolta. Além do mais, por trás do negativismo de Foucault

– aquela peculiar ausência de horizontes positivos que o separava de seu mestre, Nietzsche, e, em nosso próprio tempo, tanto dos demais nietzschianos, os dionisíacos "filósofos do desejo", quanto de pensadores como Habermas –, por trás daquele negativismo esconde-se a soturna concepção sartriana do homem e da história. "A felicidade não existe" é uma afirmativa de Foucault;[27] mas poderia ter sido assinada por Sartre.

Muitos já apontaram a afinidade entre o tipo de literatura de Foucault e o mercado parisiense de ideias. George Huppert vê o segredo do sucesso de Foucault em St.-Germain-des-Prés na sua capacidade de dar "a impressão de estar dizendo algo de radicalmente novo, enquanto, ao mesmo tempo, suas 'descobertas', para a satisfação do jovem leitor, ajustam-se de modo perfeito ao movimento geral das ideias que estiverem na moda".[28] A observação é bem feita. No entanto, creio ser necessária uma ressalva. Foucault pode, com efeito, não ter dito muita coisa radicalmente nova – mas estava, até certo ponto, *renovando muita coisa aos ouvidos radicais*.

Vou tentar ser mais claro. Durante cerca de uma década, desde o início da atual recessão, por toda parte o pensamento radical tem estado na defensiva, obrigado a largar suas últimas peles utópicas ante a pressão de uma crescente crítica dos construcionismos sociais. Isso foi especialmente verdadeiro na pátria do pensamento radical, a França. A *"nouvelle philosophie"* foi apenas moda passageira; mas é provável que os efeitos da estranha aliança que ela promoveu entre Popper e Soljenitsin sejam duradouros. Curiosamente, quando subiu ao poder a esquerda de Mitterrand, em muitos aspectos não menos "desradicalizada" do que a social-democracia europeia, o pensamento francês parecia mergulhado num verdadeiro expurgo dirigido contra os radicalismos. Michel Tatu, do *Le Monde*, acentua que, enquanto

---

[27] Cf. a entrevista de Paolo Caruso, op. cit.
[28] Georges Huppert, "Divinatio et Eruditio: Thoughts on Foucault", op. cit., p. 191.

na Grã-Bretanha ou na Alemanha o anticomunismo dos intelectuais floresceu durante a guerra fria, na França esses foram os tempos em que chegou ao máximo o namoro com o mito da revolução e da construção do socialismo. Hoje vemos a maré em refluxo. No entanto a retórica radical é quase uma forma mental para a *intelligentsia* francesa; o hábito está entranhado há muito tempo para ser de todo abandonado de súbito. Por isso, ele tende a persistir, mesmo em escala bastante reduzida e sob más estrelas. O palco estava armado, portanto, para alguma espécie de pensamento capaz de defender o bastião do Mito da Revolta – um mito mantido vivo por aquela solene brincadeira dos intelectuais franceses desde os tempos de Baudelaire e Flaubert: escandalizar o burguês. A teoria foucauldiana de poder/saber satisfez essa necessidade com inquestionável talento e muito brio, no mínimo, por ter sabido não perder tempo em tentar reviver as desgastadas crendices da fé radical no passado. Tal como Sartre, há muitos anos, Foucault havia aprendido a destilar o Elixir da Pura Negação.

Com isso, infelizmente, ele se tornou a figura central de uma lamentável metamorfose da filosofia continental – um impasse sagazmente descrito e criticado por Bouveresse.[29] Tudo começa com a ironia de uma filosofia que, tendo sonoramente proclamado a morte do homem (uma questão epistemológica, decerto – mas com que implicações morais cuidadosamente orquestradas!), dedica-se aos mais excitantes problemas da humanidade (loucura, sexo, poder e punição...) sob a alegação de que a filosofia, como investigação de antigas abstrações como a realidade e a verdade, a subjetividade e a história, caducou. Humildade?... Bouveresse duvida, pois esses filósofos pós-filosóficos escarnecem das pretensões de todo o saber, mas não se inclinam nem um pouco a estender o ceticismo às suas próprias concepções negativas, e globalizantes, sobre a ciência, a história e a

---

[29] Jacques Bouveresse, *Le Philosophe chez les Autophages*, op. cit., principalmente p. 13-14, 44, 85-86, 101, 150, 162 e 172-74.

sociedade. Recusando todo debate crítico, eles parecem laborar no equívoco de que a ausência de método e o desdém pelo rigor argumentativo levem automaticamente a uma percepção virtuosa dos "problemas reais". Não se pejam de passar por escritores, e não por pensadores profissionais; mas o manto "literário" mal encobre um imenso dogmatismo.

Por exemplo, sendo (é claro!) radicalmente "crítica", essa nova filosofia abandona-se a uma ilação claramente falsa: muitas vezes raciocina como se, do fato de a disposição de reconhecer uma ilusão, ou uma fraude, no reino das ideias e valores ser, em si mesma, um saudável hábito mental, devêssemos inferir que todo valor e toda ideia nada são senão falsidade ou embuste. Ela não parece entender que, como observou argutamente Hilary Putnam,[30] degradar a racionalidade, de maneira relativista, à condição de simples invenção de uma dada cultura histórica é uma atitude tão reducionista quanto a redução da razão ao cálculo científico, ao gosto do positivista lógico. E a nova *skepsis*, cujo primeiro mestre foi Foucault, tem o "cinismo subversivo" de pregar o irracionalismo e o desmascaramento do intelecto, ao mesmo tempo que se mantém muito bem situada nas instituições que tanto se esforça por solapar: ela constitui uma "marginalidade oficial". Faz parte de seu negativismo beneficiar-se disso sem maiores escrúpulos morais.

Leo Strauss costumava dizer que, nos tempos modernos, quanto mais cultivamos a razão, mais cultivamos o niilismo. Foucault demonstrou que não é absolutamente necessário fazer a primeira coisa a fim de alcançar a segunda. Ele foi o fundador de nosso niilismo de cátedra.

---

[30] Hilary Putnam, *Reason, Truth and History*. Cambridge University Press, 1981, p. 126 e 161-62.

Posfácios

UMA ENTREVISTA E SEUS TRAÇOS: A PRESENÇA DE MICHEL FOUCAULT NA OBRA DE JOSÉ GUILHERME MERQUIOR

João Cezar de Castro Rocha[1]

UMA ENTREVISTA E SUA (QUASE) HISTÓRIA

Em 1971 as Edições Tempo Brasileiro, no terceiro título da coleção Comunicação, publicou um importante volume dedicado à apresentação de "uma das figuras mais originais do pensamento europeu contemporâneo".[2] Não se tratava, contudo, de uma mera divulgação, a fim de atualizar o público brasileiro com a última moda parisiense.

Nada disso!

O projeto era mais ambicioso: "familiarizar o leitor com as grandes linhas da obra de Foucault e fornecer os elementos para uma avaliação crítica".[3]

Com essa finalidade, o volume reuniu ensaios de Dominique Lecourt,[4] Carlos Henrique de Escobar[5] e Sergio Paulo Rouanet,[6] aliás, o organizador do livro.[7] A coletânea principiava por uma "Entrevista com Michel Foucault",[8]

---

[1] Professor Titular de Literatura Comparada da Universidade do Estado do Rio de Janeiro (UERJ).

[2] "Apresentação", Sergio Paulo Rouanet (org.). *O Homem e o Discurso: A Arqueologia de Michel Foucault*. Rio de Janeiro, Tempo Brasileiro, 1971, p. 9.

[3] Ibidem.

[4] Dominique Lecourt, "A Arqueologia e o Saber". Ibidem, p. 43-66.

[5] Carlos Henrique de Escobar, "Discurso Científico e Discurso Ideológico". Ibidem, p. 67-90.

[6] Sergio Paulo Rouanet, "A Gramática do Homicídio". Ibidem, p. 91-139.

[7] "Este volume foi preparado por um dos mais competentes ensaístas do novo Brasil: Sergio Paulo Rouanet". Ibidem, p. 18.

[8] "Entrevista com Michel Foucault. Por Sergio Paulo Rouanet e José Guilherme Merquior". Ibidem, p. 17-42.

realizada pelo organizador e por José Guilherme Merquior. Uma nota esclarecia: "O texto foi submetido a Foucault, que não pôde, entretanto, corrigi-lo. Foucault não tem, portanto, nenhuma responsabilidade por seu conteúdo".[9]

A entrevista, porém, não foi esquecida. Na organização do segundo tomo de *Dits et Écrits* (1970-1975), Daniel Deffert e François Ewald incluíram, como um dos documentos, "Entretien avec Michel Foucault; Entretien avec J. G. Merquior e S. P. Rouanet".[10] E não é uma simples reprodução, pois, diferentemente da edição original, na edição francesa acrescentam-se notas para localizar referências bibliográficas de algumas das respostas de Foucault. Ademais, alguns comentários do tradutor, P. W. Prado Jr., sugerem que a entrevista foi retraduzida para o francês. Na página 159, por exemplo, encontra-se a observação: "*L'interviewer risque ici un néologisme:* despresentificadas; *littéralement: 'déprésentifiées' (N. T.)*". O tradutor não arriscou tanto e escolheu o prosaico "*rendues absentes*". Na edição em português, assinalou-se a invenção linguística com uma advertência gráfica: "despresentificadas".

Como se realizou a entrevista?

Editor de Tempo Brasileiro, o reconhecido ensaísta Eduardo Portella mencionou, numa homenagem a José Guilherme Merquior, "a memorável entrevista realizada com o pensador Michel Foucault por ele e pelo nosso querido Sergio Paulo Rouanet".[11] Nessa mesma ocasião, Roaunet recordou suas divergências com o amigo sobre a obra do autor de *Les Mots et les Choses*: "Realmente, para me preparar para nossa mesa-redonda fui reler um pouco o que nós escrevemos sobre Foucault e cheguei à

---

[9] Ibidem, p. 18.

[10] Michel Foucault, *Dits et Ecrits* (1970-1975). Org. Daniel Deffert e François Ewald. "Entretien avec Michel Foucault; Entretien avec J. G. Merquior e S. P. Rouanet". Paris, Gallimard, 1994, p. 157-74.

[11] Eduardo Portella, "Saudades de José Guilherme Merquior". *Mesa-Redonda em Homenagem aos 70 Anos de José Guilherme Merquior*. Rio de Janeiro, Academia Brasileira de Letras, 2011, p. 8.

conclusão de que hoje em dia eu concordaria em quase tudo com José Guilherme".[12]

Coube ao autor de Razão do Poema encerrar a entrevista com uma pergunta que permite datar aproximadamente o diálogo com o filósofo francês:

> J.G.M. – Para terminar: qual o assunto principal de sua aula inaugural no Collège de France?[13]

Ora, Michel Foucault assumiu sua cátedra no Collège de France no dia 2 de dezembro de 1970. Portanto, a entrevista ocorreu entre sua eleição para a vaga aberta pelo falecimento de Jean Hyppolite e a proferição de "L'Ordre du Discours", sua famosa aula inaugural. Foucault foi eleito para o Collège de France no dia 12 de abril de 1970. A conversa necessariamente ocorreu nesse intervalo.

Aliás, neste livro, que ora reeditamos, Merquior recordou as circunstâncias da entrevista:

> Em 1970, entrevistando Foucault, juntamente com Sergio Paulo Rouanet, em sua nova residência na Rue de Vaugirard, perguntei-lhe se pretendia estender a história "arqueológica" à experiência religiosa. Respondeu-me ele que sim, mas acrescentou que seu verdadeiro interesse nesse campo era a bruxaria.[14]

Na agenda da embaixatriz Hilda Merquior, encontra-se a seguinte anotação relativa ao dia 22 de outubro de 1970: "23hs Chegada de S. P. Rouanet para dormir em casa".[15] O encontro com Michel Foucault provavelmente aconteceu no final de outubro ou na primeira quinzena de novembro.

---

[12] Sergio Paulo Rouanet, "José Guilherme Merquior". Ibidem, p. 18. Rouanet referia-se à discussão sobre o "irracionalismo" de Foucault.

[13] Ver, neste livro, p. 342.

[14] Ver, neste livro, p. 202. Devo à escritora Andrea Almeida Campos a localização dessa referência. Roberto Machado também recordou o "edifício onde desde 1970 ele morava, na Rue de Vaugirard, em frente à Place Adolphe-Chéroux". Roberto Machado, Impressões de Michel Foucault. São Paulo, n-1 edições, 2017, p. 185.

[15] "Arquivo José Guilherme Merquior / É Realizações".

Na resposta à pergunta sobre o tema de sua aula inaugural, percebe-se que o filósofo oferecia um exercício vigoroso de reflexão no calor da hora:

> Não encontrei ainda, como objeto de meu discurso, senão o paradoxo de uma aula inaugural. [...] podemos falar de inauguração se estamos diante de alguém que ainda não sabe nada, ou que não começou ainda nem a falar, nem a pensar, nem a saber. E, no entanto, essa inauguração é uma aula. Ora, uma aula implica que se tenha atrás de si todo um conjunto de saberes, de discursos já constituídos. Creio que falarei sobre esse paradoxo.[16]

Como Rouanet e Merquior anotam corretamente: "O texto definitivo da aula inaugural, proferida *semanas depois*, se afasta bastante desse esquema".[17]

(Não deixa de ser fascinante recordar que, em alguma medida, a aula inaugural de Roland Barthes no Collège de France, "La Leçon", proferida em 7 de maio de 1974, lidou com o paradoxo apontado por Foucault. De igual modo, a aula inaugural de Pierre Bourdieu, apresentada no dia 23 de abril de 1983, "La Leçon sur la Leçon", questionou a própria instituição da aula inaugural.)

Eis o que torna a entrevista realmente memorável: Foucault pensava em voz alta enquanto considerava as questões que lhe foram propostas, em lugar de contestar automaticamente, numa reiteração de suas pesquisas prévias. Abertura generosa à escuta dos ensaístas brasileiros e às suas perguntas bem informadas e, por que não?, críticas.

---

[16] Ver, neste livro, p. 342.

[17] Idem, grifo meu. Informação que corrobora a data aproximada da realização da entrevista: última semana de outubro ou primeira quinzena de novembro de 1970.

Dois ou três exemplos. Ao ponderar um questionamento de Sergio Paulo Rouanet acerca do "desaparecimento da problemática do sujeito", Foucault reconheceu lhanamente:

> Talvez eu tenha querido dizer coisas demais nas poucas frases em que falei do marxismo. Em todo caso, há algumas coisas que eu deveria ter dito mais claramente.[18]

Foucault referia-se à escrita de *Les Mots et les Choses* e, mais precisamente, à análise de certos termos marxistas. Sergio Paulo Rouanet identificou com inteligência a importância do problema e voltou à carga, levando o filósofo a uma revisão pontual de seu livro:

> A esse respeito, devo fazer uma autocrítica. Quando falei do marxismo em *Les Mots et les Choses*, não precisei suficientemente o que queria dizer. [...] Deveria também ter precisado – e reconheço que falhei nesse ponto – que se tratava da espécie de marxismo que se encontra num certo número de comentadores de Marx, como Engels. E que, aliás, também não está ausente em Marx.[19]

O nível incomum de domínio da obra foucauldiana e a argúcia dos dois entrevistadores propiciaram um instante raro. Após uma minuciosa discussão de aspectos metodológicos, Merquior indagou: "É sua intenção ir além dessa análise que justamente ficou em suspenso em *Les Mots et les Choses*?".[20] A resposta de Foucault anunciou nada menos do que o projeto que resultou na publicação de *Surveiller et Punir*.

Você me dirá se tenho razão:

> É preciso reexaminar as coisas com maior rigor. Vou tentar fazer isto num domínio de teor científico muito fraco: a criminologia. Vou tentar ver, a partir

---

[18] Ver, neste livro, p. 334.
[19] Ver, neste livro, p. 338.
[20] Ver, neste livro, p. 243.

da definição jurídica do crime, e da maneira pela qual o crime foi isolado e sancionado, as práticas penais reais.[21]

Tudo se torna ainda mais interessante: menos de três anos depois desse anúncio, Foucault principiou a sistematizar sua hipótese num curso oferecido na PUC-Rio em maio de 1973. Na ocasião, proferiu cinco conferências e participou de uma mesa-redonda com destacados intelectuais de diversas áreas de conhecimento. Na abertura da primeira conferência, o filósofo retomou a dicção da entrevista:

> O que gostaria de dizer-lhes nestas conferências são coisas possivelmente inexatas, falsas, errôneas, que apresentarei a título de hipótese; hipótese de trabalho para um trabalho futuro.[22]

Menos de dois anos depois, a *hipótese de trabalho* veio à luz na forma de um livro de grande importância, *Surveiller et Punir: Naissance de la Prison*, lançado pela Gallimard em fevereiro de 1975.

Há mais.
Não foi a primeira vez.
Explico.
Em outubro de 1965, o então relativamente desconhecido professor Michel Foucault esteve na Universidade de São Paulo, a fim de oferecer um curso no Departamento de Filosofia. A bem da verdade, ele já era o autor de *Histoire de la Folie à l'Age Classique* (1961), mas não havia alcançado a fama que muito em breve passou a acompanhá-lo e que ultrapassou em muito o restrito círculo acadêmico.

Na lembrança de Ricardo Parro e Anderson Lima:

> Michel Foucault esteve no Departamento de Filosofia da Universidade de São Paulo em duas ocasiões:

---

[21] Ver, neste livro, p. 330.
[22] Michel Foucault, *A Verdade e as Formas Jurídicas*. 3. ed. Rio de Janeiro, Nau, 2002, p. 7.

outubro de 1965 e, dez anos depois, em outubro de 1975. Nesses dez anos de intervalo Foucault deixou de ser um professor universitário pouco conhecido para se tornar um intelectual de celebridade mundial. O evento catalisador de sua forma foi a publicação, em 1966, de *As Palavras e as Coisas* – justamente o livro cujos manuscritos serviram de base às suas primeiras seis conferências na Universidade de São Paulo.[23]

Seria o Brasil um bom lugar para testar ideias e arriscar hipóteses?[24]

UMA PRESENÇA: MICHEL FOUCAULT NO BRASIL E NA OBRA DE MERQUIOR

Foucault esteve algumas vezes no Brasil entre 1965 e 1976. O filósofo visitou as cidades de Rio de Janeiro,[25] São Paulo,[26] Belo Horizonte, Salvador,[27] Recife,[28] Manaus

---

[23] Ricardo Parro e Anderson Lima da Silva, "Michel Foucault na Universidade de São Paulo". *Revista Discurso*, v. 47, n. 2, 2017, p. 205. Disponível em: <http://www.revistas.usp.br/discurso/article/view/141441/136461>.

[24] "Pois, em 1967, declarou a um jornal tunisiano: 'Provavelmente apenas no Brasil e na Tunísia eu tenha encontrado tanta seriedade e tanta paixão entre os estudantes, paixões muito sérias e, o que mais me encanta, a avidez absoluta de saber'." Roberto Machado, op. cit., p. 34.

[25] Roberto Machado recorda o curso de Foucault na PUC-Rio com brilho e afeto no capítulo "Cobra que Perde a Pele", op. cit., p. 33-52.

[26] O artigo acima citado, de Ricardo Parro e Anderson Lima da Silva, reúne depoimentos dos alunos do curso de 1965 e documentos relativos à visita de Michel Foucault à USP.

[27] O documentário *Foucault na Bahia: A Liberdade Nunca é Demais*, produzido pelo Laboratório de Estudos do Discurso e do Corpo (LABEDISCO), da Universidade Estadual do Sudoeste da Bahia (UESB), rememora a presença do filósofo na Universidade Federal da Bahia em 1976; disponível em: <https://www.youtube.com/watch?v=V033HEFLmpk>.

[28] No livro citado de Roberto Machado, comenta-se a viagem ao Recife, especialmente nas p. 223-29.

e Belém.²⁹ Uma série de filmes, seminários e publicações tem estudado os *efeitos da presença* foucauldiana no Brasil.³⁰

De igual modo, o filósofo comparece em praticamente todos os títulos de José Guilherme Merquior – e isso muito antes da publicação que ora você tem em mãos.

Em *O Argumento Liberal* há uma alusão oblíqua à entrevista de 1970, incluída nesta reedição:

> [...] o próprio Foucault me contou que escolheu a fórmula *Les Mots et les Choses* pensando na voga dessa expressão no pensamento britânico do século XVIII; ele deve ter ficado desapontado quando a tradução inglesa de seu livro preferiu *The Order of Things*).³¹

A fonte é a conversa publicada em 1971. Com a palavra, Foucault:

> Ora, o tema do livro é o tema de *Les Mots et les Choses*. O próprio título é a tradução de *Words and Things*, que foi o grande *slogan* moral, político, científico, e até religioso, da Inglaterra no início do século XVII. Foi também o grande *slogan*, não religioso, mas em todo caso científico, na França, Alemanha, Itália, na

---

²⁹ Com direção de Ivânia dos Santos Neves, Nassif Jordy Filho e Maurício Neves Corrêa, produção do Grupo de Estudo Mediações, Discursos e Sociedades Amazônicas (GEDAI) da Universidade Federal do Pará (UFPA), em 2015 lançou-se o documentário *Michel Foucault em Belém*. Em 1976, o filósofo ministrou um curso na UFPA a convite de Benedito Nunes; disponível em: <http://grupogedai.blogspot.com/2015/12/michel-foucault-em-belem-novo.html>. José Ribamar Bessa Freire escreveu sobre o documentário, "Foucault e o *Bonjour* Amazônico", 29 de novembro de 2015; disponível em: <http://www.taquiprati.com.br/cronica/1174-foucault-e-o-bonjour-amazonico?reply=25564>.

³⁰ Uma análise desse variado roteiro e, sobretudo, dos efeitos de sua presença encontra-se no livro de Helena B. C. Rodrigues, *Ensaios sobre Michel Foucault no Brasil: Presenças, Efeitos, Ressonâncias*. Rio de Janeiro, Lamparina, 2016.

³¹ José Guilherme Merquior, *O Argumento Liberal*. São Paulo, É Realizações, 2019, p. 70.

mesma época. Acredito que *Words and Things* é um dos grandes problemas do Quixote. É por isso que fiz *Dom Quixote* representar, em *Les Mots et les Choses*, a sua pequena comédia.[32]

Uma observação: na tradução para o inglês, publicada em 1970, *Les Mots et les Choses* apareceu como *The Order of Things*. A razão é simples: em 1959, Ernest Gellner lançou o vigoroso e polêmico *Words and Things: An Examination of, and an Attack on, Linguistic Philosophy*. O prefácio foi escrito por ninguém menos do que Bertrand Russell.

No ensaio publicado em 1969, *Arte e Sociedade em Marcuse, Adorno e Benjamin*, o filósofo francês é discutido pela primeira vez em livro pelo ensaísta brasileiro. A citação inaugural é pouco elogiosa:

> Em *Les Mots et les Choses*, Michel Foucault – singularmente, sem fazer o menor registro da fonte heideggeriana, não obstante bem divulgada na França – designa por "ressemblance" o princípio da "episteme" medieval e renascentista, e por "représentation", o eixo da episteme "clássica", isto é, dos séculos XVII-XVIII.[33]

Estreia incerta – para dizer o mínimo.

Mas, calma: o que mais importa é a nota que se adiciona à passagem, indicadora de leitura cuidadosa da obra foucauldiana. Eis como se define o conceito de episteme, a espinha dorsal de *Les Mots et les Choses*: "Isto é, do substrato 'arqueológico'" da visão-do-mundo de determinado período, subjacente a todas as suas variantes ideológicas".[34]

No mesmo livro, no último capítulo, Merquior dedicou seis páginas a uma análise mais completa do

---

[32] Ver, neste livro, p. 340.

[33] José Guilherme Merquior, *Arte e Sociedade em Marcuse, Adorno e Benjamin: Ensaio Crítico sobre a Escola Neo-Hegeliana de Frankfurt*. São Paulo, É Realizações, 2017, p. 118.

[34] Ibidem.

argumento relativo ao conceito de episteme. Então, propôs uma objeção relevante:

> Na "arqueologia das ciências humanas" de Foucault, porém, a descrição interna não se completa por um relacionamento interdimensional. As epistemes são interpretadas sem nenhuma reflexão sobre as interações entre elas e o fundo social de cada grande época epistêmica. Ora, esse método unilateral emagrece singularmente a própria caracterização das epistemes – que é dialeticamente solidária do senso daquelas interações – e, sobretudo, exclui a possibilidade de compreender a transição de uma a outra episteme. As epistemes foucauldianas se sucedem arbitrariamente, desconexamente.[35]

Entenda-se bem o raciocínio: Merquior não nega o valor metodológico do conceito de episteme, porém questiona o seu, digamos, autocentramento, já que faltaria esclarecer as mediações entre os níveis discursivo e extradiscursivo.

Ora, no ano seguinte à publicação de *Arte e Sociedade*, o então jovem Merquior não foi nada tímido e, após uma questão certeira de Sergio Paulo Rouanet, aproveitou para endereçar ao próprio Foucault a crítica à estrutura interna da obra do filósofo.

E eis que o inesperado fez uma surpresa.

Não!

Melhor: Foucault ensinou o gesto que melhor define um pensador fundamental. Ele ponderou o problema e concordou inteiramente com a ressalva de Merquior.

Acompanhe a esgrima das ideias:

> J.G.M. – É sua intenção ir além dessa análise que justamente ficou em suspenso em *Les Mots et les Choses*, em busca da raiz, ao nível arqueológico, das transformações que se produziram nas três disciplinas?
>
> FOUCAULT – Nesse ponto o meu embaraço não diminuiu desde que terminei *Les Mots et les Choses*.

---

[35] Ibidem, p. 298-99.

> Alegro-me de ver que François Jacob encontrou a mesma dificuldade a propósito das relações entre Darwin e Bolzmann, que ele também não consegue explicar. Ele me fez a pergunta, e só pude compartilhar o seu embaraço. [...] É melhor uma ignorância franca; prefiro dizer que não compreendo, mas que me esforço por compreender, a dar explicações como as baseadas no espírito da época. Em suma, desse ponto de vista meus progressos foram nulos. Em compensação, vejo melhor agora, graças às análises que empreendi em *Les Mots et les Choses*, como reajustar de forma mais exata a análise das práticas discursivas e das práticas extradiscursivas.[36]

Precisamente o motivo da crítica de Merquior em 1969!

Esse modelo de uma intensa leitura crítica é ilustrado à perfeição em dois ensaios da década de 1970.

Em *Astúcia da Mimese* (1972), o filósofo francês aparece apenas uma vez, porém, com a potência de uma sugestão agudíssima.

Você me dirá se tenho razão ou se me deixei levar pelo entusiasmo (Merquior discutia a poesia de Murilo Mendes):

> O poeta que nos fala de Violantes e Vanessas é, sem dúvida, como o Flaubert de Michel Foucault um *"fantastique de bibliothèque"*: um visionário essencialmente moderno, para quem o imaginário nasce dos livros (à feição das bibliotecas cosmogônicas de Borges), do mesmo modo que a pintura de Manet brotava dos museus. Murilo é um poeta medularmente livresco – mas, por favor, não torçam o nariz: o mais livresco dos nossos autores não é o maior deles, Machado?[37]

---

[36] "Entrevista com Michel Foucault. Por Sergio Paulo Rouanet e José Guilherme Merquior". Ibidem, p. 34.

[37] José Guilherme Merquior, *A Astúcia da Mimese: Ensaios sobre a Lírica*. Rio de Janeiro, José Olympio, 1972, p. 206-07.

Passagem notável! Por si só, justificaria todo o livro. Merquior não desenvolveu a intuição e, assim, Foucault não mais retornou no livro de 1972.

Contudo, na mesma década, o ensaísta publicou um livro de grande ambição, *Formalismo e Tradição Moderna* (1974). Foucault é mencionado em cinco ocasiões, mas não se trata de competição numérica, claro está! O mais relevante é que Merquior aprofundou a ideia do "fantástico de biblioteca" e numa longa nota esboça o que poderia ter sido um belo livro. Vale a pena reproduzi-la na íntegra (é mesmo excepcional!):

> O conceito de "*fantastique de bibliothèque*", cunhado por Michel Foucault a propósito do Flaubert da *Tentation de Saint-Antoine* (*Cahiers Renaud Barrault*, n. 59, Paris, Gallimard, 1967), mereceria cuidadosos desenvolvimentos por parte dos devassadores da ficção não realista. O ponto de partida de Foucault: o reconhecimento de que a imaginação de Flaubert é tão estruturalmente ligada aos livros quanto a pintura de Manet à tradição pictórica – é cheio de promessas para a interpretação de autores substancialmente "livrescos" como Borges ou Machado de Assis. Só receamos é que uma boa parte da crítica latino-americana – decididamente muito, muito menos livresca que Machado ou Borges... – reaja ao termo como se se tratasse de um pejorativo, algo assim como uma antítese condenável da "literatura vivida", esse nobre paradigma do confusionismo estético, quando não da simples indigência mental.[38]

Não é pouco: o olhar foucauldiano permitiria uma leitura inovadora de Machado de Assis e de Jorge Luis Borges. E, como vimos, de Murilo Mendes. E, como podemos supor, de muitos outros nomes – todos rebeldes a um realismo chão.

---

[38] José Guilherme Merquior, *Formalismo e Tradição Moderna: O Problema da Arte na Crise da Cultura*. Rio de Janeiro; São Paulo, Forense Universitária; Editora da Universidade de São Paulo, 1974, p. 248.

(Você se dá conta do que está em jogo? Merquior vislumbrou a hipótese de uma história literária foucauldiana, que, naturalmente, apostaria no incomum e na descontinuidade. Possibilidade pura potência e que ainda não se cumpriu.)

Foucault continuou sendo uma presença constante na ensaística de Merquior até a publicação de seu *Foucault* em 1986. Portanto, a escrita do livro que ora reeditamos não foi um gesto extemporâneo, mas sim um acerto final de contas, uma sistematização de mais de duas décadas de engajamento intenso com o pensamento do filósofo francês.

Levantamento realizado, resta o passo mais importante: por que a obra de Michel Foucault foi tão decisiva para Merquior? Recorde-se sua declaração de princípios:

> Porém o caso Foucault decerto apresenta suficiente interesse para justificar uma análise extensa (embora não exaustiva) de sua ambiciosa denúncia da cultura moderna.[39]

Aí está! A crise da cultura, especialmente da cultura moderna, foi o tema absorvente que reúne os artigos do jovem Merquior, publicados no *Suplemento Dominical do Jornal do Brasil* (*SDJB*), quando ele mal contava vinte anos, e a prosa madura de seu último livro, *Liberalism: Old and New*, lançado postumamente. A adesão decidida pelo liberalismo foi a resposta de Merquior à crise da cultura moderna. Compreende-se, então, a importância do pensamento foucauldiano no projeto merquiorano: era preciso considerá-lo com extremo cuidado, a fim de melhor entender o próprio caminho.

Esta reedição

Foucault foi publicado em 1985 numa prestigiosa coleção, Modern Masters, publicada pela Fontana

---

[39] Ver, neste livro, p. 27.

Paperbacks e cujo diretor foi ninguém menos do que o consagrado crítico Frank Kermode. Uma das mais populares coleções da época, seus volumes eram "comprados em grande quantidade" pelos estudantes,[40] pois os títulos serviam como introduções de alto nível a nomes fundamentais do pensamento contemporâneo. Uma simples consulta ao catálogo da editora impressiona pela renomada de seus colaboradores.[41] Por exemplo, George Steiner escreveu sobre Heidegger; Arthur C. Danto, sobre Sartre; Mary Douglas, sobre Evans-Pritchard; Edmund Leach, sobre Lévi-Strauss; Raymond Williams, sobre Orwell; Anthony Giddens, sobre Durkheim. E, em ótima companhia, José Guilherme Merquior escreveu sobre Foucault. Percebe-se a padronização do título de todos os volumes, composto somente pelo sobrenome do autor.

A repercussão do ensaio merquioriano foi imediata. No mesmo ano, a tradução para o português foi publicada. No ano seguinte, 1986, saíram traduções para o francês e para o turco.[42] Em 1987, saiu uma tradução italiana; em 1988, para o espanhol e o holandês. Nos Estados Unidos, o livro apareceu em 1987 pela University of California Press. O livro poderia ter saído pela Harvard University Press, como se vê pela correspondência com Allan Megill, historiador da University of Iowa, e que também reproduzimos na seção documental. Mais interessante é a avaliação confidencial que Megill escreveu para University of California Press: quatro páginas detalhadas, que sintetizam o melhor do trabalho e do estilo de Merquior. Vale a pena reproduzir uma ou duas passagens. O livro do brasileiro:

> [...] *is an example of haute vulgarisation combined with intellectual critique.* [...] *Still, I can emphatically say that the book treats its material in "an original*

---

[40] Frank Kermode, *Not Entitled: A Memoir*. London, Harper Collins, 1996, p. 224.

[41] Na seção documental, reproduzimos o catálogo dos títulos publicados até 1985.

[42] Na seção documental, reproduzimos algumas dessas capas.

and stimulating matter". [...] *The scholarship that went into the work is decidedly superior.* [...] *the superiority of Merquior's scholarship is seen in its critical dimension.*[43]

A consulta ao "Arquivo José Guilherme Merquior / É Realizações" permite elucidar outro ponto importante; na verdade, decisivo para entender o título que a obra recebeu em suas inúmeras traduções.

Na edição original o livro chamava-se *Foucault* – como vimos, esse era o padrão da série Modern Masters. Por que então a edição brasileira, também lançada em 1985, tem um subtítulo, *Ou o Niilismo de Cátedra*?

A resposta se encontra na correspondência entre José Guilherme Merquior e Raymond Bourdon, aqui disponível na seção documental. Destacado sociólogo, em colaboração com François Bourricaud, Bourdon criou em 1977 a coleção Sociologies na prestigiosa Presses Universitaire de France (PUF). A partir da frase final do texto original em inglês – "*He was the founding father of our Kathedernihilismus*"[44] –, o sociólogo francês sugeriu o subtítulo, que foi prontamente aceito pelo ensaísta brasileiro.

Depois de acusar o recebimento do livro e mostrar-se favorável à sua tradução para o francês – "*J'ai reçu et déjà lu votre Foucault que je trouve excelente, vivant, informe et surtout três juste*" –, Bourdon sublinha sua sugestão: Michel Foucault ou le nihilisme de la chaire.[45]

Assim, em francês, o livro apareceu como *Foucault ou le Nihilisme de la Chaire* – o prenome foi deixado de lado. Mas, você objetará com razão, a prioridade não estará com a tradução brasileira? Afinal, ela saiu em 1985, portanto, é anterior à edição francesa.

Ótima pergunta!

---

[43] Allan Megill, "Foucault – J. G. Merquior". *Confidential Manuscript Reading Report*, Califórnia, University of California Press, 14 de agosto de 1986. "Arquivo José Guilherme Merquior / É Realizações".

[44] José Guilherme Merquior. London, Fontana Paperbacks, 1985, p. 160.

[45] "Arquivo José Guilherme Merquior / É Realizações".

A nota "Aos incautos", espécie de prefácio dirigido polemicamente ao "sofisticado Partido Epistêmico Foucauldiano (PEF) ou o inculto Movimento Foucaultiano Pró-Anarquia e Perversão (MFPAP)",[46] tem como data "agosto de 1985".[47] Ora, como vimos, a carta de Raymond Bourdon com a sugestão do subtítulo foi remetida em 8 de janeiro de 1985; a pronta resposta de Merquior, seguiu uma semana depois, em 15 de janeiro. Portanto, o título final em português, embora tenha aparecido primeiro, foi decidido no diálogo com o sociólogo francês.

Você ainda tem dúvida?

Muito justo!

Leiamos, então, a resposta de Merquior ao sociólogo francês:

> *Tout à fait d'accord pour le titre. Vous avez entièrement raison [...]. Votre avis, <u>Michel Foucault ou le nihilisme de la chaire</u>, me semble parfait. D'ailleurs, d'ores et déjà je le tiens aussi pour l'édition brésilienne, qui se trouve en cours de traduction.*[48]

(As alegrias que o arquivo propicia.)

CODA

Duas palavras sobre o aparato crítico que acompanha esta reedição.

O prefácio de Andrea Almeida Campos, escritora e professora de Direito, esclarece com brilho a dimensão exata da leitura merquiorana da obra foucauldiana, isto é, o maior elogio que se pode fazer a um pensador da importância de Michel Foucault não pode ser senão uma intensa leitura crítica.

---

[46] Ver, neste livro, p. 27.

[47] Na mesma nota, Merquior esclareceu a distinção que via entre as duas formas de designação: "a tribo foucauldiana (entre nós, barbaramente autodesignada como 'foucaultiana')". Ver, neste livro, p. 27.

[48] "Arquivo José Guilherme Merquior / É Realizações".

O posfácio do embaixador Paulo Roberto de Almeida oferece uma análise sensível e minuciosa da obra de Merquior, num texto que nasce como referência obrigatória para o entendimento da contribuição intelectual do autor de *Razão do Poema*.

Por fim, concluímos esta reedição com a publicação de documentos inéditos do "Arquivo José Guilherme Merquior / É Realizações". Esse material enriquece a compreensão do projeto de Merquior, assim como evidencia a ressonância internacional que sua ensaística alcançava e que certamente cresceria muito mais se sua trajetória não tivesse sido precocemente interrompida apenas cinco anos após a escrita de *Foucault*.

José Guilherme Merquior:
O esgrimista liberal

Paulo Roberto de Almeida

A caracterização de Merquior como "esgrimista liberal" foi atribuída pelo grande intelectual mexicano Enrique Krauze ao embaixador brasileiro pouco depois de seu precoce falecimento, em janeiro de 1991. José Mario Pereira, o editor da Topbooks que publicou duas reedições do intelectual, diplomata e acadêmico (nesta ordem), transcreveu um trecho da homenagem do historiador mexicano no comovente ensaio que Pereira preparou sobre o "fenômeno Merquior" para a coletânea organizada por Alberto da Costa e Silva, *O Itamaraty na Cultura Brasileira* (Brasília, Instituto Rio Branco, 2001, p. 360-78):

> Sua maior contribuição à diplomacia brasileira no México não ocorreu nos corredores das chancelarias ou através de relatórios e telex, mas na tertúlia de sua casa, com gente de cultura deste país. [...] A embaixada do Brasil se converteu em lugar de reunião para grupos diferentes e até opostos de nossa vida literária. Lá se esqueciam por momentos as pequenas e grandes mesquinhezas e se falava de livros e ideias e de livros de ideias. Merquior convidava gregos e troianos, escrevia em nossas revistas e procurava ligar-nos com publicações homólogas em seu Brasil. [...] Merquior cumpriu um papel relevante: foi uma instância de clareza, serenidade e amplitude de alternativas no diálogo de ambos os governos. (Enrique Krauze, "O Esgrimista Liberal", *Vuelta*, janeiro de 1992; apud Pereira, op. cit., p. 365)

Tal postura também foi seguida por Merquior em todos os demais postos nos quais serviu e estudou – Paris, Londres, Montevidéu, Paris novamente –, como verdadeiro representante da cultura brasileira no exterior, um elo entre aderentes a ideologias opostas – marxistas e liberais, por exemplo – e também uma ponte entre intelectuais dos diferentes países pelos quais circulou, e nos quais tinha livros publicados (alguns foram escritos primeiro em inglês, depois traduzidos e publicados no Brasil). Tal acolhimento à diversidade de opiniões e de posições políticas diversas foi uma marca de toda a sua trajetória intelectual, um pouco errática em seu início como crítico literário, "até desaguar nos anos 80, na prosa quarentona de um liberal neoiluminista", como ele mesmo escreveu nas páginas introdutórias de seu livro *Crítica (1964-1989)*, também reproduzido no ensaio de seu editor brasileiro (Pereira, p. 363).

A caracterização de Merquior como "esgrimista liberal" foi também retomada pelo embaixador Rubens Ricupero na contribuição que ele ofereceu ao pequeno livro que o chanceler Celso Lafer e colegas diplomatas decidiram organizar um ano depois de sua morte, ocorrida em janeiro de 1991. Registrando, por um lado, a universalidade do seu pensamento e, por outro, o profundo vínculo de Merquior com as coisas do Brasil e da região, o ex-ministro da Fazenda e ex-diretor da Unctad escreve as seguintes palavras:

> O cosmopolitismo da formação universitária, a familiaridade que adquiriu no frequentar os grandes mestres europeus dos anos 60 e 70, nunca enfraqueceram em Merquior as raízes brasileiras e latino-americanas de sua cultura. (Rubens Ricupero, "A Diplomacia da Inteligência". In: Celso Lafer et al. *José Guilherme Merquior, Diplomata*. Brasília, Fundação Alexandre de Gusmão, 1993, p. 15-20; cf. p. 16.)

Ricupero relembra ainda que em seu último livro, preparado para publicação quando ele já se encontrava devastado pela doença, Merquior tinha incluído o argentino Sarmiento entre os pensadores liberais criadores do liberalismo, antigo e moderno (p. 16). Refletindo, logo em seguida, sobre como grandes intelectuais brasileiros se vincularam à diplomacia, ou como a atividade diplomática influenciou a produção intelectual de vários deles, Ricupero discorre sobre grandes nomes de estadistas e homens de pensamento do passado, muitos dos quais se encontrariam na obra que, sob a direção sucessiva dos chanceleres Luiz Felipe Lampreia e Celso Lafer, seria publicada em 2001, dez anos depois do falecimento de Merquior. Ele escreve notadamente esta observação pertinente sobre o dilema de muitos deles, entre o dever de ofício e o prazer da escrita:

> Haveria, assim, nessa tipologia do diplomata-homem de cultura, dois extremos: o dos que sacrificaram, como Guimarães Rosa, a carreira à obra literária [pois que o grande escritor das Gerais passou anos e anos na modesta Divisão de Fronteiras, recusando postos no exterior] e o dos que, como o Barão [do Rio Branco], renunciaram à obra em favor de uma ação que os absorveu e consumiu a vida. Entre esses dois polos, a posição de Merquior era inequívoca: seu desejo era coroar uma brilhante carreira de crítico e pensador com uma atitude renovadora na política interna e externa do país, unificando pensamento e ação. (p. 18)

Uma produção intelectual extraordinariamente rica, diversificada, densa

Sua produção literária e ensaística, em pouco mais de três décadas de ativismo intelectual, é propriamente espantosa, medida unicamente pelo que foi publicado em vida, uma série imensa de obras densas e abundantemente recheadas de notas remissivas e referências bibliográficas – desde o primeiro livro, em 1963, até o último, em 1991, que ele não chegou a ver, escrito e publicado originalmente em inglês, sobre o liberalismo –, ao qual caberia agregar materiais inéditos e complementares, que vêm sendo selecionados pela família e pelos novos editores, coletados em edições *post-mortem*. Uma peculiaridade formal, mas que revela o extremo cuidado que Merquior emprestava à sua atividade de grande *scholar* – numa era em que as edições brasileiras, mesmo de livros acadêmicos, raramente eram acompanhadas de índices finais –, era o fato de que todos os seus livros finalizavam, invariavelmente, com completíssimas referências bibliográficas e extensos índices onomásticos, também reveladores de seu respeito pela conferência dos pares e dos interessados em suas fontes de estudo e material de leitura.

Sua produção se divide, basicamente, de um lado, em obras de crítica literária, artística e estética e, de outro, em trabalhos de sociologia, de política e de cultura, em geral. Este ensaio vai dedicar-se essencialmente à segunda categoria, embora tenha sido na primeira que ele se distinguiu precocemente, de início nas páginas dos suplementos literários dos periódicos do Rio de Janeiro a partir do final dos anos 1950, depois em livros contendo esses ensaios coletados, a partir de meados da década seguinte, recolhendo a admiração unânime, tanto de experimentados críticos literários, quanto de autores de poemas e romances, aqui compreendendo igualmente escritores estrangeiros. O próprio Merquior, ávido leitor de todos os críticos literários mais importantes do mundo, os considerava "uma espécie hoje quase extinta", como anotou no primeiro capítulo de *As Ideias e as Formas* (1981, p. 16).

Vale registrar, por importante, que mesmo os livros de crítica literária e de análise de temas culturais sempre foram permeados de reflexões que ultrapassam essas fronteiras estritas, e deságuam, invariavelmente, em questões da modernidade, do pensamento político do momento, de tendências acadêmicas que interessam ao grande público (Foucault, Althusser, o estruturalismo, os marxistas ocidentais, etc.) ou penetram na discussão de problemas brasileiros e mundiais. Como pioneiro e ativo participante nos debates políticos e culturais no Brasil, vários de seus livros foram compostos por artigos divulgados nos grandes jornais de circulação nacional, por vezes ensaios mais longos publicados em obscuras revistas acadêmicas, mas que se inseriam, precisamente, no diálogo constante mantido com outros luminares da cultura nacional ou até com "desafetos" eventuais, não assim considerados por ele. Cabe igualmente observar que alguns dos representantes da "cultura de esquerda" incidiram em acusações vilmente desonestas, pretendendo transformá-lo num "empregado da ditadura militar", quando esta ainda não tinha acabado, ou logo após o início da redemocratização, quando ele forneceu alguns bons textos sobre questões brasileiras ao presidente Sarney, ou sobre o "liberalismo social" ao presidente Collor.

Na primeira vertente de sua imensa produção podem ser situados: *Poesia do Brasil* (antologia com Manuel Bandeira, 1963); *Razão do Poema: Ensaios de Crítica e Estética* (1965); *A Astúcia da Mimese: Ensaios sobre Lírica* (1972); *Formalismo e Tradição Moderna: O Problema da Arte na Crise da Cultura* (1974); *Verso Universo em Drummond* (originalmente em francês, 1975); *L'Esthétique de Lévi-Strauss* (1977; em português: 2013); *De Anchieta a Euclides: Breve História da Literatura Brasileira* (1977); *O Fantasma Romântico e Outros Ensaios* (1980); *As Ideias e as Formas* (1981); *O Elixir do Apocalipse* (1983).

Numa faixa de transição para textos de feitura mais propriamente sociológica, ainda no terreno da crítica cultural e filosófica, podem ser situados: *Arte e Sociedade em Marcuse, Adorno e Benjamin: Ensaio Crítico sobre a Escola Neo-Hegeliana de Frankfurt* (1969); *Saudades do Carnaval: Introdução à Crise da Cultura* (1972); *O Estruturalismo dos Pobres e Outras Questões* (1975); *The Veil and the Mask: Essays on Culture and Ideology* (1979; em português: 1997); *Michel Foucault: Ou o Niilismo da Cátedra* (apresentado como um "antipanegírico"; original em inglês e no Brasil: 1985; em francês: 1986); *From Prague to Paris: A Critique of Structuralist and Post-Structuralist Thought* (1986; em português: 1991).

A partir de sua tese de doutoramento, defendida em 1978, na London School of Economics, sob a direção de Ernest Gellner, sua produção intelectual se dirigiu mais especificamente aos grandes temas da política e da sociedade: *Rousseau and Weber: Two Studies in the Theory of*

Legitimacy (1980); *A Natureza do Processo* (1982); *O Argumento Liberal* (1983); *Western Marxism* (1986; em português: 1986); *Algumas Reflexões sobre os Liberalismos Contemporâneos* (1986-1991); *Liberalism: Old and New* (1991; também em português, já no âmbito de seu espólio, administrado pela família; em espanhol: 1996). Após sua morte, intelectuais e diplomatas amigos – Celso Lafer, Rubens Ricupero, Marcos Azambuja, Luiz Felipe de Seixas Corrêa e Gelson Fonseca – organizaram a já referida obra em sua homenagem: *José Guilherme Merquior, Diplomata* (1993), pequeno volume de menos de oitenta páginas no qual consta o discurso que Merquior proferiu como orador na formatura de sua turma no Instituto Rio Branco, em 1963, bem como seu texto sobre a questão da legitimidade na política internacional, tema da tese apresentada na qualidade de conselheiro aspirante à promoção a ministro de segunda classe, no primeiro Curso de Altos Estudos do IRBr, em 1978 (quando ele não estava formalmente obrigado a fazê-lo).

Finalmente, em 1996, seu orientador na LSE, Ernest Gellner, organizou, com a colaboração de César Cansino, um volume de ensaios em sua homenagem: *Liberalism in Modern Times: Essays in Honour of José G. Merquior* (Oxford University Press), contendo inclusive uma contribuição de Norberto Bobbio (publicado em espanhol, sob o título de *Liberalismo, Fin de Siglo*, Universidad de Almería, 1998). Vários de seus livros mais importantes – antes distribuídos por diferentes editoras – passaram a ser publicados no Brasil, mediante acordo com a família do autor, pela editora É Realizações.

Como a segunda vertente de Merquior, na qualidade de pensador da política e das relações internacionais, é a que mais interessa ao exame de suas ideias e análises vinculadas à política moderna e ao mundo contemporâneo, o restante deste ensaio será focado nos temas do marxismo, do liberalismo e da cultura política da modernidade, nos quais sua superior inteligência brilhou pelos *insights* e pela disposição à polêmica, como evidenciado pelo apodo que lhe atribuiu Enrique Krause: o "esgrimista liberal".

Merquior diplomata: o sistema internacional e a Europa ocidental

Merquior foi basicamente um intelectual, dos mais livres que o Itamaraty conheceu, acentuando o seu libertarianismo ao longo da carreira diplomática até o ponto de dispensar cumprimentos do chanceler Azeredo da Silveira quando de sua promoção a ministro de primeira classe, pois que sabidamente "Silveirinha" nunca o teve em alta estima, em função, entre outros motivos, de sua independência de pensamento, assim como por seus notórios vínculos com o embaixador Roberto Campos, a quem o chanceler de Ernesto Geisel considerava um dos seus maiores desafetos. Dele poder-se-ia dizer, parafraseando seu outro amigo, e editor, Eduardo Portella – que disse uma vez, servindo ao governo Figueiredo como ministro da Educação, que "não era ministro, mas estava ministro" –, que ele não era um diplomata, mas sim um intelectual em tempo integral, servindo, adicionalmente, como diplomata de carreira.

Não obstante, segundo o testemunho de colegas e chefes, sempre desempenhou a contento suas funções, mesmo nos ambientes altamente intelectualizados de Paris, Bonn, Londres e outras capitais, em todas elas se relacionando com grandes mestres, intelectuais de seu nível e gabarito. E em todas as ocasiões aproveitando os momentos livres do trabalho de chancelaria para ler, estudar, frequentar cursos, escrever, produzir dissertações e teses, e publicar, continuamente, os resultados dessa segunda grande jornada de trabalho, que era, provavelmente, a mais importante do ponto de vista de suas perspectivas intelectuais. Sua produtividade espantosa, entre artigos de jornal e trabalhos eruditos, nunca sofreu qualquer solução de continuidade, onde quer que estivesse, sempre atento às últimas novidades dos meios intelectuais aos quais estava ligado direta ou indiretamente, por paixão ou obsessão.

Suas atividades especificamente diplomáticas – informar, negociar, representar – eram provavelmente exercidas em meio às suas leituras e na imbricação de seus afazeres mais acadêmicos do que burocráticos. Seu chefe em Londres, o embaixador Roberto Campos, deixou um registro desse malabarismo acadêmico-burocrático em seu discurso feito na cerimônia de posse na Academia Brasileira de Letras, em outubro de 1999, tendo Merquior já falecido de um câncer no início da década. Campos consigna a sua homenagem póstuma ao grande colega de tertúlias intelectuais na capital britânica da seguinte forma:

> Tive o bom senso de dispensá-lo da rotina da embaixada, encorajando-o a fazer seu doutorado em Sociologia e Política na London School of Economics.
>
> Sua tese doutoral contribuirá mais para a cultura brasileira, disse-lhe eu, que os relatórios diplomáticos que dormirão o sono dos justos nos arquivos do Itamaraty.
>
> Previ corretamente. A tese de Merquior – *Rousseau and Weber: Two Studies in the Theory of Legitimacy* – escrita em inglês erudito, que humilhava os nativos monoglotas, se tornou parte da bibliografia básica em várias universidades europeias. [Discurso de posse na ABL]

Não por tais concessões de seus chefes, Merquior deixava de cumprir suas obrigações burocrático-diplomáticas, sob a forma de telegramas e ofícios enviados à Secretaria de Estado como parte do ritual normal a que todo funcionário está adstrito. A quase totalidade desses expedientes, com exceção daqueles que ele efetivamente preparou já como chefe de posto, na embaixada no México e na missão junto à Unesco, em Paris, dorme efetivamente o sono dos justos nos arquivos do Itamaraty, e será difícil resgatá-los agora, requerendo um minucioso trabalho de garimpagem entre tantos papeis acumulados em maços empoeirados e obscuros. Mas um exemplo de seu trabalho meticuloso de análise do mundo da política internacional sobreviveu à crítica destrutiva das traças, ao ter sido mimeografado e distribuído como "folheto" pelo próprio Itamaraty. Encontrei-o no catálogo da biblioteca do Itamaraty – e também nos das bibliotecas do Congresso – sob o seguinte título: "O Sistema Internacional e a Europa Ocidental", datado de "Bonn, janeiro-fevereiro de 1973" (seu segundo posto na carreira, depois da embaixada em Paris), em 27 páginas cuidadosamente datilografadas, cujo estatuto preciso – se anexo a algum ofício de rotina, depois transformado em separata, ou se já um trabalho extra em meio aos expedientes de rotina – ainda precisa ser identificado.

O fato é que se trata de um curto, sintético, mas erudito ensaio – nada menos do que treze obras na bibliografia, entre elas a famosa conferência do embaixador, ex-chanceler de João Goulart, João Augusto de Araújo Castro, sobre o "congelamento do poder mundial", e um artigo de Roberto Campos no *Globo*, no próprio mês de janeiro de 1973 – discutindo o panorama internacional no início daquela década, com uma atenção especial para o papel da Europa Ocidental, ou mais especificamente da Comunidade Econômica Europeia, acrescida recentemente do ingresso do Reino Unido, no difícil equilíbrio de poderes no mundo bipolar da Guerra Fria, mas já marcando o retorno da China ao cenário geopolítico internacional. O trabalho está dividido em quatro partes bem identificadas: (a) "a dinâmica do sistema internacional nos anos 70", com um pouco de prospectiva, portanto; (b) "o pentarca hipotético: a posição da Europa Ocidental", entre os dois gigantes adversários; (c) "*Détente*, congelamento do poder mundial e impasse europeu", com suas observações sobre os interesses contraditórios dos três grandes atores da CEE, França, Alemanha e Reino Unido; (d) "as negociações europeias de 1973", sobre o começo do processo que seria depois conhecido como "acordos de Helsinque", de 1975, e novas negociações em torno das armas nucleares entre os EUA e a URSS; mais a conclusão e a bibliografia.

Não é o caso de retomar aqui cada um dos seus argumentos sobre o cenário mundial e seus desenvolvimentos prováveis numa conjuntura em que os EUA procuravam se desengajar da terrível guerra do Vietnã, ao mesmo tempo que a URSS brejnevista se dedicava a novos ensaios de projeção internacional em outros continentes, e quando a

China buscava, justamente, uma aproximação ao Ocidente, ao ter na União Soviética a sua principal ameaça e favorecendo – este um ponto central – uma maior integração europeia, inclusive na área de defesa, como forma de diluir o imenso poderio convencional e nuclear da antiga aliada no sonho comunista. Merquior faz vários retrospectos ao período mais crucial da Guerra Fria e à doutrina da "mútua destruição" de Foster Dulles, mencionando *en passant* que "o Prof. Henry Kissinger é um renomado especialista em Metternich e Bismarck" (p. 1). Mesmo reconhecendo a oposição EUA-URSS, Merquior enfatiza que não se trata de um antagonismo "inspirado por reivindicações territoriais, mas sim por divergências ideológicas", ao passo que "o antagonismo URSS-China, *ao contrário*, parte de motivos ideológicos, mas encerra uma divergência geográfica de enorme peso histórico" (p. 2-3; ênfase no original). A partir desse cenário, Merquior observa que:

> *De todas as combinações possíveis no interior do triângulo, a mais improvável é, de longe, uma conjunção sino-soviética contra os USA*, sendo muito mais verossímil que os soviéticos se sintam obrigados a se aproximar de Washington, quando e se a China aumentar substancialmente seu capital estratégico e sua penetração nas zonas de influência soviética (p. ex., o Oriente Médio). (p. 4; ênfase no original)

Mais interessante, na perspectiva dos longos desenvolvimentos em direção ao final do século, são suas observações sobre a "pentarquia hipotética" da Europa Ocidental, e o papel dos três grandes países – duas potências nucleares, França e Grã-Bretanha, e uma potência econômica, a Alemanha – no complexo jogo com aqueles outros três grandes atores, no momento em que "o sistema internacional emprestou novas perspectivas de uma efetiva multipolarização do poder" (p. 7). Esse "pentarca" permanecia "hipotético", uma vez "que prevalecem dúvidas fundadas sobre a efetivação, em futuro próximo, da unidade política da CEE" (ibidem). Essa é a questão crucial ainda hoje, como se pode verificar num relatório do Egmont Institute, de 2020, sobre as "escolhas estratégicas" da Europa para o resto da década, ainda centradas, justamente, sobre as possibilidades de que a UE possa se "reposicionar na política internacional", adotando uma "Grande Estratégia" consensual entre seus membros mais importantes, sem alienar a cooperação com os EUA em face dos grandes contendores, mas sem continuar a ser dependente submisso das escolhas estratégicas americanas (Biscop, 2020). Merquior vai inclusive muito mais além do que simplesmente expressar a necessidade de maior integração e cooperação entre os países membros da CEE – apenas nove, naquela conjuntura – nos terrenos político e de defesa, penetrando no desenvolvimento institucional desse quinto membro hipotético da pentarquia do poder internacional, junto com os dois grandes nucleares, a China emergente e o Japão. Seu parágrafo, sem ênfases, é o seguinte:

> Não há dúvida de que, para desempenhar o papel que a evolução do sistema internacional lhe reserva, ocupando o seu lugar na pentarquia em formação, a Europa Ocidental se depara hoje com a necessidade de realizar com urgência uma inédita operação de química histórica: a fusão dos Estados nacionais europeus numa federação. Numa federação de 250 milhões de almas, econômica e tecnologicamente superior à URSS, ao Japão e à China. (p. 7-8)

Merquior reconhece imediatamente a dificuldade e o ineditismo dessa metamorfose, devido à circunstância

> de que foi precisamente na Europa Ocidental que se originaram e mais se desenvolveram as entidades históricas denominadas Estados nacionais. A história do mundo registra muitas federações; mas desconhece, até aqui, uma federação feita de unidades tão ciosas e ciumentas de sua personalidade cultural e de sua soberania política quanto as grandes nações europeias. (p. 8)

Merquior continua enfatizando a relativa perda de poder pela Europa "desde os últimos decênios do séc. XIX", inclusive em função da retração demográfica:

Em consequência, a posição internacional da Europa Ocidental encerra, atualmente, um verdadeiro desafio – um *challenge* no sentido de Toynbee. Ou o Ocidente europeu se unifica, ou não usufruirá, senão em mui pequena escala, das perspectivas de poder e influência oferecidas pela evolução inscrita na dinâmica do sistema internacional. (p. 9)

Depois de tecer considerações sobre as contradições e ambiguidades nas relações entre os três grandes europeus, sobretudo no posicionamento em face da arrogância e do unilateralismo americano – conceitos que ele não usa –, Merquior chega às suas conclusões, que parecem válidas ainda hoje, bastando substituir soviéticos por russos:

> O *que os soviéticos mais receiam, além do robustecimento da China, é a unificação política da Europa Ocidental*, porque é grande o seu temor de que, unida, a Europa Ocidental se converta em fator de desagregação do bloco socialista, na medida em que sua vitalidade econômica e cultural, reforçada pela união, atrairia, mais do que já atrai, a maior parte dos atuais países satélites. Tudo o que se conhece dos trabalhos soviéticos de planejamento diplomático confirma essa impressão, ratificada pelos melhores kremlinólogos. (p. 24; ênfase no original)

Pois foi exatamente o que ocorreu menos de duas décadas depois, e não apenas em relação aos satélites da Europa central e oriental, mas também no tocante aos próprios membros da federação russo-soviética, como revelado mais adiante pelo caso da Ucrânia. Não se trata exatamente de uma presciência, ou profetismo, da parte de Merquior, mas de aguda observação dos dados da realidade internacional e regional, com base nas leituras que fazia de grandes especialistas ocidentais. O Brasil não aparece nessa análise de Merquior, a não ser pela adesão do autor às teses de Araújo Castro sobre o "congelamento do poder mundial" e por uma menção aprobatória à não adesão do Brasil ao Tratado de Não Proliferação Nuclear (TNP): "Bem andou o Brasil ao não assinar convênio tão estranhamente 'altruístico'". (p. 11), quando se sabe que seu amigo e mentor Roberto Campos desdenhava dessas posturas e recomendava a adesão do Brasil ao TNP desde a sua finalização.

Finalmente, ao apoiar, em sua conclusão a ideia da "constituição de uma Europa Ocidental militarmente emancipada e politicamente coesa", Merquior menciona um aspecto do balé diplomático ainda em voga na atualidade e totalmente pertinente para os dias que correm, com Brexit ou sem ele:

> Nada comprova melhor a veracidade disso do que a constância com que Pequim aconselha a unificação política da CEE e o reforço militar da OTAN às personalidades europeias em visita à China... (p. 25)

No conjunto, esse ensaio de análise prospectiva sobre o cenário internacional, a partir de seu posto de observação em Bonn, tendo vindo de Paris na oportunidade em que se negociou o ingresso do Reino Unido na então CEE, oferece a oportunidade de penetrar na argumentação de planejamento diplomático de Merquior, em complemento ao seu interesse básico num momento de transição de sua própria trajetória intelectual: o distanciamento dos temas de crítica literária e cultural da primeira fase e um engajamento mais decidido nos grandes temas da ciência política e da realidade da política internacional. Poucos anos depois, em 1977, Merquior elaboraria seu curto mas denso trabalho sobre a legitimidade em política internacional.

A legitimidade intelectual de Merquior, diplomata

Celso Lafer, no ensaio de janeiro de 1993 que abre o livro publicado pela Funag como homenagem póstuma a Merquior, começa exatamente por comentar a evolução do seu pensamento já evidenciada na bipartição da produção intelectual acima registrada:

> O tema da legitimidade ocupou um lugar importante na reflexão de José Guilherme Merquior, até mesmo

na perspectiva de sua biografia intelectual, pois assinalou uma passagem da crítica literária para a teoria política. (Lafer, 1993, p. 9)

Seu texto é, então, todo ele dedicado ao exame da questão da legitimidade na política internacional, tal como refletida na obra de Merquior, a partir de sua tese de CAE, de 1978, e depois num colóquio realizado na UnB, em 1979, no qual Lafer serviu como debatedor no painel em que Merquior apresentou um "instigante texto", sobre "A Legitimidade na Perspectiva Histórica" (ambos, ensaio e comentários, inseridos no livro: *Encontros Internacionais da UnB*. Brasília: Editora da UnB, 1980, p. 297-317; 319-25).

O conceito, no entanto, não aparece no primeiro texto especificamente "diplomático" de Merquior, seu discurso como orador da turma do IRBr, que se formava em dezembro de 1963, e da qual o paraninfo foi ninguém menos do que o ministro San Tiago Dantas; o conceito-chave, ali presente, é o de "razão", mais especificamente a "razão histórica", toda ela voltada para uma simbiose – uma relação "dialética", diria Merquior – entre a política interna e a política externa. Celso Lafer tece ainda considerações sobre o intenso e mutuamente profícuo intercâmbio de ideias e de obras relevantes, sobre essa e outras questões, que ambos mantiveram ao longo de anos. Lamentando, ao final, sua ausência repentina, Lafer registra que lhe serve de consolo registrar, nesse texto, "a sequência de meu diálogo em surdina com a irradiação permanente de suas ideias e de sua inteligência" (p. 14).

Em seu discurso de formatura, depois de passar por Rousseau, de referir-se aos debates da Escola Histórica alemã, de ver no paraninfo o "condutor da nova política externa", com o "poder de simultaneamente exprimir e construir a vida brasileira" e de, mais uma vez, afirmar que "a razão moderna alimentada no realismo é uma racionalidade eminentemente histórica" (1993, p. 42), Merquior, então trabalhando no gabinete do chanceler João Augusto de Araújo Castro, chega ao ponto central da mensagem que ele pretendia fazer passar ao paraninfo, aos seus colegas e ao próprio presidente, presente na ocasião, assim resumida no tema geral da correspondência entre a política externa e a política interna:

> Se a nova política externa é assim tão estimulante para nós, se ela intensifica a esse ponto as possibilidades criadoras da diplomacia brasileira, é porque [...] ela se insere, com perfeita congruência, na vida nacional da atualidade. (p. 43)

O tema da legitimidade retorna em sua "tese" do Curso de Altos Estudos, escrita em Londres, em outubro de 1978, na qual discorre, em apenas cinquenta páginas, sobre as coordenadas teóricas da estrutura atual – "33 anos subsequentes ao último conflito mundial" (p. 49) – das relações internacionais do ponto de vista da legitimidade, ao que se segue uma discussão sobre os fundamentos do poder internacional, de "caráter marcadamente *histórico*" (p. 51, ênfase no original). A bibliografia já começa por três obras de Raymond Aron – *Paix et Guerre entre les Nations* (1962); *Penser la Guerre, Clausewitz, Tome 2 - L'â Planétaire* (1976) e *Plaidoyer pour l'Europe Decadente* (1977) –, passa pelos principais teóricos das relações internacionais (Bull, Deutsch, Hoffmann, Rosenau e Wallerstein), por seu orientador da LSE, Ernest Gellner, e alcança alguns brasileiros conhecidos, com os quais ele convivia pessoalmente: Roberto Campos, seu chefe na embaixada em Londres; o "pai fundador" das relações internacionais no Brasil, Celso Lafer – de quem cita um texto em inglês sobre a nova ordem econômica internacional, em livro organizado por Karl Deutsch e Hélio Jaguaribe –, José Eduardo de Oliveira Faria, cuja dissertação de mestrado sobre "Poder e Legitimidade" havia acabado de ser defendida na Faculdade de Direito da USP, além dele mesmo: sua tese de doutorado sobre Rousseau, Weber e a teoria da legitimidade (sob a direção de Gellner, naquele mesmo ano). Essa tese constitui um verdadeiro marco em sua trajetória intelectual.

A tese, defendida em 1978 na London School of Economics, publicada dois anos depois pela prestigiosa Routledge & Kegan Paul, na coleção International Library of Sociology (fundada pelo famoso sociólogo Karl Mannheim), é, sem qualquer hipérbole, um monumento à inteligência do autor e à seriedade na pesquisa sociológica, sem descurar a elegância do inglês erudito; de certa forma representou um marco para a própria instituição, assim como para seu orientador, Ernest Gellner, de quem se tornou amigo, trouxe ao Brasil – no quadro dos Encontros Internacionais da UnB, no início dos anos 1980, organizados pelo então decano de extensão, Carlos Henrique Cardim, professor e diplomata –, cujos trabalhos ajudou a disseminar entre os editores e o público inteligente do Brasil. Entre a tese mimeografada e o livro editado, uma pequena mudança no subtítulo: de "A Study in the Theory of Legitimacy", acabou saindo na publicação, *"in a slightly different version"*, como *Two Studies in the Theory...*, o que reflete exatamente as duas partes da tese, e também do livro, com cinco capítulos sobre a filosofia política de Rousseau, seguidos de outros três (mas com dez subcapítulos) sobre a sociologia da legitimidade em Weber.

Entre o século e meio que separa o *Contrato Social* de Rousseau da *Economia e Sociedade* de Weber, a teoria social moderna parte da legitimidade, enquanto ideia rousseauniana da democracia deliberativa participativa, passa pelo constitucionalismo de Benjamin Constant – um crítico severo da soberania popular no sentido de Rousseau – e alcança o conceito de racionalização em Weber, cuja sociologia histórica, segundo Merquior, abriga, desde então, *"the best available framework for understanding the contemporary relevance of Rousseau's theory of legitimacy"* (p. 207; ênfase no original da frase completa).

Nos *Acknowledgements*, ele agradece a *"constant of intermittent exchange of ideas"* com um grande número de amigos, entre os quais vários colegas diplomatas: Afonso Arinos de Melo Franco, Alberto da Costa e Silva,

Arnaldo Carrilho, Celso Lafer, Claude Lévi-Strauss, Evaldo Cabral de Mello, Fernando Henrique Cardoso, Gabriel Cohn, Gilberto Freyre, Heloisa Vilhena de Araujo, José Francisco Rezek, José Jeronimo Moscardo de Souza, Jean-Marie Benoist, Leandro Konder, Leszek Kolakowski, Lucio Colletti, Luiz Navarro de Brito, Marcílio Marques Moreira, Perry Anderson, Raymond Aron, Roberto de Oliveira Campos (especial agradecimento, por ter *"generously encouraged the perpetration of this book"*), Roberto Mangabeira Unger, Roberto Schwarz, Raphael Valentino Sobrinho e Sergio Paulo Rouanet. Também merece agradecimento especial sua esposa Hilda, sobre quem ele se interroga se sua *"personal partiality towards Jean-Jacques (as against Max [Weber])"* não está refletida no livro. Talvez tenha sido a base do seu social-liberalismo.

Tendo iniciado, dois anos antes, minha própria tese de doutoramento em Ciências Sociais na Universidade de Bruxelas – mas terminada apenas em 1984, por injunções da vida diplomática, na qual tinha ingressado em 1977 –, lembro-me de ter lido o livro de Merquior assim que disponível, e utilizado, num dos capítulos sobre a dominação legítima em Weber, um conceito que ele elaborou, a partir da tipologia weberiana, especificamente o de "burocracia carismática", aplicado ao contexto leninista da dominação política bolchevique. O debate, em minha tese – sobre a "revolução burguesa" no Brasil, a partir do *magnum opus* de Florestan Fernandes –, tinha a ver com a modernização política criada por uma revolução burguesa bem-sucedida (o que não foi o caso do Brasil), resultando na aceleração da democratização social, terreno no qual tanto Marx quanto Weber estariam de acordo.

Na sociedade capitalista, esse fenômeno ocorre paralelamente à marcha da burocratização, que é um terreno especificamente weberiano. Marx, que tinha tido algumas intuições interessantes em seu diálogo com a sombra de Hegel, não tinha escrito nada de muito importante nesse terreno. Mas Lênin, sim, tratou disso na prática – aliás, ao mesmo tempo que Weber, que acompanhava as peripécias do processo político russo desde a revolução de fevereiro

– e, confrontado ao dilema colocado por escolhas irredutíveis entre "revolução" e "rotinização", o líder bolchevique esteve na origem da mais monumental "burocracia carismática" que a história jamais conheceu. Em nota de rodapé a esta passagem de minha tese – o texto de 1984 foi publicado bem mais tarde: *Révolutions Bourgeoises et Modernisation Capitaliste: Démocratie et Autoritarisme au Brésil* (Sarrebruck, Éditions Universitaires Européennes, 2015), p. 126 – eu indicava que tinha emprestado livremente essa expressão ao trabalho de Merquior, especificamente na seção III do capítulo 7, "The Suggestiveness of Weber's Typology: Towards a Theory of Charismatic Bureaucracy" (1980, p. 122 ss.). Ao longo de meu trabalho acadêmico, esse conceito foi um, entre muitos outros, dos empréstimos que realizei às ideias e aos argumentos de Merquior, tal como expostos em seus livros que li com bastante atenção, no processo de minha própria conversão ao social-liberalismo, que ele mesmo tinha percorrido precocemente e de forma brilhante.

A tese, e *a fortiori* o livro que dela resultou, condensou as melhores qualidades de perfeito *scholar* que Merquior sempre exibiu em todas as suas obras, mesmo aquelas feitas a partir de simples coletâneas de artigos de jornal: ademais de 27 páginas de notas ao final do livro, sintéticas – isto é, sem remissão bibliográfica, mas extensas, algumas bastante longas, prolongando a exposição e debate já realizados no corpo do texto –, a bibliografia ocupa mais dezoito páginas de títulos em quatro línguas (mas apenas um em Português, de Gabriel Cohn), complementados por dois índices, um de assuntos, outro de autores. Entre os mais citados, além, obviamente, de Max Weber, estava o seu mestre por excelência dos tempos de Paris, Raymond Aron, uma espécie de Weber francês, que, como o sociólogo alemão desaparecido quase quatro décadas antes, tinha uma "perspectiva decididamente comparatista" na maior parte de seus estudos sociológicos ou históricos.

Depois de frequentar os cursos de Aron no Collège de France, Merquior ajudou na recepção de Aron em Brasília, no início dos anos 1980, num dos encontros internacionais da UnB, organizados pelo então decano de extensão, o diplomata Carlos Henrique Cardim, que promoveu a tradução e edição no Brasil de um volume impressionante das obras clássicas e de atualidade de grandes mestres do pensamento político e de relações internacionais. Para a edição da UnB dos *Études Politiques* (1972), Merquior fez questão de redigir, diretamente em francês – para que Aron pudesse ler –, um longo prefácio, de 35 páginas, analisando a rica contribuição do "politólogo" francês em várias áreas do conhecimento sociológico. Trata-se de um riquíssimo "passeio erudito" pela maior parte da produção intelectual de Aron, desde sua tese sobre a filosofia da história alemã (de 1938) até as aulas sobre a sociedade industrial, na Sorbonne dos anos 1950, no qual Merquior demonstra, uma vez mais, estar inteiramente à vontade nas referências a Tocqueville, Marx, Hayek, Rousseau, Mill, Friedman, Leo Strauss e vários outros teóricos do pensamento político moderno.

Merquior não se furta a espicaçar Jean-Paul Sartre, a partir de Aron, registrando que este considerava o pensamento de Sartre "um encaminhamento essencialmente irracional, um abandono progressivo à lucidez ante a história em geral" ("Ciência e Consciência da Política em Raymond Aron", in: Aron, *Estudos Políticos*. 2. ed. Brasília, UnB, 1985, p. 17-47; cf. p. 33). Depois de considerar que a teoria política de Aron é "sociologizada e historicizada", e que ela "tem como núcleo um liberalismo aberto cheio de sentimentos", Merquior finaliza seu prefácio com uma avaliação geral da obra aroniana, afirmando que "poucos empreendimentos intelectuais terão conseguido tão bem aliar, sem indulgência nem comprometimento, o gosto do conhecimento crítico à paixão pela liberdade" (idem, p. 47).

A natureza do processo

Imediatamente após sua tese na London School – e independentemente de seus livros preparados com ensaios elaborados até ali: *O Fantasma Romântico e Outros Ensaios* (1980); *As Ideias e as Formas* (1981) –, Merquior preparou e publicou uma obra que ele chamou de "pequeno livro de palavras simples sobre coisas complexas", cujo título tem um leve sabor hegeliano: *A Natureza do Processo* (Rio de Janeiro, Nova Fronteira, 1982). As palavras simples são: indústria, progresso, economia, liberdade, democracia, socialismos e humanismos, que constituem as sete partes nas quais se distribuem quatro dezenas de seções interligadas ao tema setorial, ademais da apresentação, datada de Brasília, em maio de 1982. Nessa apresentação, ele agradece à sua mulher Hilda – "cuja permanente sensibilidade para o social constitui um dos melhores incentivos a meu posicionamento social-liberal" – e ao editor Sebastião Lacerda, "que acolheu com entusiasmo e estímulo a ideia de um ensaio não erudito sobre este tema". O livro é dedicado ao "fantasma de Irineu Evangelista de Sousa, barão e depois visconde de Mauá" (p. 10-11).

Impossível resumir, em poucas linhas, a enorme profusão de ideias, conceitos, ideologias e argumentos agrupados em torno dos temas selecionados em cada uma das sete partes, todas elas marcadas por um profundo conhecimento do "processo histórico", tratando dos mais importantes problemas políticos, econômicos, sociais e culturais da modernidade, tendo o mundo por cenário, mas onde o Brasil comparece episodicamente. O objetivo do livro, segundo Merquior, era o de "aclarar a consciência do mundo presente no espírito dos homens e mulheres de cultura média, dos indivíduos com gosto pela reflexão histórica ou filosófica, mas que dela não fez necessariamente o seu ofício" (p. 9). Na impossibilidade de abordar cada um dos temas desse livro, uma consulta ao índice de autores citados ilumina a extensão das leituras e do conhecimento de Merquior na abordagem de cada um deles. Em três páginas, espaço simples, de A até W, figuram todos os luminares do conhecimento universal, quase duzentos nomes (mais exatamente 189), começando por Lord Acton e terminando com Max

Weber, tendo no meio: Jorge Amado, Bakunin, Norberto Bobbio, Chico e Sérgio Buarque de Holanda, Churchill, Marx e Engels, Celso Furtado, Galileu, Gramsci, Hayek, Hobbes, Lênin, Lutero, Mao, Nietzsche, Orwell, Popper, Sartre, Adam Smith, Tocqueville e Voltaire. Como ele mesmo diz, sem eludir a dificuldade do seu empreendimento, nem mesmo a linguagem mais singela

> [...] poderia dissipar, ou disfarçar, a complexidade dos fenômenos que se tentará compreender: as características básicas da sociedade moderna, o sentido do processo histórico enquanto evolução global da cultura humana, as várias peculiaridades da estrutura social contemporânea, os paradoxos do poder, a ambígua função do estado, o papel problemático da ciência, das ideologias e dos intelectuais... e no bojo de tudo isso, o vasto alcance das grandes opções político-ideológicas do nosso tempo. (p. 9)

O ecletismo das leituras de Merquior, em todas as tendências do pensamento político, é confirmado por uma breve citação de Marilena Chaui, a professora da "Fefelech" da USP, no centro de um rumoroso caso de "distração" na apropriação de parágrafos inteiros do sociólogo francês Claude Lefort – Merquior jamais falou em plágio –, quando ele trata dos irracionalismos contemporâneos: junto com Heidegger, que disse que "a ciência não pensa", a "filósofa uspiana", segundo ele representante do "impagável radicalismo filosófico de salão", teria sustentado que, na nossa época, "o verdadeiro ópio do povo é a ciência". Ainda são feitas várias críticas aos pais fundadores do "marxismo ocidental", como Marcuse e Lukács, pensadores que voltariam a ser objeto de suas análises contundentes no livro escrito diretamente em inglês, *Western Marxism*, de 1986. De certa forma, essa obra, *A Natureza do Processo*, constituiu uma preparação para saltos ainda maiores nessa década, representados pelos dois grandes livros seguintes, sobre o marxismo ocidental e sobre o liberalismo.

O ARGUMENTO LIBERAL: O LIBERALISMO MODERNO É UM SOCIAL-LIBERALISMO

O décimo quinto livro publicado pelo prodigioso intelectual, *O Argumento Liberal* (Rio de Janeiro, Nova Fronteira, 1982), cobre, em duas dúzias de textos (em geral artigos rápidos, publicados em jornais do Rio ou São Paulo), os temas da dicotomia esquerda-direita, as relações entre justiça social e consciência jurídica, o conceito e a realidade da revolução política e social, as relações entre estado e sociedade civil, divididos em quatro partes bem identificadas: perspectivas filosóficas, temas de teoria política, história e ideologia e Brasil e América Latina. "Em duas palavras", sua introdução datada do Rio de Janeiro, em janeiro de 1983, Merquior explica que, como no livro anterior, *A Natureza do Processo*, sua nova obra

> [...] se baseia na convicção de que tanto o saber quanto a história – a lógica do conhecimento e a lógica da experiência – estão do lado da democracia liberal. Mas ao contrário de *A Natureza do Processo*, que tenta aprofundar a consciência do mundo presente num único ensaio longo, *O Argumento Liberal*, coletânea de ensaios quase todos curtos, multiplica os ângulos de análise pela crítica de alguns conceitos e teorias de filosofia e política. (p. 11)

Nessa introdução, Merquior identifica seus companheiros de jornada na "área de reflexão nacional sobre o significado psicológico, ético e histórico da liberdade", numa linha que busca o "desdobramento, e não superação, da grande tradição do pensamento liberal": Celso Lafer, Cândido Mendes de Almeida, Marcílio Marques Moreira, Luiz Navarro de Brito, Francisco de Araújo Santos, Sergio Paulo Rouanet e Vamireh Chacon. A despeito de desentendimentos pontuais, todos eles apostam "na superioridade da *argumentação* liberal – na sua capacidade de se impor pela sua maior racionalidade e objetividade, em lugar de recorrer ao dúbio carisma das ideias míticas" (p. 12).

Um dos artigos mais longos, "A Regeneração da Dialética" – publicado na *Revista Brasileira de Filosofia* (v. 32, 1982) –, é dedicado a Carlos Nelson Coutinho, Leandro Konder (dois gramscianos) e a Vamireh Chacon (um liberal weberiano), "em provável desacordo e amizade certa" (p. 33), o que é um testemunho de sua capacidade de conviver amigavelmente com pensadores da corrente marxista, mesmo castigando a "virulência panfletária" de um Lukács. O livro é uma ampla discussão em torno de um livro do filósofo gaúcho Gerd Bornheim – *Dialética, Teoria, Práxis: Ensaio para uma Crítica da Fundamentação Ontológica da Dialética* (Porto Alegre, Globo; Edusp, 1977) –, mas, paradoxalmente, a "regeneração da dialética" é encontrada por Merquior num livro de Miguel Reale publicado no mesmo ano – *Experiência e Cultura* (São Paulo, Grijalbo; Edusp, 1977) –, no qual o filósofo considerado "de direita" denuncia o "ilogicismo de Hegel", assim como a "estéril artificialidade da infringência dos princípios da lógica formal por parte das dialéticas enamoradas do demônio da contradição" (p. 50).

Nas quarenta páginas desse brilhante ensaio, que prepara o futuro livro sobre o marxismo ocidental, Merquior cita, com autoridade e pleno domínio da matéria, vários outros filósofos marxistas e estudiosos da dialética, de diversas correntes políticas e ideológicas, inclusive na vertente econômica, na qual se refere a Böhm-Bawerk e Schumpeter, que refutaram as teorias marxianas como carentes de qualquer "formulação lógica regular". Com sua natural ousadia, Merquior fulminou: "A teoria marxista do valor, por exemplo, não costuma ser rechaçada por ser supralógica, e sim por ser 'metafísica', isto é, insuscetível de falsificação empírica" (p. 51).

Num outro artigo, que deu origem ao título do livro, "O Argumento Liberal" – publicado na revista *Tempo Brasileiro* (n. 65-66, 1981) – dedicado a Marcílio Marques Moreira, Merquior começa por afirmar que o "cerne do argumento liberal é a velha lição de Montesquieu", segundo quem "não basta decidir sobre a base social do poder, mas é igualmente importante determinar a *forma de governo*" e garantir que o poder "não se torne ilegítimo pelo eventual arbítrio do seu uso" (p. 87). Por isso que o primeiro princípio liberal é o *constitucionalismo*, ou seja, a limitação do poder, fazendo com que este seja exercido com autoridade, mas não como violência. Mas o constitucionalismo não é uma condição *suficiente* e não possui legitimidade fora do ideal democrático. Merquior identifica três fases principais no liberalismo:

> Locke e Montesquieu são, por assim dizer, mais ancestrais do que fundadores, porque sua teorização precede o advento da revolução industrial e da Revolução Francesa, e o liberalismo cresceu como ideologia profundamente marcada por ambas. [...] Mas o primeiro ato da ópera liberal, após essa imprescindível *ouverture*, é o que se estende de Benjamin Constant (1767-1830) a Herbert Spencer (1820-1903).
>
> De Constant a Spencer, floresce o *paleoliberalismo*. Seu maior mérito foi ter acrescentado à teoria da limitação do poder um conceito decisivamente ampliado da liberdade. [...]
>
> Em compensação, esse tipo de liberalismo se mostraria singularmente cego ante a dimensão do estado. Nem Constant nem Spencer souberam ver o que viu Tocqueville: que o crescimento da liberdade civil foi acompanhado, e na realidade pressupôs, de uma tremenda expansão da regulamentação da sociedade pela lei, isto é, pelo estado enquanto foco emissor do direito. [...]
>
> Bem antes que a ideologia paleoliberal declinasse, uma outra fase da história do liberalismo começou: a fase *social-liberal*. [...]
>
> A rigor a época social-liberal pode ser colocada entre [John Stuart] Mill e os *liberals* rooseveltianos – ou melhor, entre Mill e Keynes, já que este foi seu grande economista, o diagnosticador e terapeuta das insuficiências do *laissez-faire*. [...]

Do predomínio da ideologia social-liberal na era keynesiana (1930-1973) resultou na entronização política daquilo que Raymond Aron chama de "síntese democrático-liberal"... [...]

Qual seria a terceira fase da ideologia liberal? Nesses últimos anos, a voga do antikeynesianismo e a viragem direitista na política anglo-saxônica deram novo lustre ao *neoliberalismo*. Seu maior profeta, o austro--inglês F. A. Hayek, propõe um verdadeiro desmantelamento do social-liberalismo, um retorno em regra ao estado mínimo e à convicção de que o progresso deriva automaticamente de uma soma não planejada de iniciativas individuais. [...]

O neoliberalismo é, portanto, essencialmente, a reprise do paleoliberalismo; e como verificamos as deficiências deste último em matéria de visão histórica e consciência social, parece inevitável preferir, ao retrocesso neoliberal, uma retomada criadora do social--liberalismo. (p. 89-95)

A coletânea de textos curtos e longos n'*O Argumento Liberal* compreende ainda, na sua seção final, cinco outros ensaios sobre o Brasil e a América Latina, inclusive um artigo final sobre a evolução política do Uruguai – um dos postos em que serviu Merquior, antes de seu retorno ao Brasil, às vésperas do governo Collor –, no qual se confirma o êxito do governo de José Battle, "o maior estadista do Uruguai moderno" (p. 247), que criou uma espécie de "social-democracia keynesiana *avant la lettre*" (p. 252). O índice de autores citados nesse livro por Merquior é ainda mais impressionante do que o anterior, seis páginas em duas colunas, em tipo reduzido e espaço simples, indo de Capistrano de Abreu a Jindrich Zeleny, um filósofo tcheco cujo livro ele citou no ensaio sobre a "regeneração da dialética", em tradução para o inglês. Os autores que recebem mais citações são Hegel, Leszek Kolakowski, Nietzsche, Tocqueville e Max Weber, entre dezenas de outros menos citados.

Reflexões sobre os liberalismos contemporâneos

Em meados dos anos 1980, já amplamente conhecido por seus artigos na imprensa diária do Brasil e, notadamente, por seu livro *O Argumento Liberal*, publicado em 1983, Merquior foi convidado, pelos institutos liberais do Rio de Janeiro e do Rio Grande do Sul, a participar do ciclo de palestras sobre "Os fundamentos do liberalismo". Sua conferência em ambos os institutos, em novembro de 1986, editada em 25 densas páginas, espaço simples, foi publicada cinco anos depois, em dezembro de 1991, num opúsculo: *Algumas Reflexões sobre os Liberalismos Contemporâneos* (Rio de Janeiro, Instituto Liberal do Rio de Janeiro), ou seja, quase doze meses depois de seu falecimento (talvez mesmo por isso).

Ele alertava, logo de início, que suas reflexões faziam parte de seu "modesto *working progress* no campo da filosofia político-econômica, com um foco todo especial no debate liberal", mas, em primeiro lugar, insistia muito em falar de liberalismos contemporâneos "no plural" (p. 5). Justificando tal observação, ele dizia que o *"revival* do pensamento liberal está exatamente na diversidade de posições, a qual, em última análise, caracteriza o liberalismo ou os liberalismos" (ibidem), e sugeria partir de "um ligeiro exame do neoliberalismo", começando por perguntar se o prefixo "neo" se justificaria (p. 6). Ele dispensou um debate inútil em torno de qualquer reflexo passadista, de "restauração pura e simples do capitalismo tipo 1850, do capitalismo *laissez-faire*" do século XIX, e se fixou no conceito de liberismo, forjado por Benedetto Croce para expressar o liberalismo propriamente econômico (p. 7).

Merquior via na obra de Hayek "o principal fator intelectual na renascença do liberismo e no reconhecimento da necessidade da liberdade econômica" (p. 11), mas ele se inquietava, ao mesmo tempo, da tendência do filósofo e economista austríaco em direção a um evolucionismo à la Spencer. Ele inclusive critica Hayek, que "chegou a propor a parcial substituição de instituições democráticas pelo seu ideal 'demárquico' e não democrático, mas não se pode dizer que tal proposta tenha recolhido muito sufrágio, mesmo entre os liberais contemporâneos" (p. 20). Já finalizando, na parte do debate, ele lamentava que o liberalismo não era exatamente vilipendiado, quanto deformado, ainda que registrasse um esforço de recuperação, não tanto dos ingleses, mas da parte de novos liberais franceses. Suas palavras finais, nessa conferência, provavelmente fora de seu próprio registro textual, pois que objeto de provável desgravação ulterior, merecem um registro quase completo:

> Na tradição francesa... o primeiro grande liberal... foi, evidentemente, Montesquieu; um segundo floresceu mais perto da metade do século passado [XIX], e foi Tocqueville; e o terceiro foi justamente, já na nossa época, Raymond Aron. Como seria possível, rapidamente, vê-los em termos de um crescente enriquecimento de observação histórica? Ora, Montesquieu teorizou a sociedade liberal, porém, não ainda democrática. Ele teorizou uma sociedade liberal cujo modelo era uma república mercantil de feição ainda oligárquica. Ele tinha, em última análise, como ponto de referência, a Inglaterra Whig como próspera república mercantil – república no sentido sociológico da palavra, bem entendido. Vem em seguida Tocqueville (algumas gerações depois) e teoriza sobre a mesma sociedade liberal nos seus princípios clássicos, mas já na forma de uma sociedade democrática. Quer dizer, aquele elemento histórico que ainda faltava em Montesquieu, que era a democracia, é incorporado pela reflexão de Tocqueville, simplesmente porque ela ocorre algumas gerações mais tarde. Em Raymond Aron o quadro se completa com a incorporação de uma democracia industrial. Repetindo, Montesquieu teoriza sobre a sociedade liberal, porém ainda não democrática; Tocqueville teoriza sobre a sociedade liberal já no contexto democrático, porém ainda não industrial, ainda anterior à grande transformação urbano-industrial da nossa época; e Raymond Aron completa a

grande galeria reteorizando sobre os princípios liberais em conexão com as grandes democracias industriais. Há, portanto, na própria galeria concreta dos grandes pensadores liberais esse movimento... e que eu acho que é realmente a única via, o único caminho para esse contínuo enriquecimento do pensamento liberal contemporâneo. (1991, p. 26-27)

O MARXISMO OCIDENTAL: UM DEBATE PARA ENCERRAR O CICLO DOS IRRACIONALISMOS

Merquior sempre teve obsessão pelo predomínio da razão, não apenas no trabalho puramente teórico de pesquisadores universitários, mas igualmente no processo de definição e implementação de políticas públicas, sejam elas internas ou desenvolvidas no plano externo da nação. Daí o cuidadoso escrutínio que ele sempre exerceu em relação às ideias e argumentos proferidos e publicamente divulgados por colegas intelectuais, no importante trabalho de desvendar a trama das ideologias, de afastar o véu da falta de lógica, e mesmo de irracionalidade, contido nessas posturas, e de aproximar assim, o mais possível, o discurso didático do ambiente real, no qual vivemos e exercemos direitos democráticos e desempenhamos obrigações sociais.

Muito desse constante trabalho de crítica social e cultural se exerceu nos amplos espaços dos periódicos de grande circulação, o que lhe granjeou não poucos desafetos nos meios acadêmicos, geralmente aqueles mesmos pesquisadores e professores já visados desde o início dos anos 1950 por Raymond Aron, em seu livro devastador, *O Ópio dos Intelectuais*. Data dessa época certa cisão no seio dos trabalhadores ditos "intelectuais", entre os que preferiam *avoir tort avec Jean-Paul Sartre* a *avoir raison avec Raymond Aron*, por muitos deles considerado um "pensador de direita", amigo dos americanos e dos capitalistas e, portanto, "inimigo da classe operária". O culto da "revolução salvadora" era proverbial entre esses universitários, assim como o anticapitalismo visceral, fenômenos que se difundiram facilmente em ambientes universitários, especialmente na América Latina, onde personalidades liberais, como Roberto Campos, sempre foram rechaçadas como "inimigas do progresso social".

Nesse contexto, o chamado marxismo ocidental ocupa um espaço próprio no terreno das ideologias e dos irracionalismos contemporâneos: bem mais sofisticado do que a versão dogmática do leninismo-stalinismo--maoismo delirante, o marxismo ocidental interpretou as clássicas teses marxianas a respeito da organização e da transição econômica e política das sociedades capitalistas em direção de um futuro socialista de uma maneira a seduzir amplas camadas da opinião pública – em geral nos próprios meios universitários e no âmbito da mídia –, o que lhe conferiu certo ar de superioridade nesses ambientes. Merquior nunca hesitou em confrontar-se com teses e argumentos que ele achava simplesmente irracionais ou completamente desprovidos da lógica mais elementar, no confronto com dados da realidade, e também apoiados em outros argumentos, retirados da própria pesquisa acadêmica animada pelo rigor empírico, não eivada de pré-conceitos vinculados ao terreno pantanoso das ideologias.

Ele exerceu esse mesmo espírito crítico a propósito da produção influente de certos luminares da academia, mesmo quando observava o máximo respeito e atenção às suas teses, como pode ter sido, de um lado, o caso do antropólogo Claude Lévi-Strauss, do qual foi aluno, e de outro, o do "filósofo historiador" Michel Foucault, de quem leu todos os livros, pois que muito cultuados nos meios acadêmicos de diversos países. Merquior acompanhava com atenção todos os movimentos intelectuais em curso na chamada *République des Lettres*, mesmo sem ter sido professor regular de alguma instituição universitária, salvo durante certo período na UnB e como *visiting scholar* do King's College, da Universidade de Londres. O que o atraía, na verdade, era a novidade em si, e a polêmica que se estabelecia em torno das novas ideias e propostas políticas; o que o movia era o argumento intelectual, um desafio ao exercício de sua capacidade analítica, o gosto pelo diálogo inteligente e a defesa constante da razão. Nessa tarefa assumida voluntariamente, ele foi, junto com seu chefe em Londres Roberto Campos, o maior polemista da cultura brasileira.

Sobre Lévi-Strauss, seu professor num seminário especial conjunto de antropologia social, do Collège de France e da École Pratique des Hautes Études, que ele tinha frequentado ao final dos anos 1960, Merquior preparou um livro, a partir de um estudo preparado antes em francês, em 1969, publicado primeiramente no Brasil – A Estética de Lévi-Strauss (Brasília, Editora da UnB, 1975) – e depois na França: L'Esthétique de Lévi-Strauss (Paris, PUF, 1977). Na verdade, o "estruturalismo" do primeiro alcança vários outros terrenos do conhecimento universitário, entre eles a linguística, assim como, mas numa via independente do antropólogo que lecionou no Brasil nos anos 1930, o próprio marxismo, em especial *chez* Louis Althusser, que Merquior também criticou em um dos múltiplos ensaios sobre os muitos modismos filosóficos franceses (neste caso, o "marxismo estruturalismo"). O que ressalta, no estudo das obras desses mestres acadêmicos, sempre foi o fato de que Merquior havia lido tudo o que eles haviam escrito, e até o que havia sido escrito sobre eles; em vários casos, obras originais em alemão eram lidas nas traduções para o italiano, para o francês e obviamente para o inglês, língua que ele dominava inteiramente.

Merquior foi bem mais contundente em relação a outro *dernier cri philosophique français*, mas que também teve enorme sucesso em muitos países, especialmente nos Estados Unidos e no Brasil: o neoanarquismo de Michel Foucault, portador de uma retórica filosófica pós-estruturalista. Seu livro *Michel Foucault ou o Niilismo da Cátedra* (publicado simultaneamente em 1985 na Grã-Bretanha e, em tradução de Donaldson Garschagen, no Brasil; na França o foi no ano seguinte) começa castigando a tribo foucauldiana, que teria "o hábito de ignorar sistematicamente o volume e a qualidade das críticas feitas às proezas histórico-filosóficas de seu ídolo" (no prefácio "Aos incautos", da edição brasileira: Nova Fronteira, p. 9). Ele é ainda mais acerbo nesse prefácio voltado à tribo brasileira ("entre nós, barbaramente autodesignada como 'foucaultiana'"), pois se refere, ironicamente, a um "sofisticado Partido Epistêmico Foucauldiano (PEF) ou o inculto Movimento Foucaultiano Pró-Anarquia e Perversão (MOFAP), ora em curso de registro na Nova República" (p. 9).

Ironias à parte, essa crítica do conjunto da obra de Foucault, recolhendo igualmente um volume impressionante de escritos sobre o filósofo-historiador, tanto de filósofos quanto de especialistas nas diversas áreas que ele abordou, permite uma ampla visão do que realmente escreveu o "niilista da cátedra", uma avaliação bem mais consistente do que a avaliação beata que acadêmicos de vários países – entre eles com espantoso sucesso no Brasil – fizeram das digressões provocadoras do pesquisador e professor francês, um "mestre do neoanarquismo moderno" segundo Merquior. Os dez capítulos de análise de cada um dos livros, não só as mais importantes obras, mas o conjunto da produção de Foucault, são seguidos de muitas páginas de notas bibliográficas extremamente detalhadas, e de uma bibliografia de todas as obras editadas no Brasil (o que também foi feito nas edições inglesa e francesa), das entrevistas publicadas com ele, das obras "sobre" Foucault (inclusive um livro editado por Sergio Paulo Rouanet: *O Homem e o Discurso: A Arqueologia de Michel Foucault*, de 1971), de obras "que tratam" de Foucault e de "alguns artigos sobre Foucault" (na verdade, mais de 45), e finalmente de "diversos" (mais 45 livros de autores consagrados). Para não variar, o índice de autores citados se estende pelas cinco páginas finais, indo de Theodor Adorno a Francisco de Zurbarán, sendo que os mais citados são Lévi-Strauss, Marx, Nietzsche e Platão (p. 273-77).

Esse mesmo desinibido exercício de crítica erudita – por vezes demolidora – se apresenta em uma de suas obras mais importantes, o livro *Western Marxism*, escrito em inglês, generosamente dedicado a um dos mais importantes marxistas brasileiros, ainda que da vertente esclarecida do Partidão: "Para Leandro Konder, que não concordará com tudo". O prefácio é datado de Londres, junho de 1985, tendo sido publicado no ano seguinte pela Paladin (com uma reedição em 1991), assim como sua edição pela Nova Fronteira. A nova edição brasileira pela É Realizações, de 2018, é bem mais completa, uma vez que a tradução de Raul de Sá Barbosa beneficiou-se de "um cotejo cuidadoso com o texto original, *Western Marxism*, a fim de aparar umas poucas arestas, assim como [para] dirimir outras tantas dúvidas" (da quarta capa dessa última edição). A nova edição vem acrescentada de dois posfácios – um de João Cezar de Castro Rocha e outro de José Mario Pereira – e de um arquivo de Merquior, contendo críticas, debates, artigos do autor com escritos precedentes sobre os marxistas presentes no livro, manuscritos, resenhas das edições publicadas e correspondência com outros autores.

Como de hábito, Merquior leu tudo, ou quase tudo, dos marxistas ocidentais e do que se escreveu sobre eles e suas obras. Mas, por que dedicar-se ao estudo de uma corrente intelectual reconhecidamente na contracorrente do "sentido da História", já que a insustentabilidade teórica do marxismo e a falência prática do socialismo já eram evidentes não só nas obras de eminentes críticos desde o início do século XX, mas igualmente na incapacidade produtiva e tecnológica dos "socialismos reais" revelada quase imediatamente no pós-Segunda Guerra? Como vivia entre colegas intelectuais, ele sabia, instintivamente, que apenas trabalhadores acadêmicos se deixavam seduzir por ideias aparentemente generosas sobre as dificuldades da vida cotidiana sob as economias de mercado, influenciando, com isso, forças mais influentes na opinião pública, como a mídia e os próprios decisores políticos; ele se angustiava com a predominância do irracionalismo nas propostas de políticas públicas ou nos argumentos expostos nas academias, a despeito de continuadas provas sobre sua inoperância teórica e insustentabilidade na prática.

Uma consulta ao prefácio do *Marxismo Ocidental* não é suficiente para aquilatar a extensão e a profundidade de sua análise sobre o que é, ou o que foi, quem representou o marxismo ocidental – em oposição aos dogmas dos ventríloquos do PCUS e seus servidores – e o que representou essa corrente intelectual no contexto do pensamento político do Ocidente. Partindo do legado original de Hegel e de Marx, Merquior percorre os fundamentos do marxismo ocidental, nas figuras de Lukács e de Gramsci, e chega ao pós-guerra, desde a Escola de Frankfurt até Habermas, passando por Walter Benjamin, que ele julgava um marxista "romântico". Suas conclusões começam por reproduzir uma frase irônica da economista inglesa Joan Robinson: "O marxismo é o ópio dos marxistas" (p. 229), talvez uma paráfrase do famoso título de Aron, sobre o "ópio dos intelectuais". Merquior ainda agrega um "veredito" de Perry Anderson, com quem manteve um diálogo sempre respeitoso: o marxismo ocidental é o "método como impotência, a arte como consolação, o pessimismo como aquiescência" (p. 230). Apenas um conhecedor profundo de cada uma das obras examinadas poderia levar adiante esse tipo de método "desconstrucionista", ou seja, provar a fragilidade teórica e o descompromisso com os dados da realidade dessas obras que se empenhavam em confrontar a razão.

Para os interessados na trajetória do marxismo moderno, vale a pena mergulhar nesse livro tão cativante (pela sua sempre presente ironia ferina) quanto profundo (pelas referências rigorosamente registradas a todas as obras publicadas ao longo de décadas). Uma avaliação final desse longo caminho percorrido em meio século de debates e diatribes, dentro e fora da tribo de marxistas, marxólogos e marxianos, pode ser feita através das próprias "conclusões gerais" (capítulo IV) de Merquior:

> Agora que sua fase criativa parece esgotada, o marxismo ocidental está em vias de tornar-se uma forma suave de contracultura institucionalizada – o romantismo dos professores: insípido, encharcado

de jargão, altamente ritualista, no reino de humanidades aguerridas contra a evolução da sociedade moderna. Para o historiador das ideias, não há nisso maior mistério: em seu conjunto, o marxismo ocidental (1920-1970) foi apenas um episódio na longa história de uma velha patologia do pensamento ocidental cujo nome é, e continua a ser, *irracionalismo*. (p. 248; ênfase agregada)

Interessante observar que, ao início de sua carreira como crítico literário, no começo dos anos 1960, Merquior ainda demonstrava certa condescendência para com os pendores esteticistas de um marxista dogmático como o húngaro Gyorg Lukács. Logo em seguida, porém, ele se afasta completamente da postura irracionalista das seitas gnósticas que ainda insistiam em defender o historicismo marxista, que no Brasil derivaram rapidamente para uma vulgata lamentável: já não se lia mais Marx e outros clássicos do marxismo, mas tão simplesmente o francês Althusser, a chilena Marta Harnecker e outros ainda menos qualificados. Nos anos 1970, quando ele publicou sua "breve história da literatura brasileira" – *De Anchieta a Euclides* (Rio de Janeiro, José Olympio, 1977; mas "quase totalmente redigido na Alemanha, no verão e outono de 1971"; p. xi) –, a nota inicial sobre as "obras do autor", ainda anunciava, como estando "a sair", um livro que teria por título *O Irracionalismo na Teoria Sociológica*; mas não há registro de que esse livro tenha sido completado ou sequer preparado para edição, pela editora da UnB ou qualquer outra. Essa "breve história da literatura brasileira" (apenas duzentas páginas) substitui, aliás, amplamente, os vários volumes da *História da Inteligência Brasileira*, do crítico Wilson Martins (que ainda estava em curso de publicação, quando ele terminou essa obra literária), com a vantagem de comportar uma utilíssima "bibliografia seleta" sobre cada um dos autores analisados – alguns com magníficas caracterizações políticas e ideológicas no corpo do texto, a exemplo dos verbetes sobre Joaquim Nabuco e Machado de Assis –, ademais de um "quadro cronológico" em três colunas:

uma dos grandes eventos mundiais, a outra das grandes obras da literatura ocidental e uma terceira da produção intelectual brasileira.

Entre o marxismo e o liberalismo, a Revolução Francesa repensada

Entre as suas duas obras magnas do final dos anos 1980 – e dos anos finais da sua vida –, o *Marxismo Ocidental* e *O Liberalismo, Antigo e Moderno*, Merquior deu continuidade à sua prodigiosa produção intelectual, expressa não apenas em artigos de jornal, ensaios em revistas acadêmicas, mas também em palestras e conferências nos mesmos ambientes em que circulava seja como representante diplomático do Brasil, seja como "embaixador da cultura brasileira", o que transcendia largamente o trabalho burocrático entre chancelarias. Há uma série de textos não considerados na sua bibliografia "oficial", por representar palestras feitas a convite de entidades locais, mas que condensam a mesma densidade da pesquisa e a alta qualidade argumentativa já presentes nas obras "maiores", textos de ocasião, por demanda de interlocutores incontornáveis. É o caso de palestras e conferências feitas, já como embaixador, no México ou na missão junto à Unesco, em Paris, seus dois últimos postos, ou de prefácios elaborados a pedido de seus editores.

Na primeira vertente, pode ser ressaltada a conferência feita na Universidade Nacional do México (UNAM), em 1988, sobre "El Otro Occidente: Un Poco de Filosofia de la História desde Latinoamerica", posteriormente publicada nos *Cuadernos Americanos Nueva Época* (n. 13, janeiro/fevereiro de 1989). Trata-se de um vasto panorama sobre a filosofia da história, partindo de Hegel e passando por Burckhardt, mas que chega ao mexicano Leopoldo Zea, com base num livro que este havia publicado pouco antes, *Discurso sobre la Marginación y la Barbarie* (Barcelona, Anthropos, 1988), numa espécie de diálogo a distância com o americano Richard Morse, em seu livro *O Espelho de Próspero*; a bibliografia utilizada para elaborar sua palestra ultrapassa duas dúzias de títulos, sendo dois de seu antigo orientador na LSE, Ernest Gellner, mas também Braudel, Lévi-Strauss e o próprio Merquior, que acabava de publicar um ensaio sobre a mesma temática: "Philosophy of History: Thoughtson a Possible Revival", *History of the Human Sciences* (n. 1, 1988). Depois de repassar com surpreendente autoridade a história da formação do México moderno, Merquior chega à questão da dupla herança ibérica partilhada pelos dois países, México e Brasil, a propósito da qual ele se pronuncia desta forma:

> *Una experiencia marcada, sin duda, por una alta dosis de asimetrías sociales y autoritarismos políticos – el legado del señorialismo y del patrimonialismo. Pero una experiencia, también, señalada por una grand capacidad de integración cultural. Una herencia, pues, al mismo tiempo de desigualdad y de mezcla, de exclusión y de integración. Mi tesis es que, en su conjunto, nuestras sociedades criollas desde la Independencia no supieron llevar la dinámica de la integración al plano social. Por ello tenemos ahora a la integración como reto histórico de Latinoamérica. Pero el mismo reto de la integración se compone a la vez de dos preguntas y respuestas. ¿Qué debemos integrar? – nuestras masas, en el confort, la ciudadanía y la dignidad. ¿A qué debemos integrarnos? – a la economía-mundo, factor de prosperidad y desarrollo. Y para ambas, desde luego, son necesarias instituciones modernas.* (1989, p. 21-22)

Na segunda vertente, cabe assinalar o monumental prefácio (quarenta páginas) para a edição brasileira do *Dicionário Crítico da Revolução Francesa*, organizado por François Furet e Mona Ozouf (Trad. Henrique Mesquita. Rio de Janeiro, Nova Fronteira, 1989), sendo que seu nome figurava com destaque na capa, logo abaixo dos dois coordenadores franceses. O ensaio-prefácio de Merquior, "O Repensamento da Revolução" (p. xvii-lvii), escrito no México, entre dezembro de 1988 e janeiro de 1989, não cuidou apenas de apresentar ao público brasileiro a enorme obra (mais de 1120 páginas) comemorativa dos duzentos anos da grande revolução, mas efetua, principalmente, uma longa reavaliação de toda a historiografia francesa e estrangeira sobre o evento "histórico-universal" que representou, em suas palavras – mas apoiado em Kant –, um "dramático divisor de águas na história do mundo, e não só da França" (p. xvii). Seu ensaio introdutório – que ele disse ter sido motivado "por uma velha paixão pelo tema (a paixão de um leitor adolescente de Carlyle e Michelet)" (ibidem) – está articulado em torno de quatro eixos: "a identidade da Revolução e a natureza do processo revolucionário; suas causas menos imediatas; as principais avaliações clássicas da Revolução e algumas das mais importantes análises modernas; enfim, seus resultados mais significativos" (ibidem).

Não cabe, nesta apresentação geral da obra e do pensamento de Merquior no terreno das ciências sociais, resumir a densa exposição e discussão que ele efetuou, nesse prefácio, sobre as grandes questões historiográficas da Revolução Francesa. Mas vale, sim, apenas confirmar o impressionante domínio exibido pelo prefaciador no tocante à literatura clássica e recente sobre o evento fundador da era contemporânea, inclusive no que se refere ao revisionismo anglo-saxão, mas também francês – notadamente na obra de um dos organizadores, François Furet – sobre as causas e desenvolvimentos do processo revolucionário, em contraposição às antigas versões, ou interpretações, geralmente marxistas, sobre os atores – a burguesia e seus aliados no *petit peuple* – e sobre os resultados – supostamente o capitalismo – desse grande "divisor de águas". Esse prefácio de quase meia centena de páginas vale por um ensaio sintético sobre a Revolução Francesa praticamente inexistente na literatura brasileira sobre o evento fundador da modernidade, merecendo, a esse título, uma publicação independente, ou inserido em alguma coletânea *post-mortem*.

Do ponto de vista da bibliografia especializada, não se via nada semelhante em escopo e discussão desde o livro publicado nos anos 1930 pelo então professor na Universidade do Distrito Federal, Afonso Arinos de Melo Franco: *O Índio Brasileiro e a Revolução Francesa: As Origens Brasileiras da Teoria da Bondade Natural* (Rio de Janeiro, José Olympio, 1937), ainda que apenas o último capítulo ("O índio brasileiro e as ideias do século dezoito", p. 225-330) cubra o período que alcança a Revolução, com citações de Rousseau, Raynal, Babeuf e até Marx, já no século XIX. Merquior, de seu lado, refere-se extensivamente a Tocqueville, dotado de uma visão considerada liberal-conservadora da Revolução, em sua grande obra depois da *Democracia na América*, *O Antigo Regime e a Revolução*. Mas ele também retorna a Max Weber, que esboçou "algumas observações sobre o 'carisma da razão'", no monumental *Economia e Sociedade* (II, cap. XV, p. lvi).

Novamente na primeira vertente, a última grande palestra realizada por José Guilherme Merquior enquanto "embaixador da cultura brasileira" – então chefe da missão brasileira junto à Unesco, em Paris –, com densidade de *scholarly work*, foi feita por ele nas derradeiras semanas de sua vida, no dia 17 de dezembro de 1990, no quadro das comemorações dos cem anos da república brasileira, no âmbito do Centre de Recherches sur le Brésil Colonial et Contemporain, que tinha sido criado no seio da École des Hautes Études en Sciences Sociales por Ignacy Sachs, em março de 1985, e que existe até hoje. Sua conferência, "Brésil: Cent Ans de République: Bilan Historique", uma síntese magistral de um século de regime republicano, foi publicada num dos *Cahiers du Brésil Contemporain* (n. 16, p. 5-22; disponível em: <http://www.revues.msh-paris.fr/vernumpub/1-Merquior%20-%20Souza.pdf>).

Embora representante diplomático do Brasil junto à Unesco, Merquior nunca se eximiu de expressar exatamente um retrato fiel do Brasil, como se pode constatar pela transcrição, livremente traduzida, de algumas passagens de sua alocução:

> Nós temos uma sociedade móvel. [...] entre os cinquenta brasileiros mais ricos, o primeiro herdeiro só aparecia em 47º lugar. Portanto, temos uma sociedade móvel, mas ao mesmo tempo essa sociedade móvel é muito desigual. Ela se caracteriza por taxas de desigualdades sociais, por distâncias socioeconômicas que são simplesmente espantosas, e que sempre constituíram, por outro lado, o reverso da medalha brasileira, quando se procede a comparações internacionais. Portanto, ao final deste primeiro século republicano, nós conseguimos ainda assim nos tornar a primeira potência industrial do Sul [...] mas ao mesmo tempo apresentamos indicadores sociais medíocres. [...] Ao lado de tudo isso [impulso de desenvolvimento e crescimento perfeitamente inegável], nós vivemos realidades sociais deploráveis na maior parte dos casos, e nós continuamos a ter, neste momento, taxas de desigualdades insuportáveis para nossa consciência ética. (p. 6)

Merquior recua mais um pouco na história, buscando na formação colonial as razões desse atraso secular brasileiro, que não começou na República, nem no Império:

> O regime sociopolítico que presidiu à formação do Brasil, como da formação de outros grandes centros da América ibérica foi um regime "senhorial". [...]
>
> Isto quer dizer um mundo caracterizado pela mestiçagem sob uma poderosa e muito estável dominação patriarcal. É o mundo da mestiçagem patriarcal ou do patriarcalismo que engendra e controla uma sociedade submetida à mistura racial. (p. 8)

Como se poderia esperar de uma autoridade no pensamento e na tipologia de Max Weber, Merquior recorre ao conceito weberiano de patrimonialismo, no sentido de que não existe muita distinção entre fatores econômicos e políticos, e certa superposição entre o público e o privado. Mas ele também recorre a outra tipologia, de um pensador francês, Bertrand de Jouvenel, que faz uma distinção entre o Estado *Rex* do Estado *Dux*; o primeiro seria uma espécie de árbitro: preside ao jogo social, mas sem muitas intervenções, ao passo que o segundo exerce um tipo de liderança, sobretudo quando ele deve empreender um processo de modernização, com inúmeras reformas sociais, econômicas, jurídicas, etc. (p. 12). É a partir dessas analogias que Merquior começa, então, a "passar em revista os grandes projetos históricos do Brasil-Nação"; ele distingue meia dúzia de projetos:

> Evidentemente, não quero dizer que cada um desses projetos teve sucesso, mas pretendo simplesmente identificar em nossa história o que, de maneira um pouco mais consciente em certos casos, ou menos consciente em outros, representou, de alguma forma, uma espécie de articulação de projeto nacional no Brasil. É aliás o conceito de "projeto", de ressonâncias seja existencialistas, seja um pouco hegelianas que os pensadores nacionalistas brasileiros, representados aqui na pessoa de Hélio Jaguaribe, utilizava nos anos 1950, em especial com a ideia de "projeto nacional". (p. 13).

O primeiro deles é o que chamou de "projeto Andrada", o pai fundador do Estado soberano brasileiro, que supunha um Executivo bastante forte – de onde veio a adaptação do tema francês de Benjamin Constant, do Poder Moderador e sua sutil transformação em Poder Executivo –, aportes significativos de imigração estrangeira – contra os interesses dos traficantes e agricultores da época –, assim como a existência de crédito, "o que era muito novo, bastante moderno, 'schumpeteriano', se posso dizer" (p. 13-14). Esse projeto, segundo Merquior, poderia até não ser impecavelmente liberal, cujas raízes poderiam até mesmo "estar mais do lado do despotismo esclarecido do que do liberalismo" (p. 14), mas ele era alternativo ao que as elites brasileiras pretendiam naquele momento. O projeto vencedor, então, o segundo da história do Brasil, foi "um projeto liberal oligárquico": sua manutenção, durante várias décadas republicanas, significou o estabelecimento das "raízes da desigualdade" (p. 15).

O terceiro projeto, já no âmbito da República nascente, significa uma aliança do militarismo jacobino com o positivismo de inspiração autoritária: "ordem e progresso", como passa a figurar na bandeira do novo regime. Mas esse projeto de "sociocracia" – conceito usado por Comte – é recuperado pelo projeto de democracia oligárquica dos grandes proprietários, que se "apropriam da República a partir do seu quinto ano, isto é, em torno de 1894", quando se instala uma "República dos conselheiros", chamada pelo historiador Sérgio Buarque de Holanda de "Império dos Fazendeiros" (p. 16-17). Segundo Merquior, "a frase é perfeita porque é quando a dominação senhorial a mais direta se faz sentir" (p. 17).

Finalmente, em 1930, se chega a Vargas e o seu "consulado de 15 anos", que significa a "expansão do Estado", sobretudo como organização burocrática:

> Os poderes do Estado se tornam tentaculares do ponto de vista do controle burocrático; começo de industrialização com certas preocupações sociais que eram mais ou menos um denominador comum dos tenentes e dos liberais mais à esquerda da Revolução de 30. O que se tem ali são certos traços que lembram Napoleão III [...], que é visto como um bom *saint-simonien*, autoritário evidentemente, mas cujas preocupações sociais e modernizadoras eram ainda assim reais. (p. 17)

Merquior, nesse ponto da conferência, retoma a imagem do historiador Sérgio Buarque de Holanda sobre o *Império dos Fazendeiros*, para indicar que os lucros da renda agrária foram capazes de financiar o começo da industrialização:

> É preciso descartar essas teses do marxismo vulgar que consistem em sempre apresentar a industrialização como um fenômeno burguês, contra o *patriciado*

agrário, quando a metade pelo menos, se não mais, do financiamento da industrialização inicial brasileira provinha precisamente da renda agrária. Ela também pode financiar nosso renascimento cultural, já que o "modernismo", no Brasil dos anos 20, veio das elites de São Paulo que detinham ainda a hegemonia social e política em meu país. (p. 18)

Tem início, depois da queda de Vargas, em 1945, a redemocratização, a época central do período democrático, representado pelo "governo enérgico, brilhante, criador de Kubitschek", que Merquior caracteriza como sendo uma espécie de "bismarckismo mitigado", um modelo de "Estado promotor do desenvolvimento com características japonesas e alemãs" (p. 18). Sua grande deficiência foi o "nascimento da inflação crônica no Brasil", fenômeno que, até a época da conferência de Merquior em Paris, ainda não tinha sido debelado. A partir daí, se chega à modernização autoritária do período seguinte, a partir de 1964, nova realidade provocada não tanto por uma suposta "luta de classes", como proclamado em certas interpretações, mas pelo fracasso total do populismo de João Goulart. No momento em que ele falava, a questão final colocada era sobre se haveria uma conjunção de projetos nacionais:

> Eu falei de seis ou sete projetos nacionais: o projeto "Andrada", o primeiro projeto liberal oligárquico; o projeto do jacobinismo positivista contraposto pela democracia – ela também oligárquica – dos fazendeiros; o consulado "getulista" modernizador e autoritário; o semibismarckismo de Kubitschek; a modernização autoritária que terminou cinco anos atrás. Hoje, temos um projeto de República sindicalista que é a resposta de certos meios de homens políticos, de sindicalistas e de grandes intelectuais, ao capitalismo de elite, o capitalismo tal como ele se apresentou até hoje no contexto brasileiro. Por outro lado, nós temos como projeto rival um projeto que significa uma marcha acelerada em direção de um neocapitalismo

> produtivo que é o contrário do capitalismo bem mais especulativo que a cultura da inflação estava reforçando entre nós. [...] Isto confirma imediatamente duas tarefas principais [...] dois desafios, que pretendo finalizar olhando para o futuro imediato.
>
> Primeiramente, o futuro exige uma refuncionalização do Estado. Direi que o papel do Estado, [que,] na prática... foi até aqui o de diretamente produtor em vários domínios, deve ser... não um produtor direto, mas ao mesmo tempo promotor e protetor. [...]
>
> Promotor de estratégias globais de desenvolvimento... [...] Não podemos renunciar ao Estado *Dux*, o que devemos descartar é o estatismo... (p. 19-20)
>
> Portanto, Estado promotor sim. Estado produtor não. Mas Estado protetor de imensas camadas da população brasileira, que ainda não têm teto, comida adequada, sem escola e sem acesso à justiça, que é a quarta dimensão da crueldade social no Brasil. (p. 21)

O embaixador Rubens Ricupero, presente na ocasião, vindo de Genebra, ofereceu uma descrição emocionante não só da palestra, mas de seus últimos dias, no depoimento incluído no pequeno volume de 1993, publicado pelo IPRI-Funag:

> Embora só tivessem passado duas semanas desde nosso último encontro, tive quase um choque físico ao revê-lo. Estava devastado pela doença; sua cor, seu olhar, seus traços faciais, sua extrema fragilidade e magreza pareciam de alguém que tivesse retornado da casa dos mortos. No entanto, quando começou a falar, sem texto escrito, sem notas, num francês límpido como água de fonte, o auditório se desligou do drama a que assistia. Durante quase uma hora, acompanhamos como a História do Brasil se renovava sob os nossos olhos através da sucessão e do entrechoque dos diversos projetos que os brasileiros sonharam para o Brasil, desde a Independência. Terminada a palestra, foi a vez de Hélio Jaguaribe falar. Exausto

com o esforço descomunal, José Guilherme cruzou os braços sobre a mesa e neles repousou a cabeça, no gesto de um menino debruçado sobre a carteira da sala de aula.

Na quinta-feira seguinte, dia 20 [de dezembro de 1990], voltei a Paris para o seminário e à noite fomos, Marisa e eu, jantar com outros participantes do ciclo [de palestras de Ignacy Sachs] na residência da Missão junto à Unesco. Foi, creio, o último aparecimento social de Merquior. Ele e Hilda se prepararam como para uma grande noite, com esmero e apuro em todos os pormenores. Nenhum sinal exterior de amargura, de autocomiseração, de tristeza. Apenas uma ou outra vez algum comentário indireto deixava entrever que a erudição universal do dono da casa não ignorava nada da doença que o destruía. Sentou-se à mesa conosco, embora já não pudesse engolir nem mesmo líquidos. A conversa foi brilhante, espirituosa, animada. O tema principal foi o *Liberalism: Old and New*, cujas provas tinha acabado de rever. O lançamento seria em abril de 1991 em Boston. Ficou contente quando lhe disse que Celso Lafer considerava que era seu melhor livro. Fazia planos para o lançamento, descrevia outros projetos intelectuais. Era, como no dia da palestra, um espetáculo impressionante, uma inteligência em estado puro amparada precariamente numa mínima base de matéria quase extinta, o triunfo do espírito humano sobre as contingências, a virtude da cultura em grau heroico.

Ao receber, dias mais tarde, a notícia de sua morte, lembrei-me da inscrição que li num túmulo do cemitério de Celigny, próxima a Genebra, onde está enterrado Vilfredo Pareto. Na pedra, a mágoa sem remédio da pergunta de um marido inconsolável pareceu-me resumir a dor e a perplexidade de todos os seus amigos diante do aparente absurdo do derradeiro mistério: *Seigneur, pourquoi si tôt?* [Washington, 13 de fevereiro de 1992]. (p. 19-20)

O *Liberalismo: Antigo e Moderno*: a "Suma" de José Guilherme Merquior

O conceito de "Suma", no sentido de síntese global sobre uma vasta área de conhecimentos, foi empregado pelo editor da Topbooks, José Mario Pereira, na orelha que ele escreveu para a edição brasileira, pela Nova Fronteira, do último livro de Merquior, *O Liberalismo: Antigo e Moderno* (Trad. Henrique de Araújo Mesquita. Rio de Janeiro: Nova Fronteira, 1991). José Mario Pereira indica que, no quadro de sua "produção espantosa e de alta voltagem", esse livro "se reveste de grande significação", e ele explica por quê:

> Acompanhei, aqui [no Brasil] e no México [onde Merquior foi embaixador no final dos anos 1980], o entusiasmo com que Merquior o projetou e escreveu. Tinha por esse livro carinho especial, e, por diversas vezes, intuindo que seu tempo findava, lamentou não poder vê-lo editado, principalmente no Brasil, onde, pensava ele, o debate liberal se fazia cada vez mais urgente. Significativamente, dedicou-o à mulher e aos filhos e à memória de Raymond Aron, seu mestre e amigo, figura cativante de gestos sóbrios, fala mansa e olhar injetado de ironia, com quem passamos, no começo da década de 80, um dia inesquecível no Rio, ocasião em que pude testemunhar o enorme apreço intelectual e humano que ele tinha por Merquior.
>
> Todos os escritos anteriores de José Guilherme Merquior sobre o liberalismo parecem – depois que se lê *O Liberalismo: Antigo e Moderno* – uma preparação, como se o autor estivesse neles "aquecendo as turbinas". O estilo aqui é preciso e concentrado. Tudo neste livro é imprescindível. Na bibliografia ocidental sobre o tema, é difícil encontrar algo tão ambicioso e moderno. Muito mais do que um testamento intelectual, esse livro é a "Suma" de José Guilherme Merquior. [...]
>
> [...] A tarefa que se impôs Merquior de historiar e analisar os momentos decisivos da ideia liberal em

quase três séculos de história é não só admirável quanto fascinante. Ele imprimiu nitidez ao tema, não descuidando mesmo de verificar a sua vertente latino-americana, notadamente como ela se apresenta nas obras dos argentinos Domingo Sarmiento e Juan Bautista Alberdi.

O livro se abre por um longo prefácio (catorze páginas) do seu amigo, chefe na embaixada em Londres, o embaixador Roberto Campos, intitulado "Merquior, o liberista", no qual ele informa que esse livro, que considera, sem dúvida, um *magnum opus*, foi "escrito quando ainda embaixador no México, num curto período de quatro meses" (p. 1), e também explica imediatamente a razão:

> Somente uma prodigiosa erudição acumulada lhe permitiria desenhar em tão pouco tempo esse catedralesco mural que descreve a longa e ziguezagueante peregrinação humana em busca da sociedade aberta. Talvez Merquior pressentisse que o rondavam as Parcas e que se impunha um esforço de coroamento da obra.
>
> Faltava-nos, em relação ao liberalismo, aquilo que Toynbee chamava de visão "panorâmica ao invés de microscópica". Essa lacuna foi preenchida pelo sobrevoo intelectual de Merquior, que cobre nada menos que três séculos. Seu livro será uma indispensável referência, pois que analisa as diferentes vertentes do liberalismo, com sobras de erudição e imensa capacidade de avaliação. Mais do que uma simples história das ideias, é um ensaio de crítica filosófica. (p. 1-2)

A maior parte do prefácio de Roberto Campos trata das mudanças no mundo depois do fim da Guerra Fria e da implosão do socialismo, temas que ele dominava como ninguém, ao ser um perfeito contemporâneo de todos os eventos do período, do seu início ao final, com a implosão do socialismo por suas próprias contradições internas, felicidade não partilhada com seu grande amigo Raymond Aron, falecido em 1983. Mas Roberto Campos retorna, mais adiante, ao grande ensaio de Merquior, ressaltando suas qualidades e registrando as preciosas observações sobre as diferentes vertentes dos liberalismos europeus:

> São luminosas as páginas de Merquior sobre o "liberalismo clássico", com seu tríplice componente: a teoria dos direitos humanos, o constitucionalismo e a economia liberal. Muito mais do que uma fórmula política, o liberalismo é uma convicção, que encontrou sua expressão prática mais concreta com a formação da democracia americana, cujos patriarcas combinaram, na formação da república, as lições de Locke sobre os direitos humanos, de Montesquieu sobre a divisão de poderes e de Rousseau sobre o contrato democrático. Uma curiosa observação de Merquior é a diferença vocacional entre os teóricos do liberalismo. Os liberais ingleses eram principalmente economistas e filósofos morais (Adam Smith e Stuart Mill), os liberais franceses, principalmente historiadores (Guizot e Tocqueville) e os liberais alemães, principalmente juristas. (p. 9-10)

Campos continua sublinhando as notáveis contribuições de Merquior ao pleno entendimento dos liberalismos contemporâneos, cujas formulações ele, Campos, acredita estarem mais perto do "liberismo", do que propriamente do liberalismo, ou talvez mais próximo dos "liberais clássicos" ou "libertários". Ele sublinha, em todo caso, uma das principais contribuições intelectuais do amigo e brilhante diplomata:

> O mais fascinante dos capítulos do *magnum opus* de Merquior, em parte por se tratar de terreno menos palmilhado [...] é o [capítulo 5] intitulado "Dos novos liberalismos aos neoliberalismos". Merquior examina eruditamente uma das antigas tensões dialéticas do liberalismo: a tensão entre o crescimento da liberdade e o impulso da igualdade. Nada melhor para entender

a diferença entre o "novo liberalismo" e o "neoliberalismo" do que contrastar lorde Keynes com Hayek. Sobre ambos Merquior redigiu brilhantes vinhetas, generosas demais com respeito a Keynes, e generosas de menos no tocante a Hayek. Como é sabido, Keynes favorecia intervenções governamentais para correção do mercado, enquanto Hayek descrevia esse comportamento como presunçoso "construtivismo". (p. 11)

De fato, o último livro de Merquior – escrito e publicado primeiramente em inglês: *Liberalism: Old and New* (Boston, Twayne, 1991) – demonstra, antes de qualquer outra coisa, seu total domínio do conhecimento histórico e das teorias políticas e filosóficas que o autoriza a identificar a "impressionante *variedade* dos liberalismos" (p. 221 da edição brasileira; ênfase no original). Mas Merquior sabia, igualmente, reconhecer a tensão já detectada desde o século XIX entre os impulsos libertários e os ímpetos igualitaristas, identificados com as principais correntes políticas contemporâneas. Mesmo o renascimento do liberalismo, ou do liberismo, a partir da implosão do socialismo, na última década do século XX, não obstou a permanente reafirmação dos "impulsos igualitários". Como ele resumiu ao final do livro, essa tensão deve continuar:

> Como foi observador por alguns distintos sociólogos como [Raymond] Aron [que tinha sido um de seus mestres quando servia em Paris] ou [Ralph] Dahrendorf [o presidente da London School of Economics, quando ele preparou a sua tese sob Ernest Gellner], a nossa sociedade permanece caracterizada por uma dialética contínua, embora cambiante, entre o crescimento da liberdade e o ímpeto em direção a uma maior igualdade – e disso a liberdade parece emergir mais forte do que enfraquecida. (p. 223)

O livro é complementado por uma útil "Cronologia histórica sobre o liberalismo" – a exemplo do que ele já tinha oferecido no seu livro sobre o marxismo ocidental –, começando pela Revolução Gloriosa, na Grã-Bretanha [o que é um pequeno equívoco histórico, pois nessa época o Reino Unido ainda não tinha sido totalmente consumado a partir da incorporação da Escócia] em 1688, até a publicação dos mais importantes livros representantes do renascimento do liberalismo, nos anos 1970 e 80, entre eles obras de Aron, Rawls, Dahrendorf e Bobbio. Não existe uma bibliografia linear, pois as remissões às fontes e literatura figuram nas vinte páginas de notas de final de livro, divididas pelos cinco capítulos da obra, seguidas de uma nota final dedicada à "leitura complementar", contendo os livros e obras de referência que ele julgava serem os mais importantes aos leitores interessados na produção dos modernos teóricos e historiadores da doutrina, tanto da comunidade anglo-saxã, quanto entre os "paladinos liberistas franceses". A palavra-síntese sobre os méritos dessa última obra de Merquior pode estar na frase final do seu editor de tantos livros – embora não deste –, José Mario Pereira, ao concluir a segunda orelha do livro:

> Depois dele [do livro], vai ser difícil caracterizar – como fazem tantos – os liberais como "ingênuos sociológicos" ou "moralmente perversos".

A TRAJETÓRIA INTELECTUAL DE JOSÉ GUILHERME MERQUIOR: O TRIUNFO DA RAZÃO

Merquior era, na opinião do seu amigo e editor Eduardo Portella, "a mais fascinante máquina de pensar do Brasil pós-modernista, irreverente, agudo, sábio", tal como reportado no artigo-homenagem de seu outro editor, José Mario Pereira, no livro de 2001, *O Itamaraty na Cultura Brasileira* (p. 360), frase à qual ele mesmo agregou seu próprio julgamento:

> José Guilherme Merquior espantava pela versatilidade e capacidade de metabolizar ideias. No Brasil do século XX sua obra foi um marco, e sua morte prematura, aos 49 anos, no dia 7 de janeiro de 1991, um

desastre incontornável para a cultura brasileira, que dele ainda tinha muito a receber. Identificado quase sempre como polemista – o que, em se tratando de Merquior, é redutor –, a riqueza heurística de sua produção intelectual está ainda por ser enfrentada sem a leviandade e a preguiça mental contra as quais tanto se bateu. (Ibidem)

A luta obsessiva de José Guilherme Merquior contra o irracionalismo na cultura contemporânea, assim como sua busca infatigável pelo predomínio absoluto da razão no trabalho intelectual marcaram toda a sua trajetória de vida, o que explica os termos encomiásticos presentes em algumas das homenagens que lhe foram feitas no livro coletivo editado pelo IPRI-Funag em 1993. No seu curto ensaio (quatro páginas), "Merquior: dois momentos e duas dimensões" (p. 21-24), o embaixador Marcos Castrioto de Azambuja toca nesse aspecto culminante da personalidade de Merquior e se concentra, primeiramente, no primeiro Curso de Altos Estudos, em 1977, no qual ele foi examinador, quando o então brilhante jovem conselheiro Merquior defendeu sua tese sobre o "problema da legitimidade em política internacional".

> José Guilherme Merquior ofereceu-se ao exame como candidato espontâneo. Suas circunstâncias de carreira e os prazos muito extensos que se ofereciam até a aprovação no CAE se fizesse condição *sine qua non* para a ascensão ao posto de Ministro de Segunda Classe dispensavam José Guilherme dessa obrigação e dessa prova. Lembro, contudo, sua animação ao oferecer-se como candidato para o primeiro teste com aquela alegria que o fazia procurar quaisquer desafios intelectuais; lembro de sua convicção de que o sistema de seleção profissional e intelectual que, então, se implantava seria bom para a instituição e permitiria que, através da nova instância qualificadora e com ampla medida de objetividade, o Itamaraty fizesse ainda melhor uma das coisas que sempre fez bem: hierarquizar talentos e pesar merecimentos. (p. 22) [...]

Salto muitos anos e faço uma ponte entre essas recordações de José Guilherme de 1977 e as últimas que dele tenho, ao longo do ano de 1990.

Devastado pela doença, José Guilherme, com quem falava quase diariamente, conduziu um dos mais extraordinários combates de que fui testemunha. Acredito que ele procurou derrotar um câncer com as armas da razão e da inteligência. Procurava encapsular a enfermidade dentro de parâmetros tão claros, tão perfeitamente definidos, tão exatamente informados sobre as perspectivas boas ou más da evolução de seu mal, que pareceria que a própria doença se veria obrigada a ter um comportamento controlado pela lúcida racionalidade de José Guilherme.

Os amigos – e fui um entre vários – recebiam pelo telefone ou por escrito os boletins de saúde precisos que ele mesmo compunha. Tudo era rigor e método. Não sobrava espaço para a autocomiseração.

Que ele tenha perdido a batalha mostra como foram desiguais os termos da luta e mostra, talvez, como diante da irracionalidade da doença e do arbítrio dos fados, as armas da inteligência são frágeis e em última análise impotentes. (p. 23)

O embaixador Marcos Azambuja também estava presente no mesmo jantar que Merquior ofereceu, em 20 de dezembro de 1990, aos colegas, amigos e participantes do seminário organizado por Ignacy Sachs, já referido na emocionante homenagem prestada pelo embaixador Rubens Ricupero. Ele agrega sobre o clima daquele último encontro, no qual Merquior demonstrou um caráter estoico em face da doença fatal:

> Nenhum de nós, convivas daquela noite, deixou de sentir estar diante de José Guilherme terminal e que prodigiosamente era capaz de ser, ainda por umas horas o anfitrião perfeito, um homem com os encantos e sedução do século XVIII, cercado de bons livros e

belas coisas, cortês e cortesão, mesmo naquela situação extrema.

Como sempre, falou de livros, leu trechos de livros, foi buscar livros, mostrou livros, citou livros e prometeu livros, sobretudo aquele seu sobre a evolução das ideias liberais cuja publicação esperava com tanta antecipação.

Não foi uma noite triste. Lembro mesmo que me senti um pouco culpado, por permitir que os prazeres da inteligência e do convívio estivessem mais uma vez encobrindo a tristeza da já então irremediável situação de José Guilherme. (p. 24)

O embaixador Luiz Felipe de Seixas Corrêa, sucessor imediato de Merquior na embaixada do Brasil no México, também prestou sua homenagem no mesmo volume ("José Guilherme Merquior: um depoimento pessoal", p. 25-30):

O Merquior que eu conheci era acima de tudo um homem de espírito donairoso. O que se poderia chamar de um atleta da inteligência, pronto a exercitar o seu brilho à menor provocação. Vigorosamente crítica, sua cabeça privilegiada estendia seu alcance a distâncias não facilmente perceptíveis pelos demais. Comunicativo, volta e meia parecia perdido no labirinto de sua solidão, para usar a imagem do seu amigo Octavio Paz: sagaz, astuto e carismático, com sua permanente cara de menino prodígio, impressionava pela rapidez com que passava do comentário frívolo e do gracejo para a observação cortante. Tinha a língua afiada em pelo menos cinco idiomas. E, em todos eles, expressava com desenvoltura ideias em permanente ebulição. Não se podia ser indiferente à sua presença, nem deixava ele de se fazer notar. Para agradar ou repelir, conforme seus humores ou as suas inclinações intelectuais. Encantado consigo mesmo e fascinado por seu próprio talento, trabalhou como se fosse viver para sempre; viveu como se devesse morrer no dia seguinte. Tinha pressa. Aproveitava as ocasiões. Parecia pressentir a tragédia do seu destino. [...]

Merquior veio parar no México, investido de sua primeira chefia de Missão, em momento de grandes transformações no país. [...] Logo conheceu e tornou-se conhecido nas rodas intelectuais acadêmicas e políticas do México. Dividido entre a discrição de um diplomata profissional e a militância de um intelectual comprometido, viveu intensamente o país em transformação que era o México já à época de sua chegada, em abril de 1987.

Profundamente vinculado com a América Latina, cuja literatura conhecia como poucos e a cuja crítica literária deu importante contribuição como ensaísta, Merquior percebeu no México uma síntese do grande e indecifrado enigma do Continente, um campo, portanto, especialmente fértil para o exercício combinado da atividade diplomática e do *que hacer* acadêmico.

Antecedera-o sua projeção como ensaísta e pensador político. Pelo conduto acadêmico, Merquior abriu com ainda maior facilidade as portas do mundo diplomático mexicano, tradicionalmente afeito à figura do diplomata-intelectual de que são exemplares, entre muitos outros, Alfonso Reyes, Rosario Castellanos, Carlos Fuentes e Octavio Paz. Projetou-se como representante da inteligência, da cultura e da diplomacia do Brasil. Essa dimensão o colocaria no centro do debate intelectual mexicano. Publicou nas principais revistas intelectuais do México: *Vuelta*, de Octavio Paz e Enrique Krause; *Nexos*, de Aguillar Camín, e *Cuadernos y Libros Americanos*, de Leopoldo Zea, foram os veículos pelos quais Merquior projetou suas ideias, contribuindo de maneira original e vigorosa para o debate político, econômico, social e estético.

Merquior concebeu e realizou a iniciativa da constituição de uma Cátedra na Faculdade de Filosofia e Letras da Universidade Nacional Autônoma (UNAM) destinada a aproximar expoentes intelectuais dos dois países e a difundir a cultura e as ideias do Brasil no México. Fundada em 1988, a Cátedra tomaria o nome de outro grande Embaixador e intelectual brasileiro, Guimarães Rosa. Acolhida com entusiasmo pelo mundo universitário, como um foro privilegiado de debate, a Cátedra Guimarães Rosa passou a constituir um marco especial no contexto das relações culturais entre o Brasil e o México. [...] Em 1991, fiz dedicar sessão inaugural da Cátedra à memória de Merquior. A meu convite, Enrique Krauze dele pronunciou um belíssimo perfil, intitulado "O Esgrimista Liberal", posteriormente publicado em *Vuelta*.

Poucos como ele tiveram visão e capacidade para utilizar os bens culturais e as ideias como veículo de aproximação internacional. Ao publicar artigos, editar obras, dialogar com as elites culturais, Merquior expandiu os limites da atuação diplomática tradicional, incorporando ao referencial brasileiro no México imagens e percepções de uma solidez e de uma profundidade sem precedentes.

Mais do que um diplomata profissional que representa corretamente o seu Governo perante outro, Merquior foi uma espécie de enviado extraordinário da cultura e do pensamento brasileiros no México.

Se com sua presença e atuação no México Merquior daria uma contribuição importante e reconhecida ao debate de ideias no país, também a sua obra seria enriquecida com a experiência mexicana. Não apenas pela desenvoltura com que circulava nos meios intelectuais e culturais mexicanos, mas porque viveu no México o início de uma etapa de profundas transformações. Merquior extrairia uma rica interação do seu duplo papel de diplomata e intelectual. Sua visão crítica do Continente, sua exasperação com a marginalidade latino-americana e sua militância neoliberal parecem ter se acentuado em função de sua experiência mexicana. [...]

Já doente terminal, veio ao México convidado por Octavio Paz para um simpósio. Acabava de ser operado em Boston. Sua aparência física debilitada não deixava dúvidas quanto à gravidade da doença que, ele mesmo, em atitude que traía o seu bem administrado narcisismo, descrevia com minúcias angustiantes. Sua cabeça, no entanto, permanecia lúcida e privilegiada. Brilhou com intensidade, deixando em seus numerosos amigos mexicanos sensação de saudade antecipada. (p. 27-29)

Comparece ainda, no mesmo livro em homenagem a Merquior publicado pela Funag em 1993, o embaixador Gelson Fonseca Jr., também intelectual e amigo de Merquior desde meados dos anos 1960, "quando, no ostracismo depois de março de 1964 (implicaram com uma exposição sobre Cuba que ele ajudara a organizar), trabalhava em funções burocráticas no Itamaraty do Rio" (p. 35). A contribuição de Gelson Fonseca deveria ser apenas, segundo seu título, uma "Introdução ao texto *O Problema da Legitimidade em Política Internacional*" (p. 31-36), mas ela é muito mais do que isso: é uma contextualização da preparação e apresentação dessa tese ao primeiro CAE, mas também uma informação sumária sobre diversos artigos semanais preparados para publicação no jornal *O Globo*, a partir do final de 1989:

> A temática dos artigos é amplíssima e a opinião sempre polêmica. Falam de personalidades, como Thatcher e De Gaulle; da história contemporânea, analisando as transformações da Europa e o declínio americano; examinam temas mais abstratos, como as relações entre a economia (mercado) e a política (Estado); entram pela economia ao discutir a questão da dívida e do protecionismo; levantam problemas brasileiros, e muitíssimos outros. Aqui, valeria simplesmente registrar que talvez uma das linhas que tece o conjunto é a da realização das liberdades. O mundo vivia a "era da liberalização". No último artigo da série, faz um curto comentário às teses de Fukuyama

sobre o fim da história ("A História tem... sentido, mas não um sentido: e muito menos uma direção geral e suprema, onde fato e valor, acontecimento e bem, se identificam") e conclui que, se não vivemos o triunfo completo e ubíquo das liberdades e dos liberalismos, assistimos a uma "vitória histórico-mundial da ideia liberal" ("O Sentido de 1990", *O Globo*, 30/12/1990). Os movimentos históricos têm uma ambiguidade natural. E, diz Merquior, a revolução europeia é uma "ode à liberdade, mas suas implicações nem sempre são idílicas", sobretudo se pensamos nas dificuldades de rearticulação do mapa geopolítico europeu. (p. 34)

[...]

Em três artigos sobre "A Perestroika na História", publicados em março de 1990, Merquior revisita a questão da estagnação econômica da União Soviética, e mostra como a própria natureza do regime bloqueou as possibilidades de desenvolvimento. As ideias também comandam a economia. A afirmação é contundente e precisa: "Um dogma central do materialismo histórico, segundo Marx, é que um modo de produção não consegue sobreviver por muito tempo se se torna um obstáculo ao desenvolvimento das forças produtivas. Marx acreditava que isso estava acontecendo, ou prestes a acontecer, com o capitalismo vitoriano. Mas o certo é que foi exatamente o modo de produção instalado na URSS em seu nome que virou uma senhora algema em cima do potencial de produção". (p. 34-35)

Interessante observar, num registro pessoal, que, assim como eu estava iniciando meu doutoramento em sociologia histórica pela Universidade de Bruxelas – com uma tese intitulada *Classes Sociales et Pouvoir Politique au Brésil: Une Étude sur les Fondements Méthodologiques et Empiriques de la Révolution Bourgeoise* – ao mesmo tempo que ele iniciava seu doutoramento em ciência política na London School of Economics, produzi, simultaneamente a esses artigos de Merquior sobre a estagnação econômica na URSS, uma série de artigos sobre a Perestroika e o fim do socialismo na União Soviética utilizando a mesma "metodologia" que ele empregou, ou seja, aplicar a análise marxista sobre a sucessão dos modos de produção ao processo de esclerose e implosão final do socialismo real. Vários desses artigos, entre eles "Agonia e Queda do Socialismo Real", foram por mim coletados numa edição de autor, *Marxismo e Socialismo no Brasil e no Mundo: Trajetória de Duas Parábolas da Era Contemporânea* (Brasília, 2019), que está livremente disponível nas plataformas acadêmicas por mim utilizadas.

Gelson Fonseca, na colaboração ao livro-homenagem, continua a apresentar alguns desses artigos de Merquior, como por exemplo "Relembrando o General" (*O Globo*, 10/06/1990), "sobre a política externa de De Gaulle – que, como diplomata em Paris, seu primeiro posto, analisara durante cinco anos, de 1965 a 1970". Merquior foca a visão pragmática e modernizadora da política do presidente De Gaulle, num contexto no qual a França já não podia manter o seu grande império do passado:

> De Gaulle compreendera que a restauração do conceito internacional da França exigia sucessos econômicos e tecnológicos e não vantagens territoriais. Afinal, dirá, "De Gaulle se recusou o papel fatal de bancar um Salazar em ponto grande".
>
> O tema da eficácia também está presente numa análise interessante sobre as perspectivas internacionais do Brasil quando mostra que a projeção do País como a grande economia do Sul dependia essencialmente de colocarmos a casa em ordem, termos a economia estabilizada, de sermos economicamente eficazes. ("Perspectiva Internacional", *O Globo*, 21/01/1990). (p. 35)

Gelson Fonseca termina com uma nota pessoal, como aluno que foi, aos dezoito anos, de Merquior, antes de seu ingresso na carreira diplomática:

Antecipando uma observação de Raymond Aron (*"Il a tout lu"*), Nelson Rodrigues repetia, vez por outra em suas crônicas, a história de um jovem que nascera com novecentos anos de idade. Afinal, só alguém com tantos anos teria sido capaz de ler o que Merquior já tinha lido. O saber do professor, inesgotável, se combinava com a clareza e a vivacidade da exposição, com o gosto da ironia, com a criação de um clima de simpatia que deslumbravam. Aliás, Afonso Arinos dizia que Merquior falava como Portinari pintava: os traços eram rápidos, precisos, claros, e, ao final, o quadro saía surpreendente e belo. Em Merquior, o quadro equivalia a seus brilhantes ensaios verbais, acabados, impecáveis. O cenário das aulas era o seu apartamento no final da Almirante Alexandrino, em Santa Teresa, com uma vista esplêndida para a Zona Norte carioca. As paredes eram só estantes que expunham, para os meus dezoito anos, todo o saber universal.

Os poucos que assistimos àquelas aulas encontramos uma personalidade de irresistível fascínio e inteligência. As oportunidades de convívio que tive com ele ao longo da carreira só confirmaram as inúmeras razões de admiração. (p. 36)

De fato, Merquior impressionava pela amplidão das leituras, pelo vasto conhecimento numa grande variedade de domínios do pensamento, a capacidade de articular ideias aparentemente separadas no tempo e no espaço já com o fito de apresentar um novo argumento sobre a temática na qual estava concentrado numa determinada etapa de sua trajetória intelectual. Roberto Campos, que foi seu chefe em Londres, sempre soube de sua gigantesca propensão a ver claro, na aparente aridez de obscuros conceitos filosóficos, a ver longe, no "tempo histórico" como ele dizia, e a sintetizar propostas diversas, de autores pertencentes a escolas diferentes, numa nova interpretação criativa sobre o assunto de que se ocupava num trabalho específico. José Mario Pereira, no ensaio que fecha o livro *O Itamaraty na Cultura Brasileira*, se refere a essa admiração que o diplomata-economista mantinha em relação ao diplomata-crítico de arte, depois transformado em grande pensador da política: "Fascinado por sua inteligência, Campos costumava enviar textos de sua autoria para que ele comentasse" (2001, p. 364). Campos confirmou tal capacidade ao prefaciar seu último livro, *O Liberalismo, Antigo e Moderno*, do qual já reproduzimos alguns trechos em parágrafos anteriores:

> [O] impressionante em José Guilherme não era a absorção de leituras. Era o metabolismo de ideias. Não se resignava ele a ser um mero "espectador engajado" como, com exagerada modéstia, se descrevia seu mestre francês [Raymond Aron]. Era um ativista. Por isso passou da "convicção liberal" à "pregação liberal".
>
> Empenhou-se nos últimos tempos na dupla tarefa – a iluminação do liberalismo, pela busca de suas raízes filosóficas, e a desmistificação do socialismo, pela denúncia de seu fracasso histórico. Isso o levou várias vezes a esgrimas intelectuais com as esquerdas brasileiras, exercício em que sua avassalante superioridade provocava nos contendores a mais dolorífica das feridas – a ferida do orgulho. (p. 12)
>
> Merquior não passou da polêmica de ideias ao ativismo político, circunscrito que estava por suas funções diplomáticas. (p. 13)

De fato, dada sua condição de diplomata, e servindo durante largo tempo sob o regime militar, ele evitou expor-se mais abertamente no cenário político nacional, mas não hesitava em imiscuir-se nos debates do momento nos meios acadêmicos. Assim, com seu jeito provocador, ele nunca se cansou de espicaçar os pretensos intelectuais de academia, tanto brasileiros quanto estrangeiros, em especial os franceses, especialistas em criar modismos intelectuais irrelevantes, mas de grande sucesso nas confrarias e nas tribos especializadas em temáticas obscuras e ritos de iniciação tão bizarros quanto totalmente desprovidos da lógica mais elementar e da necessária correspondência com os fatos. Esse tipo de atitude crítica, recheada de alusões irônicas ao enfado que lhe causavam certos modismos da *rive gauche* e do Quartier Latin, e suas derivações no Brasil, não se manifestou apenas quando seu prestígio e fama intelectual já se tinham consolidado depois de mais uma dúzia de livros de grande impacto no mundo da inteligência (inclusive estrangeira, pois que começou a publicar precocemente em inglês e francês, com outras obras traduzidas para o espanhol e o italiano). Ao contrário: suas provocações bem fundamentadas começaram cedo, praticamente no início dos anos 1970, por artigos de jornal, depois incorporados em volumes publicados por seus amigos editores, entre eles Eduardo Portella, da revista, e editora, Tempo Brasileiro.

Um exemplo, entre muitos outros, figura no artigo publicado originalmente no *Jornal do Brasil* (27/01/1974), depois abrindo o pequeno volume de título homônimo: *O Estruturalismo dos Pobres e Outras Questões* (Rio de Janeiro, Tempo Brasileiro, 1975). A ironia contra os *savants* da academia, gurus reverenciados de mais de uma geração de estudantes de Humanidades, de jornalismo e de "ciências" afins, é bastante cruel, mas os autores visados, poucos deles identificados nominalmente, nem sempre são percebidos pelo público não inserido nas sinecuras acadêmicas ou não informado sobre as "vacas sagradas" dos salões universitários:

> Se você quer estudar letras, prepare-se: que ideia faz você, já não digo da metalinguagem, mas pelo menos da gramática generativa do código poético? Qual a sua opinião sobre o rendimento, na tarefa de equacionar a literariedade do poemático, de microscopias montadas na fórmula poesia da gramática/gramática da poesia? Quantos actantes você é capaz de discernir na textualidade dos romances que provavelmente (três-)leu? E que me diz do "plural do texto" de Barthes – é possível assimilá-lo ao genotexto da famigerada Kristeva? Sente-se você em condições de detectar

o trabalho do significante no *nouveau roman*, por exemplo, por meio de uma "decodificação" "semannalítica" de bases glossemáticas? Ou prefere perseguir a "significância", mercê de alguns cortes epistemológicos, no terreno da forclusão, tão limpidamente exposta no arquipedante seminário de Lacan?

Mas não, nem tudo é assim tão difícil: não me diga que acha *duro* compreender Abraham... Moles! Aliás, esse esoterismo não se restringe ao campo literário; estende-se à filosofia, ameaça a área inteira das ciências humanas. Hoje em dia, até os primeiranistas de jornalismo aprendem a questionar o Ser através de "colocações" heideggerianas, com grande luxo de trocadilhos etimológicos tão solenes quanto ridículos (os heideggerianos não tomaram o mínimo conhecimento da arrasadora crítica de Nietzsche à falsa "profundidade" em filosofia).

E se você acha o estruturalismo uma parada, é pura ingenuidade sua: talvez você não saiba que o velho estruturalismo está superado, tão superado quanto a estilística; o estruturalismo *vieille* école faleceu em 1968, assassinado por Chomsky e pelo movimento de maio. Você não viu *A Estrutura Ausente*, do Umberto Eco? ... Já está circulando, traduzida para uma língua vagamente aparentada com o português. (p. 7-8)

O texto de Merquior continua assim, falando de "terrorismo terminológico", de "ventriloquismo", de "literaridades", de "francesismos gratuitos", de "indigência de análises genuinamente imanentes" ou julgamentos deste tipo: "O pedantismo e a esterilidade estruturalistas assolam Paris" (p. 10). Não por outra razão, Merquior era odiado pelos pedantes da academia e pelos falsos estruturalistas, os que ele cunhava de "epistemocratas", viciados num coquetel bem parisiense: "a 'batida' de *gauchisme* irresponsável com bizantinismo intelectual" (p. 11). Mas, o seu culto da inteligência nunca o impediu de dialogar com marxistas "iluministas", como assim poderiam ser chamados seus amigos Carlos Nelson Coutinho e Leandro Konder (a quem foi dedicado o seu livro sobre o marxismo ocidental, como vimos, mesmo sabedor que ele não concordaria "com tudo").

Oito anos depois desse pequeno artigo crítico aos seguidores acríticos dos modismos filosóficos parisienses, José Mario Pereira entrevistou-o para o jornal *Última Hora* (13/11/1982) e, entre outros assuntos, perguntou-lhe sobre a validade dos conceitos de *direita* e *esquerda*, ao que Merquior respondeu:

> Eu acho que esse tipo de conceituação está em grande parte esvaziado pelo uso demasiado *sloganesco* que dele tem sido feito. O problema da direita versus esquerda, usado na base do clichê, tem levado realmente a muito pouca análise. É o caso típico em que a discussão produz mais calor do que luz. Trata-se de palavras dotadas de uma grande carga emocional e que são usadas para fins puramente polêmicos na vida política e no combate ideológico. Eu hoje sou um cético em relação ao uso dessas categorias. (Pereira, 2001, p. 367)

O nome de Merquior foi cogitado como chanceler de Collor, mas, como já tinha acontecido com Roberto Campos – sabotado duas vezes, como possível chanceler do general Figueiredo, em 1979, e também de Collor, em 1989 –, ambos sofreram forte oposição de colegas da carreira, provavelmente da própria *entourage* do presidente eleito, ou do ex-chanceler de Geisel, Azeredo da Silveira, de quem Merquior recusou os cumprimentos, quando de sua promoção a ministro de primeira classe (ou seja, a embaixador), alguns anos antes, conforme relatou ainda José Mario Pereira, em mais um trecho de seu emocionante e afetivo ensaio de homenagem ao grande amigo, de quem também foi editor. A despeito de não ter sido escolhido para o Itamaraty, seu nome era sempre lembrado para algum cargo ministerial, como por exemplo a pasta da Cultura. Já iniciado o ano de 1990, mas ainda não o governo Collor, Merquior recebeu convite do presidente eleito para vir ao Brasil, num encontro com o candidato à presidência do Peru, o escritor Mario Vargas Llosa, como informa Pereira:

> A convite de Collor, Merquior estava em Brasília, a 20 de fevereiro de 1990, para o almoço em torno do escritor peruano Mario Vargas Llosa, então candidato à presidência do Peru, mas tendo ainda que enfrentar o segundo turno das eleições. O almoço, na casa do médico Eduardo Cardoso, teve também a presença do empresário Roberto Marinho. Dois dias antes Merquior me ligara de Londres, contando que estava fazendo as malas porque tinha recebido um telefonema de Marcos Coimbra informando que Collor o convocava a participar desse encontro. Os jornais logo começaram a especular sobre suas possibilidades ministeriais. [...]
>
> Por volta das 15h30, Roberto Marinho chegou do almoço. Descansou meia hora no sofá da sala..., e logo após seguimos para o aeroporto. No avião, perguntei: "O que o senhor achou do almoço? Viu chances em relação à nomeação de Merquior para o Ministério das Relações Exteriores?". E o Dr. Roberto: "Não tive oportunidade de conversar sozinho com o Collor. Aliás, tenho pouca intimidade com ele, apesar de conhecê-lo desde pequeno. Mas o Merquior foi prestigiadíssimo no almoço. A toda hora o presidente reportava-se a ele. Pediu-lhe, inclusive, que fizesse o discurso de saudação a Vargas Llosa".
>
> À noite Merquior ligou para comentar os fatos do dia. Disse-me que o presidente dera a ele uma sala no Palácio para que trabalhasse no discurso de posse (depois modificado na segunda parte por Gelson Fonseca). Merquior ficou em Brasília até a quinta-feira, e esteve no Senado, onde seu encontro com Fernando Henrique Cardoso causou *frisson* entre repórteres e fotógrafos. Contou-me depois, de Paris, que Collor o havia sondado para o Ministério da Cultura, mas, diplomaticamente, fizera ver ao

presidente que a nomeação lhe traria uma redução salarial drástica num momento em que os filhos Júlia e Pedro ainda se encontravam em idade escolar. Naturalmente teria aceitado o Ministério das Relações Exteriores, o coroamento da carreira no Itamaraty, mas nunca lamentou, nem demonstrou rancores de qualquer ordem: não era do seu feitio. Retomou os compromissos profissionais em Paris; para Collor escreveu ainda um discurso, lido na República Tcheca como saudação a Václav Havel, e outro para ser dito em Portugal. (p. 370)

A colaboração no plano político, nessa nova vertente "social-liberal", até então totalmente inédita na história do Brasil, teve continuidade, como relata mais uma vez o editor José Mario Pereira:

> Em 1º de outubro de 1990, Merquior teve um encontro com o presidente Fernando Collor de Mello na passagem deste por Paris, a caminho de Praga. Voltariam a se encontrar na residência parisiense de Baby Monteiro de Carvalho, quando conversaram a sós por quase uma hora. Nesta noite, Collor expôs suas ideias sobre um partido social-liberal e pediu a Merquior para desenvolver o tema. O *paper* que produziu, só conhecido por uns poucos com os quais discutia enquanto o elaborava, são, no original, 33 páginas datilografadas, nas quais estrutura uma "agenda social-liberal para o Brasil", abrangendo sete temas: (a) o papel do Estado; (b) democracia e direitos humanos; (c) o modelo econômico; (d) capacitação tecnológica; (e) ecologia; (f) a revolução educacional; e (g) desarmamento e posição internacional do Brasil. Só não desenvolveu os itens (d) e (e), sugerindo, já doente, que pedissem a Roberto Campos para fazê-lo.
>
> Esses textos, pensados como programa de partido, escritos e ampliados a partir das intuições e indicações de Collor, foram depois publicados por este, provocando uma grande confusão nos jornais, que o acusavam de plagiar Merquior. Em *O Globo* de 10 de

janeiro de 1992, Roberto Campos, com sua natural lucidez, resumiu a questão: "Vejo na atitude de Collor um procedimento normal a qualquer presidente, que raramente escreve seus artigos e discursos. A figura do *ghost-writer* é uma instituição mundial". (p. 369)

Poucos meses depois, José Guilherme Merquior enfrentaria a batalha derradeira pela sua vida. Ainda assim, persistiria no trabalho intelectual até o último momento, como relata, no seu parágrafo final, seu amigo e editor José Mario Pereira, a quem recorro para também finalizar este ensaio sobre sua produção nas Ciências Sociais:

> Encerro este depoimento sobre José Guilherme Merquior – o intelectual, o esteta, o pensador, o crítico, o polemista extraordinário, mas também o fraternal amigo – narrando mais uma cena reveladora de sua personalidade singular. Em Boston, com Hilda, para nova consulta sobre a saúde, aproveitou para marcar uma visita à editora Twayne, que finalizava a edição de *Liberalism, Old and New*. No encontro com o médico, ouviu com resignação o diagnóstico de que tinha pouco tempo de vida. Hilda, sempre cuidadosa, sugeriu que fossem para o hotel, mas ele não quis: dali mesmo, apoiando-se na companheira de toda a vida, rumou para a editora, onde o aguardavam. Comportou-se lá como se nada de errado estivesse acontecendo. Com a cordialidade habitual, verificou os detalhes sobre a publicação, fez sugestões quanto à capa do livro que tanta alegria lhe dera escrever – e, sabia agora, jamais veria impresso – e despediu-se sem deixar a menor suspeita de que em breve partiria para uma outra esfera do tempo... (Pereira, 2001, p. 378)

Teria Merquior sido um grande chanceler para o Brasil? Provavelmente sim, mas creio que o Itamaraty seria muito pequeno, e muito burocrático, para ele. No cargo, poderia ter reformado rituais e comportamentos do estamento diplomático, num sentido iluminista, liberal e liberista; mas, ainda assim, isso seria pouco para o seu espírito libertário. O que ele teria feito, certamente, seria iluminar com a sua notável inteligência os métodos e os objetivos de trabalho, colocando a razão, e o sentido da História, acima de quaisquer outras conveniências conjunturais, o que provavelmente teria provocado resistências burocráticas, corporativas e de grupos de interesse econômico. Seria tolerante com os pecados menores de uma burocracia tradicional como o Itamaraty, mas teria deixado uma marca indelével na instituição. Para repetir sua tese na London School, inauguraria um período de "burocracia carismática" na velha Casa de Rio Branco, o que talvez a tivesse transformado para sempre, inaugurando novos padrões de inteligência. Vários colegas, dotados do mesmo espírito, mas hoje cingidos pelas regras sacrossantas da hierarquia e da disciplina, partilhariam e apoiariam tais intenções. Teria sido divertido...

REFERÊNCIAS BIBLIOGRÁFICAS

Obras de José Guilherme Merquior
consultadas para este ensaio

"O Discurso como Orador da Turma do Instituto Rio Branco de 1963". In: LAFER, Celso et al. *José Guilherme Merquior, Diplomata*. Brasília: Fundação Alexandre de Gusmão, 1993, p. 39-45.

"O Sistema Internacional e a Europa Ocidental" (Bonn, janeiro/fevereiro de 1973). [Brasília:] Ministério das Relações Exteriores, 1973. (Separata).

O Estruturalismo dos Pobres e Outras Questões. Rio de Janeiro: Tempo Brasileiro, 1975.

A Estética de Lévi-Strauss. Brasília: Editora da UnB, 1975.

L'Esthétique de Lévi-Strauss. Paris: PUF, 1977.

De Anchieta a Euclides: Breve História da Literatura Brasileira. Rio de Janeiro: Nova Fronteira, 1977. (Nova edição: São Paulo: É Realizações, 2014).

O Problema da Legitimidade em Política Internacional, tese apresentada no I Curso de Altos Estudos do Instituto Rio Branco (1978). In: LAFER, Celso et al. *José Guilherme Merquior, Diplomata*. Brasília: Fundação Alexandre de Gusmão, 1993, p. 48-80.

"Ciência e Consciência da Política em Raymond Aron", prefácio à edição brasileira de Raymond Aron, *Estudos Políticos* (1980). Tradução de Sérgio Bath. 2. ed.; Brasília: Editora da Universidade de Brasília, 1985, p. 17-47.

Rousseau and Weber: Two Studies in the Theory of Legitimacy. London: Routledge & Kegan Paul, 1980.

O Fantasma Romântico e Outros Ensaios. Petrópolis: Vozes, 1980.

As Ideias e as Formas. Rio de Janeiro: Nova Fronteira, 1981.

A Natureza do Processo. Rio de Janeiro: Nova Fronteira, 1982.

O Argumento Liberal. Rio de Janeiro: Nova Fronteira, 1983.

"Discurso de Posse na Academia Brasileira de Letras", 11 mar. 1983; disponível em: <http://www.academia.org.br/academicos/jose-guilherme-merquior/discurso-de-posse>.

Michel Foucault ou o Niilismo da Cátedra. Rio de Janeiro: Nova Fronteira, 1985.

Crítica, 1964-1989: Ensaios sobre Arte e Literatura. Rio de Janeiro: Nova Fronteira, 1990.

Western Marxism. London: Paladin, 1986; 1991.

O Marxismo Ocidental. Rio de Janeiro: Nova Fronteira, 1986; São Paulo: É Realizações, 2018.

"El Otro Occidente: Un Poco de Filosofia de la História desde Latinoamerica", *Cuadernos Americanos Nueva Epoca*, n. 13, jan./fev. 1989.

"O Repensamento da Revolução". In: FURET, François; OZOUF, Mona (orgs.). *Dicionário Crítico da Revolução Francesa.* Rio de Janeiro: Nova Fronteira, 1989, p. xvii-lvii.

"Brésil: Cent Ans de Bilan Historique", *Cahiers du Brésil Contemporain*, n. 16, p. 5-22; disponível em: <http://www.revues.msh-paris.fr/vernumpub/1-Merquior%20-%20Souza.pdf>.

Liberalism, Old and New. Boston: Twayne, 1991.

O Liberalismo: Antigo e Moderno. Trad. Henrique de Araújo Mesquita. Rio de Janeiro: Nova Fronteira, 1991. (Nova edição: São Paulo: É Realizações, 2014).

Algumas Reflexões sobre os Liberalismos Contemporâneos (1986). Rio de Janeiro: Instituto Liberal do Rio de Janeiro, 1991.

OUTRAS OBRAS

ALMEIDA, Paulo Roberto de. *Révolutions Bourgeoises et Modernisation Capitaliste: Démocratie et Autoritarisme au Brésil.* Sarrebruck: Éditions Universitaires Européennes, 2015.

_____. *Marxismo e Socialismo no Brasil e no Mundo: Trajetória de Duas Parábolas da Era Contemporânea.* Brasília: Edição de Autor, 2019.

AZAMBUJA, Marcos Castrioto. "Merquior: Dois Momentos e Duas Dimensões". In: LAFER, Celso et al. *José Guilherme Merquior, Diplomata.* Brasília: Fundação Alexandre de Gusmão, 1993, p. 21-24.

BISCOP, Sven. "Strategic Choices for the 2020s", *Security Policy Brief*, Bruxelas, Egmont-Royal Institute for International Relations, n. 122, fev. 2020.

CAMPOS, Roberto. "Merquior, o Liberista", prefácio a *O Liberalismo: Antigo e Moderno*. Rio de Janeiro: Nova Fronteira, 1991, p. 1-14.

_____. "Discurso de Posse na Academia Brasileira de Letras", 26 out. 1999; disponível em: <http://www.academia.org.br/academicos/roberto-campos/discurso-de-posse>.

COSTA E SILVA, Alberto da (org.). *O Itamaraty na Cultura Brasileira*. Brasília: Instituto Rio Branco, 2001.

FENDT, Roberto. "Saudades de Merquior: Algumas Reflexões sobre Merquior e os Liberalismos Contemporâneos". *Carta Mensal*, Rio de Janeiro, Confederação Nacional do Comércio, n. 732, mar. 2016, p. 4-25.

FONSECA JR., Gelson. "Introdução ao texto *O Problema da Legitimidade em Política Internacional*". In: LAFER, Celso et al. *José Guilherme Merquior, Diplomata*. Brasília: Fundação Alexandre de Gusmão, 1993, p. 31-38.

FRANCO, Afonso Arinos de Melo. *O Índio Brasileiro e a Revolução Francesa: As Origens Brasileiras da Teoria da Bondade Natural*. Rio de Janeiro: José Olympio, 1937.

Furet, François; OZOUF, Mona (orgs.). *Dicionário Crítico da Revolução Francesa*. Pref. José Guilherme Merquior, trad. Henrique Mesquita. Rio de Janeiro: Nova Fronteira, 1989.

GELLNER, Ernest; CANSINO, César (orgs.). *Liberalism in Modern Times: Essays in Honour of José G. Merquior*. London: Oxford University Press, 1996.

_____. *Liberalismo, Fin de Siglo*. Almería: Editorial Universidad de Almería, 1998.

LAFER, Celso. "José Guilherme Merquior: O Problema da Legitimidade em Política Internacional". In: LAFER, Celso et al. *José Guilherme Merquior, Diplomata*. Brasília: Fundação Alexandre de Gusmão, 1993, p. 9-14.

PEREIRA, José Mario. "O Fenômeno Merquior". In: COSTA E SILVA, Alberto da (org.). *O Itamaraty na Cultura Brasileira*. Brasília: Instituto Rio Branco, 2001, p. 360-78.

PORTELLA, Eduardo et al. "Dez Anos Sem José Guilherme Merquior", mesa-redonda realizada na Academia Brasileira de Letras, em 4 de outubro de 2001, com a participação de Eduardo Portella, Sergio Paulo Rouanet, Antônio Gomes Penna, José Mario Pereira e Leandro Konder. *Revista Brasileira*, Rio de Janeiro, Academia Brasileira de Letras, fase

VII, ano VIII, n. 32, jul./ago./set. 2002, p. 207-65; disponível em: <http://www.academia.org.br/abl/media/depoimentos5.pdf>.

RICUPERO, Rubens. "A Diplomacia da Inteligência". In: LAFER, Celso et al. *José Guilherme Merquior, Diplomata*. Brasília: Fundação Alexandre de Gusmão, 1993, p. 15-20.

SEIXAS CORRÊA, Luiz Felipe de. "José Guilherme Merquior: Um Depoimento Pessoal". In: LAFER, Celso et al. *José Guilherme Merquior, Diplomata*. Brasília: Fundação Alexandre de Gusmão, 1993, p. 25-30.

UNIVERSIDADE de Brasília. *Encontros Internacionais da UnB*. Brasília: Editora da UnB, 1980.

Entrevista

Entrevista com Michel Foucault[1]

Sergio Paulo Rouanet e José Guilherme Merquior[2]

SERGIO PAULO ROUANET – Sua obra comporta, essencialmente, dois momentos: um momento empírico-descritivo (*Naissance de la Clinique*, *Histoire de la Folie*, *Les Mots et les Choses*) e um momento de reflexão metodológica (*L'Archéologie du Savoir*). Depois do trabalho de codificação e sistematização da *Archéologie*, pretende voltar à descrição de zonas especializadas do saber?

FOUCAULT – Sim. Pretendo agora alternar as pesquisas descritivas com as análises de tipo teórico. Podemos dizer que para mim a *Archéologie* não era nem completamente uma teoria, nem completamente uma metodologia. Talvez seja este o defeito do livro; mas eu não podia deixar de escrevê-lo. Não é uma teoria na medida, por exemplo, em que eu não sistematizei as relações entre as formações discursivas e as formações sociais e econômicas, cuja importância foi estabelecida pelo marxismo de uma forma incontestável. Essas relações foram deixadas na sombra. Seria preciso elaborar tais relações para construir uma teoria. Além disso, deixei de lado, na *Archéologie*, os problemas puramente metodológicos. Isto é: como trabalhar com esses instrumentos? É possível fazer a análise dessas formações discursivas? A semântica tem alguma utilidade? As análises quantitativas, como as praticadas pelos historiadores, servem para alguma coisa? Podemos então perguntar o que é a *Archéologie*, se não é nem uma teoria nem uma metodologia. Minha

---

[1] Entrevista originalmente publicada em 1971, pela Edições Tempo Brasileiro, como o terceiro título da série Comunicações.

[2] O texto foi submetido a Foucault, que não pôde, entretanto, corrigi-lo. Foucault não tem, portanto, nenhuma responsabilidade por seu conteúdo.

resposta é que é alguma coisa como a designação de um objeto: uma tentativa de identificar o nível no qual precisava situar-me para fazer surgir esses objetos que eu tinha manipulado durante muito tempo sem saber sequer que eles existiam, e portanto sem poder nomeá-los. Ao escrever a *Histoire de la Folie* ou a *Naissance de la Clinique*, eu julgava, no fundo, estar fazendo a história das ciências. Ciências imperfeitas, como a psicologia, ciências flutuantes, como as ciências médicas ou químicas, mas ainda assim história das ciências. Pensava que as particularidades que encontrava estavam no próprio material estudado, e não na especificidade do meu ponto de vista. Ora, em *Les Mots et les Choses* compreendi que, independentemente da história tradicional das ciências, um outro método era possível, que era uma maneira de considerar não tanto o conteúdo da ciência como a sua própria existência: uma maneira de interrogar os fatos, que me fez perceber que numa cultura como a do Ocidente a prática científica tem uma emergência histórica, comporta uma existência e um desenvolvimento histórico, e seguiu certo número de linhas de transformação independentemente, até certo ponto, de seu conteúdo. Era preciso, deixando de lado o problema do conteúdo e da organização formal da ciência, pesquisar as razões pelas quais a ciência existiu ou uma determinada ciência começou, num momento dado, a existir e assumir certo número de funções em nossa sociedade. Foi esse ponto de vista que tentei definir na *Archéologie du Savoir*. Tratava-se, em suma, de definir o nível particular ao qual o analista deve colocar-se para fazer aparecer a existência do discurso científico e seu funcionamento na sociedade.

JOSÉ GUILHERME MERQUIOR – Podemos então dizer que se trata da análise de *Les Mots et les Choses*, mas a nível reflexivo?

FOUCAULT – Exatamente. Digamos que na *Histoire de la Folie* e na *Naissance de la Clinique* eu ainda era cego para o que fazia. Em *Les Mots et les Choses*, um olho estava aberto e o outro, fechado: donde o caráter um pouco trôpego do livro, num certo sentido teórico demais, e em outro sentido insuficientemente teórico. Enfim, na *Archéologie*, tentei precisar o lugar exato de onde eu falava.

S.P.R. – Isso explica sem dúvida algumas das diferenças mais sensíveis entre o método seguido em *La Naissance de la Clinique* e *L'Histoire de la Folie*, por um lado, e *Les Mots et les Choses*, por outro lado, e também algumas particularidades da *Archéologie*. Nos dois primeiros livros, o discurso é bastante permeável às práticas sociais (extradiscursivas) que ocupam neles um lugar muito importante; em *Les Mots et les Choses*, essas práticas desapareceram quase completamente, para renascerem na *Archéologie*, sob um modo reflexivo, mas redefinidas como práticas pré-discursivas. Podemos portanto isolar de sua trajetória, até agora três vias possíveis: ou uma livre circulação do discurso às práticas sociais, e reciprocamente, sem nenhum *a priori* metodológico muito rígido; ou a colocação entre parênteses dessas práticas, para concentrar a descrição no plano exclusivo do discurso; ou enfim a incorporação dessas práticas à análise, segundo um método rigoroso, mas "despresentificadas" e reduzidas ao pré-discursivo, e portanto funcionando ainda no nível do discurso. Seus trabalhos futuros seguirão sem dúvida este último caminho. Mas neste caso, como articular os dois planos – o discursivo e o extradiscursivo – mesmo se este último é apresentado como pré-discursivo?

FOUCAULT – Alegro-me com essa pergunta. É em torno dela, com efeito, que se cristalizam as principais críticas e objeções que foram feitas ao meu trabalho. Na *Histoire de la Folie* e em *La Naissance de la Clinique* eu estava diante de um material muito singular. Tratava-se de discursos científicos cuja organização, aparelho teórico, campo conceitual e sistematicidade interna eram bastante fracos. Muito fracos mesmo, no caso da psicopatologia, que nos séculos XVII e XVIII era constituída por certo número de noções pouco elaboradas e que mesmo no século XIX só foram elaboradas de forma indireta e sobre o modelo da medicina propriamente dita. Não se pode dizer que o discurso psicopatológico europeu até Freud tenha comportado um nível de cientificidade muito elevado. Em compensação, todos os contextos institucionais, sociais e econômicos desse discurso eram importantes. É evidente que a maneira de internar os loucos, de diagnosticá-los, de medicá-los, de excluí-los da sociedade ou incluí-los num local de internamento era tributária de estruturas sociais, de condições econômicas, tais como o desemprego, as necessidades de mão de obra, etc. No fundo, era um pouco tudo isso que tinha me seduzido no tema. Os esforços feitos por certos historiadores da ciência, de inspiração marxista, para localizar a gênese social da geometria ou do cálculo das probabilidades no século XVII, tinham me impressionado muito. Era um trabalho ingrato; os materiais eram muito difíceis. É muito difícil empreender a análise das relações entre o saber e a sociedade a partir desse gênero de problemas. Em compensação, existe um complexo institucional considerável, e bem evidente, no caso de um discurso com pretensões científicas, como o da psicopatologia. Era tentador analisar esse discurso, e foi o que tentei fazer. Prossegui, em seguida, as minhas pesquisas no campo da medicina em geral, achando que tinha escolhido um exemplo fácil demais no campo da psicopatologia, cujo aparelho científico era demasiado fraco. Tentei, a propósito do nascimento da anátomo e fisiopatologia, que são, afinal, ciências verdadeiras, identificar o sistema institucional e o conjunto das práticas econômicas e sociais que tornaram possível, numa sociedade como a nossa, uma medicina que é, apesar de tudo, e quaisquer que sejam as ressalvas possíveis, uma medicina científica. Acrescentarei, sem qualquer polêmica, que nenhuma das críticas marxistas feitas a *Les Mots et les Choses*, por seu caráter pretensamente anti-histórico, sequer mencionou as tentativas que eu havia feito a propósito da psicopatologia ou da medicina. *Les Mots et les Choses* responde a dois problemas particulares que se apresentaram a partir da problemática suscitada pela *Naissance de la Clinique*. O primeiro é o seguinte: podemos observar, em práticas científicas perfeitamente estranhas uma à outra, e sem qualquer comunicação direta, transformações que se produzem ao mesmo tempo, segundo a mesma forma geral, no mesmo sentido. É um problema muito curioso. Em seu último livro, consagrado à história da genética, François Jacob assinalou um fenômeno desse gênero: o aparecimento, no meio do século XIX, de duas teorias, uma biológica e outra física, que recorrem em geral ao mesmo tipo de organização e sistematicidade. Eram as teorias de Darwin e Bolzmann. Darwin foi o primeiro a tratar os seres vivos ao nível da população, e não mais ao nível da individualidade; Bolzmann começou a tratar as partículas físicas não mais como individualidades, porém ao nível do fenômeno população, isto é, como séries de eventualidades estatisticamente mensuráveis. Ora, entre Darwin e Bolzmann, é evidente que não havia nenhuma relação direta: os dois ignoravam a existência um do outro. Aliás essa relação, hoje evidente, e que constitui uma das grandes encruzilhadas da ciência do século XIX, não podia realmente ser percebida pelos contemporâneos. Como é possível que dois acontecimentos, remotos na ordem da consciência, tenham podido produzir-se simultaneamente e aparecer tão próximos, para nós, na ordem das configurações epistemológicas em geral? Eu já tinha encontrado precisamente esse problema na medicina clínica. Por exemplo, é quase no mesmo momento e em condições muito parecidas que aparecem a química, com Lavoisier, e a anátomo-fisiologia, e no entanto é somente mais tarde, por volta de 1820, que as duas ciências se encontrarão. Ora, elas nasceram mais ou menos na mesma época e constituíram, cada uma em seu domínio, revoluções mais ou menos análogas. Eis aí o primeiro problema – o das simultaneidades epistemológicas. O segundo problema foi o seguinte: pareceu-me que as condições econômicas e sociais que servem de contexto ao aparecimento de uma ciência, ao seu desenvolvimento e ao seu funcionamento, não se traduzem na própria ciência sob a forma de discurso científico, como um desejo, uma necessidade ou um impulso podem se traduzir no discurso de um indivíduo ou em seu comportamento. Os conceitos científicos não exprimem as condições econômicas nas quais surgiram. É evidente, por exemplo, que a noção de tecido ou a noção de lesão orgânica nada têm a ver – se o problema se coloca em termos de expressão – com a situação do desemprego na França em fins do século XVIII. E no entanto é igualmente evidente que foram essas condições econômicas, como o desemprego, que suscitaram o aparecimento de um tipo de hospitalização, a qual permitiu certo número de observações, que a seu turno provocaram certo número de hipóteses, e finalmente surgiu a ideia da lesão do tecido, fundamental na história da clínica. Por conseguinte, o vínculo entre as formações econômicas e sociais pré-discursivas e o que aparece no interior das formações discursivas é muito mais complexo que o da expressão pura e simples, em geral o único aceito pela maioria dos historiadores marxistas. Em que, por exemplo, a teoria evolucionista exprime este ou aquele interesse da burguesia, ou esta ou aquela esperança da Europa? Mas se o vínculo existente entre as formações não discursivas e o conteúdo das formações discursivas não é do tipo "expressivo", que vínculo é esse? O que se passa entre os dois níveis – entre aquilo do que se fala, sua base, se quiserem – e esse estado terminal que constitui o discurso científico? Pareceu-me que esse vínculo deveria ser procurado ao nível da constituição, para uma ciência que nasce, os seus objetos possíveis. O que torna possível uma ciência, nas formações pré-discursivas, é a emergência de certo número de objetos que poderão se tornar objetos de ciência; é a maneira pela qual o sujeito do discurso científico se situa; é a modalidade de formação dos conceitos. Em suma, são todas essas regras, definindo os objetos possíveis, as posições do sujeito em relação aos objetos, e a maneira de formar os conceitos, que nascem das formações pré-discursivas e são determinadas por elas. É somente a partir dessas regras que se poderá chegar ao estado terminal do discurso, que não exprime, portanto, essas condições, ainda que estas o determinem. Em *Les Mots et les Choses* tentei olhar de mais perto esses dois problemas. Em primeiro lugar, o das simultaneidades epistemológicas. Tomei três domínios, muito diferentes, e entre os quais não houve nunca uma comunicação direta: a gramática, a história natural e a economia política. E tive a impressão de que esses três domínios tinham sofrido em dois momentos precisos – no meio do século XVII e no meio do século XVIII – um conjunto de transformações semelhantes. Tentei identificar essas transformações. Ainda não resolvi o problema de localizar exatamente a raiz dessas transformações. Mas estou certo de uma coisa: essas transformações existem, e a tentativa de descobrir sua origem não é quimérica. Citei há pouco o livro de François Jacob, que é o livro de um biólogo, interessado apenas na história da própria biologia. Ora, tudo o que ele diz sobre a história da biologia nos séculos XVII, XVIII e XIX coincide exatamente, quanto às datas e os princípios gerais, com o que eu mesmo disse. E ele não tirava isso do meu livro, pois o dele foi escrito antes de ter oportunidade de ler o meu. Achei interessante que essa análise comparativa das transformações, que poderia passar por delirante, na medida em que procurava relacionar disciplinas tão estranhas entre si, tenha sido confirmada pela análise interna de uma história precisa, a da biologia. Eis o primeiro problema. Quanto ao segundo, tentei apreender as transformações da gramática, da história natural e da economia política não ao nível das teorias e teses sustentadas, mas ao nível da maneira pela qual essas ciências constituíram os seus objetos, da maneira pela qual se formaram os seus conceitos, da maneira pela qual o sujeito cognoscente se situava em relação a esse domínio de objetos. É isso que chamo o nível arqueológico da ciência, em oposição ao nível epistemológico. Neste último, trata-se de descobrir a coerência teórica de um sistema científico num momento dado. A análise arqueológica é a análise da maneira – antes mesmo da aparição das estruturas epistemológicas, e por baixo dessas estruturas – pela qual os objetos são constituídos, os sujeitos se colocam, e os objetos se formam. *Les Mots et les Choses* é um livro em suspenso: em suspenso na medida em que não faço aparecerem as próprias práticas pré-discursivas. É no interior das práticas científicas que eu me coloco, para tentar descrever as regras para a constituição dos objetos, a formação dos conceitos e as posições do sujeito. Por outro lado, a comparação que faço não leva a uma explicação. Mas nada disso me preocupa. Não escrevo um livro para que seja o último; escrevo um livro para que outros sejam possíveis – não necessariamente escritos por mim.

J.G.M. – É sua intenção ir além dessa análise que justamente ficou em suspenso em *Les Mots et les Choses*, em busca da raiz, ao nível arqueológico, das transformações que se produziram nas três disciplinas?

FOUCAULT – Nesse ponto o meu embaraço não diminuiu desde que terminei *Les Mots et les Choses*. Alegro-me de ver que François Jacob encontrou a mesma dificuldade a propósito das relações entre Darwin e Bolzmann, que ele também não consegue explicar. Ele me fez a pergunta, e só pude compartilhar o seu embaraço. Ficamos os dois surpresos com o fato de que o historiador da ciência não se interessa mais por esse fenômeno. Quando o encontram, limitam-se a escamotear a dificuldade invocando o espírito da época, que quer que um determinado problema seja abordado num momento preciso, ou então observam, de passagem, que é um fenômeno curioso, mas sem importância. É melhor uma ignorância franca; prefiro dizer que não compreendo, mas que me esforço por compreender, a dar explicações como as baseadas no espírito da época. Em suma, desse ponto de vista meus progressos foram nulos. Em compensação, vejo melhor agora, graças às análises que empreendi em *Les Mots et les Choses*, como reajustar de forma mais exata a análise das práticas discursivas e das práticas extradiscursivas. Na *Histoire de la Folie*, por exemplo, ainda havia certo número de temas "expressionistas". Deixei-me seduzir pela ideia de que a maneira de conceber a loucura exprimia um pouco uma espécie de repulsa social imediata em relação à loucura. Empreguei frequentemente a palavra "percepção": percebe-se a loucura. Essa percepção era para mim o vínculo entre uma prática real, que era essa reação social, e a maneira pela qual era elaborada a teoria médica e científica. Hoje em dia, não creio mais nesse tipo de continuidade. É preciso reexaminar as coisas com maior rigor. Vou tentar fazer isso num domínio de teor científico muito fraco: a criminologia. Vou tentar ver, a partir da definição jurídica do crime, e da maneira pela qual o crime foi isolado e sancionado, as práticas penais reais. Vou examinar, igualmente, como se formaram certos conceitos, uns claramente morais, e outros com pretensões científicas, como a noção de degenerescência, e como esses conceitos funcionaram e continuam funcionando em certos aspectos de nossa prática penal.

J.G.M. – Essa volta a um domínio em que o saber é pouco sistematizado ou tem um grau muito fraco de coerência epistemológica certamente se beneficiará de uma visão mais sistemática das relações entre o nível discursivo e o extradiscursivo.

FOUCAULT – Sem dúvida.

S.P.R. – Acredita o Sr. que com sua obra, e a de outros filósofos que se situam na mesma corrente de ideias, a filosofia tenha, por assim dizer, mudado de discurso, substituindo aos temas tradicionais da metafísica e da epistemologia temas relacionados com as práticas científicas, principalmente no domínio das ciências humanas?

FOUCAULT – Não creio que os que se interessam, como eu, pelos problemas da ciência – na França e em outros países – tenham realmente ampliado o tema da reflexão filosófica. Acredito mesmo o contrário: nós restringimos esse campo. Creio que é a Hegel que devemos a maior expansão do campo dos objetos filosóficos. Hegel falou de estátuas góticas, de templos gregos, de velhas bandeiras... De tudo, em suma.

J.G.M. – Se o Sr. me permite um parêntese, não estamos dizendo que a filosofia atual tenha ampliado o domínio da reflexão filosófica; tem-se a impressão, pelo contrário, de uma orientação mais sóbria, mais modesta, por parte da filosofia.

FOUCAULT – Certo. De Hegel a Sartre, o campo dos objetos filosóficos foi proliferante. Hegel, Schopenhauer e Sartre falaram, por exemplo, da sexualidade. Agora se verifica um estreitamento do campo filosófico. Uma espécie de deslocamento. O que havia de comum entre a filosofia de Hegel e a de Sartre, e entre todas as tentativas de pensar a totalidade do concreto, é que todo esse pensamento se articulava em torno do problema: "Como é possível que tudo isso aconteça a uma consciência, a um ego, a uma liberdade, a uma existência?". Ou, inversamente: "Como é possível que o ego, a consciência, o sujeito ou a liberdade tenham emergido no mundo da história, da biologia, da sexualidade, do desejo?".

J.G.M. – Em todo caso, os dois caminhos do idealismo.

FOUCAULT – Não diria do idealismo. Diria os dois caminhos da problemática do sujeito. A filosofia era a maneira de pensar as relações entre o mundo, a história, a biologia, por um lado, e os sujeitos, a existência, a liberdade, por outro lado. Husserl, que também falava sobre tudo, e principalmente sobre o problema da ciência, tentava igualmente responder a essa problemática do sujeito. O problema, para ele, era saber como é possível enraizar efetivamente, ao nível da evidência, da intuição pura e apodítica de um sujeito, uma ciência que se desenvolve segundo certo número de princípios formais e até certo ponto vazios. Como a geometria, por exemplo, pôde prosseguir durante séculos essa corrida da formalização pura, e ser, ao mesmo tempo, uma ciência pensável em cada um de seus pontos por um indivíduo suscetível de ter dessa ciência uma intuição apodítica? Como é possível que alguém, no grande elenco das proposições geométricas, possa isolar uma dessas proposições, percebê-la como verdadeira e construir sobre ela uma demonstração apodítica? Sobre que intuição repousa esse processo? É possível haver uma intuição puramente local e regional no interior de uma geometria propriamente formal, ou é preciso uma espécie de intuição que reefetua em sua totalidade o projeto da geometria, para que a certeza de uma verdade geométrica possa surgir em um ponto preciso do corpo das proposições e do tempo histórico dos geômetras que se sucedem uns aos outros? Era esse o problema de Husserl: sempre, por conseguinte, o problema do sujeito e de suas conexões. Parece-me que o que caracteriza agora, mais que os chamados filósofos, certo número de romancistas, pensadores, etc., é o fato de que para eles o problema do sujeito não se coloca mais, ou somente se coloca de uma forma extremamente derivada. A interrogação do filósofo não é mais saber como tudo isso é pensável, nem como o mundo pode ser vivido, experimentado, atravessado pelo sujeito. O problema é agora saber quais as condições impostas a um sujeito qualquer para que ele possa se introduzir, funcionar, servir de nó na rede sistemática do que nos rodeia. A partir daí, a descrição e a análise não mais terão como objeto o sujeito e suas relações com a humanidade e a forma, mas o modo de existência de certos objetos, como a ciência, que funcionam, se desenvolvem, se transformam, sem qualquer referência a algo como o fundamento intuitivo num sujeito. Os sujeitos sucessivos se limitam a entrar, por portas por assim dizer laterais, no interior de um sistema que não somente se conserva desde certo tempo, com sua sistematicidade própria e num certo sentido independente da consciência dos homens, mas tem uma existência igualmente própria, e independentemente da existência desse ou daquele sujeito. Desde o fim do século XIX, já se sabe que a matemática tem em si própria uma estrutura que não é simplesmente a reprodução ou sedimentação dos processos psicológicos reais: dir-se-ia, no tempo de Husserl, que se trata de uma transcendência da idealidade matemática em relação ao vivido da consciência. Mas a existência mesma da matemática – ou, de forma mais geral, a existência mesma das ciências – é a existência da linguagem, do discurso. Essa existência – hoje já se começa a perceber isto – não necessita de uma série de fundadores, que teriam produzido certo número de transformações em virtude de suas descobertas, de seu gênio, de sua maneira de conceber as coisas. Ocorrem, simplesmente, transformações, que se passam aqui e ali, simultaneamente ou sucessivamente, transformações enigmaticamente homólogas e das quais ninguém é de fato o titular. É preciso, portanto, desapropriar a consciência humana não somente das formas de objetividade que garantem a verdade, mas das formas de historicidade nas quais o nosso *devenir* está aprisionado. Eis a pequena defasagem que nos separa da filosofia tradicional. Eu lhes dizia há pouco que essa maneira de ver não era exclusiva dos filósofos da ciência ou dos filósofos em geral. Tomem o exemplo de Blanchot, cuja obra consistiu em meditar sobre a existência da literatura, da linguagem literária, do discurso literário, independentemente dos sujeitos nos quais esse discurso se acha investido. Toda a crítica de Blanchot consiste no fundo em mostrar como cada autor se coloca no interior de sua própria obra, e isso de uma forma tão radical que a obra tem que destruí-lo. É nela que o autor tem seu refúgio e seu lugar; é nela que ele habita; é ela que constitui sua pátria, e sem ela não teria, literalmente, existência. Mas essa existência que o artista tem em sua obra é tal que ela o leva, fatalmente, a perecer.

J.G.M. – O direito à morte...

FOUCAULT – Sim. É toda essa rede de pensamento que se pode encontrar em Bataille, em Blanchot, em obras propriamente literárias, na arte. Tudo isto anuncia atualmente uma espécie de pensamento em que o grande primado do sujeito, afirmado pela cultura ocidental desde a Renascença, se vê contestado.

S.P.R. – Gostaria de fazer uma pergunta de outra ordem. Sabe-se que a teoria política tradicional sempre esteve centralizada no homem e na consciência. Com o desaparecimento da problemática do sujeito, estaria o pensamento político condenado a tornar-se uma reflexão acadêmica, e a prática política a converter-se numa empiria destituída de fundamentos teóricos? Se, por outra parte, o Sr. admite que a ação política é necessária, sobre que deve fundar-se o engajamento político, se abandonarmos a concepção milenarista – escatológica, se quiserem – do marxismo, tal como o descreve *Les Mots et les Choses*? Deveríamos renunciar a enraizar a política numa ciência? Enfim, na *Archéologie*, o Sr. diz que a algumas dessas perguntas "não há outra resposta que uma resposta política. Talvez seja preciso retomá-las, e de outro modo". Isto significa que esses problemas são insolúveis no contexto de uma reflexão puramente teórica? Ou uma teoria política "pós-arqueológica" é possível?

FOUCAULT – É uma pergunta difícil. Tenho a impressão, aliás, que são várias perguntas que se cruzam. Minhas formulações sobre Marx suscitaram, com efeito, certo número de reações, e não hesito em precisar o meu pensamento sobre esse tema. Talvez eu tenha querido dizer coisas demais nas poucas frases em que falei do marxismo. Em todo caso, há algumas coisas que eu deveria ter dito mais claramente. Em minha opinião, Marx procedeu como muitos fundadores de ciências ou tipos de discurso: utilizou um conceito existente no interior de um discurso já constituído. A partir desse conceito, formou regras para esse discurso já constituído, e o deslocou, transformando-o no fundamento de uma análise e de um tipo de discurso totalmente outro. Extraiu a noção de mais-valia diretamente das análises de Ricardo, onde ela era quase uma filigrana – nesse sentido Marx é um ricardiano – e baseou nesse conceito uma análise social e histórica que lhe permitiu definir os fundamentos, ou em todo caso as formas mais gerais da história da sociedade ocidental e das sociedades industriais do século XIX. E que lhe permitiu, também, fundar um movimento revolucionário que continua vivo. Não creio que sacralizar a formação do marxismo ao ponto de querer salvar tudo da economia ricardiana, a pretexto de que Marx dela se serviu para formular a noção de mais-valia, seja uma boa maneira de homenagear Marx. Creio que a economia ricardiana pode ser criticada a partir do próprio Marx, em todo caso ao nível da economia política tal como ela funcionou desde o início do século XIX: a esse nível, as análises de Ricardo podem ser retomadas e revistas, e a noção de mais-valia não é necessariamente um dos conceitos mais intocáveis. Se nos colocamos exclusivamente ao nível da economia política e de suas transformações, essa revisão não é um delito muito grave. Darwin, por exemplo, tirou certos conceitos-chave da teoria evolucionista, que em suas principais articulações foi inteiramente confirmada pela genética, de domínios científicos hoje criticados ou abandonados. E não há nisso nada de grave. Era isso o que eu queria dizer quando afirmei que Marx se achava no século XIX como um peixe na água. Não vejo por que sacralizar Marx numa espécie de intemporalidade que lhe permitisse descolar-se de sua época e fundar uma ciência da história, ela própria meta-histórica. Se é preciso falar do gênio de Marx – e acho que essa palavra não deve ser empregada na história da ciência – esse gênio consistiu precisamente em comportar-se como um peixe na água no interior do século XIX: manipulando a economia política tal como havia sido efetivamente fundada, e tal como existia a partir de vários anos, Marx chegou a propor uma análise histórica das sociedades capitalistas que pode ainda ter sua validade, e a fundar um movimento revolucionário que é ainda o mais vivo hoje em dia.

J.G.M. – Quanto às possibilidades de fundar uma ação política segura, na base de uma concepção teórica que explique cientificamente a realidade, é preciso, sem dúvida, levar Marx em consideração, mas também as análises ulteriores que ultrapassaram, de certa forma, a análise marxista do conhecimento.

FOUCAULT – Certamente. Isso me parece evidente. E agora vou parecer muito reacionário: para que chamar de científica a prática marxista? Existem hoje na França algumas pessoas que consideram como incontestáveis duas proposições, ligadas entre si por um nexo um pouco obscuro: (1) o marxismo é uma ciência, e (2) a psicanálise é uma ciência. Essas duas proposições me deixam pensativo. Principalmente porque não consigo ter da ciência uma ideia tão elevada assim. Acho – e muitos cientistas concordariam comigo – que não se deve fazer da ciência uma ideia tão elevada a ponto de rotular como ciência algo de tão importante como o marxismo, ou tão interessante como a psicanálise. No fundo, não existe uma ciência em si. Não existe uma ideia geral ou uma ordem geral que se possa intitular ciência, e que possa autenticar qualquer forma de discurso, desde que aceda à norma assim definida. A ciência não é um ideal que atravesse toda a história, e que seria encarnado sucessivamente, primeiro pela matemática, depois pela biologia, depois pelo marxismo e pela psicanálise. Precisamos nos livrar de todas essas noções. A ciência não tem normatividade nem funciona efetivamente como ciência numa época dada, segundo certo número de esquemas, modelos, valorizações e códigos, é um conjunto de discursos e práticas discursivas muito modestas, perfeitamente enfadonhas e cotidianas, que se repetem incessantemente. Existe um código desses discursos, existem normas para essas práticas, às quais esses discursos e práticas devem obedecer. Não há razão para se orgulhar disso; e os cientistas – eu lhes asseguro – não têm nenhum orgulho particular em saber que o que fazem é ciência. Eles o sabem, é tudo; e isto por uma espécie de comum acordo, que é a comunidade do código, e a partir do qual podem dizer: "Isso está provado, e aquilo não está". E existem, lado a lado, outros tipos de discursos e práticas, cuja importância para nossa sociedade e para nossa história independe do estatuto de ciência que possam vir a receber.

J.G.M. – Mas em *Les Mots et les Choses*, o Sr. atribui, de qualquer forma, a algumas dessas práticas não científicas um estatuto particular: o de contraciências.

FOUCAULT – Sim, contraciências humanas.

J.G.M. – Poderíamos atribuir ao marxismo essa mesma função?

FOUCAULT – Sim, não estou longe de concordar com isso. Acho que o marxismo, a psicanálise e a etnologia têm uma função crítica em relação ao que se convencionou chamar de ciências humanas, e nesse sentido são contraciências. Mas repito: são contraciências humanas. Não há nada no marxismo ou na psicanálise que nos autorize a chamá-los contraciências, se entendemos por ciências a matemática ou a física. Não, não vejo por que devamos chamar de ciências o marxismo e a psicanálise. Isso significaria impor a essas disciplinas condições tão duras e tão exigentes que para o seu próprio bem seria preferível não chamá-las de ciências. E eis o paradoxo: os que reclamam o estatuto de ciências para a psicanálise e o marxismo manifestam ruidosamente o seu desprezo pelas ciências positivas, como a química, a anatomia patológica ou a física teórica. Só escondem um pouco o seu desprezo em relação à matemática. Ora, de fato a sua atitude mostra que têm pela ciência um respeito e uma reverência de ginasianos. Têm a impressão de que se o marxismo fosse uma ciência – e aqui eles pensam em algo tangível, como uma demonstração matemática –, poderiam ter certeza de sua validade. Eu acuso essa gente de ter da ciência uma ideia mais alta do que ela merece, e de ter um secreto desprezo pela psicanálise e pelo marxismo. Eu os acuso de insegurança. É por isso que reivindicam um estatuto que não é tão importante assim para aquelas disciplinas.

S.P.R. – Sempre em relação ao marxismo, gostaria de fazer outra pergunta. Quando o Sr. fala, em *Les Mots et les Choses*, no "binômio empírico-transcendental", afirma que a fenomenologia e o marxismo são meras variantes desse movimento de pêndulo que leva necessariamente seja ao positivismo, seja à escatologia. Por outra parte, o pensamento de Althusser é geralmente incluído entre os estruturalismos, muitas vezes ao lado de sua própria obra. Considera o Sr. o marxismo althusseriano como uma superação da configuração cujos limites são o positivismo e a escatologia, ou acredita que esse pensamento se situa no interior daquela configuração?

FOUCAULT – Inclino-me pelo primeiro termo da alternativa. A esse respeito, devo fazer uma autocrítica. Quando falei do marxismo em *Les Mots et les Choses*, não precisei suficientemente o que queria dizer. Nesse livro, julguei ter deixado claro que estava fazendo uma análise histórica de certo período, cujos limites eram aproximadamente 1650 e 1850, com pequenos prolongamentos que não iam além do fim do século XIX, e no domínio igualmente preciso constituído pelas ciências da linguagem, da vida e do trabalho. Quando falei do marxismo nesse livro, deveria ter dito, sabendo como esse tema é supervalorizado, que se tratava do marxismo tal como funcionou na Europa até, no máximo, o início do século XX. Deveria também ter precisado – e reconheço que falhei nesse ponto – que se tratava da espécie de marxismo que se encontra num certo número de comentadores de Marx, como Engels. E que, aliás, também não está ausente em Marx. Quero referir-me a uma espécie de filosofia marxista que é, a meu ver, um acompanhamento ideológico das análises históricas e sociais de Marx, assim como de sua prática revolucionária, e que não constitui o cerne do marxismo, entendido como a análise da sociedade capitalista e o esquema de uma ação revolucionária nessa sociedade. Se é este o núcleo do marxismo, então não foi do marxismo que falei, mas de uma espécie de humanismo marxista – um acompanhamento ideológico, uma música de fundo filosófica.

J.G.M. – Empregando a expressão "humanismo marxista", sua crítica se inscreve automaticamente num domínio teórico que exclui Althusser.

FOUCAULT – Sim. Suponho que essa crítica pode valer ainda para autores como Garaudy, mas que não se aplica a intelectuais como Althusser.

J.G.M. – Queria agora fazer uma pergunta acerca da literatura, isto é, do estatuto da literatura em *Les Mots et les Choses*. Seja a propósito de Cervantes, seja a propósito de Hölderlin ou Mallarmé, o Sr. dá a entender que a literatura desempenha muitas vezes um papel pioneiro na emergência das epistemes. E seu belo texto sobre Blanchot desenvolve essa mesma ideia. Está de acordo com essa interpretação?

FOUCAULT – No tocante à literatura, creio que em *Les Mots et les Choses* não é da mesma forma e no mesmo nível que falei de Mallarmé, por exemplo, e de *Dom Quixote*. Quando falei de Mallarmé, quis assinalar esse fenômeno de coincidência que já me interessara a propósito do século XVII e XVIII, e segundo o qual, na mesma época, domínios perfeitamente independentes e sem comunicação direta se transformam, e se transformam da mesma maneira. Mallarmé é contemporâneo de Saussure; fiquei impressionado pelo fato de que a problemática da linguagem, independentemente de seus significados, e considerada do ponto de vista exclusivo de suas estruturas internas, tenha aparecido em Saussure no fim do século XIX, mais ou menos no mesmo momento em que Mallarmé fundava uma literatura da pura linguagem, que domina ainda a nossa época. Quanto ao Quixote, é um pouco diferente. Devo confessar, de uma forma um pouco covarde, que não conheço muito bem o *Dom Quixote*, ou pelo menos não conheço o pano de fundo da civilização hispânica sobre o qual se funda o *Quixote*. No fundo, meus comentários sobre *Dom Quixote* são uma espécie de pequeno teatro em que eu queria encenar primeiro o que narraria depois: um pouco como nessas representações teatrais em que se apresenta, antes da peça principal, uma pequena peça que guarda, com a peça principal, uma relação um pouco enigmática e um pouco lúdica de analogia, de repetição, de sarcasmo ou de contestação. Quis divertir-me em mostrar no Quixote essa espécie de decomposição do sistema de signos que se verifica na ciência em torno dos anos 1620 a 1650. Não tenho nenhuma convicção de que isso represente o fundo e a verdade do Quixote. Mas achei que, se deixasse o personagem e o próprio texto falarem por si mesmos, poderia representar num certo sentido a pequena comédia dos signos e das coisas que eu queria narrar, e que se desenrolou nos séculos XVII e XVIII. Por consequência, concedo sem dificuldade que haja erros em minha interpretação do *Dom Quixote*. Ou antes, não concedo coisa alguma, porque não se trata de uma interpretação: é um teatro lúdico, é o próprio Quixote que conta, no palco, a história que eu mesmo contarei depois. A única coisa que me justificaria é que o tema do livro me parece importante em *Dom Quixote*. Ora, o tema do livro é o tema de *Les Mots et les Choses*. O próprio título é a tradução de *Words and Things*, que foi o grande *slogan* moral, político, científico, e até religioso da Inglaterra no início do século XVII. Foi também o grande *slogan*, não religioso, mas em todo caso científico, na França, Alemanha, Itália, na mesma época. Acredito que *Words and Things* é um dos grandes problemas do Quixote. É por isso que fiz *Dom Quixote* representar, em *Les Mots et les Choses*, a sua pequena comédia.

J.G.M. – Podemos dizer, de qualquer maneira, que sua leitura do *Dom Quixote*, haja ou não interpretação, está de acordo com certas pesquisas da estilística contemporânea, sobretudo no que se refere ao papel do cômico e à presença do livro no interior da obra. Mas vou agora fazer uma pergunta que nada tem a ver com a estética, e que se refere aos contextos institucionais de que se falou há pouco, isto é, esse conjunto de práticas tanto mais importantes quanto os saberes a eles ligados eram mais fracamente articulados do ponto de vista de sua sistematicidade científica. Quero perguntar-lhe se pretende ocupar-se ainda de certos fenômenos mentais que não são habitualmente considerados como saberes, na perspectiva, por exemplo, de suas pesquisas sobre a loucura. Mais precisamente: pensa o Sr. estudar, sempre em relação às epistemes, que permanecem na sua preocupação principal, o domínio da experiência religiosa? Quero dizer com isso não a ideologia religiosa no sentido estrito, mas as experiências religiosas no sentido amplo. Estou pensando, por exemplo, no gênero de análises, muito empíricas mas muito interessantes, de um autor como Bakhtin, em sua obra sobre Rabelais ou Dostoiévski, quando diz que o carnaval era uma forma de experiência religiosa, uma festa religiosa que foi visivelmente reduzida e "domesticada" na época do nascimento da episteme clássica, isto é, na época dominada pela representação.

FOUCAULT – No fundo, sempre me interessei muito por esse domínio que não pertence bem ao que se chama habitualmente de ciência, e se emprego o conceito de saber é para apreender esses fenômenos que se articulam entre o que os historiadores chamam a mentalidade de uma época e a ciência propriamente dita. Há um fenômeno desse gênero pelo qual me interessei, e ao qual pretendo voltar um dia: a feitiçaria. Trata-se, em suma, de entender a maneira pela qual a feitiçaria – que afinal era um saber, com suas receitas, suas técnicas, sua forma de ensino e de transmissão – foi incorporada ao saber médico. E isso não como se diz em geral, quando se afirma que os médicos, por sua racionalidade e seu liberalismo, arrancaram os feiticeiros às garras dos inquisidores. As coisas são muito mais complexas. Foi num certo sentido em consequência de uma necessidade, de certa cumplicidade, que a Igreja, o poder real, a magistratura, os próprios médicos, fizeram emergir a feitiçaria como domínio possível da ciência, isto é, fizeram do feiticeiro um doente mental. Não era uma libertação; era outra forma de captura. Onde antes havia simplesmente exclusão, processo, etc., o fenômeno foi inscrito no interior da episteme e tornou-se um campo de objetos possíveis. Há pouco nos perguntávamos como alguma coisa pode se tornar um objeto possível para a ciência. Eis um belo exemplo. A ideia de uma ciência da feitiçaria, de um conhecimento racional, positivo, da feitiçaria, era algo de rigorosamente impossível na Idade Média. E isso não porque se desprezasse a feitiçaria, ou em consequência do preconceito religioso. Era todo o sistema cultural do saber que impedia que a feitiçaria se tornasse um objeto para o saber. E eis que a partir dos séculos XVI e XVII, com a anuência da Igreja e mesmo a seu pedido, o feiticeiro se torna um objeto de conhecimento possível entre os médicos: pergunta-se ao médico se o feiticeiro é ou não doente. Tudo isso é muito interessante, e no quadro do que me proponho fazer.

J.G.M. – Para terminar: qual será o assunto principal de sua aula inaugural no Collège de France?

FOUCAULT[3] – Essa pergunta me embaraça um pouco. Digamos que o ensino que pretendo dar este ano é a elaboração teórica das noções que lancei na *Archéologie du Savoir*. Eu lhes dizia há pouco que tinha tentado determinar um nível de análises, um campo de objetos possíveis, mas que ainda não pude elaborar a teoria dessas análises. É justamente essa teoria que pretendo iniciar agora. Quanto à aula de abertura, repito que me sinto muito embaraçado, talvez por ser infenso a qualquer instituição. Não encontrei ainda, como objeto de meu discurso, senão o paradoxo de uma aula inaugural. A expressão é com efeito surpreendente. Pede-se a alguém que comece.

---

[3] O texto definitivo da aula inaugural, proferida semanas depois, se afasta bastante deste esquema. Já apareceu em livro, sob o título "L'Ordre du Discours" (Paris, Gallimard, 1971).

Começar, absolutamente é algo que podemos fazer se nos colocamos, pelo menos miticamente, na posição do aluno. Mas a inauguração, no estrito sentido do termo, só ocorre sobre um fundo de ignorância, de inocência, de ingenuidade absolutamente primeira: podemos falar de inauguração se estamos diante de alguém que ainda não sabe nada, ou que não começou ainda nem a falar, nem a pensar, nem a saber. E, no entanto, essa inauguração é uma aula. Ora, uma aula implica que se tenha atrás de si todo um conjunto de saberes, de discursos já constituídos. Creio que falarei sobre esse paradoxo.

Arquivo
José Guilherme Merquior

Fonte: Arquivo José Guilherme Merquior / É Realizações Editora

I. The historian of the present

> *I have never been a Freudian, I have never been a Marxist and I have never been a structuralist.*
>
> Michel Foucault

When Michel Foucault, ~~long considered - with Lévi-Strauss, Lacan and Barthes - to be one of the tetrarchs of French structuralism,~~ died in Paris of a cerebral tumor in June 1984, ~~Next day's~~ Le Monde printed an obituary by Paul Veyne, the distinguished classical historian and Foucault's colleague at the Collège de France, Veyne and Foucault's ~~declaring his~~ work *'the most important event in thought of our century'* (l'évènement de pensée le plus important de notre siècle). Few would agree with Veyne's bombastic claim; yet his hero ~~Foucault~~ doubtless died as one of the most influential thinkers of our time.

Foucault ~~He~~ was also a complex, almost elusive intellectual personality. Perhaps his single most notorious statement remains the ominous proclamation of the 'death of man' at the close of <u>Les Mots et les Choses</u>, the bold 'archaeology' of cognitive structures that brought him into the limelight since the mid-sixties. Nevertheless the cool elegance of this never-abjured antihumanist detachment did not prevent him from doting on California as a counterculture paradise, nor indeed from performing a romantic denigration of western reason as passionate as that attempted by Herbert Marcuse. Alone of all the structuralist pantheon fully to have shared the spirit of May '68, Foucault was a polite professor who relished scan-

Manuscrito original

Foucault may not have been the greatest thinker of our age, but he was certainly the central figure of French philosophy since the war. Now the French way of doing modern philosophy has long been something quite different from what is normally seen as standard practice in the Anglo-Saxon world — at least until yesterday. 'Normal' English-speaking philosophy is generally both academic in style and analytic in method. The point is worth stressing because some continental brands of modern philosophical thought, notably in German-speaking areas, have been as academic as their English counterpart — often in a ponderous manner — without, however, being tightly analytic in the sense that Russell and Wittgenstein or Ryle and Austin were, and most leading Anglo-Saxon thinkers such as Quine still are. By contrast, the most prestigious philosophising in France took a very dissimilar path. One might say that it all began with Henri Bergson. Born in 1859, Bergson was a near contemporary of Edmund Husserl; the great initiator of modern philosophy in Germany. And like Husserl, he had a long teaching career — but his works grew increasingly essayistic in form, while his lectures were attended by crowds and he himself became a kind of cult figure. No sooner had he died (in 1941) than a new philosophical guru with a highly literary style emerged in the person of Jean-Paul Sartre

Manuscrito original

(1905-80), the unrivalled (though not unchallenged) superstar of French thought up to the sixties. Like Bergson, he combined brilliant literary gifts with a theorising wantonly free of analytic discipline. It was in this tradition of philosophical glamour rather than rigour that Foucault belonged.

It would be unfair to suggest that all Gallic philosophy in the twentieth century stemmed from such loose alluring practice, which one is tempted to call litero-philosophy. Nevertheless, in no other modern philosophical culture do we find this kind of thinkers in such prominence. Moreover, French litero-philosophy was a mixed genre of sorts. It seldom took an overt literary form, like Nietzsche dared to do. Rather, it is usually put on an aspect of Staider imaginaires, as in Bergson's Creative Evolution (1907) or even treatises, like Sartre's Being and Nothingness (1943) or Merleau-Ponty's Phenomenology of Perception (1945). However, in the eyes of a philosophical public brought up in the analytic framework (or again, in the solemn jargons of mainstream German theory) the end result was much the same.

Now Foucault's point of departure seems linked with a subtle change in the fortunes of litero-philosophy. It was as though, after the exhaustion of existentialism (and the later Sartre's misguided attempt to blend it with Marxism), litero-philosophy underwent a period of inner doubt.

Manuscrito original

Apparently, the ebbing of the anguish-and-commitment syndrome in the more detached intellectual atmosphere under de Gaulle's Fifth Republic threw such a theoretical genre in a considerable disarray. As a consequence, French philosophy, as it were, came to face a choice: either it converted itself to analyticalness (since the appropriation of German themes, chiefly from Husserl and Heidegger, had already been achieved by existentialism) or it devised a new strategy for its own survival. The process, the highest of young philosophers, instead of making philosophy more rigorous, they decided to make it feed on the growing opted for the second alternative. Outstanding among these new thinkers were Michel Foucault and Jacques Derrida. Foucault quickly acquired the reputation — alongside the anthropologist Claude Lévi-Strauss, the literary critic Roland Barthes, and the psychoanalyst Jacques Lacan, of being one of the tetrarchs of structuralism, the intellectual fashion which rose amidst the ruins of existential philosophy. Then, from the late sixties on, he shared with Derrida the leadership of 'post-structuralism', that is, of the love-hate relationship with structuralist mind which came to prevail, in Paris high culture, from the late sixties on.

Manuscrito original

Capa da edição inglesa (brochura, 1985)

Foucault

J. G. Merquior

fp
FONTANA PRESS/COLLINS

Folha de rosto, assinada, da edição inglesa (brochura, 1985)

Última página, com errata manuscrita, da edição inglesa (brochura, 1985)

Fontana Press

When Michel Foucault died, still in his prime, in June 1984, he had already earned the nickname 'the new Sartre'. By attempting a highly original merger of philosophy and history, he had set out to revitalize Western philosophy with bold, provocative theses on our attitudes to madness, the assumptions of science and language, our systems of punishment and discipline and our ideas about sex. Finally, he presented new perspectives on the phenomenon of power and its relationship with knowledge.

J. G. Merquior has written an uninhibited critical assessment of Foucault as a 'historian of the present'. Encompassing all his published work and an impressive array of literature about Foucault, it appraises his philosophical history and his debts to previous thinkers such as Bachelard and Kuhn as well as his complex relationship to French structuralism. It closes with an outline of Foucault's ideological profile as a Nietzschean master of the neo-anarchist mood, and raises important queries as to the ultimate value and legitimacy of his kind of philosophical rhetoric, with its attendant view of the role of the modern intellectual.

Cover illustration by John Thirsk

ISBN 0-00-686069-9

U.K. £3.50

Contracapa da inglesa (brochura, 1985)

When Michel Foucault died, still in his prime, in June 1984, he had already earned the nickname 'the new Sartre'. By attempting a highly original merger of philosophy and history, he had set out to revitalize Western philosophy with bold, provocative theses on our attitudes to madness, the assumptions of science and language, our systems of punishment and discipline and our ideas about sex. Finally, he presented new perspectives on the phenomenon of power and its relationship with knowledge.

J. G. Merquior has written an uninhibited critical assessment of Foucault as a 'historian of the present'. Encompassing all his published work and an impressive array of literature about Foucault, it appraises his philosophical history and his debts to previous thinkers such as Bachelard and Kuhn as well as his complex relationship to French structuralism. It closes with an outline of Foucault's ideological profile as a Nietzschean master of the neo-anarchist mood, and raises important queries as to the ultimate value and legitimacy of his kind of philosophical rhetoric, with its attendant view of the role of the modern intellectual.

Cover illustration by John Thirsk

Collins/Fontana Press

ISBN 0-00-197180-8

FOUCAULT
J.G. Merquior

Foucault

J. G. Merquior is a distinguished Brazilian essayist and scholar. Born in Rio de Janeiro in 1941, he studied law and philosophy in his home town before undertaking post-graduate studies in Europe. His interest in the theory of culture matured at the Collège de France, where he attended Claude Lévi-Strauss' seminar for five years, before turning to political sociology in England, under the guidance of Ernest Gellner. He holds a PhD in sociology from the LSE.
Dr Merquior is considered one of Latin America's foremost contemporary literary critics, and has recently been elected to the Brazilian Academy. A professor of political science at the University of Brasilia until 1982 and a former visiting professor at King's College, London, he has lectured widely and is the author of eighteen books, among which *L'Esthétique de Lévi-Strauss*, *The Veil and the Mask: Essays on Culture and Ideology*, and *Rousseau and Weber Two Studies in the Theory of Legitimacy*.

£17.50 net

Sobrecapa da edição inglesa (capa dura, 1985)

Foucault

J. G. Merquior

fp
FONTANA PRESS/COLLINS

Folha de rosto da edição inglesa (capa dura, 1985)

First published in 1985
by Fontana Paperbacks,
8 Grafton Street, London W1X 3LA

Copyright © J. G. Merquior 1985

A hardback edition is available from Collins

Fontana Press is an imprint of
Fontana Paperbacks, a division of
the Collins Publishing Group

Phototypeset in Sabon
Printed and bound in Great Britain by
Billing & Sons Ltd, Worcester

Conditions of Sale
This book is sold subject to the condition
that it shall not, by way of trade or otherwise,
be lent, re-sold, hired out or otherwise circulated
without the publisher's prior consent in any form of
binding or cover other than that in which it is
published and without a similar condition
including this condition being imposed
on the subsequent purchaser

Hardback ISBN: 0 00 197180 8
Paperback ISBN: 0 00 686069 9

Página de créditos da edição inglesa (capa dura, 1985)

Modern Masters

ADORNO	Martin Jay
BARTHES	Jonathan Culler
BECKETT	A. Alvarez
CAMUS	Conor Cruise O'Brien
CHOMSKY	John Lyons
DARWIN	Wilma George
DURKHEIM	Anthony Giddens
EINSTEIN	Jeremy Bernstein
ELIOT	Stephen Spender
EVANS-PRITCHARD	Mary Douglas
FOUCAULT	J. G. Merquior
FREUD	Richard Wollheim
GRAMSCI	James Joll
HEIDEGGER	George Steiner
JOYCE	John Gross
JUNG	Anthony Storr
KAFKA	Erich Heller
KLEIN	Hanna Segal
LAWRENCE	Frank Kermode
LÉVI-STRAUSS	Edmund Leach
MARX	David McLellan
NIETZSCHE	J. P. Stern
ORWELL	Raymond Williams
PAVLOV	J. A. Gray
PIAGET	Margaret Boden
POPPER	Bryan Magee
PROUST	Roger Shattuck
SARTRE	Arthur C. Danto
SAUSSURE	Jonathan Culler
WEBER	Donald MacRae
WITTGENSTEIN	David Pears
YEATS	Denis Donoghue

Forthcoming

BENJAMIN	Samuel Weber
DERRIDA	Christopher Norris
JAKOBSON	Krystyna Pomorska
LACAN	Malcolm Bowie

*Lista de títulos da coleção à qual pertence a edição inglesa
(capa dura, 1985)*

Acknowledgements

By attempting a highly original merger of philosophy and history, Michel Foucault set out to revitalize philosophical reflection through several provocative analyses of the Western past. In assessing the results of his bold historico-philosophical enterprise, I have taken into account all his main published texts, including the last volumes, yet untranslated, of his unfinished *History of Sexuality*. I have tried in earnest to give as fair a hearing as possible to his views, but in the end my own assessment was prompted by a reluctance to accept what Robert Weimann has so aptly called 'the trend towards aestheticizing history', as well as by more than one misgiving about the overall direction of post-structuralist thought. The tenor of my critique has benefited a great deal from conversations with John A. Hall, Ernest Gellner, Guita Ionescu, Perry Anderson and Raymond Boudon, among others. Pierre Nora and Nicole Evrard graciously procured for me, before publication, the second and third volumes of the *History of Sexuality*. Helen Fraser was a great help in getting rid of many an awkwardness of expression in the original draft. My wife Hilda took loving care of an often tortured manuscript, and my daughter Julia composed with charming zest the bibliography, which was located or detected to a large extent through the goodwill of Ophelia Vesentini and Paula Tourinho. Carminha C. Fernandes compiled the index. As for Frank Kermode, he was the most responsive of editors; if this book has earned me anything valuable, it has been the privilege of his friendship.

JGM
London, May 1985

Agradecimentos da edição inglesa (capa dura, 1985)

Capa da edição brasileira (1985)

Michel Foucault ou o niilismo de cátedra

Quando Michel Foucault morreu, em junho de 1984, sua posição excepcional no pensamento francês contemporâneo já lhe valera o apelido de "novo Sartre". Os livros exclusivamente consagrados à interpretação de sua obra são hoje mais de dúzia, e o impacto de suas idéias pode ser medido pelo número crescente de foucaldianos que, da Itália à Califórnia e ao Brasil, procuram aplicar ou desenvolver as perspectivas abertas pelo autor de História da loucura, As palavras e as coisas, Vigiar e punir e da História da sexualidade.

Numa fusão altamente original de filosofia e história, Foucault se propôs revitalizar a reflexão teórica por meio de várias e provocantes análises do passado do Ocidente. Levantou teses das mais audaciosas acerca de mudanças decisivas em nossas atitudes diante da loucura, nos pressupostos de nosso saber sobre a vida, o trabalho e a linguagem, em nossos sistemas penais e em nossas idéias sobre o sexo. Ele assumiu os questionamentos perturbadores de Nietzsche quanto às noções de verdade e objetividade, desafiando idéias tradicionais sobre o fenômeno do poder e suas relações com o conhecimento.

Em Michel Foucault ou o niilismo de cátedra, *José Guilherme Merquior* oferece uma desinibida avaliação crítica da contribuição global de Foucault como "historiador do presente". Seu estudo abrange todos os livros do filósofo, inclusive os últimos volumes de sua inacabada História da sexualidade. Merquior examina um volume impressionante de escritos sobre Foucault, tanto de filósofos quanto de especialistas nas diversas áreas históricas que ele abordou. A história filosófica foucaldiana é julgada nos seus níveis conceitual e empírico. Sua dívida para com precursores como Bachelard, as semelhanças e diferenças entre suas concepções sobre a história da ciência e as de Kuhn, seu complexo relacionamento com o estruturalismo francês são apenas alguns dos vários tópicos considerados, em diálogo com os principais intérpretes de Foucault. A conclusão esboça o perfil ideológico de Foucault como mestre do neo-anarquismo moderno e designa algumas questões cruciais sobre a validez da retórica filosófica pós-estruturalista e o papel, dentro dela, do intelectual dos nossos dias.

Capa: Victor Burton; sobre foto de Michel Foucault tendo ao fundo *Les Bourgeois de Calais*, de Rodin.

Orelhas da edição brasileira (1985)

TÍTULO ORIGINAL: Foucault

© J.G. Merquior, 1985

Publicado originalmente em inglês pela William Collins Sons & Co. Ltd./Fontana Paperbacks
Direitos de edição da obra em língua portuguesa no Brasil adquiridos pela
EDITORA NOVA FRONTEIRA S/A
Rua Maria Angélica, 168 — Lagoa — CEP: 22.461 — Tel.: 286-7822
Endereço telegráfico: NEOFRONT — Telex: 34695 ENFS BR
Rio de Janeiro, RJ.

Revisão tipográfica:
NAIR DAMETTO
UMBERTO FIGUEIREDO PINTO
CARLOS ALBERTO MEDEIROS

CIP-Brasil. Catalogação-na-fonte
Sindicato Nacional dos Editores de Livros, RJ.

M567m	Merquior, José Guilherme, 1941- Michel Foucault, ou o niilismo de cátedra / J.G. Merquior ; tradução de Donaldson M. Garschagen. — Rio de Janeiro : Nova Fronteira, 1985. (Coleção Logos)

Bibliografia.

1. Foucault, Michel, 1926-1984. 2. Filosofia francesa - séc. XX. 3. Niilismo (Filosofia). I. Título. II. Título: O niilismo de cátedra.

85-0890   CDD — 194

Página de créditos da edição brasileira (1985)

Em Michel Foucault ou o niilismo de cátedra, *José Guilherme Merquior oferece uma desinibida avaliação crítica da contribuição global de Foucault como "historiador do presente". Seu estudo abrange todos os livros do filósofo, inclusive os últimos volumes de sua inacabada* História da sexualidade.

Contracapa da edição brasileira (1985)

Paris 7 janvier 85

Cher Monsieur

J'ai reçu et déjà lu votre Foucault que je trouve excellent, vivant, informé et surtout très juste intellectuellement parlant. Je me propose de le soumettre immédiatement aux Presses Universitaires et vous tiendrai bien entendu au courant de la réaction.

Un petit problème : le titre ne convient guère tel quel pour l'édition dans une collection qui ne porte pas que des auteurs. Que penseriez-vous de : Michel Foucault ou le nihilisme de la chaire puisque votre livre se termine sur cette expression très heureuse ? Mais vous avez peut-être d'autres idées.

Peut-être aussi conviendrait-il dans ce passage du début de votre livre où vous citez les compliments que Foucault adresse à Max Weber pour son relativisme, de souligner que ce n'est là qu'une lecture de Weber, sans doute beaucoup trop relativiste. Surtout dans une collection qui s'intitule "sociologies", ce point qui pourrait être réglé en quelques lignes, voire quelques mots me paraît pouvoir avantageusement être souligné. Je vous adresse à cet égard une copie de l'article Weber du Dict. critique de la sociologie que j'ai publié aux PUF avec mon collègue Bourricaud.

Je vous joins également deux articles qui apportent de l'eau à votre moulin et où j'ai essayé de replacer F. dans le mouvement structuraliste. L'un d'entre eux est tiré justement du Dictionnaire. Peut-être pourrez-vous y référer dans votre texte si vous le jugez bon. Cela contribuerait à attirer l'attention des sociologues français qui sont le noyau du public de la collection "sociologies".

Carta de Raymond Boudon, de 7 de janeiro de 1985, com a sugestão do subtítulo

Carta de Raymond Boudon, de 7 de janeiro de 1985, com a sugestão do subtítulo

Londres, le 15 janvier 1985

Cher Monsieur le Professeur,

Je vous remercie vivement de votre lettre du 7 janvier, que je viens de recevoir. Votre accueil à mon livre sur Foucault me comble de joie.

Tout à fait d'accord pour le titre. Vous avez entièrement raison, ce n'est bon que pour la collection. Votre avis, <u>Michel Foucault ou le nihilisme de la chaire</u>, me semble parfait. D'ailleurs, d'ores et déjà je le retiens aussi pour l'édition brésilienne, qui se trouve en cours de traduction.

D'accord aussi pour l'avantage de qualifier la référence de Foucault à Weber au début du 1er chapitre. En effet, cet archi-relativisme, ce n'est que <u>sa</u> lecture de Weber. J'ajoute que je n'ai rien trouvé dans toute l'oeuvre de Foucault qui puisse faire preuve d'une véritable intimité avec la pensée wébérienne. Veuillez donc, s'il vous plaît, remplacer la page pertinente par celle que voici.

Merci encore pour vos articles. Je connaissais, bien sûr, ceux appartenant à votre excellent <u>Dictionnaire</u>. J'ai tout de suite intégré à mon texte (voici une nouvelle page à cet effet) votre remarque sur le fait que la théorisation de <u>Les Mots et les Choses</u> reste, au point de vue logique, une simple typologie; car cette observation impeccable mérite d'être mise aussi à la portée des lecteurs en anglais, peut-être avant même qu'ils n'aient le bonheur de profiter d'une traduction de votre <u>Dictionnaire</u>.

Mon ami M. Villaverde Cabral m'a fait part tout à l'heure de votre séjour au Portugal et l'apport psychologique qu'il a donné à ses propres efforts. Le complot des rationalistes critiques semble se renforcer nuit et jour. The plot thickens... Peut-être ne serons nous trop âgés quand la Tendenzwende fera sentir tout son poids...

Mais il faut bien que je finisse en vous répétant ma joie devant votre jugement d'ensemble sur ce travail. Vous savez l'importan-

*Carta de José Guilherme Merquior a Raymond Boudon,
de 15 de janeiro de 1985, aceitando a sugestão do subtítulo*

ce que j'attache à votre position stratégique dans la théorie de la science sociale contemporaine, et je sais de mon côté que vous avez l'habitude de la rigueur. Autant de raisons pour être vraiment fier d'une acceptation si chaleureuse. J'attendrai bien sûr la décision des PUF; mais ce à quoi je tenais avant tout était le sens de votre réaction personnelle. Mille fois merci!

Bien cordialement à vous,

[signature]

Dr J G Merquior
32 Green St
London W1Y 3FD
    (tél.: 499-0877 poste 246
        937-0971 (chez moi)

P.S. Pardonnez-moi le décousu de cette lettre, dictée à la sauvette parmi les travaux de l'ambassade. Je suis pour quelques semaines chargé d'affaires, je n'ai point de moments de liberté. Votre lettre m'a été d'autant plus encourageante. Quand vous reverrons-nous à Londres? Faites-moi toujours signe.

*Carta de José Guilherme Merquior a Raymond Boudon,
de 15 de janeiro de 1985, aceitando a sugestão do subtítulo*

sociologies

foucault
ou le nihilisme
de la chaire

josé - guilherme
merquior

puf

Capa da edição francesa (1986)

Lors de sa mort prématurée, en juin 1984, Michel Foucault se trouvait à la tête de la philosophie française contemporaine et au maximum de son rayonnement à l'étranger. Cherchant à établir, avec une remarquable originalité, une fusion entre discours philosophique et analyse historiographique, il a présenté un faisceau de thèses fort suggestives sur l'histoire de nos attitudes envers la folie, sur celle des présupposés des sciences humaines, de nos systèmes de punition et de discipline et de nos idées sur la sexualité.

José-Guilherme Merquior nous offre ici une sévère évaluation critique de l'œuvre foucaldienne en tant qu'« histoire du présent » vouée à l'archéo-généalogie de certains discours et pratiques des temps modernes. Il décrit et examine tous les livres de Foucault depuis *Histoire de la folie à l'âge classique*. De plus, il dresse l'inventaire des critiques adressées à Foucault, critiques restées jusqu'alors ensevelies dans des publications trop spécialisées et dont les nombreux ouvrages sur son œuvre ne rendent presque jamais compte. Merquior s'interroge aussi sur les rapports complexes entre Foucault et, d'une part, le structuralisme et, de l'autre, Nietzsche. Il clôt son étude par un essai de profil intellectuel où Foucault émerge comme le maître d'un néo-anarchisme à fond nihiliste, tout en soulevant quelques questions décisives sur la nature rhétorique de la pensée poststructuraliste et le type d'intellectuel qu'elle implique.

José-Guilherme Merquior, né en 1941 à Rio de Janeiro, est l'auteur de plusieurs ouvrages d'histoire des idées dont les plus récents sont : *Western Marxism* (Londres, 1986) et *From Prague to Paris : structuralist and poststructuralist itineraries* (Londres, 1986).

Collection SOCIOLOGIES
ESSAIS

François BOURRICAUD, *Le bricolage idéologique. Essai sur les intellectuels et les passions démocratiques*
Maurice CUSSON, *Le contrôle social du crime*
Hervé DUMEZ, *L'économiste, la Science et le Pouvoir : le cas Walras*
Roger GIROD, *Politiques de l'éducation. L'illusoire et le possible*
José-Guilherme MERQUIOR, *Foucault ou le nihilisme de la chaire*
Maurice de MONTMOLLIN, *Le taylorisme à visage humain*
Jean-G. PADIOLEAU, *Quand la France s'enferre. La politique sidérurgique de la France depuis 1945*

Collection SOCIOLOGIES

Gérard ADAM, Jean-Daniel REYNAUD
   Conflits du travail et changement social
Francis BALLE et divers auteurs
   Le pouvoir des médias
   Mélanges offerts à Jean Cazeneuve
Daniel BELL
   Les contradictions culturelles du capitalisme
Raymond BOUDON
   Effets pervers et ordre social
Raymond BOUDON
   La place du désordre
François BOURRICAUD
   L'individualisme institutionnel
   Essai sur la sociologie de Talcott Parsons
Mohamed CHERKAOUI
   Les changements du système éducatif en France (1950-1980)
Augustin COCHIN
   L'esprit du jacobinisme
Lewis A. COSER
   Les fonctions du conflit social
Roger DAVAL
   Logique de l'action individuelle
Willem DOISE
   L'explication en psychologie sociale
Robert FRANCÈS
   L'idéologie dans l'université
Alain GIRARD
   L'homme et le nombre des hommes
Anne-Marie GUILLEMARD
   Le déclin du social
Albert O. HIRSCHMAN
   Les passions et les intérêts
   Justifications politiques du capitalisme avant son apogée
Christopher JENCKS
   L'inégalité
   Influence de la famille et de l'école en Amérique
Jean-Claude LAMBERTI
   Tocqueville et les deux démocraties
Marc MAURICE, François SELLIER et Jean-Jacques SILVESTRE
   Politique d'éducation et organisation industrielle en France et en Allemagne
Wolfgang J. MOMMSEN
   Max Weber et la politique allemande (1890-1920)
Serge MOSCOVICI
   Psychologie des minorités actives
Robert A. NISBET
   La tradition sociologique
Mancur OLSON
   Logique de l'action collective
Jean-G. PADIOLEAU
   L'État au concret
Jean-G. PADIOLEAU
   « Le Monde » et le « Washington Post »
Pierre PARLEBAS
   Éléments de sociologie du sport
Antoine PROST
   L'enseignement s'est-il démocratisé ?
Thomas C. SCHELLING
   La tyrannie des petites décisions
Georg SIMMEL
   Sociologie et épistémologie
Georg SIMMEL
   Les problèmes de la philosophie de l'histoire
Jean STOETZEL
   Les valeurs du temps présent : une enquête européenne

Orelhas da edição francesa (1986)

SOCIOLOGIES
Collection dirigée par Raymond Boudon
et François Bourricaud

José-Guilherme Merquior

FOUCAULT
OU LE NIHILISME
DE LA CHAIRE

*Traduit de l'anglais par
Martine Azuelos*

Presses Universitaires de France

Le présent ouvrage est la traduction française de :
J.-G. MERQUIOR
Foucault
© Fontana Paperbacks, Londres, 1985

ISBN 2 13 039659 3
Dépôt légal — 1re édition : 1986, septembre
© Presses Universitaires de France, 1986
108, boulevard Saint-Germain, 75006 Paris

*Páginas de abertura da edição francesa (1986) e
página de crédito da edição francesa (1986)*

THE UNIVERSITY OF California PRESS

2120 Berkeley Way, Berkeley, California 94720 · (415) 642-4247

22 August 1986

J. G. Merquior
30 Launceston Place
London W8
UNITED KINGDOM

Dear Mr. Merquior,

As you may know, the University of California Press is considering the publication of your recent work on Foucault. Toward that end, I solicited the enclosed review, which was prepared by Allan Megill of the University of Iowa. His critique is quite extensive and I'm sure you will find his comments of interest. In any case, should we go ahead with this edition, I would suggest that you make the corrections in the text which Professor Megill has suggested and perhaps make a few other minor changes as well. I would ask that you don't consider any major revisions of this edition, given our tight publication schedule and the prohibitive cost of setting new type these days.

I do hope that we have the opportunity to publish this very interesting book and would welcome any thoughts you might have on Megill's comments.

Best regards,

Naomi Schneider

Naomi Schneider
Editor

NS/le

BERKELEY · LOS ANGELES · NEW YORK · LONDON

Carta de Naomi Schneider, editora da University of California Press,
22 de agosto de 1986

UNIVERSITY OF CALIFORNIA PRESS

Confidential Manuscript Reading Report

The Press, at its discretion, may share the contents of your report with the author after removing obvious signs of identity; however, you may direct us to withhold or to paraphrase your report if you prefer. In any case, your name will not be revealed without your express permission.

TITLE: Foucault
AUTHOR: J. G. Merquior

1 In the main, the books of university presses either present new or little-known material, usually the result of recent research, or contribute to a new understanding of familiar material by treating it in an original and stimulating manner. Does this manuscript do either of these things successfully enough so that specialists in the author's field would welcome its publication?

1. This question, though undoubtedly appropriate to most university press books, is not entirely suited to this one, which is not so much a work of specialized scholarship as it is an example of haute vulgarisation combined with intellectual critique. Correspondingly, it is not so much addressed to "specialists in the author's field" as it is to intelligent readers, whether specialists or not, who are interested in reading a clear, intelligent exposition and critique of a prime figure in recent intellectual life, Michel Foucault. Still, I can emphatically say that the book treats its material in "an original and stimulating manner." To some of its readers, the material -- namely, the facts of Michel Foucault's career and works -- will be "familiar"; to most, it will be only partly familiar or not familiar at all. For these latter readers, the book will serve as a useful introduction or refresher. For all readers, it will be the vehicle of some important criticisms of Foucault's positions and projects. Intelligent readers will welcome its publication; a few enthusiasts may well regret it.

2. Would you say that the scholarship that went into this work is (a) superior? (b) adequate? (c) inadequate?

The scholarship that went into the work is decidedly superior. To be sure, there are a few slip-ups, generally on minor matters of fact. For example, Foucault died not of a cerebral tumour but of brain abscesses (see my attached reading notes, under p. 11). George Huppert is not a member of "the Chicago circle" (my notes, p. 62). The American linguist R. Lakoff is a her, not a his (my notes, p. 62 n). Most of these slip-ups will be correctable by changes to one or two lines, assuming that you will be doing another printing rather than just accepting already-printed sheets from the British publisher. In any case, they are far outweighed by the scholarly and critical merits of this work. These merits are of three sorts, which I list in ascending order.

Firstly, Merquior is skilled at what I can best designate as "epitomization." See, for example, his thumbnail sketch of the history of modern idealism, pp. 19-20; his account of French-style history of science, important for the background to Foucault, pp. 39-42; his isolating of the six kinds of phenomena that Foucault overlooks in The Order of Things, pp. 62-71 his account of the three concepts of freedom in the West, pp. 116-117; and so on. Some of this epitomization is of the works of Foucault himself, of which we are given accurate and memorable

Parecer da Editora da Universidade da California, escrito por Allan Megill

summaries. For example, I found particularly useful Merquior's account of the second and third volumes of Foucault's *History of Sexuality*, pp. 124 ff., volumes which I myself have not read with any great care. I would imagine that many readers will have a like reaction. (It is from my good knowledge of Foucault's other books that I attest the accuracy of Merquior's epitomes.)

Secondly, Merquior shows an impressive ability to bring to bear on his subject a wide range of literature in a wide variety of fields. Anyone who decides to write a book on Foucault immediately faces a great challenge, for Foucault pronounced on a large number of subjects, some of them quite arcane. Merquior manages to find just the right authority, analogy, or foil a high percentage of the time. One wonders what well-informed intellectual salons he frequents to have picked up so much. For example, he returns several times to the question of to what extent Foucault gets his history right (e.g., pp. 26-31, 57-71, 102-107). As a historian, I was impressed by his command of the substantial literature in which historians assess Foucault's historiographical statements. This literature is used in a very deft and economical way, as, e.g., on pp. 62-63 or on pp. 101-102. Also impressive is the wide range of other material -- philosophical, sociological, historical -- that he draws into his account. Thus we find illuminating references to Panofsky, Cassirer, Marcuse, Elias, Kantorowicz, Elias, Polanyi, Dihle, and many others.

Thirdly, the superiority of Merquior's scholarship is seen in its critical dimension. This book is emphatically a critical study of Foucault. Merquior manages to weave his criticisms into the book as a whole, but he reaches his critical heights in the final chapter, "Portrait of the neo-anarchist," pp. 141-160. For a quick sample, see p. 145, l. -1 through to the end of that paragraph on p. 146, and 158, l. -9 through to the last line on p. 160. (I am in general, though not complete, agreement with his conclusions.)

3. Do you know of any competing works? (If so, please comment on them briefly.)

There are now a number of books that attempt to explicate and assess Foucault and can thus be regarded as "competing" works. These include works by Dreyfus and Rabinow, Major-Poetzl, Poster, Lemert and Gillan, Racevskis, Sheridan, and Smart (all are listed in Merquior's bibliography on p. 175). Many of these books are quite uncritical. The best of them is the one by Dreyfus and Rabinow, because it maps out a sophisticated interpretive view of Foucault. Unlike most interpreters of Foucault, Dreyfus and Rabinow know a great deal about philosophy and social science independently of what they have read in Foucault. Thus they are able to approach Foucault with some real independence of mind. Merquior has the same sort of skill and independence. A Brazilian diplomat in the Latin American tradition of the diplomat-scholar, he studied in Paris and London during postings in those cities. Among his most important teachers were Claude Lévi-Strauss and Ernest Gellner; he obtained a Ph.D. under the latter some years ago when Gellner was still at L.S.E. Merquior, like Gellner, is a philosophical critic -- less flamboyant and more measured in tone than Gellner, but I think not less hard-hitting (though unlike Gellner, Merquior tends to hide his punches until the end). Of course, it will be clear that there is a real difference between Dreyfus and Rabinow and Merquior, for the former are partisans of Foucault (albeit of a Foucault whom they have somewhat toned down), whereas Merquior is finally hostile.

Parecer da Editora da Universidade da California, escrito por Allan Megill

4 How would you rate the importance of this work?

I would rate this work as very important. It is a corrective to the generally uncritical stance of most extant books on Foucault. See my answer to Question 1, which is also an answer to this question.

5 Have you any comments on the literary style and on the organization of this manuscript?

The organization is fine. Merquior blends summary, commentary, and criticism in a skilful manner. Particularly in earlier chapters, the literary style strikes me as occasionally not quite right, with some awkward or unidiomatic usages. For example: p. 31, para 1. l. 2 - Rousseaunian; the overuse, throughout the book, of "now," used as a kind of verbal tic; one bad mixed metaphor, p. 74, l. -2 - "in the teeth of the rising star of structuralism"; and other things.

I attach my reading notes. Partly I made the notes for my own recollection, but I also indicate typos, make some stylistic comments, and take note of things that I particularly liked.

6 What is your overall recommendation? (If none of these categories seems appropriate, please feel free to frame your recommendation in your own language.)

I would: ☒ Strongly recommend publication (it is an outstanding work)

☐ Recommend publication (it is a good or useful work and should be made available)

☐ Recommend publication only if revisions are successfully made

☐ Not recommend publication

Parecer da Editora da Universidade da California, escrito por Allan Megill

page 4 of 4 Merquior
   Author

7 If the manuscript needs revision:

(a) Do you think the manuscript needs extensive rewriting? .... Or reorganization? ....

(b) Is the work potentially outstanding or distinguished and therefore worth revising?

(c) What are your specific suggestions for revision? (Use additional sheets if necessary.)

It would be good if you could make a few minor revisions in your printing — noted in my reviewing comments.

[Date] August 14/86 [Signed] Allan Megill

Unless you indicate a willingness to have your name revealed to the author, we will assume you prefer to remain anonymous.

Parecer da Editora da Universidade da California, escrito por Allan Megill

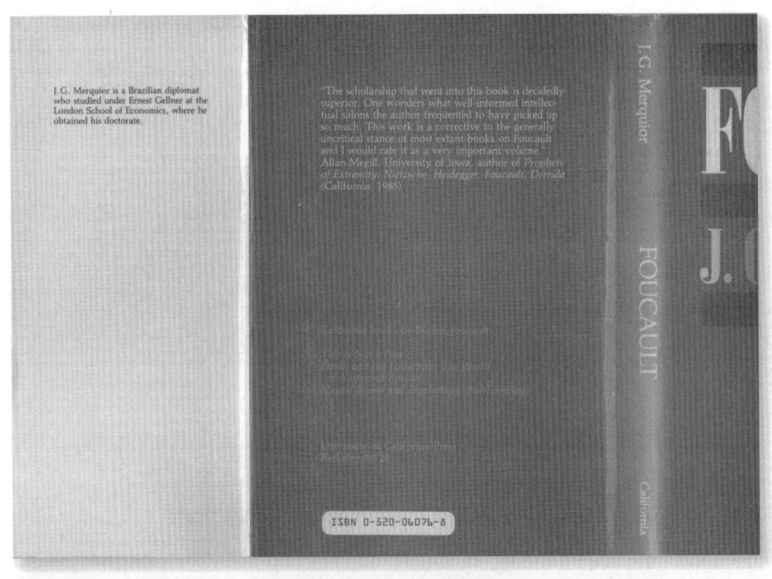

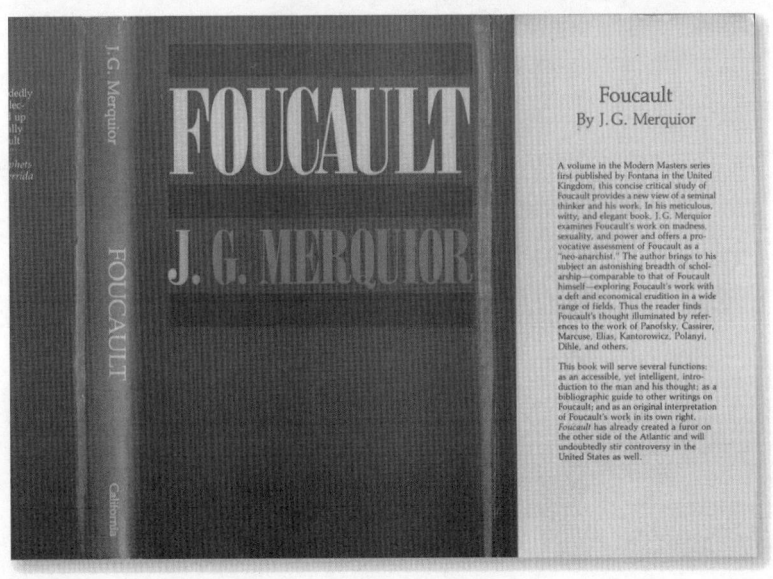

Sobrecapa da edição americana (1986), com identificação
do parecerista no endosso da quarta capa

University of California Press
Berkeley and Los Angeles

© J.G. Merquior 1985
First published in 1985 by Fontana Paperbacks,
8 Grafton Street, London W1X 3LA.
First published in the United States by the
University of California Press, 1987, by arrangement with William Collins Sons & Co. Ltd.

Library of Congress Cataloging-in-Publication Data

Merquior, José Guilherme.
  Foucault.

  Reprint. Originally published: London: Fontana,
1985.
    Bibliography: p.
    Includes index.
    1. Foucault, Michel. I. Title.
B2430.F724M47 1985   194   86-30823
ISBN 0-520-06076-8 (alk. paper)
ISBN 0-520-06062-8 (pbk.: alk. paper)

Printed in the United States of America

1 2 3 4 5 6 7 8 9

Página de créditos da edição americana (1986)

AFA Çağdaş Ustalar Dizisi 10
Foucault
J.G.Merquior

Capa da edição turca (1986)

Çağdaş Ustalar

CAMUS	Conor Cruise O'Brien
WEBER	Donald MacRae
WITTGENSTEIN	David Pears
KEYNES	Donald Moggridge
ORWELL	Raymond Williams
LEVİ-STRAUSS	Edmund Leach
LE CORBUSIER	Stephen Gardiner
SAUSSURE	Jonathan Culler
DARWIN	Wilma George
FOUCAULT	J. G. Merquior

Çıkacak olanlar:

ADORNO	Martin Jay
BARTHES	Jonathan Culler
BECKETT	A. Alvarez
CHOMSKY	John Lyons
DURKHEIM	Anthony Giddens
ELIOT	Stephen Spender
EVANS-PRITCHARD	Mary Douglas
FREUD	Richard Wollheim
GRAMSCI	James Joll
JOYCE	John Gross
JUNG	Anthony Storr
KAFKA	Erich Heller
KLEIN	Hanna Segal
LAWRENCE	Frank Kermode
LAING	Edgar Z. Friedenberg
LUKACS	George Lichtheim
MARCUSE	Alasdair MacIntyre
NIETZSCHE	J. P. Stern
PIAGET	Margaret Boden
POUND	Donald Davie
REICH	Charles Rycroft
RUSSELL	A. J. Ayer
SARTRE	Arthur C. Danto
SCHOENBERG	Charles Rosen

Lista de títulos da edição turca (1986)

AFA Yayınları : 29
Çağdaş Ustalar : 10

Aralık, 1986

© AFA Yayıncılık A.Ş., İstanbul
ONK Ajans
© Frank Kermode

Fontana — Modern Masters dizisinin 1985'de yayınlanan 1.
baskısından dilimize çevrilmiştir.

Dizgi, baskı, cilt : Acar Matbaacılık Tesisleri   Tel: 526 84 42
Kapak baskı ve film : Reyo Basımevi

AFA Yayıncılık A.Ş. Çatalçeşme Sok. 46/4 Cağaloğlu/İST.
Tel.: 526 39 80

Página de créditos da edição turca (1986)

Foucault

Michel Foucault, henüz en verimli olduğu bir dönemde, 1984 Haziranı'nda öldüğünde "yeni Sartre" lakabı onun ayrılmaz parçası olmuştu. Amacının "yaşanan anın tarihi"ni yazmak olduğunu sık sık belirten Foucault, çağdaş kültürdeki bazı anahtar uygulamaları tarihsel bir perspektif içine oturtarak *Deliliğin Tarihi*'nden, yayınlanması ölümünden sonra tamamlanan *Cinselliğin Tarihi*'ne kadar uzanan yirmi küsür yıl içinde delilik, bilim ve dil, ceza ve disiplin sistemi, cinsellik gibi bazı kavramların temellerini ortaya koymaya çalışmış, iktidarın bilmeyle bağlantısı hakkında yeni bir bakış açısı getirmiştir.

J.G.Merquior'un elinizdeki kitabı Foucault'nun yapıtları üzerine eleştirel bir deneme niteliğindedir. Yalnızca Foucault'nun başlıca yazıları ele alınmakla kalmamış, ona ilişkin literatür de ayrıntılı bir incelemeye tabi tutulmuştur.

Bu kitapta, yeni-anarşist kimlikle Nietzsche'ci bir usta olarak Foucault'nun felsefesinin hem Bachelard ve Kuhn gibi düşünürlerle hem de Fransız yapısalcılığı ile yakından bağı incelenmekte, onun yapısalcılık-sonrası akımı ahlaki-siyasi bir zemine oturtma çabalarının değeri ve mantığa uygunluğu gözden geçirilmektedir. Ayrıca sol devrimciliğin geleneksel inançlarından usanmış olan aydınlar arasında neden bunca çekiciliğe sahip olduğu sorusuna da cevap aranmaktadır.

Kapak: Ferit Erkman

Contracapa da edição turca (1986)

Sobrecapa da edição mexicana (1988)

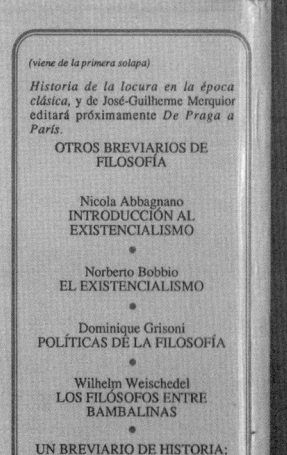

Primera edición en inglés, 1985
Primera edición en español, 1988

Título original:
Foucault
© 1985, J. G. Merquior
Publicado por Fontana Paperbacks, Londres
ISBN 0-00-686069-9

D. R. © 1988, Fondo de Cultura Económica, S. A. de C. V.
Av. de la Universidad, 975; 03100 México, D. F.

ISBN 968-16-2990-6

Impreso en México

Página de créditos da edição mexicana (1988)

Capa da edição italiana (1988)

José G. Merquior

FOUCAULT

Editori Laterza 1988

Folha de rosto, assinada, da edição italiana (1988)

ERRATA cratologia 13 80 147 157

UL ~~174~~

ultimi volumi pubblicati

674 **I. Zannier** Manuale del fotografo
675 **H. Reichenbach** Da Copernico a Einstein
676 **AA. VV.** Cento anni Laterza. 1885-1985
677 **E. H. Gombrich** Arte e progresso
678 **M. Hiddeger** Kant e il problema della metafisica
679 **K. Löwith** Nietzsche e l'eterno ritorno
680 **V. Masiello** Il punto su Verga
681 **M. Montessori** Educazione alla libertà
682 **A. J. Ayer** Wittgenstein
683 **R. Luperini** Storia di Montale
684 **G. Petronio** Il punto su: Goldoni
685 **G. Grazzini** Cinema '85
686 **P. Matthiae** Scoperte di archeologia orientale
687 **B. Russell** Un'etica per la politica
688 **A. La Penna** La cultura letteraria a Roma
689 **Proclo** La provvidenza e la felicità dell'uomo
690 **G. W. Leibniz** Monadologia e Discorso di metafisica
691 **G. Caronia** Ritratto di Bramante
692 **Epicuro** Opere, frammenti, testimonianze sulla sua vita
693 **E. Guagnini** Il punto su: Saba
694 **S. Körner** Kant

695 **A. Negri** Hegel nel Novecento
696 **P. Janni** Il romanzo greco. Guida storica e critica
697 **L. Vigone e C. Vanzetti** (a cura di) L'insegnamento della filosofia
698 **G. Grazzini** Cinema '86
699 **J. Milton** Areopagitica
700 **G. Ferretti** Ritratto di Gadda
701 **M. Detienne** Dioniso a cielo aperto
702 **G. Grazzini** Cinema '76

Última página, com errata manuscrita, da edição italiana (1988)

Un limpido bilancio critico del pensiero del filosofo francese, tracciato sulla base dell'analisi delle opere, a partire dalla **Storia della follia**.

UNIVERSALE LATERZA UL

José Guilherme Merquior (Rio de Janeiro, 1941), ha insegnato Scienze politiche all'università di Brasilia ed è stato «visiting professor» al King's College di Londra. Attualmente è ambasciatore del Brasile a Città del Messico. Tra le sue opere: **L'esthétique de Lévi-Strauss** (1977); **Rousseau and Weber: two studies in the theory of legitimacy** (1980).

ISBN 88-420-3208-5

lire 15000

Contracapa da edição italiana (1988)

De filosofie van Michel Foucault

J.G. Merquior

Een kritische analyse van het oeuvre van de Franse filosoof Foucault

Capa da edição holandesa (1988)

Aula-boeken worden in de handel
gebracht door:
Uitgeverij Het Spectrum BV
Postbus 2073
3500 GB Utrecht

Zetwerk: Elgraphic b.v., Schiedam
Druk: Hentenaar, Wijk bij Duurstede

Oorspronkelijke titel: *Foucault*
Uitgegeven door: Fontana paperbacks,
Londen
Copyright © 1985 by J.G. Merquior
Vertaald door drs. R.A. Veen
Eerste druk 1988

This edition © 1988 by Het Spectrum BV
No part of this book may be reproduced
in any form, by print, photoprint, microfilm or any other means without written
permission from the publisher.
Niets uit deze uitgave mag worden verveelvoudigd en/of openbaar gemaakt
door middel van druk, fotocopie, microfilm of op welke andere wijze ook zonder
voorafgaande schriftelijke toestemming
van de uitgever.

CIP-gegevens Koninklijke Bibliotheek, Den Haag

Merquior, J.G.

De filosofie van Michel Foucault / J.G. Merquior; [vert. uit het Engels door R.A.
Veen]. - Utrecht: Het Spectrum. - (Aula Paperback)
Vert. van: Foucault. - Londen: Fontana Press/Collins. - (Fontana modern masters), 1985. - Met reg.
ISBN 90-274-1992-2
SISO 157.2   UDC 141(44)"19"   NUGI 611
Trefw.: Foucault, Michel / structuralisme; Frankrijk; geschiedenis; 20e eeuw.

19-0172.01

Página de créditos da edição holandesa (1988)

De filosofie van Michel Foucault

Hoewel hij zelf weigerde zich met het predikaat structuralist te tooien, wordt Michel Foucault (1926-1984) de filosoof onder de structuralisten genoemd. Sinds zijn grote wetenschapstheoretische studie De woorden en de dingen (1966) en vooral dank zij zijn stilistische kwaliteiten wordt hij, na Sartre, de nieuwe exponent van de literaire filosofie in Frankrijk.
Ook in ons land blijkt de 'historicus van het heden' een cult hero te zijn, die vaak kritiekloos wordt nagepraat. Nu de Geschiedenis van de seksualiteit (1977-1984) in het Nederlands wordt vertaald, is de tijd rijp voor een werkelijk kritische evaluatie van het werk.

J.G. Merquior is er buitengewoon goed in geslaagd de structuren en correlaties in Foucaults denken te analyseren. Hij schreef eerder over Lévy-Strauss, Rousseau en Weber, en over het westerse marxisme.

AULA HET WETENSCHAPPELIJKE BOEK

UITGEVERIJ HET SPECTRUM 19-0172.01 ISBN 90 274 1992 2 NUGI 611
OMSLAG ALPHA DESIGN + MARTINE FRANCK (MAGNUM/ABC)

Contracapa da edição holandesa (1988)

The London School of Economics and Political Science
(University of London)

Telephone: 01-405 7686
Telegrams: Poleconics, London
Telex: 24655 BLPES G

Houghton Street,
London WC2A 2AE

Dr. J.G. Merquior,
30 Launceston Place,
LONDON W8 5RN.

5th August, 1986.

Dear Jose Guillerme,

When I wrote! this some months ago, I mislaid it, but at some point, with one or two changes, it will appear in Government and Opposition.

I was delighted to hear (if I understood the message on the Ansaphone correctly) that you and Hilde can come on the 18th.

Yours ever,

Kenneth Minogue

Enc.

Your letters have livened up the T.L.S. no end!

Carta de Kenneth Minogue a José Guilherme Merquior, 5 de agosto de 1986

J. G. Merquior, *Foucault*, Fontana Modern Masters, 1985, pp 188, £3.50

The story is told, usually in a vulgar form, of a mythical bird that flies round in ever diminishing circles until it disappears altogether. Its contemporary habitation is the Seine, where it goes by various names such as 'the problem of the subject'. One of its great imitators was the late Michel Foucault. He was an author who deeply wanted to get the author out of the act of authorship. If one were to follow Foucault himself in attempting to explicate ideas in terms of their cultural context, one might think it his ambition to have designed a kind of impersonal plastic, throwaway philosophy, to be dispensed from supermarkets, and endlessly superseded, without attention to the authorial pieties we usually pay to the likes of Plato. The mood of this type of intellectual attitude was nicely caught by Foucault himself in his inaugural lecture at the College de France:

> I wish I could have slipped unnoticed into this lecture that I am supposed to be giving today .... I wish I did not have to begin, but rather had found myself surrounded by words ... I wish there had been a nameless voice speaking before me ....

This sounds like diffidence but in fact it is in the highest degree self-confident, even arrogant, for as J. G. Merquior says in his excellent new introduction to a Fontana 'Modern Master', Foucault

Resenha de Kenneth Minogue (datiloscrito)

took over a Sartrean role in left-bank intellectuality and the trick in sustaining such a role is to exude total confidence. Merquior's book is an excellent introduction to a remarkably prolific writer - 'he writes books faster than the responsible reader can consume them', remarked Hayden White - whose cult is already unleashing a deluge of commentary. This is a somewhat paradoxical achievement for a little mouse whose declared ambition was to disappear in a sea of discourse, but it is very far from being the only thing paradoxical about Foucault.

He was both historian and philosopher, yet neither. His history (of modern medical practice, of punishment, of psychiatry, and of sexuality) was always à thèse, and has already stimulated a good deal of correction. It is, of course, a major achievement to become a catalyst, and the excitement he has stirred up is a tribute to a genuine talent. His philosophy consisted largely in drawing out the implications of his own method, and is justly overshadowed by his remark made before May 1968, that since Sartre, philosophy had given up the ambition of providing a global apprehension of reality and turned to political action. And although there's no explicit politics in most of what Foucault wrote, there's no doubt that it vibrates to ideological preoccupations. According to Mark Poster, (Foucault, Marxism and History) Foucault has gone beyond Marx in discovering a whole new mode: the mode of information.

Foucault's central doctrine arises from taking Bacon's 'knowledge is power' seriously but there is a twist in the tail: what knowledge always involves is the power of the dominator, exemplified in his historical works as psychiatrists, warders, social administrators, philosophers and other types of expert. It is all remarkably comprehensive:

Resenha de Kenneth Minogue (datiloscrito)

No body of knowledge can be formed without a system
of communications, records, accumulation and displacement
which is in itself a form of power and which is linked,
in its existence and functioning, to the other forms of
power. Conversely, no power can be exercised without the
extraction, appropriate, distribution or retention of
knowledge. On this level, there is not knowledge on the
one side and society on the other, or science and the state,
but only the fundamental forms of knowledge/power.

We thus reach one of those vertiginous situations, familiar in
the world of the ideological critique, where the speaker becomes
entangled in his own critique, like a hapless presenter tripping over
his television cables. Merquior notes the self-refuting character,
found in Foucault no less than in other ideological writers, remarking
that Foucault does not, for all his often derisive scepticism, give
up at least one truth-claim: that his own analytics of power is true.

A similar problem haunts Foucault's excursions into history.
He scorns the traditional historian's emphasis on continuity, and lays
out his epochs, neatly and geometrically, like a French gardener.
Each epoch is dominated by its own 'episteme', and all of a sudden,
one such is superseded by another. But what, one may ask, of the
abundant phenomena that straddle these <u>coupures</u>, alias revolutions,
alias, up to a point, paradigmshifts? Foucault's answer is that he isn't
writing traditional history, and his disciples are quick with the
charge that critics have missed the point. Yet, as Merquior points
out, Foucault does in fact make the claim that the <u>evidence</u> is on his
side, and operates, much of the time, just like any other historian
(p.144). Here, as with his theoretical claims, Foucault's historical
practices require the intermittent self-exemption of the ideologist
who wants to be, simultaneously, involved in the battle, yet decisively
above it.

Resenha de Kenneth Minogue (datiloscrito)

Foucault's thought is devoted, then, to showing that we all live in a prison of the mind; every so often we are moved out of one prison into another: the regime changes, and the warders, always to be found mingling with the prisoners, put on different uniforms. For all the brilliance and suggestiveness of the details, the construction can only seem, if one stands far enough back, to be a kind of neo-Orphic meditation upon the nature of all historical experience. It is all remarkably negative because there seems to be nothing except presumably Foucault's own work which might mitigate the ubiquity of domination; and perhaps his work might best be read, like that of any ideologist, as a kind of rhetorical exchange of favours between reader and writer. In this exchange, the reader agrees to see the world (doctors, statesmen, policemen, university teachers etc.) as entirely dominatory, and Foucault involves him in a complicity of liberation. As Merquior points out, Foucault's analysis of the prison leads him to the idea of carceral society which imprisons us all. How is it done?

> The web of discipline aims at generalizing the <u>homo docilis</u> required by 'rational', efficient, 'technical' society: an obedient, hard-working, conscience-ridden, useful creature, pliable to all modern tactics of production and warfare. And ultimately the mian way to achieve docility is the moral pressure of continuous comparison between good and bad citizens, young or adult: discipline thrives on the '<u>normalizing judgement</u>'. ... Normalizing judgement and hierarchical surveillance are particularly conspicuous in <u>examinations</u>. ...

Resenha de Kenneth Minogue (datiloscrito)

What red-blooded youth, reading this kind of thing, could resist complicity with the authorial project of liberation?

Foucault is a sceptic, indeed a nihilist, preoccupied, like his master Nietszche, with exposing the illusions of morality, technology and philosophy. Like most sceptics, however, he has reserved areas of belief. Causal relations are notoriously hard to establish, yet Foucault believes, for example, that we may confidently attribute the text written by a nineteenth century homicide to (as Alan Sheridan puts it in <u>The Will to Truth</u>) the 'discursive practice' which, as an expositor explains, 'shaped, made possible, and therefore, in a sense, <u>produced</u>' it. It is that slide from 'setting limits' to 'producing' which is the fundamental device of the Foucaultian critique, and it badly needs the weaselling expression 'in a sense', and the largely vacuous idea of a 'discursive practice' if it is to be in the slightest degree plausible.

Merquior's fundamental criticism of Foucault invokes Ernest Gellner's emphasis upon the centrality of science in the modern world. Instead of confronting science, Foucault is said to have preferred scrutinising 'informal knowledge' and thus failed to consider a world 'shaped by science'. (p 150).

The idea of science involved here, however, is hardly the pure science of the physicist; it must include the technical and rationalizing processes of modern civilization, and in this wider sense, Foucault would seem to have engaged with the problem; certainly there is no mistaking his hostility to science as part of the structure of cognitive domination of the modern world. The really telling deficiency emerges, it seems to me, when Merquior remarks:

Resenha de Kenneth Minogue (datiloscrito)

> Leftist radicals often praise Foucauldian analysis for its
> ability to spot forms and levels of power overlooked by
> Marxism; but the truth is, in overall terms, Foucault's
> obsession with power did little to enhance our objective
> grasp of power mechanisms, past or present. Much was claimed,
> too little demonstrated. (p. 156)

This is to recognise the remarkable negativism of Foucault's account of human life. Merquior at one point calls him a 'libertarian', and this captures the perfectly genuine urge towards liberation, conceived as a condition of total non-frustration, which fuels Foucault's passions, but is likely to be resented by those libertarians who don't see domination lurking everywhere. Merquior's other label of 'neo-anarchist' fits him better, provided one remembers Merquior's two provisos: that Foucault will have nothing to do with utopias, and that he is essentially hostile to reason.

Merquior's book is remarkably comprehensive, and although critical, entirely fair-minded. He meticulously explains the many kinds of background needed to see what Foucault is up to. Written with great verve, it is an excellent barrel in which to go over the Niagara of commentary already flowing on the subject.

Resenha de Kenneth Minogue (datiloscrito)

*Capa da revista, Le Nouvel Observateur, 29 de agosto de 1986,
na qual foi publicada a resenha de Didier Eribon*

● FOUCAULT VIVANT

La bonne histoire du docteur Merquior

José Guilherme Merquior connaît son Foucault sur le bout des doigts. Il passe le philosophe au crible de l'histoire. Verdict sévère, mais...

José Guilherme Merquior

José Guilherme Merquior connaît bien la culture française. On lui doit déjà un livre sur Lévi-Strauss, une étude sur Rousseau... Le petit ouvrage qu'il consacre à Foucault ne fera pas mentir sa réputation de spécialiste. Il connaît son Foucault sur le bout des doigts. Mais cet universitaire brésilien écrit d'ailleurs : le sol sur lequel il appuie son regard est plutôt celui de l'Amérique philosophique que celui de la France qu'il étudie.

Merquior est un homme qui préfère — et il ne s'en cache pas — la sécheresse *« argumentative »* des philosophes anglo-saxons au goût prononcé pour le *« drame littéraire »*, qu'il dénonce comme le travers permanent de la philosophie française depuis Bergson jusqu'à Foucault, en passant, bien sûr, par Sartre. S'il s'en tenait à des considérations aussi générales et aussi rebattues, le livre de Merquior aurait somme toute un intérêt limité. Et ses anathèmes contre *« l'intelligentsia latine »* et son engagement politique du haut des chaires universitaires ne sont assurément pas le meilleur de son livre.

Non. Ce qui fait tout l'intérêt de ce petit livre, c'est l'énorme travail accompli par l'auteur pour confronter les analyses de Foucault sur l'histoire aux recherches des spécialistes de chaque époque et de chaque problème. Merquior passe en revue chacun des livres de Foucault. Il s'interroge sur la validité des études de faits et sur la pertinence des thèses globales. La plupart du temps, le verdict est sévère : Merquior récuse fermement les unes et les autres.

Par exemple, pour « les Mots et les choses », Merquior conteste la possibilité de distinguer radicalement les *épistémè*, les âges du savoir, et de les constituer « en blocs historiques » incommensurables comme le veut Foucault. Sinon, l'on s'interdit de comprendre la continuité évidente entre Copernic, Kepler et Galilée... Il n'y a pas de rupture non plus entre Galilée, Newton, Maxwell et Einstein, comme elle existe entre Buffon et Darwin. Le problème est le suivant : on ne peut pas parler des sciences et de leur histoire en refusant toute référence à une norme — l'échec ou le succès d'un discours en tant que théorie scientifique et donc sa survie ou sa mort. Or le concept « monolithique d'*épistémè* » interdit de comprendre les passages. L'objection n'est pas neuve. Mais Merquior invoque de nombreux témoignages de l'histoire des sciences. Et si l'« archéologie » de Foucault n'est pas un récit exact, en quoi peut-elle être pertinente au niveau de sa thèse globale ? Si la discontinuité entre *épistémè* ne peut être radicale, l'idée d'une critique du présent comme étant simplement une telle configuration de savoir, vouée aussi à la disparition, devient très difficile à maintenir.

Le livre de Merquior pose à l'œuvre de Foucault une série de questions capitales, que les disciples du philosophe auront à prendre en considération très vite, pour apporter des contre-arguments ou opérer les remaniements qui s'imposeraient : une œuvre n'est pas figée, et la mort prématurée de son auteur ne doit pas la transformer en mausolée.

D. E. ●

« Foucault ou le nihilisme de la chaire », par José Guilherme Merquior, PUF (en librairie le 20 septembre).

Les autres études

1) Deux autres livres viennent de paraître sur Michel Foucault.
Discours, sexualité et pouvoir, *« initiation à Michel Foucault »* par Alan Sheridan. C'est excellent, très clair et très bien fait. *(Editions Macula, 276 pages, 188 F.)*
Michel Foucault, par Jean-Marie Auzias. Une catastrophe : c'est bourré d'approximations et d'erreurs. *(La Manufacture, 250 pages, 48 F.)*
2) En novembre, le livre de John Rajchman, **« Michel Foucault, la liberté de savoir »**, paraîtra aux Presses universitaires de France.

Resenha de Didier Eribon, Le Nouvel Observateur, 29 de agosto de 1986

Le Soir - Jeudi, 6 novembre 86

UN automne où la chute des feuilles correspond peut-être au crépuscule des idoles : tel est cet « automne foucaldien » dont les brumes dorées enchantent le Tout-Paris qui pense. La célébration de Michel Foucault, mort il y a deux ans, prend la forme d'une cérémonie religieuse dont le grand prêtre est incontestablement Gilles Deleuze. Mais comme dans les meilleures histoires chrétiennes, il y a des traîtres, des hérétiques qui osent dire tout haut ce que d'aucuns marmonnaient en cachette : Foucault était bien moins un philosophe historien et sociologue qu'un brillant rhétoriqueur nietzschéen que ses phobies, ses préjugés anti-bourgeois ont conduit plus d'une fois à interpréter l'histoire comme un mélodrame.

Le livre satanique de José-Guilherme Merquior est à cet égard d'une clarté angélique (qui fait partager inutilement compliquées les explications « purificatrices », nous dit-on de Gilles Deleuze). *Foucault ou le Nihilisme de la chaire* : le titre insolent à de quoi faire enrager les vieux, pourtant soixante-huitards, plus prompts aux admirations et aux rejets inconditionnels qu'aux examens de conscience. Il faut bien reconnaître que Merquior, élève de l'école analytique anglo-saxonne, ne se laisse jamais prendre à un certain terrorisme parisien et se fonde sur l'historiographie la plus scrupuleuse pour répondre par des faits aux constructions de Michel Foucault.

Ainsi, la célèbre *Histoire de la folie* n'est reçue guère aux coups que lui ont assénés sans ménagement les savants d'outre-Manche et d'outre-Atlantique. On sait que Foucault, tout préoccupé qu'il était de guerroyer contre la rationalité moderne coupable à ses yeux d'avoir attribué au sujet humain un pouvoir absolu pour comprendre et dominer la réalité (le « sujet transcendental » de Kant), s'efforce de saisir le moment où se produit le « grand renfermement », celui où la raison, sûre d'elle-même, exclut le fou de la société, refuse tout dialogue avec lui et se prépare à *inventer* purement et simplement la maladie mentale. Mais le « littéro-philosophe » a déjà trop tendance à découper l'histoire en blocs monolithiques, en « épistémés » (sortes d'*a priori* historiques, d'infrastructures mentales ou de grilles conceptuelles inconscientes qui définissent les conditions de possibilité d'une pensée à une période déterminée). Il surestime la tolérance médiévale à l'égard de la démence, se trompe sur la nature du grand renfermement qui visait les pauvres et non les déviants, privilégie indûment le modèle français et lance des accusations sans fondement contre les philanthropes du XIXᵉ siècle.

Les aléas de l'archéologie

La méthode « archéologique » de Foucault se voit donc éreintée par l'élan démystificateur de Merquior. Ce dernier a beau jeu de s'en prendre à une représentation par trop « discontinue » de l'histoire qui néglige les circulations d'une « épistémé » à l'autre, les courants de pensée « transépistémiques », voire les étonnants « retours de concepts » qui permettent d'expliquer, par exemple, comment les travaux de Newton ont pu bénéficier de la passion que le chercheur éprouvait pour l'alchimie. A trop vouloir inscrire le passé dans une inquiétante étrangeté, Foucault court à tout instant le risque de nous le rendre rigoureusement insaisissable. Il faut tout de même — et Paul Veyne, partisan des thèses foucaldiennes ne nous contredira pas sur ce point — qu'il y ait un minimum d'*invariants* culturels à travers le temps et l'espace, sinon à quoi sert d'étudier l'histoire ?

A l'idéalisme absolu des philosophes qui se nourrissaient de l'idée d'une nature humaine éternelle, Foucault oppose un relativisme non moins absolu qui ne se contente pas d'« historiciser » les valeurs, de les faire dépendre, par exemple, des circonstances sociales, mais va jusqu'à dénier toute scientificité aux sciences humaines, vouées non pas à l'établissement des faits mais à une interprétation infinie de la réalité.

Foucault, l'archiviste, s'intéresse d'abord aux « discours », traités comme des *monuments* (et non comme des *documents*, selon l'habitude des vulgaires « historiens des idées »), aux pratiques discursives composées d'« énoncés » régis par une loi de la rareté. Son but est évidemment, dans la ligne anti-humaniste, de passer à la moulinette la notion d'*auteur* et de *conscience unifiée*. On n'est pas très éloigné de Lacan (ça parle) ni d'Althusser (l'histoire comme processus sans sujet). Deleuze nous prévient que « Foucault rejoint Blanchot qui dénonce toute personnologie linguistique, et situe les places de sujet dans l'épaisseur d'un murmure anonyme... »

Si je comprends bien, dans une telle vision les discours sont comme des trains qui passent et parfois repassent, emportant les sujets voyageurs qui sont venus un moment s'y engouffrer. Nous sommes traversés par des trains d'énoncés, nous nous combinons à des forces du dehors et il nous arrive, si nous sommes Grecs anciens, de les « plier »... La pensée humaniste, anthropocentrique, n'est qu'un moment de ce processus : de nos jours, à l'âge de l'ordinateur, des manipulations génétiques et de la littérature « agrammaticale », « l'homme tel qu'il était conçu par le XIXᵉ siècle se meurt lentement mais ce n'est pas triste, il entre tout simplement, nous dit Deleuze, en rapport avec de nouvelles « forces du dehors ».

Vérité et volonté de puissance

Foucault, représentant du nietzschéisme français, confond volonté de vérité et volonté de puissance, échafaudant ainsi une théorie du pouvoir omniprésent que Deleuze commente en ces termes : « Il n'y a pas de modèle de vérité qui ne renvoie à un type de pouvoir, pas de savoir ni même de science qui n'exprime ou n'implique en acte un pouvoir en train de s'exercer ». Voilà un nouveau signe du relativisme excessif d'un penseur tenté par le combat gauchiste mais que ses positions radicales poussent à mettre dans le même panier infamant toutes les « sociétés disciplinaires », qu'elles soient libérales ou réellement totalitaires.

Apparemment la part dévolue à notre liberté d'agent créateur est on ne peut plus mince. Si le pouvoir est partout, s'il n'y a de vérité que soumise à ce que des biologistes appellent l'instinct de dominance, sur quoi faire porter la révolte, n'est-elle pas forcément réduite à une pure négativité sans objet ?

Le dernier Foucault, celui des deux derniers volumes de l'*Histoire de la sexualité*, n'a-t-il pas quelque peu infirmé son prédécesseur, ennemi juré de la subjectivité ?

José-Guilherme Merquior émet cette hypothèse : mieux étayés scientifiquement, l'*Usage des plaisirs* et le *Souci de soi* nous font découvrir un penseur moins sensible aux césures, aux discontinuités, plus à même de saisir les subtiles variations d'un paysage mental et surtout de reconnaître la force de volonté du sujet, sa capacité de maîtrise.

Reste que Foucault, s'il peut être crédité d'avoir ouvert de nouveaux chantiers méconnus ou mal connus avant lui (la folie, la prison), fait rétrospectivement figure d'anarchiste mondain, condamné par ses imprudences de langage à scier la branche sur laquelle il est assis. Car une question se pose en dernière instance : par quel miracle la fameuse « généalogie » foucaldienne pourrait-elle échapper à la malédiction qui, selon Foucault, fait de toute recherche de la vérité une quête du pouvoir ? N'est-elle qu'un exercice militant, une simple contre-histoire justiciable du même procès que celui qu'elle intente, non sans une pointe de terrorisme, à l'histoire des idées ? L'œuvre de Foucault, est-ce bien le « matin de fête » célébré par Deleuze ?

MICHEL GRODENT.

José-Guilherme Merquior, *Foucault ou le Nihilisme de la chaire*, Presses Universitaires de France, collection « Sociologies », 203 pages, 125 FF - Gilles Deleuze, *Foucault*, Les éditions de Minuit, collection « Critique », 144 pages, 58 FF. - A signaler : Maurice Blanchot, *Michel Foucault tel que je l'imagine*, Fata Morgana - *Michel Foucault : du monde entier*, Critique, août-septembre 1986, n° 471-472 - Raymond Boudon, *l'Idéologie*, Fayard, collection « Idées-Forces » (contient une analyse très critique de *Surveiller et punir*).

CE QUE PENSER VEUT DIRE

Foucault : matin de fête ou seconde mort ?

Resenha, jornal Le Soir, 6 de novembro de 1986

IDÉES

par Pierre Boncenne

❑ FOUCAULT
par Gilles Deleuze
140 p., Editions de Minuit, 58 F.

MICHEL FOUCAULT :
DU MONDE ENTIER
Critique n°471/472
218 p., 75 F.

MICHEL FOUCAULT
Le Débat n° 41
192 p., 66 F.

❑ MICHEL FOUCAULT
OU LE NIHILISME
DE LA CHAIRE
par José-Guilherme Merquior
Traduit de l'anglais par Martine Azuelos,
208 p., PUF, 125 F.

A la mort de Michel Foucault en 1984, juste après la parution de *L'usage des plaisirs* et du *Souci de soi* (tomes II et III de l'*Histoire de la sexualité*), il était difficile d'évaluer une œuvre interrompue alors même qu'elle donnait l'impression de prendre un tournant. Après avoir longtemps exploré les chemins sou- terrains du pouvoir et du savoir dans les sociétés modernes, Foucault en regardant vers l'Antiquité, mais en lecteur passionné de Nietzsche, cher- chait-il dans le stoïcisme un modèle susceptible de conjuguer l'éthique avec l'hédonisme ? De nombreuses publications permettent maintenant de mieux se repérer dans une démarche qui, au confluent de la phi- losophie, de l'histoire et des sciences humaines, aura eu une influence décisive sur plusieurs générations. Gilles Deleuze, d'abord, dans un essai parfois difficile à suivre dans ses intuitions, explique comment Fou- cault fut une sorte de géographe apprenant à voir avec d'autres dimensions. Deleuze nous entraîne ensuite vers ce qu'il croit être le point de rupture décisif : « les plissements, ou le dedans de la pensée ». Dans les numéros spéciaux de *Critique* et du *Débat*, on trouvera de très nombreux éclairages sur l'auteur des *Mots et les choses*, signés par exemple Boulez, Habermas, Canguilhem ou Ewald. Intéressant, même si on trouve, glis- sées au milieu de ces hommages, quelques préciosités ridicules (signées Hélène Cixous). Foucault détestait la critique jusqu'à imaginer parfois des complots contre lui (il usa de tout son « pouvoir » pour court-circuiter un essai de Jean Baudrillard intitulé *Oublier Foucault*). J.-G. Merquior ne peut pas être taxé de malveillance. Mais son étude représente, pour le moment, la critique la plus vive et systématique de Foucault. Démon- tant pied à pied certaines de ses ana- lyses célèbres, il jette le soupçon sur la rhétorique de ce théoricien consi- déré par lui comme le plus brillant exemple de la marginalité officielle, élaborant une philosophie cynique qui prêche « l'irrationalisme et le dis- crédit de l'intellect du haut des insti- tutions qui sont au cœur de la culture qu'elle essaie tant de saper ».

❑ PENSER LES MEDIAS
par Armand et Michèle Mattelart
264 p., La Découverte, 110 F.

❑ SE DISTRAIRE A EN MOURIR
par Neil Postman,
traduit de l'américain par
Thérésa de Chérisey,
228 p., Flammarion, 79 F.

A quelques exceptions près (récem- ment J.-L. Missika et D. Wolton dans *La folle du logis* ou, il y a plus longtemps, la revue *Interférences*), les intellectuels français n'ont guère brillé dans leurs analyses des mass- media. Face à des moyens de communication dont on dénonçait l'attrait diabolique par crainte sur- tout d'une perte d'influence dans le magistère des esprits, nos clercs ont fermé les yeux ou choisi l'anathème stérile. Armand et Michèle Mattelart figurent au contraire parmi les rares essayistes à avoir proposé une approche de l'univers médiatique, s'intéressant notamment, dans une perspective marxiste, aux stratégies politiques et économiques des nou- velles industries culturelles. Dans *Penser les médias*, tout en constatant qu'aujourd'hui l'intelligentsia a enfin admis à la place centrale de la commu- nication, ils tentent de montrer comment toutes les strates de nos sociétés se transforment en profon- deur sous l'effet média. Stimulant et dérangeant malgré l'aspect méca- nique de certains énoncés (les médias comme « vecteurs d'idéologie ») ou le systématique parti pris antiaméri-

---

OU DÉJEUNER CONTACT ?...

Chez VAGENENDE 1900. Décor et raffinement cuisine garantis Belle Époque, mais services "affaires" à la carte. Ainsi, le téléphone qui arrive directement sur votre table

pour vous permettre de garder le contact et de ficeler vos rendez-vous en toute décontraction.
Sens des réalités oblige...

Vagenende 1900
La Brasserie du Présent.
Tous les jours jusqu'à 1 h du matin.

142, boulevard Saint-Germain, 75006 Paris
Téléphone (1) 43 26 68 18

Resenha de Pierre Boncenne - sl, sd

UNIVERSITY OF CALIFORNIA, SANTA CRUZ

BERKELEY · DAVIS · IRVINE · LOS ANGELES · RIVERSIDE · SAN DIEGO · SAN FRANCISCO   SANTA BARBARA · SANTA CRUZ

COWELL COLLEGE   SANTA CRUZ, CALIFORNIA 95064

                                                   le 20 décembre 1988

Monsieur J. G. Merquior
c/o Verso
15 Greek Street
London W1V 5LF
England

Monsieur et cher collègue,

  J'ai le plaisir de vous inviter à collaborer à une initiative pluri-disciplinaire concernant la circulation des idées entre la France et les Etats-Unis.

  M. Jean-Pierre Dupuy, le nouveau rédacteur en chef de la *Stanford French Review*, m'a chargé de préparer un numéro spécial consacré au rapports intellectuels franco-américains des dernières décennies. Le numéro, qui verra le jour en janvier 1990 et aura pour thème *La communication intellectuelle et ses malentendus*, brossera un tableau des échanges d'idées entre les deux pays, en insistant surtout sur les sciences humaines.

  Une première section proposera une réflexion sur le passé récent, en décrivant l'influence des penseurs français des années soixante et soixante-dix aux Etats-Unis, et, réciproquement, la découverte de la philosophie et de la sociologie américaines en France. Dans la deuxième moitié du numéro, il s'agira de réfléchir sur les échanges à venir, en soulignant les résultats français et américains qui sont les plus susceptibles de traverser l'Atlantique.

  Vos importants travaux sur le structuralisme et le post-structuralisme français vous désignent comme la personne la mieux placée pour évaluer les échos américains de la pensée de Michel Foucault, et je voudrais vous prier de collaborer à la première section du numéro spécial avec un article consacré à ce sujet.

  S'il vous est possible de répondre par l'affirmative, je vous serais gré de me laisser savoir votre intention avant le 1er mars prochain. Les contributions (entre vingt et trente feuillets) devraient être remises au plus tard en décembre 1989, en français ou en anglais.

  En espérant que vous accepterez de collaborer à cet important projet, je vous prie, cher Monsieur de croire à l'expression de mes meilleurs sentiments.

                                                   Pavel
                                                Thomas Pavel

Carta de Thomas Pavel, 20 de dezembro de 1988

NOTES ON THE AMERICAN RECEPTION OF FOUCAULT

by J G Merquior

Is there an American Foucault? According to Vincent Descombes there is. He is a rather tame philosopher, who defined "autonomy in purely human terms"(1) — in other words, someone close to Heidegger (for he, too, gave priority to existential praxis over detached theory) and Wittgenstein (language games as forms of life). He wisely gave up the quest for universal foundations of truth and value, be they transcendent or immanent, Platonic or Hegelian. Only, Descombes tends to think that this placid portrait misses out the Nietzschean, wild anarcho-surrealist element in Foucault, better understood by Gilles Deleuze than by Richard Rorty or Hubert Dreyfus. This is as good as any a starting point for a quick overview of the American reception on Michel Foucault, though, I hasten to add, nothing remotely similar to the thorough, monographic survey skillfully undertaken by Allen Megill à propos the historians' reaction to Foucault;(2) for what follows shall not be a complete record, just a selective glance (I shall not, for instance, consider (uncollected) articles, save for one or two). I'll try to be comprehensive without being exhaustive.

The "American Foucault" raises a serious problem of interpretation. But how much does this para-Wittgensteinian

Primeira página do datiloscrito do artigo 'Notes on the American reception of Foucault'

stanford french review
INTERNATIONAL JOURNAL OF INTERDISCIPLINARY RESEARCH

Volume 15.1-2

FRANCE-AMÉRIQUE:
DIALOGUE AND MISREADINGS

Edited by Thomas G. Pavel

Capa da revista Stanford French Review, vol. 15.1-2, que publicou o artigo de Merquior, 'Notes on the American reception of Foucault'

stanford french review
INTERNATIONAL JOURNAL OF INTERDISCIPLINARY RESEARCH

EDITOR
Jean-Pierre Dupuy

Published by Department of French and Italian, Stanford University,
and ANMA LIBRI

Folha de rosto da revista Stanford French Review

STANFORD FRENCH REVIEW

EDITOR
Jean-Pierre Dupuy
Stanford University and Ecole Polytechnique

EDITORIAL BOARD

Keith Baker
Stanford University

Jon Elster
University of Chicago

Paul Ricoeur
University of Chicago

Cesareo Bandera
University of North Carolina

John Ferejohn
Stanford University

Richard Rorty
University of Virginia

Brigitte Cazelles
Stanford University

René Girard
Stanford University

Judith Schlanger
Hebrew University, Jerusalem

Mark Cladis
Vassar College

Hans Ulrich Gumbrecht
Stanford University

Philippe Schmitter
Stanford University

Rachel Cohon
Stanford University

Thomas Heller
Stanford University

Michel Serres
de l'Académie française
Stanford University

Paul David
Stanford University

Charles Larmore
Columbia University

Isabelle Stengers
Université Libre, Bruxelles

Vincent Descombes
Emory University

Niklas Luhmann
University of Bielefeld

Francisco Varela
Ecole Polytechnique

Paul Dumouchel
Université de Québec, Montréal

Thomas Pavel
Princeton University

James Winchell
Stanford University

John Perry
Stanford University

EXECUTIVE EDITOR
Jean-Marie Apostolidès
Stanford University

MANAGING EDITOR
Katarina Kivel
Stanford University

BOOK REVIEW EDITOR
Mark Anspach
Ecole Polytechnique

© 1991 by ANMA LIBRI, P.O. Box 876, Saratoga, Calif. 95071
and Department of French and Italian, Stanford University, Stanford, Calif. 94305.
All rights reserved.
Printed in the United States of America.

---

stanford french review
INTERNATIONAL JOURNAL OF INTERDISCIPLINARY RESEARCH

Volume 15.1-2 · 1991

FRANCE-AMÉRIQUE: DIALOGUE AND MISREADINGS
Edited by THOMAS G. PAVEL

Contents

THOMAS G. PAVEL
Preface 1

JEAN-PHILIPPE MATHY
La culture dans les boîtes de jus de fruit: les intellectuels français et l'Amérique (1945-1965) 3

JOSÉ GUILHERME MERQUIOR
Notes on the American Reception of Foucault 25

JEAN-JOSEPH GOUX
Lacan décentré 37

REBECCA COMAY
Geopolitics of Translation: Deconstruction in America 47

MARK ROGIN ANSPACH
When American Anthropologists Go "Postmodern" 81

ANTOINE COMPAGNON
The Diminishing Canon of French Literature in America 103

REMI CLIGNET
Contact and Distance between Sociologists and Their Subjects: What American and French Social Scientists Learn, Don't Learn, and Should Learn from One Another 117

Corpo editorial e sumário da revista Stanford French Review

Preface

The present issue is a critical overview of the current state of French-American intellectual exchanges in several disciplines in the humanities and social sciences. As a prelude, Jean-Philippe Mathy examines the French intellectuals' view of America between the end of World War II and 1965. Soon after this date, several French intellectual trends which later were designated as poststructuralist began to influence the American Academy, in particular the departments of literature. The names most often linked with this development are those of Jacques Lacan, Michel Foucault, and Jacques Derrida. J. G. Merquior's contribution evaluates Foucault's American posterity, emphasizing the difference between the master and his disciples. Jean-Joseph Goux describes Lacan's tense rapport with American psychiatry and his unexpected success with literary critics. Derrida's American success and the resistance it met are described and evaluated in Rebecca Comay's paper. The recent postmodern trends in American anthropology are questioned by Mark Anspach.

While the French thinkers of the sixties found a receptive public in American departments of literature, major sectors of French literature unjustifiably fell out of favor, Antoine Compagnon argues in a survey of the French literary canon in American universities. In sociology, too, contacts between the two countries do not always preclude distance, as Remi Clignet shows. But Mark Cladis believes that in sociology and philosophy, in spite of the apparent differences, there is much in common between the French rationalist tradition and American pragmatism. Pascal Engel, who belongs to the growing group of French analytical philosophers, agrees; he suggests that French philosophy, by rediscovering its own analytical traditions, will grow closer to American philosophy. Such a rediscovery indeed took place in the last ten years, leading to major changes in the French intellectual landscape. The present and future of French political philosophy, one of the most lively intellectual fields in contemporary France, is the object of Charles Larmore's paper.

The last two papers address more general topics. Paisley Livingston discusses the notion of subject, which played a crucial role in the rise and fall of poststructuralism, and suggests its replacement with a reflection on rational agency. Seeing cross-fertilization between different cultures as a recurrent, perhaps specific, contemporary fact, Vincent Descombes redefines the task of contemporary philosophy as the anthropological (as opposed to transcendental) reflection on the tensions between the universal and the particular.

Thomas G. Pavel
Princeton University

Prefácio da revista Stanford French Review, escrito por Thomas G. Pavel, da universidade de Princeton University

Notes on the American Reception of Foucault

JOSÉ GUILHERME MERQUIOR

Is there an American Foucault? According to Vincent Descombes there is. He is a rather tame philosopher, who defined "autonomy in purely human terms,"[1] in other words, someone close to Heidegger (for he, too, gave priority to existential praxis over detached theory) and Wittgenstein (language games as forms of life). He wisely gave up the quest for universal foundations of truth and value, be they transcendent or immanent, Platonic or Hegelian. Only, Descombes tends to think that this placid portrait misses the Nietzschean, wild anarchosurrealist element in Foucault, better understood by Gilles Deleuze than by Richart Rorty or Hubert Dreyfus. This is as good a starting point as any for a quick overview of the American reception of Michel Foucault, though, I hasten to add, nothing remotely similar to the thorough, monographic survey skillfully undertaken by Allan Megill a propos the historians' reaction to Foucault[2]; for what follows shall not be a complete record, just a selective glance (I shall not, for instance, consider [uncollected] articles, save for one or two). I shall try to be comprehensive without being exhaustive.

The "American Foucault" raises a serious problem of interpretation. But how much does this para-Wittgensteinian construal encompass, in the spreading space of American discussions or appropriations of Foucault? And the query is compounded by the fact that Foucault

---

[1] Vincent Descombes, "Je m'en Foucault," *London Review of Books*, March 5, 1987:20-21.
[2] Allan Megill, "The Reception of Foucault by Historians," *Journal of the History of Ideas* 48.1 (January-March 1987) 117-41.

FRANCE-AMÉRIQUE: DIALOGUE AND MISREADINGS

A critical overview of the current state of French-American intellectual exchanges in several disciplines in the humanities and social sciences.

Thomas G. Pavel

Jean-Philippe Mathy

José Guilherme Merquior

Jean-Joseph Goux

Rebecca Comay

Mark Rogin Anspach

Antoine Compagnon

Remi Clignet

Mark S. Cladis

Pascal Engel

Charles Larmore

Paisley Livingston

Vincent Descombes

Also published by ANMA LIBRI and Department of French and Italian, Stanford University

STANFORD FRENCH AND ITALIAN STUDIES

63. Le procès du roman:
    Ecriture et contrefaçon chez Charles Sorel
    Martine Debaisieux

64. Pirandello and the Vagaries of Knowledge
    Donatella Stocchi-Perucchio

65. Dilemmes du roman:
    Essays in Honor of Georges May
    Catherine Lafarge (ed.)

66. Femmes écrites: bilan de deux décennies
    Laurence Enjolras

67. L'aventure littéraire de Joseph Conrad
    et d'André Gide
    Walter C. Putnam III

68. The Voyage to Rome
    in French Renaissance Literature
    Eric MacPhail

69. False Roses: Structures of Duality and Deceit
    in Jean de Meun's *Roman de la rose*
    Susan Stakel

70. The Chastised Stage:
    Bourgeois Drama and the Exercise of Power
    Scott S. Bryson

71. Signs of Certainty: The Linguistic Imperative
    in French Classical Literature
    Barbara Woshinsky

72. Molière à l'Ecole républicaine
    Ralph Albanese Jr.

73. The Pastoral Masquerade:
    Disguise and Identity in *L'Astrée*
    Laurence A. Gregorio

Contracapa da revista Stanford French Review, vol. 15.1-2

BIBLIOGRAFIA

I. OBRAS DE FOUCAULT

A. EDITADAS NO BRASIL:

A Arqueologia do Saber. Trad. Luís Felipe Baeta Neves. 7. ed. Rio de Janeiro: Forense Universitária, 2008.
As Palavras e as Coisas: Uma Arqueologia das Ciências Humanas. São Paulo: Martins Fontes, 1985.
A Ordem do Discurso. São Paulo: Loyola, 1996.
Ditos e Escritos I – Problematização do Sujeito: Psicologia, Psiquiatria e Psicanálise. Rio de Janeiro: Forense Universitária, 2005.
Ditos e Escritos II – Arqueologia das Ciências e História dos Sistemas de Pensamento. Rio de Janeiro: Forense Universitária, 2005.
Ditos e Escritos III – Estética: Literatura e Pintura, Música e Cinema. Trad. Inês Autran Dourado Barbosa. Rio de Janeiro: Forense Universitária, 2006.
Ditos e Escritos IV – Estratégia, Poder-Saber. Rio de Janeiro: Forense Universitária, 2006.
Ditos e Escritos V – Ética, Sexualidade, Política. Rio de janeiro: Forense Universitária, 2006.
Doença Mental e Psicologia. Trad. Lílian Rose Shalders. Rio de Janeiro: Tempo Brasileiro, 1984.
Em Defesa da Sociedade: Curso no Collège de France (1975-1976). São Paulo: Martins Fontes, 1999.
História da Sexualidade, v. I: *A Vontade de Saber*. Trad. Maria Tereza da Costa Albuquerque e José Augusto Guilhon Albuquerque. Rio de Janeiro: Graal, 1977.
História da Sexualidade, v. II: *O Uso dos Prazeres*. Trad. Maria Tereza da Costa Albuquerque. Rev. técnica José Augusto Guilhon Albuquerque. Rio de Janeiro: Graal, 1984.
História da Sexualidade, v. III: *O Cuidado de Si*. Trad. Maria Tereza da Costa Albuquerque. Rev. técnica José Augusto Guilhon Albuquerque. Rio de Janeiro: Graal, 1985.

História da Loucura na Idade Clássica. Trad. José Teixeira Coelho Neto. 2. ed. São Paulo: Perspectiva, 1987.
Microfísica do Poder. Org. e trad. Roberto Machado. Rio de Janeiro: Graal, 1979.
Nascimento da Biopolítica. São Paulo: Martins Fontes, 2008.
O Nascimento da Clínica. Trad. Roberto Machado. 3. ed. Rio de Janeiro: Forense-Universitária, 1987.
Raymond Roussel. Trad. Manuel B. da Motta e Vera Lúcia A. Ribeiro. Rio de Janeiro: Forense Universitária, 1999.
Resumo dos Cursos do Collège de France (1970-1982). Trad. Andréa Daher. Rio de Janeiro: Jorge Zahar, 1997.
Segurança, Território, População. Curso no Collège de France 1977-1978. Trad. Eduardo Brandão. São Paulo: Martins Fontes, 2009.
Vigiar e Punir: Nascimento da Prisão. Trad. Raquel Ramalhete. 35. ed. Petrópolis: Vozes, 2008.

B. Não editadas no Brasil

BOUCHARD, Donald F. (ed. e introd.). *Language, Counter-Memory, Practice: Selected Essays and Interviews*. Trad. Donald F. Bouchard e Sherry Simon. Ithaca: Cornell University Press, 1977.
GORDON, Colin (ed.). *Power/Knowledge: Selected Interviews and Other Writings (1972-1977)*. Pref. Colin Gordon, Leo Marshall, John Mepham e Kate Soper. Brighton, Sussex: The Harvester Press, 1980.
RABINOW, Paul (ed.). *The Foucault Reader*. Nova York: Pantheon, 1985.

Entrevistas

CARUSO, Paolo. *Conversazioni con Claude Lévi-Strauss, Michel Foucault, Jacques Lacan*. Milan: Mursia, 1969.
TROMBADORI, Duccio. *Colloqui con Foucault*. Salerno: 10/17, 1981.
FOUCAULT, Michel et al. *I, Pierre Rivière, Having Slaughtered My Mother, My Sister and My Brother...: A Case of Parricide in the 19th Century*. Nova York: Pantheon, 1975. (Trad. do francês de Frank Jellinek: *Moi, Pierre Rivière,*

ayant Egorgé Ma Mére, Ma Soeur et Mon Frére... Un Cas de Parricide au XIXe Siècle. Paris: Gallimard, 1973).

II. OBRAS SOBRE FOUCAULT

BAUDRILLARD, Jean. *Oublier Foucault*. Paris: Galilée, 1977. (Tr. ingl. Nicole Dufresne, "Forgetting Foucault", *Humanities in Society*, n. 3, inverno 1980, p. 87-111. Ed. bras.: *Esquecer Foucault*. Rio de Janeiro: Rocco, 1984).

COTESTA, Vittorio. *Linguaggio, Potere, Individuo: Saggio su Michel Foucault*. Bari: Dedalo Lobri, 1979.

DELEUZE, Gilles. *Un Nouvel Archiviste*. Paris: Fata Morgana, 1972.

DREYFUS, Hubert L.; RABINOW, Paul. *Michel Foucault: Beyond Structuralism and Hermeneutics*. Posf. Michel Foucault. Brighton, Sussex: The Harvester, 1982.

GUÉDEZ, Annie. *Foucault*. Paris: Éditions Universitaires, 1972.

KREMER-MARIETTI, Angèle. *Foucault et l'Archéologie du Savoir*. Paris: Seghers, 1974.

LEMERT, Charles C.; GILLAN, Garth. *Michel Foucault: Social Theory and Transgression*. Nova York: Columbia University Press, 1982.

MAJOR-POETZL, Pamela. *Michel Foucault's Archaeology of Western Culture*. Brighton, Sussex: The Harvester Press, 1983.

PERROT, Michel (ed.). *L'Impossible Prison: Recherches sur le Système Pénitentiaire au XIXe Siècle. Débat avec Michel Foucault*. Paris: Seuil, 1980.

POSTER, Mark. *Foucault, Marxism and History: Mode of Production versus Mode of Information*. Cambridge: Polity, 1984.

RACEVSKIS, Karlis. *Michel Foucault and the Subversion of Intellect*. Ithaca: Cornell University Press. 1983.

ROUANET, Sergio Paulo (ed.). *O Homem e o Discurso: A Arquelogia de Michel Foucault*. Rio de Janeiro: Tempo Brasileiro, 1971.

SHERIDAN, Alan. *Michel Foucault: The Will to Truth*. Londres: Tavistock, 1980.

SMART, Barry. *Foucault, Marxism and Critique*. Londres: Routledge and Kegan Paul, 1983.

III. OBRAS QUE TRATAM DE FOUCAULT

BELLOUR, Raymond. *Le Livre des Autres*. Paris: Éditions de L'Heure, 1971.

BLANCHOT, Maurice. *L'Oubli, la Déraison*. In: *L'Entretien Infini*. Paris: Gallimard, 1969, p. 289-99.

CALLINICOS, Alex. *Is there a Future for Marxism?*. Londres: Macmillan, 1982.

DERRIDA, Jacques. *Writing and Difference*. Trad. Gayatri Spivak. Chicago University Press, 1978. (Orig.: *L'Ecriture et la Difference*, Paris: Seuil, 1967).

DUCROT, Oswald et al. *Qu'est-ce que le Structuralisme?*. Paris: Seuil, 1928.

ELSTER, Jon. *Sour Grapes: Studies in the Subversion of Rationality*. Cambridge: Cambridge University Press, 1983.

KURZWEL, Edith. *The Age of Structuralism: Lévi-Strauss to Foucault*. Nova York: Columbia University Press, 1980.

LECOURT, Dominique: *Marxism and Epistemology: Bachelard, Canguilhem, Foucault*. Trad. Ben Brewster. Londres: New Left, 1975. (Orig. francês.: Paris, 1972).

MALAMENT, B. C. (ed.). *After the Reformation: Essays in Honor of J. H. Hexter*. Philadelphia: University of Pennsylvania, 1980.

PIAGET, Jean. *Structuralism*. Trad. Chaninah Maschler. Londres: Routledge & Kegan Paul, 1970. (Orig. francês: Paris, 1968).

PUTNAM, Hilary. *Reason, Truth and History*. Cambridge: Cambridge University Press, 1981.

RORTY, Richard. *Consequences of Pragmatism (Essays: 1972-1980)*. Minneapolis: University of Minnesota Press, 1982.

SAID, Edward W. *The World, the Text and the Critic*. Londres: Faber and Faber, 1984.

_____. *Beginnings: Intention and Method*. Nova York: Basic Books, 1975.

SEDGWICK, Peter. *Psycho Politics*. Londres: Pluto, 1982.

SERRES, Michel: *La Communication*. Paris: Les Editions de Minuit, 1968.

STURROCK, John. *Structuralism and Since: From Lévi-Strauss to Derrida*. Londres: Oxford University Press, 1979.

VEYNE, Paul. *Comment on Ecrit l'Histoire Suivi de Foucault Révolutionne l'Histoire*. Paris: Éditions du Seuil, 1978. (Ed.

bras.: *Foucault Reescreve a História*. Brasília: Ed. Universidade de Brasília, s/d.).
WHITE, Hayden. *Tropics of Discourse*. Baltimore: John Hopkins University Press, 1978.
WING, J. K. *Reasoning about Madness*. Oxford: Oxford University Press, 1978.
WINTLE, Justin (ed.). *Makers of Modern Culture*. Londres: Routledge and Kegan Paul, 1981.

IV. ALGUNS ARTIGOS SOBRE FOUCAULT

BARTHES, Roland. "Savoir et Folie". *Critique*, n. 174, nov. 1961, p. 915-22. (Trad. ingl.: Richard Howard, "Taking sides". In: *Critical Essays*, p. 163-70. Evanston: Northwestern University Press, 1972).
BELLOUR, Raymond. "Une Reverie Morale". *Magazine Littéraire*, n. 207, maio 1984, p. 27-30.
BERTHERAT, Yves. "La Pensée Folle". *Esprit*, n. 35, maio 1967, p. 862-81.
BOURDIEU, Pierre. "La Mort du Philosophe Michel Foucault: Le Plaisir de Savoir". *Le Monde*, 27 jun. 1984, p. 1 e 10.
BURGELIN, Pierre. "L'Archéologie du Savoir". *Esprit*, n. 360, maio 1967, p. 843-61.
CANGUILHEM, Georges. Mort de l'Homme ou Epuisement du Cogito?", *Critique*, n. 242, jul. 1967, p. 599-618.
CHEVALIER, Jean-Claude. "La Grammaire Générale de Port-Royal et la Critqiue Moderne". *Langages*, n. 7, set. 1977, p. 1-33.
CRANSTON, Maurice. "Michel Foucault". *Encounter*, n. 30, jun. 1968, p. 34-42.
DEWS, Peter. "The Nouvelle Philosophie and Foucault". *Economy and Society*, v. 8, n. 2, maio 1979, p, 127-71.
_____. "Power and Subjectivity in Foucault". *New Left Review*, 144, mar./abr. 1984.
EWALD, Francois. "Anatomie et Corps Politique". *Critique*, n. 31, dez. 1975, p. 1228-65.
_____. "La Fin d'un Monde". *Magazine Littéraire*, n. 207, 1984, p. 30-34.
FRIEDENBERG, Edgar: "Review". *New York Times Book Review*, 22 ago. 1965.

GAUSSEN, Frédéric. "Michel Foucault: Les Plaisirs et la Morale". *Le Monde*, 22 jun. 1984, p. 17 e 20.

GAY, Peter. "Chains and Couches". *Commentary*, n. 40, out. 1965, p. 93-94, 96.

GUÉDON, Jean-Claude. "Michel Foucault: The Knowledge of Power and the Power of Knowledge". *Bulletin of the History of Medicine*, verão 1977, p. 245-77.

HARDING, D. W. "Good-by Man". *The New York Review of Books*, 12 ago. 1971, p. 21-22.

HUPPERT, George: "Divinatio et Eruditio: Thoughts on Foucault". *History and Theory*, n. 13, 1974, p. 191-207.

JAMBET, Christian. "L'Archéologie de la Sexualité". *Magazine Littéraire*, n. 207, maio 1984, p. 24-27.

KERMODE, Frank. "Crisis Critic". *The New York Review of Books*, 17 maio 1973, p. 37-39.

KREMER-MARIETTI, Angèle. "L'Archéologie du Savoir". *Revue de Metaphysiqueet de Morale*, n. 75, 1970, p. 355-60.

LAING, R.D. "The Invention of Madness". *The New Statesman*, n. 73, 16 jun. 1967, p. 843.

LASLETT, Peter. "Under Observation". *New Society*, n. 42, 1 dez. 1977, p. 474-75.

LEARY, David E. "Review: Michel Foucault, an Historian of the Sciences Humaines". *Journal of the History of the Behavioral Sciences*, n. 12, 1976, p. 286-93.

LUCAS, Colin. "Power and the Panopticon". *The Times Literary Supplement*, 26 ago. 1975, p. 1090.

MEGILL, Allan. "Foucault, Structuralism and the End of History". *Journal of Modern History*, n. 51, set. 1979, p. 451-503.

MIEL, Jan. "Ideas or Epistemes: Hazard versus Foucault". *Yale French Studies*, n. 49, 1973, p. 231-45.

MCDONELL, Donald J. "On Foucault's Philosophical Method". *Canadian Journal of Philosophy*, n. 7, set. 1977, p. 537-53.

PELORSON, Jean-Marc. "Michel Foucault et l'Espagne". *Pensée*, n. 152, ago. 1970, p. 88-99.

PETERS, Michael: "Extended Review". *Sociological Review*, n. 19, nov. 1971, p. 634-38.

PRATT, Vernon. "Foucault and the History of Classification Theory". *Studies in History and Philosophy of Science*, n. 8, 1977, p. 163-71.

ROTHMAN, David J. "Society and Its Prisons". *The New York Times Book Review*, 19 fev. 1978, p. 1, 26-27.

ROUSSEAU, G.S. "Whose Enlightenment? Not Man's: The Case of Michel Foucault". *Eighteenth-Century Studies*, n. 6, inverno 1972-73, p. 238-56.

RUSSO, François. "Review". *Archives de Philosophie*, n. 36, jan./mar. 1973, p. 64-105.

SAID, Edward W. "The Problem of Textuality: Two Exemplary Positions". *Critical Inquiry*, n. 4, verão 1978, p. 673-714.

SHAFFER, E. S. "Review: The Archaeology of Michel Foucault". *Studies in History and Philosophy of Science* 7, 1976, n. 3, p. 269-75.

SPRINKER, Michael. "The Use and Abuse of Foucault". *Humanities in Society*, n. 3, inverno 1980, p. 1-20.

STAROBINSKI, Jean. "Gazing at Death". *The New York Review of Books*, 22 jan. 1976, p. 18, 20-22.

STEINER, George. "The Mandarin of the Hour – Michel Foucault". *The New York Times Book Review*, 28 fev. 1971, p. 8, 28-31.

_____. "Steiner Responds to Foucault". *Diacritics*, n. 1, inverno 1971, p. 59.

STONE, Lawrence. "Madness". *The New York Review of Books*, 16 dez. 1983, p. 36.

VON BÜLOW, Katharina. "L'Art du Dire-Vrai". *Magazine Littéraire*, n. 207, maio 1984, p. 34-35.

WAHL, Jean. "Review". *Revue de Metaphysique et de Morale*, n. 74, abr./jun. 1967, p. 250-51.

WHITE, Hayden. "Foucault Decoded: Notes from Underground". *History and Theory*, n. 12, 1973, p. 23-54.

_____. "The Archaeology of Sex". *The Times Literary Supplement*, 6 maio 1977, p. 565.

WILLIAMS, Karel. "Unproblematic Archaeology". *Economy and Society*, n. 3, fev. 1974, p. 41-68.

ZYSBERG, Michel. "Foucault: Surveiller et Punir". *Annales*, n. 31, jan./fev. 1976, p. 168-73.

V. DIVERSOS

BACHELARD, Gaston. *Le Nouvel Esprit Scientifique*. Paris: Presses Universitaires de France, 1934. (Ed. bras.: *O Novo Espírito Científico*. Rio de Janeiro: Tempo Brasileiro).

_____. *Le Rationalisme Appliqué*. Paris: Presses Universitaires de France, 1984.

BOUVERESSE, Jacques. *Le Philosophe Chez les Autophages*. Paris: Les Editions de Minuit, 1984.

BUTTERFIELD, Herbert. *The Origins of Modern Science 1300-1800*. Nova York. The Free Press, 1957.

CANGUILHEM, Georges. *Études d'Histoire et de Philosophie des Sciences*. Paris: J. Vrin, 1968.

CASSIER, Ernst. *The Philosophy of the Enlightenment*. Princeton: Princeton University Press, 1951. (Orig. alemão: Tübingen, 1932).

CHEVALIER, Jean-Claude. *Histoire de la Syntaxe: Naissance de la Notion de Complémentdans la Grammaire Française (1530-1750)*. Genève: Droz, 1968.

DIHLE, Albrecht: *The Theory of Will in Classical Antiquity*. Califórnia: University of California Press, 1982.

DILTHEY, Wilhelm. *Das Erlebnis und die Dichtung*. Stuttgart: Teubner, 1905 (13. ed.: 1957).

ELDERS, Fons. *Reflexive Water: The Basic Concerns of Mankind*. Londres: Souvenir Press, 1974.

GAY, Peter. *The Enlightenment: an Interpretation: The Rise of Modern Paganism*. Londres: Wildwood, 1966.

_____. *The Bourgeois Experience: Victoria to Freud*, v. 1: *Education of the Senses*. Oxford: Oxford University Press, 1984.

GELLNER, Ernst. *Spectacles and Predicaments: Essays in Social Theory*. Cambridge: Cambridge University Press, 1979.

GUSDORF, Georges. *Les Sciences Humaines et la Conscience Occidentale: VI – L'Avénement des Sciences Humaines au Siècle des Lumieres*. Paris: Payot, 1973.

HABERMAS, Jüngen. *Lectures on the Discourse of Modernity*. Cambridge, MA: Harvard University Press, 1985.

HAZARD, Paul. *The European Mind 1680-1715*. Trad. J. Lewis May. Nova York: Pelican, 1964.

HEIDEGGER, Martin. *The Question Concerning Technology*. Trad. William Lovitt. Nova York, 1977.

JAY, Martin. *Adorno*. Londres: Fontana, 1984.

JOHNSTON, William: *The Austrian Mind: An Intellectual and Social History 1848- 1938*. Califórnia: University of California Press, 1972

KANTOROWICZ, Ernst. *The King's Two Bodies*. Princeton: Princeton University Press, 1957.

KOYRÉ, Alexandre. *Études d'Histoire de la Pensée Philosophique*. Paris: Armand Colin, 1961.

_____. *Études d'Histoire de la Pensée Scientifique*. Paris: Presses Universitaires de France, 1966. (Ed. bras.: *Estudos de História do Pensamento Científico*. Rio de Janeiro: Forense Universitária, 2011).

_____. *Dal Mondo del Pressappoco all'Universo dela Precisione*. Trad. Paola Zambelli. Turin: Einaudi, 1967.

KRISTELLER, Paul Oskar. *Renaissance Thought: The Classic Scholastic and Humanist Strains*. Nova York: Harper Torchbook, 1961.

LAFUENTE FERRARI, Enrique. *Vélasquez*. Genebra: Éditions d'Art Albert Skira, 1960.

LASLETT, Peter; RUNGMAN, W. G.; SKINNER, Quentin. *Philosophy, Politics and Society*. Oxford: Basil Blackwell, 1972.

LASSAIGNE, Jacques. *La Peinture Espagnole, de Vélasquez à Picasso*. Genebra: Éditions Albert Skira, 1952.

MANDELBAUM, Maurice: *History, Man and Reason: A Study in Nineteenth-Century Thought*. Baltimore: Johns Hopkins University Press, 1971.

MARTIN, John Rupert. *Baroque*. Londres: Penguin, 1977.

MITTELSTRASS, Jürgen. *Phaenomena Bene Fundata: From "Saving the Appearences" to the Mecanisation of the World Picture*. In: BOLGAR, R. R. (ed.). *Classical Influences on Western Thought: A.D. 1650-1870*. Cambridge: Cambridge University Press, 1979.

PANÖFSKY, Erwin. *Studies in Inconology*. Londres: Oxford University Press, 1939 (2. ed.: 1962).

_____. *Meaning in the Visual Arts*: Harmondsworth, 1970. (1. ed.: Londres, 1955).

_____. *Aufsätze zu Grundfragen der Kunstwissenschaft*. Berlim: B. Hessling, 1964.

_____. *La Prospettiva come "Forma Simbolica" e Altri Scritti*. Milão: Feltrinelli, 1966. (Trad. do original alemão: Enrico Filippini. Leipzig-Berlin, 1927).

PAPINEAU, David. *Theory and Meaning*. Oxford: Clarendon, 1979.

PODRO, Michael. *The Critical Historians of Art*. Yale University Press, 1982.
RUIZ-MIGUEL, Alfonso. *Filosofía y Derecho en Norberto Bobbio*. Madrid: Centro de Estudios Constitucionales, 1983.
SCHUMPETER, Joseph A. *History of Economic Analysis*. Londres: Oxford University Press, 1954.
SINGER, Charles. *A Short History of Scientific Ideas to 1900*. Londres: Oxford University Press, 1959.
STANLEY, John (ed.). *From Georges Sorel: Essays in Socialism & Philosophy*. Trad. John Stanley e Charlotte Stanley. Nova York: Oxford University Press, 1976.
STOVE, David. *Popper and After: Four Modern Irrationalists*. Oxford: Pergamon, 1982.
VENTURI, Franco. *Utopia and Reform in the Enlightenment*. Cambridge: Cambridge University Press, 1971.
WADE, Ira O. *The Structure and Form of the French Enlightenment*, v. I: *Esprit Philosophique*. Princeton: Princeton University Press, 1977.
WESTFALL, Richard. *Never at Rest: A Biography of Isaac Newton*. Cambridge: Cambridge University Press, 1980.
WILCOX, John T. *Truth and Value in Nietzsche: A Study of His Methaetics and Epistemology*. Ann Arbor: The University of Michigan Press, 1974.
YATES, Frances A. *Giordano Bruno and the Hermetic Tradition*. Londres: Routledge and Kegan Paul, 1964.

ÍNDICE REMISSIVO

Abstinência, 195
Aemulatio, 74
Amor
   teoria do, 197
Anacronismo, 17
   epistêmico, 103
Análise
   imanente, 125
Analogia, 74
   e episteme das
      correspondências, 101
Anarquismo, 226
   clássico, 227
   contracultural, 228
   essência do, 227
Anatomia
   comparada, 102
Anatomopolítica, 182
Anticapitalismo
   visceral, 278
Anticartesianismo
   de Bachelard, 69
   dos estruturalistas, 69
Anticontextualismo, 124
Antiempirismo, 68
Antiguidade, 188, 197
   ética sexual na, 192
   pagã, 186, 205
   paleocristã, 186
   pós-clássica, 196
   reflexão moral da, 199
   tardia, 186
Antikeynesianismo, 275
Antipatia, 74
Antipsiquiatria
   movimento da, 49

Antiutopismo, 226
Antropocentrismo
   crítica ao, 94
   moderno, 21
Antropologia
   estrutural, 62
   política
      de Foucault, 211
Antropologismo
   crítica ao, 128
   epistêmico, 203
Aparelhos
   de poder, 210
Argumentação
   liberal, 272
Arqueogenealogia, 188, 221
Arqueologia, 10, 208
   das epistemes, 112
   do discurso, 208
   do pensamento, 63
   do saber, 129
   foucaldiana, 17, 63, 105, 112
Arquivo, 127, 145
   como a priori histórico, 127
   como máquina do significado
      discursivo, 130
   definição de, 127
Ars amandi
   da Antiguidade tardia, 202
Arte
   como ritual (Warburg), 124
   como símbolo (Panofsky),
      124
Articulação, 62
   do discursivo e do
      extradiscursivo, 324

Ascetismo
  jesuítico, 143
Assinalação, 76
  sinal de todas as similitudes, 76
Assinalações
  doutrina das, 104
Astronomia
  ptolemaica, 97
Ativismo
  disciplinar, 158
Autocoibição, (Selbstzwang), 204
Autocontrole
  ênfase na importância do, 195
Biologia, 82
  história da, 328
  vitalista, 107
Biopolítica, 182, 186
Bloco
  socialista, 262
Budismo, 199
Burguesia
  ascensão da, 148
  clássica, 46
Burocracia
  carismática, 267
Cálculo
  newtoniano, 98
Campo
  de concentração, 176
Capitalismo, 151
  avançado, 184, 218
  vitoriano, 306
Causação
  estrutural, 60
Cesuralismo, 68, 186
  atenuação do, 202
  teoria foucaldiana do, 99
Ceticismo, 231
  de Hume, 111
  sistemático, 216

Ciência, 221
  antiga, 70
  aparecimento de uma, 326
  como instrumento de dominação, 214
  como perpétua resolução de problemas, 65
  do século XIX, 326
  flutuante, 323
  galileana, 70
  história da, 325, 335
  imperfeita, 323
  moderna, 69, 70, 96
    ascensão da, 71
    e matemática, 97
    triunfo da, 97
  na concepção de Karl Popper, 69
  natural, 64
  nível arqueológico da, 328
  nível epistemológico da, 328
  problema da, 331
  visão construtivista da, 68
Ciências
  biológicas
    durante a episteme clássica, 108
  do homem
    berço das, 146
  humanas, 32, 88
    arqueologia das, 16, 88
    arqueologia foucaldiana das, 62
    estudo do significado do homem para si mesmo, 88
    prestígio das, 32
    surgimento das, 93
  sociais, 64
Cinismo
  subversivo, 232

Civilização
  do espetáculo, 150
  moderna
    Grande Recusa da, 153
Código
  de Napoleão, 224
  disciplinar de 1800, 201
  penal napoleônico, 155
Coincidentiae
  oppositorum, 75
Colorismo, 79
Conceitos
  história dos, 67
Conflito
  teoria sociológica do, 161
Constitucionalismo, 274
  de Benjamin Constant, 266
Continência, 195
Contraciências
  humanas, 337
Contracultura, 32, 228
Contrarreforma, 181, 186
  ideologia da, 189
Contrato
  social, 138, 149
Contrato social
  teorias de, 138
Controle sociossexual, 183
Convenientia, 74
Corpo
  de Adão, 200
Corpos
  dóceis, 144
Correspondência
  lei do pensamento pré-
    -moderno, 75
  universal, 76
Corte
  conceito bachelardiano de, 122
  epistemológico, 17, 68, 112
  intraepistêmico, 110

  teoria do, 186
Cortes
  epistemológicos, 100
Cosmopolitismo, 252
Criminologia, 238, 330
Crise
  dasciências
    europeias, 41
Cristianismo, 188, 197, 202
  advento do, 189
  ascensão do, 186
  estilo moral do, 205
  ímpeto confessional do, 198
  moral sexual do, 188
  reflexão sobre o, 203
Crônica, 145
Cruzadas
  fim das, 44
Cuidado
  de si, 195, 205
Cultura
  animi
    de Cícero, 205
  cristã, 188, 198
  de classes, 185
  de esquerda, 255
  disciplinar, 152
  hedonista, 206
  moderna
    denúncia foucaldiana da, 27, 246
  pagã, 188
Culturalismo
  de Foucault, 152
Decoro, 184
Degenerescência
  conceito de, 330
Democracia, 221
  industrial, 277
  na reflexão de Tocqueville, 277

Desconstrução, 32
Descontinuidade
  absoluta
    como suprema lei
      interespistêmica, 71
Desespero
  niilista, 12
Despotismo
  esclarecido, 290
Dialética, 273
  regeneração da, 275
Dicotomia
  esquerda-direita, 272
Dietética, (o regime do corpo), 191
Diplomacia
  brasileira, 265
Diplomata
  homem
    de cultura, 253
Disciplina, 143
  baseada na vigilância, 144
Discurso, 127, 134
  arquivo
    teoria do, 128
  científico, 327
  como conceito-mestre, 120
  como conjunto
    altamente precário, 121
  como documento (história
    das ideias), 123
  como monumento
    (arqueologia do saber), 123
  como prática, 120, 125
  definição de, 38
  do sexo, 180
  função adicional do, 120
  inserção social do, 60
  psiquiátrico
    autoridade do, 47
  regras da formação do, 222
  sobre a loucura, 44

Dispositivo
  conceito de, 185
  definição de, 185
Divinatio, 76, 78, 95
Divisão
  capitalista do trabalho, 151
  do trabalho, 144
Documento
  na obra de Panofsky, 123
  portador de referência
    externa, 123
Dominação
  modernas formas de, 164
  política
    contexto leninista da, 267
Doutrina
  cristã, 205
  da "mútua destruição", 260
Dupla
  herança
    ibérica, 286
Economia
  (a administração do oikos ou
    lar), 191
  historicização da, 94
  política, 335
Efeito
  estrutural, 60
Enkrateia, 192, 203, 204
Enunciado, 127
  conceito de, 126
  definição foucaldiana de, 126
Episteme
  clássica, 17, 65, 67, 78, 96, 103
    análise-em-vez-da-analogia,
      105
    caráter representacional da,
      139
    nascimento da, 341
  clássica, desaparecimento da,
    82, 106

como a priori histórico, 63
como infraestrutura mental
  subjacente a todas as
  vertentes do saber, 66
como Lebenswelt
  inconsciente, 70
como monólito, 108
contemporânea, 17, 67
da correspondência, 77
da Renascença, 101
da semelhança, 76
definição de, 63
descontinuidades entre seus
  blocos históricos, 66
emergência da, 339
enquanto infraestrutura
  cognitiva compulsória, 100
enquanto monólito, 99
erótica, 191
moderna, 17, 65, 67, 84, 98
  a da história, 85
noção arquicesural de, 103
pós-clássica, 83, 102
pré-clássica, 17, 67
renascentista, 74
Epistemologia, 16
  estruturalista, 68
Era
  cristã
    primeiros séculos da, 195
  helenística, 196
  industrial, 182
Erasta, 193
Erômeno, 193
Eros, 196
  ética de, 194
  homossexual, 201
  no pensamento cristão, 200
Erótica
  clássica, 202
    dualismo da, 197

como estilização da conduta,
  194
da Grécia clássica, 195
Erotismo
  moderno, 185
Eruditio, 76, 95
Escassez
  conceito sartreano de, 127
Escatologia, 87
  definição de, 87
Escola
  burguesa, 156
  de Frankfurt, 217, 218
Escolástica, 9
Espírito
  clássico, 195
Estado
  Dux, 290, 293
  mínimo, 275
  nacional, 261
  refuncionalização do, 293
  revolucionário, 176
  Rex, 290
Estatismo
  crítica ao, 293
Estilos
  penais, 136
Estoicismo, 197
Estóicostardios, 190
Estruturalismo, 59, 85, 121, 186,
  228, 254, 280, 338
  adversários do, 209
  ascensão do, 41
  definição foucaldiana do, 35
  de universais invariantes,
    116
  "dispersivo", 114
  literário, 92
  sem estrutura, 221
Estruturas
  perceptivas, 57

Ética
  puritana do trabalho, 45
  sexual, 192
  problema da, 191
Etopoética, 188
Eu
  como instrumento de poder, 164, 180
  hermenêutica cristã do, 203
  técnicas cristãs do, 199
  tecnologia do, 184
  tecnologias do, 164, 180
Europa
  pré-racionalista, 52
Evento, 121, 127
Evolta
  Radical, 229
Execução
  pública, 154
Existencialismo, 31
  esgotamento do, 31
Experiência
  vivida, 87
Falseabilidade, 128
Fenomenologia, 41, 62, 87
Fíisica
  moderna, 208
Filosofia
  como ação política, 228
  como apreensão global da realidade, 228
  continental, 41, 231
  da história alemã, 269
  do século XVII, 110
  foucaldiana, 12
  marxista, 338
  moderna, 37, 176
    alemã, 30
    anglo-saxônica, 30
    francesa, 30
    história da, 40
  pagã
    tardia, 197
  política
    de Foucault, 174
    tarefa da, 224
    tradicional, 333
Filósofia
  pós-filosófica, 231
Finitude, 86
  analítica da, 86
Física
  aristotélica, 97
    caráter não matemático da, 97
  descartesianização da, 112
  qualitativa de Aristóteles, 97
Flogístico, 105
  doutrina do, 106
  longevidade da teoria do, 107
Formalismo, 125
Foucaldiano
  projeto intelectual, 35
Funcionalismo, 161
Fundamentos
  conceituais
    da biologia, 32
    da economia, 32
    da linguística, 32
Genealogia, 151, 154, 208
  como o problema do surgimento e da descendência dos fenômenos culturais, 154
  do sujeito, 180
  foucaldiana, 217
  nietzscheana, 121
Genética
  história da, 326
Gramática
  generativa, 64
Gramatologia, 32

Grande
  cadeia de ser, 74
  Internação, 51, 53, 203
Guerra Fria, 259
  fim da, 296
  mundo bipolar da, 259
Heliocentrismo
  de Copérnico, 95
Hiato
  epistêmico, 104
Hilozoísmo, 96
História
  "arqueológica, 202
  arqueológica, 222, 236
  como desfamiliarização, 114
  concepção sartriana da, 230
  cultural, 204
  das ideias, 125
    crítica à, 126
  desfamiliarizar a, 222
  do presente, 36, 39, 208
  filosófica
    foucaldiana, 39
  moderna, 213
  natural, 82, 98
Histórica
  crítica do presente, 93
Historicismo, 39
  crítica ao, 39
  marxista, 284
  moderno, 41
Historiografia
  especular, 116
Homem
  concepção sartriana do, 230
  concreto
    como o tema do saber pós-clássico, 86
  dissolução do, 85
  do desejo, 206
  encrático, 192
  enquanto base epistêmica em extinção, 118
  fim do, 11
  moderno, 12, 140, 171
  morte do, 231
  renascentista, 74
Homodocilis, 182
Hospital
  moderno, 145
  tradicional, 145
Humanismo, 159
  da penologia de Beccaria, 159
  marxista, 339
Humanitarismo, 139
  psiquiátrico, 55
Iconologia
  enfaticamente histórica e contextualista, 124
  método de história da arte, 123
  método oposto à Formgeschichte, 124
Id
  dionisíaco, 59
Idealismo, 331
  alemão, 41, 174
  clássico, 40
  elemento espiritual do, 41
Ideia
  liberal, 295
Ideias
  história das, 18
Ideologia
  contracultural, 214
  penal do século XVIII, 157
Iluminismo, 20, 54, 103, 110, 138, 213
  crítica ao, 150
  crítica foucaldiana ao, 213
  desmitificação do, 52
  dialética do, 57

e seu reformismo racional, 138
humanitarismo do, 54
ideal do, 89
imagem convencional do, 140
na visão de Kant, 219
utopia do, 140
Impensado, 89
Império
Romano, 195
Indivíduo
disciplinar, 164
Industrialismo, 139
Inflação, 292
crônica no Brasil, 292
Influência
crítica à noção de, 126
Instintos
repressão dos, 183
Instituição
total, 160
Intelectual
papel do, 134
Inversões
simétricas, 137
Irracionalismo, 23, 227
contemporâneo, 271
crítica ao, 300
na cultura contemporânea, 300
predominância do, 282
Irracionalismos
contemporâneos, 279
Jogos
de verdade, 187
justiça
burguesa, 155
revolucionária, 226
Kulturkritik, 184
Laissez-faire
insuficiências do, 274

Lebenswelt, 70
Legitimidade
conceito de, 264
enquanto ideia rousseauniana da democracia deliberativa participativa, 266
e relações internacionais, 265
na perspectiva histórica, 264
na política internacional, 264
sociologia da, 266
Liberalismo, 167, 175, 252, 256, 274, 290
fundamentos do, 276
história do, 274
neo-iluminista, 252
vitoriano, 204
Liberalismos
contemporâneos, 276
europeus, 297
Liberdade
civil, 274
como autonomia individual, 175
como independência pessoal, 175
conceito de, 174
ideia alemã de, 175
ideia lockiana de, 175
ideia rousseauniana de, 175
política da, 176
Liberismo, 276, 297
renascença do, 276
Libertarismo, 225
Libido
significação da, 203
superação espiritual da, 200
Linguagem
ciências da, 338
problemática da, 339
Linguística
estrutural, 89

Literatura
    da pura linguagem, 339
    do estatuto da, 339
Lítero-filosofia
    destino da, 31
    francesa, 31
Lógica
    da experiência, 272
    de revolta, 209
    do concreto, 69
    do conhecimento, 272
    formal, 273
Loucura
    discurso sobre a, 44
    medicalização da, 53, 55
    papel funcional da, 44
    psiquiatrização da, 203
    sabedoria da, 44
    sua conversão em doença, 48
Luta
    de classes, 226
Má
    consciência, 134
Maio de 1968, 32
Marxismo, 31, 125, 167, 252, 256, 322, 334
    althusseriano, 338
    clássico, 175
    dogmático, 284
    estrutural, 60
    estruturalista, 33
    formação do, 335
    luckacsiano, 41
    moderno, 283
    núcleo do, 338
    ocidental, 153, 254, 271, 279, 298
        fundamentos do, 283
    vulgar, 60, 291
Masoquismo, 134

Matemática
    francesa
        idade áurea da, 98
Matematização
    da astronomia, 96
    da física, 96
Materialismo
    histórico, 306
Mathesis, 77
    como ciência universal da medida e da ordem, 77
    regime da, 77
Medicina
    clássica, 58
    clínica, 57
    moderna
        nascimento da, 58
    protomoderna, 32
Medida, 97
Merquior
    como "esgrimista liberal", 251
    diplomata-crítico de arte, 309
    ecletismo das leituras de, 271
    e o tema da legitimidade, 263
    e seu social-liberalismo, 267
    grande pensador da polític, 309
    libertarianismo de, 257
    obsessão pelo predomínio da razão, 278
    universalidade do seu pensamento, 252
Metafísica
    da alienação, 211
    descartesianização da, 112
    temas tradicionais da, 330
Microfísica
    do poder, 151
    punitivo, 151
Mito da Revolta, 231

Moderna
 cultura
  ocidental, 183
Modernidade
 análise histórico-filosófica
  da, 36
 cultura política da, 256
 na concepção de Kant, 219
 questões da, 254
Modernização
 autoritária, 292
 política, 267
Moderno
 sistema penitenciário, 203
Monumento
 contemplado por si mesmo, 123
 na obra de Panofsky, 123
Mutação
 conceito de, 70
 na linguagem foucaldiana, 70
Mutações
 epistêmicas
  anatomia das, 93
Nacionalismo, 221
Não-política
 de Foucault, 177
Narcisismo
 transcendental, 38
  definição de, 39
Natureza
 matematização galileana da, 96
Negativismo, 227
Neoanarquismo, 23, 226
 de Michel Foucault, 280
 moderno, 281
Neoliberalismo, 275
Neonietzscheanismo, 210
Neoplatonismo
 florentino, 95
Neurose, 48

Nietzschianismo
 de Foucault, 116
Niilismo, 12, 116, 232
 ativo, 12
 de cátedra, 232
 foucaldiano, 12
 intelectual, 216
 moderno, 227
 reativo, 12
 terapêutico, 54, 56
Nominalismo, 108
Nouvelle
 philosophie, 230
Núcleo
 de objetividade, 66
Objetividade, 223, 224
Obstáculos
 epistemológicos, 67
Ontologia
 democritiana, 71
 irracionalista de Heidegger, 217
Opinião
 pública, 138
Ordem
 burguesa, 140
Paganismo, 202
 moderno, 111
 moral sexual do, 188
Paleoliberalismo, 274
Panopticon, 141
Panoptismo, 142, 147, 149, 151
Paradoxo
 de uma aula inaugural, 237, 342
Paresia, 14
Patológico
 espacializações do, 59
Patriarcalismo, 196
Patrimonialismo
 conceito weberiano de, 289

Pecado
  hermenêutica cristã do, 203
Pelo
  Iluminismo, 204
Penitência
  codificação do sacramento da, 181
Pensamento
  antigo, 200
  clássico, 195
  crítico, 225
  foucaldiano, 209
  história do, 203
  história do, 11
  humanista, 108
  legal inglês, 138
  libertário contemporâneo, 225
  nietzschiano, 18
  político moderno, 269
  pré-moderno, 206
  radical, 175
  renascentista, 108
  selvagem, 93
  transepistêmico, 100
Perestroika, 306, 307
Perspectivismo
  radical de Nietzsche no, 130
Philia, 196
Pitagorismo, 96
Poder
  ampliação exagerada do conceito de, 174
  anatomia do, 173
  base social do, 273
  como dominação de classe, 167
  como questão de dominação, 165
  como repressão, 167
  conceito de, 164
  conceito demasiadamente amplo de, 173
  crítica do, 227
  desejo de, 211
  duas concepções não-econômicas do, 167
  evolução dos sistemas de, 170
  formas de, 210
  foucaldiano, 177
  moderno, 171, 176
  multipolarização do, 260
  no surgimento do sujeito moderno, 180
  onipresença do, 168, 172
  relações elementares de, 168
  saber
    teoria foucaldiana de, 231
  social, 182
    anatomia do, 164
  teoria da limitação do, 274
  teoria do, 173
  teoria foucaldiana de, 231
  teorias do, 166
  teorias repressivas do, 165
Política
  fim da, 176
Populismo
  de João Goulart, 292
Pós-estruturalismo, 32, 229
  fundamento ético-político do, 33
Positivismo, 87, 291
  definição de, 87
  lógico, 232
Práxis, 41
Presente
  história crítica do, 23
  história do, 13, 220
  ontologia do, 219
  problemática do, 219
  teoria crítica do, 220

Prisão
  disciplinar, 159
  moderna, 147
    nascimento da, 169
  nascimento da, 146, 184
Problemática
  arqueológica, 130
  conceito de, 67
  genealógica, 130
  transepistêmica, 107
Processo
  histórico, 270
    sentido do, 271
Projeto
  histórico de Foucault, 210
Psicanálise, 336
Psicologia
  descartesianização da, 112
  social, 65
Psicose
  justificações da, 49
Psique
  conceito aristotélico de, 107
Psiquiatria
  arqueologia da, 49
  criação da, 54
  humanitária, 48
  sociologia da, 57
Química
  como ciência, 107
  história da, 106
Racionalidade, 11
  abstrata, 76
  moderna
    história da, 41
Racionalismo
  científico, 68
  moderno, 51
    fase inicial do, 52
Razão, 264
  burguesa, 59
  científica, 68
  como conhecimento, 39
  como racionalidade social, 39
  como tecnologia de poder, 214
  como uma faculdade, 111
  conceito de, 110
  defesa constante da, 280
  despotismo da, 48
  história da, 37
  histórica, 264
  moderna, 264
    natureza da, 39
  transcendental, 86
  unitária
    crítica da, 40
  variedade de formas sociais da, 39
Redemocratização, 255
Reforma
  carcerária
    inglesa do século XVIII, 141
Reformismo
  penal do Iluminismo, 157
  reformismo
    Snyders de, 157
Regime
  punitivo, 136, 137
Relações
  internacionais, 265
Renascença
  história da, 114
Renascimento, 201
Representação
  ascensão da, 77
  clássica, 81
  definição de, 77
  e episteme clássica, 77
  lei do conhecimento, 75
  o espírito da episteme clássica, 78

propriedades de, 86
semiótica da, 139
Repressão, 184
Restauração
Francesa (1815-1830)., 57
Retórica
da revolta, 229
Revolução
copernicana, 97
de 30, 291
Francesa, 21, 155, 224, 274, 287
avaliações clássicas da, 287
identidade da, 287
questões historiográficas da, 287
Franesa
análises modernas da, 287
Gloriosa, 298
industrial, 274
Revolucionário
tarefa do, 218
Rigor, 11
filosófico, 11
Saber, 134
clássico
superação do, 84
conceito de, 341
história política do, 135
médico, 341
moderno
impasse do, 93
sobre a língua, 135
sobre a vida, 135
sobre o trabalho, 135
teoria foucaldiana de, 231
Secularismo, 41
Semelhança
ruínas da, 77
Semiótica
renascentista, 76

Senso
comum, 68
Sexo
depois da Queda, 200
edênico, 200
imoralidade no, 191
Sexualidade, 331
arqueologia da, 201
moderno controle da, 184
Significado
linguístico, 127
social, 127
Signo
regime binário do, 78
regime ternário do, 76
Similitude
conceito de, 75
Simpatia, 74
Simultaneidades
epistemológicas, 326, 328
Sistema
carcerário generalizado, 172
punitivo, 146
Soberania
popular, 266
Sobredeterminação, 60
Social-democracia, 230
europeia, 230
Socialismo, 225
fim do, 307
implosão do, 296
real, 307
Social-liberalismo, 270, 275, 314
Sociedade
aberta, 296
autoritária, 183
burguesa
ascensão da, 146
carcerária, 55, 136, 158, 159
de vigilância, 150
disciplinar, 144, 155, 182

moderna
  características básicas da, 271
Sophrosyne, 192
Stalinismo, 176
Sujeito
  desaparecimento da problemática do, 334
  elisão do, 80
  fobia estruturalista pelo, 168
  moderno
    genealogia do, 164
    primado moderno do, 334
    problema do, 332
    problemática do, 331
    retorno do, 204
  sexual
    pré-história do, 188
  transcendental, 40
    exorcismo do, 220
Tabulação, 97
Taxinomia, 77, 98
  enquanto episteme tabular, 98
Taylorismo, 143, 175
Técnica
  moral, 196
Teologia
  dos Padres da Igreja, 205
Teoria
  crítica, 217
  da ciência, 220
  da hegemonia de Gramsci, 215
  das forças nietzschiana, 21
  da utilidade marginal, 98
  evolucionista, 327, 335
  marxista, 210
  política "pós-arqueológica", 334
  radical, 209
Tessitura
  carcerária da sociedade, 172

Tirania
  da razão sobre a loucura, 47
Tortura, 137
  abolição da, 139
  desaparecimento da, 136
  pública, 136
Totalidade, 41
Trabalho
  ciências do, 338
Unilateralismo
  americano, 262
Universalismo, 218
Utilitarismo, 139
  de Beccaria, 159
Verdade, 134
  analítica da, 220, 223
  conceito de, 134
  do passado, 117
  geométrica, 332
  história política da, 135
  objetiva, 212
    desprezo pela, 212
Vida
  ciências da, 338
Vigilância, 171
  cotidiana, 148
  sociedade de, 172
Violência
  física, 165
Vontade
  autônoma, 206
  como âmago do homem moral, 205
  como conceito-chave, 204
  conceito agostiniano de, 205
  de poder, 131, 139, 164
  de saber, 183
  de verdade, 131, 164

ÍNDICE ONOMÁSTICO

Adorno, Theodor W., 153, 177, 217, 242, 255, 281
Agostinho, Santo, 199-200, 205
Aldrovandi, Ulisse, 66, 75, 102, 189
Althusser, Louis, 33-34, 60, 68, 112, 254, 280, 284, 338-39
Arnauld, Antoine, 103, 198
Aron, Raymond, 11, 39, 265, 267-69, 275, 277-78, 283, 295, 297-99, 308-09
Arquimedes, 97
Artaud, Antonin, 48, 92
Artemidoro De Éfeso, 199-200
Aulo Gélio, 191
Austin, J. L., 30
Bachelard, Gaston, 17-18, 67-70, 112, 122, 130
Bakunin, Mikhail, 227, 271
Barthes, Rolland, 32, 60, 67, 93, 152, 228, 237, 310
Bataille, Georges, 92, 209, 333
Battie, William, 56
Baudelaire, Charles, 231
Baudrillard, Jean, 174
Bayle, Pierre, 110-11
Beccaria, Cesare, 138, 157-59
Becher, Johann Joachim, 105
Beethoven, Ludwig Van, 141
Bellour, Raymond, 116, 121, 206
Belon, Pierre, 102-03, 108
Bergson, Henri, 30-31, 41
Bernouilli, Daniel, 98
Bethe, E., 202
Bichat, François Xavier, 58
Blackstone, William, 141
Blanchot, Maurice, 67, 92, 333, 339
Bloy, Léon, 214
Boole, George, 98
Bopp, Franz, 84
Borges, Jorge Luis, 16, 62, 244, 245
Bouveresse, Jacques, 224, 231
Boyle, Robert, 105-06
Braudel, Fernand, 223, 286
Broussais, François, 58
Brown, Norman, 49, 59, 160
Brueghel, 44
Brunschvicg, Léon, 68
Buffon, G. L. Leclerc, Conde de, 66, 99, 102
Burckhardt, Jacob, 114, 285
Burgelin, Pierre, 108
Campanella, Tommaso, 75
Canguilhem, Georges, 15, 17, 33, 37, 57, 59, 67-68, 98-99, 122
Cantor, Georg, 98
Carlisle, Lady, 213
Carnot, Lazare, 98
Caruso, Paolo, 228-30
Cassirer, Ernest, 110-11
Cavaillès, Jean, 17, 67
Cervantes, Miguel De, 44, 77, 339
Cesalpinus, Andrea, 75
Chevalier, Jean-Claude, 104, 110
Chomsky, Noam, 23, 35-36, 104, 218, 311
Clausewitz, Karl Von, 167, 265

Collingwood, Robin George, 221
Comte, Auguste, 37, 88, 291
Condillac, Étienne Bonnot de, 86, 112
Copérnico, Nicolau, 95-96
Cotesta, Vittorio, 211, 216
Cuvier, Georges, 84, 99, 103
Darwin, Charles, 36, 99, 244, 326, 329, 335
Davidson, Donald, 35
De Gaulle, Charles, 305, 307
Deleuze, Gilles, 49, 130, 134, 152, 217
Demócrito, 71, 191, 195
Derrida, Jacques, 32, 34-35, 38, 229
Descartes, René, 37-38, 69, 71, 76, 78, 97-98, 104, 109-12
Descombes, Vincent, 210
Desing, Anselm, 158
Dews, Peter, 174, 177
Dickens, Charles, 15, 55-56
Diderot, Denis, 158
Dihle, Albrecht, 205
Dilthey, Wilhelm, 76, 208
Diógenes, o cínico, 191
Doerner, Klaus, 53, 55-57
Dover, K. J., 201-02
Dreyfus, Hubert, 64, 165, 208, 223-24
Droit, Roger-Pol, 229
Dunn, John, 125
Einstein, Albert, 99
Elias, Norbert, 154, 204
Elster, Jon, 160-61
Epicteto, 196-97
Erasmo, 44, 75, 154
Estácio, 196
Euclides, 97, 255, 284
Facchinei, Ferdinando, 158

Febvre, Lucien, 187
Fichte, Johann Gottlieb, 175
Finas, Lucette, 168
Flaubert, Gustave, 92, 231, 244-45
Francisco de Sales, São, 189-90
Freud, Sigmund, 23, 48, 54, 57, 62, 117, 167, 183-84, 199, 210, 214, 217, 325
Fromm, Erich, 59
Gadamer, Hans-Georg, 35
Galeno, Cláudio, 57, 195
Gassendi, Pierre, 71
Gauss, Carl Friedrich, 98
Gay, Peter, 54, 111, 184
Gellner, Ernest, 35, 41, 220, 229, 242, 255-56, 265-66, 286, 298
Gillan, Garth, 209
Giordano, Luca, 80, 96
Glucksmann, André, 176
Goffman, Erving, 160
Gordon, Colin, 37, 164, 172, 209-10
Gramsci, Antonio, 134, 215, 271, 283
Guattari, Félix, 49
Guédez, Annie, 209
Gurvitch, Georges, 209
Gusdorf, Georges, 109
Habermas, Jürgen, 23, 35, 37, 217-18, 220, 230, 283
Hacking, Ian, 213
Hazard, Paul, 104, 110-12
Hegel, Friedrich, 33, 38, 40-41, 118, 167, 175-76, 210, 219, 228, 267, 273, 275, 283, 285, 330-31
Hipócrates, 191, 195
Hölderlin, Friedrich, 48, 339
Hooke, Robert, 109
Horkheimer, Max, 217

Hugo, Victor, 70, 155
Huizinga, Johan, 114
Hume, David, 111
Huppert, George, 95, 101-02, 230
Husserl, Edmund, 30-31, 41, 70, 210, 228, 331-33
Hyppolite, Jean, 33-34, 69, 236
Illich, Ivan, 214
Jacob, François, 70, 244, 326, 328-29
Jevons, William Stanley, 98
Jones, William, 84
Kant, Immanuel, 23, 37, 66, 219-20, 287
Kantorowicz, Ernst, 137-38
Karol, K. S., 175
Kelsen, Hans, 173
Kepler, Johannes, 96-97, 108
Kermode, Frank, 221, 247
Khomeini, Ruhollah, 33
Kolakowski, Leszek, 35, 267, 275
Koyré, Alexandre, 70-71, 96
Kremer-Marietti, Angèle, 208
Krieger, Leonard, 175
Kripke, Saul, 35
Kristeller, Paul Oskar, 108
Kropotkin, Piotr Alekseievitch, 226-27
Kuhn, Thomas, 16, 35, 59, 64-65, 70
Lacan, Jacques, 32, 89, 228, 311
Lagrange, Louis de, 98
Laing, Ronald, 49, 214
Lamarck, Jean-Baptiste de Monet, 84
Laplace, Pierre Simon, 98
Lavoisier, Antoine Laurent de, 106-07, 326
Law, John, 100
Leary, David, 222

Lecourt, Dominique, 122, 234
Leibniz, Gottfried Wilhelm, 98, 110, 112, 161
Lemert, Charles, 209
Léonard, Jacques, 151, 155-56, 161-62, 224
Lévi-Strauss, Claude, 18, 32, 38, 67, 74, 85, 89, 93, 125, 228, 247, 255, 267, 279-81, 286
Lévy, Bernard-Henri, 35, 183
Lípsio, Justo, 197
Locke, John, 110-11, 175, 274, 297
Lovejoy, Arthur, 74
Loyola, Inácio de, 131, 143
Lucas, Charles, 148
Lukács, Georg, 41, 134, 153, 271, 273, 283-84
Luxemburgo, Rosa, 225
Lyotard, Jean-François, 217
Maire, Edmond, 226
Major-Poetzl, Pamela, 59, 208
Malpighi, Marcello, 109
Mandelbaum, Maurice, 40
Marco Aurélio, 196
Marcuse, Herbert, 32, 150, 152-53, 183, 214, 227-28, 242, 255, 271
Marcus, Steven, 201
Marsenne, Marin, 101
Marshall, T. H., 98
Marx, Karl, 23, 88, 94, 112, 117-18, 151, 210, 214, 217, 238, 267, 269, 271, 281, 283-84, 288, 306, 334-36, 338
Mauss, Marcel, 67
Maxwell, James Clerk, 99
Megill, Allan, 50, 130, 247-48
Mendel, Johann, 99, 131
Menger, Carl, 98
Merleau-Ponty, Maurice, 31, 39

Meyerson, Emile, 70
Michelet, Jules, 113, 287
Midelfort, H. C. Erich, 52
Miel, Jan, 104, 110, 112
Mitterrand, François, 230
Monge, Gaspard, 98
Morellet, Abbé, 157
Murray, Gilbert, 213
Nerval, Gérard de, 48
Newton, Isaac, 64, 96-99, 110-11
Nicole, Pierre, 103
Nietzsche, Friedrich, 12, 14, 21, 23, 25, 27, 31, 41, 48-50, 92, 115-17, 121-22, 130, 153, 167, 203, 209-11, 213-14, 216-17, 219, 230, 271, 275, 281, 311
Noël, Padre, 104-05
Nora, Pierre, 201
Panofsky, Erwin, 123-24
Papineau, David, 66
Paracelso (Aureolus Theophrastus Bombastus Von Hohenheim), 75, 95
Pascal, Blaise, 87, 104-05
Peirce, Charles Sanders, 124
Pestalozzi, Johann, 156
Piaget, Jean, 98, 221
Pinel, Philippe, 47-48, 51, 53-54, 56
Pitágoras, 97
Platão, 71, 97, 189, 191-92, 194-95, 200, 281
Plínio, o velho, 189-90, 196
Plutarco, 188, 197
Polanyi, Michael, 221
Popper, Karl, 35, 65, 69, 230, 271
Porta, Giambattista Della, 75
Priestley, Joseph, 106-07
Proudhon, Pierre Joseph, 226
Pufendorf, Samuel, 158

Putnam, Hilary, 35, 232
Quevedo, Vasco Mouzinho de, 79
Quine, Willard Van Ornam, 30, 35
Quintiliano, 104
Rabinow, Paul, 64, 165, 208, 223-24
Ramus, Petrus, 75, 101, 103
Ranke, Leopold Von, 116
Rawls, John, 23, 35, 217, 299
Reich, Wilhelm, 167, 183
Renan, Ernest, 116
Ricardo, David, 84, 94, 239-40, 334-35
Riemann, Bernhard, 98
Ritterbush, Philip, 103
Rothman, David, 53-54
Rouanet, Sérgio Paulo, 202, 234-38, 243-44, 267, 272, 281, 322
Rousseau, George Sebastian, 95, 103-04
Rousseau, Jean-Jacques, 56, 175, 214, 264-66, 269, 288, 297
Rufo, Musônio, 196
Ruiz-Miguel, Alfonso, 173-74
Russell, Bertrand, 30, 242
Ryle, Gilbert, 30
Said, Edward, 177
Sanctius (Francisco Sánchez de Las Brozas), 104
Sartre, Jean-Paul, 10, 30-31, 34, 94, 127, 226, 228-31, 247, 269, 271, 278, 331
Saussure, Ferdinand de, 32, 89, 339
Scaliger, Julius Caesar, 104
Scheele, Carl Wilhelm, 106
Schopenhauer, Arthur, 41, 331
Schrenk, Martin, 53

Scull, Andrew, 53
Sedgwick, Peter, 51-52
Sêneca, 196
Serres, Michel, 49, 89
Shakespeare, William, 44
Shaw, George Bernard, 229
Sheridan, Alan, 209-10
Skinner, Quentin, 18, 125-26
Smart, Barry, 209-10
Smith, Adam, 78, 84, 271, 297
Snyders, G., 156
Sócrates, 189, 194-95
Soljenitsin, Aleksandr, 162, 230
Sorel, Georges, 69
Spengler, Oswald, 93, 114, 153
Spierenburg, Pieter, 154
Spinoza, Baruch, 93, 110
Stahl, Georg Ernst, 105, 107
Stone, Lawrence, 51, 54, 201
Strauss, Leo, 18, 32, 38, 67, 74, 85, 89, 93, 125, 228, 232, 247, 255, 267, 269, 279-81, 286
Syme, Ronald, 196
Tatu, Michel, 230
Ticiano, 80
Tocqueville, Charles Alexis Clérel de, 148, 269, 271, 274-75, 277, 288, 297
Trótski, Leon, 225
Tuke, William, 47-48, 51, 53-54
Turgot, A. R. Jacques, 100
Vatin, Claude, 196
Venturi, Franco, 157-59
Vesalius, Andreas, 95-96, 102
Veyne, Paul, 30, 115, 117, 196, 222
Vigenère, Blaise de, 75
Voltaire, 138, 157, 159, 214, 271
Vries, Hugo de, 70
Walras, Léon, 98

Weber, Max, 37, 39, 116, 165, 219, 255, 258, 265-68, 271, 275, 288-89
Westfall, Richard, 96
White, Hayden, 38, 113-14, 222
Whitehead, Alfred North, 71, 97
Williams, Karel, 160, 247
Wing, J. K., 55
Wittgenstein, Ludwig, 30, 41
Wölfflin, Heinrich, 124
Xenofonte, 191, 201
Zurbarán, Francisco de, 79, 281

Do mesmo autor, leia também:

Primeiro livro no Brasil, e um dos primeiros no mundo, a discutir as ideias da Escola de Frankfurt, aqui vemos o jovem Merquior – então com 28 anos – tomando como interlocutores diretos filósofos de grande prestígio em nossa época. Combinando uma apresentação excepcionalmente didática das ideias desses autores com uma atenção crítica às suas premissas e implicações, ele expõe as concepções estéticas de Herbert Marcuse, Theodor W. Adorno e Walter Benjamin, procurando demonstrar no que elas auxiliam a compreender a criação estética no mundo contemporâneo e no que elas acabam por se provar limitadas.

facebook.com/erealizacoeseditora

twitter.com/erealizacoes

instagram.com/erealizacoes

youtube.com/editorae

issuu.com/editora_e

erealizacoes.com.br

atendimento@erealizacoes.com.br